Christofer Frey (Hg.)

Repetitorium der Dogmatik

Für Studierende der Theologie

7., korrigierte Auflage

hartmut spenner waltrop 2000

Die Deutsche Bibliothek - CIP Einheitsaufnahme

Repetitorium der Dogmatik : für Studierende der Theologie /
Christofer Frey (Hg.). - 7., korrigierte Aufl. - Waltrop :
Spenner, 2000
ISBN 3-933688-44-2

Texterfassung und Layout: Lars Klinnert
Druck und Einband: Verlag Hartmut Spenner
Stratmanns Weg 10, 45731 WALTROP

ISBN 3-933688-44-2

Printed in Germany, 2000

Der seine Zeit ū Geld weiſs nützlich anzuwenden,
heiſſt recht ein Muſen Sohn ū würdiger Student.
Dañ die gelehrte Welt läſſt ſich den Schein nicht blenden,
ū. wahre Weiſsheit wird allein mit Ruhm gekrönt

Bildnachweis: Emil Reicke, Magister und Scholaren. Nachdruck der Ausgabe Leipzig 1901, 3. Aufl., Köln: Eugen Diederichs Verlag 1976, Abb. 79.
Titel des Bildes: Der fleißige Student. Kupfer aus dem Anfang des 18. Jahrhunderts, Nürnberg: Germanisches Museum.

VORWORT ZUR ERSTEN AUFLAGE

Es gibt einige Repetitorien auf dem Markt, aber keines dürfte eine so bewegte Entstehungsgeschichte wie dieses aufweisen. Im Wintersemester 1987/88 erstellten sich etwa 50 Teilnehmer nach einem Urteilsbildungsschema die einzelnen Abschnitte ihres dogmatischen Überblicks; sie wurden überarbeitet und vervielfältigt. Die ständige Nachfrage überraschte uns; sie veranlaßte uns zu gründlichen Revisionen der Texte und Übersichten, die meist aus Tafelbildern entstanden. Die ursprünglichen Verfasser / -innen werden ihre Texte z.T. noch als Ausgangspunkte wiedererkennen können.
Diese nun vorliegende Gestalt wurde von mir unter Mitarbeit von Peter Dabrock und Horst-Dieter Mellies völlig neu überarbeitet. Besonderer Dank gilt darüber hinaus für sorgfältiges Korrigieren und Redigieren Ute Riegas-Gundlach, Katja Striegan und den vorherigen Mitarbeitern und Mitarbeiterinnen. [...] Frau Kaufhold hat trotz der manchmal konfusen Herstellungssituation alles mit Geduld und Akribie niedergeschrieben und verbessert. Allen Beteiligten sei herzlich gedankt!

Bochum, im Juni 1992 *Christofer Frey (als Herausgeber)*

VORWORT ZUR SECHSTEN AUFLAGE

Das Bochumer Repetitorium war so gefragt, daß jede seiner Auflagen binnen kurzer Zeit vergriffen war. Es wurde von vielen benutzt, die uns Anregungen, Fragen und Korrekturhinweise zukommen ließen. Alle wurden dankbar aufgenommen und größerenteils eingearbeitet. Das Auslaufen der fünften Auflage veranlaßte uns zu einer gründlichen Umarbeitung: Die handgezeichneten Übersichten wurden durch Computergraphiken ersetzt, größere Abschnitte mit Arbeitshinweisen versehen. Eine Marginalspalte gibt nun die wichtigen Gesichtspunkte an.
Vielen ist für die Mitarbeit zu danken, vor allem Frau stud. theol. Juliane Perko und Herrn stud. theol. Lars Klinnert. Wir wollen weiter an diesem Repetitorium arbeiten. Da wir mit ihm kaum Gewinn machen, aber immer wieder ungewöhnliche Mühe investiert haben, würden wir uns belohnt sehen, wenn uns Leserinnen und Leser weiter Anregungen zukommen lassen und auf Fehler hinweisen.
Mit dieser neuen Auflage geht das Repetitorium an den Verlag Hartmut Spenner (Waltrop) über, dem wir für den günstigen Preis und die gute Kooperation danken.

Für alle Mitarbeiter

Bochum, im September 1998 *Christofer Frey (als Herausgeber)*

VORWORT ZUR SIEBTEN AUFLAGE

Inzwischen konnten – auch durch Mithilfe mancher Leserin, manches Lesers – stehengebliebene Fehler korrigiert werden. Zu danken ist Frau stud. theol. Iris Döring, Frau stud. theol. Nicole Picard und Herrn stud. theol. Tobias Sarx für sorgfältige Arbeit.

Bochum, im Juni 2000 *Christofer Frey (als Herausgeber)*

Inhaltsverzeichnis

Zur Einführung: Gesichtspunkte der Gliederung 10

I. Das Verständnis von Theologie und Dogmatik 13

A & B. Der ‚Gegenstand' der Theologie und ihr Ziel 14

Übersicht: Theologie bzw. Dogmatik als Wissenschaft 26

C. Dogmatik und Theologie 29

Übersicht: Dogma und Dogmen 37

Übersicht: Theologische Systeme – Dogmatische Entwürfe 38

Exkurs 1: Glaube und Vernunft in der Entfaltung der Dogmatik 40

Exkurs 2: Hinweise zum Umgang der Dogmatik mit dem Thema der Religion bzw. der Religionen 44

Übersicht zum Ertrag der Einheit 1 47

II. Die Heilige Schrift 48

Übersicht: Die Lehre von der Heiligen Schrift 62

Exkurs 3: Biblische Theologie 63

III. Die Erkenntnis Gottes und die Offenbarung 66

Übersicht: Gotteserkenntnis – Offenbarung Gottes 87

Exkurs 4: Natürliche Theologie – Ein Überblick 90

Exkurs 5: Gottesbeweise 94

IV. Gottes- und Trinitätslehre 97

Übersicht: Trinität 109

Übersicht: Zur Lehre von der Trinität 121

Exkurs 6: Gottes Eigenschaften 122

Exkurs 7: Die Lehre von der Erwählung 126

Exkurs 8: Föderal- oder Bundestheologie 132

V. Gott der Schöpfer und seine Schöpfung 136

Übersicht: Schwerpunkte der Lehre von der Schöpfung 156

Exkurs 9: Die Theodizee-Problematik 157

Exkurs 10: Die Lehre von den Engeln 160

Exkurs 11: Der Satan 161

VI. Der Mensch, Ebenbild Gottes und Sünder 162

Übersicht: Situation und Bestimmung des Menschen in der Dogmatik 190

VII. Jesus Christus, die Christologie 191

Übersicht: Entwicklung der Christologie in der Alten Kirche 200

Übersicht: Gesichtspunkte altprotestantischer Christologie 208

Übersicht: Zum Ansatz der Christologie 227

Exkurs 12: Zur Diskussion um den historischen Jesus 228

Exkurs 13: Zur Frage der Bedeutung des Kreuzes und zur Versöhnungslehre 232
Exkurs 14: Zur Bedeutung und Wirklichkeit der Auferstehung 234
Exkurs 15: Christologie „von oben" oder „von unten"? 237
Exkurs 16: Zwischenüberlegung zum Thema des Heiligen Geistes 238
Übersicht: Grundrisse der Soteriologie 242
Übersicht: Wort und Geist 244
VIII. GNADE UND RECHTFERTIGUNG 245
Übersicht: Das Gesetz und seine ,usus' 261
Übersicht: Die Lehre von der Gnade und von der Rechtfertigung 272
Exkurs 17: Zum Thema des Glaubens 275
IX. DIE KIRCHE UND DAS KIRCHLICHE AMT 278
Übersicht: Themen der Ekklesiologie im Überblick 300
Exkurs 18: Zum Verständnis des Amtes 301
Übersicht: Die Kirche und die Gnadenmittel 302
X. DIE GNADENMITTEL, INSBESONDERE DIE SAKRAMENTE 303
Übersicht: Die Taufe 330
Übersicht: Das Abendmahl 333
XI. ESCHATOLOGIE 336
Übersicht: Eschatologische Ansätze und Entwürfe 347
Übersicht: Eschatologie – Themen in historischer Abfolge 356
ANHANG: GRUNDWISSEN DOGMATISCHER ENTWÜRFE 358
PERSONENREGISTER (IN AUSWAHL) 366
SACHREGISTER (IN AUSWAHL) 370

ZUR EINFÜHRUNG: GESICHTSPUNKTE DER GLIEDERUNG

Gliederung

Den meisten Problemfeldern wurde folgende durch Darlegungen von W. JOEST, F. MILDENBERGER und C. FREY angeregte Gliederung zugrunde gelegt:

1 Bestimmung und Präzisierung des dogmatischen Problems

1.1 In welchem Zusammenhang wird das Problem laut?

1.1.1 – in Bekenntnissen der Kirche?

1.1.2 – in sonstigen Überlieferungen der Kirche wie
- Lehre,
- gottesdienstlicher Tradition,
- weltanschaulicher Auseinandersetzung usw.

1.1.3 Aktuelle Diskussion der damit verbundenen Fragen.

1.2 Welches Vorverständnis bzw. Interesse unsererseits kann das angesprochene dogmatische Problem präzisieren helfen?

1.3 Wie kann das Problem, das einst Anlaß zu dogmatischen Formulierungen war, heute benannt werden?

2 Problembearbeitung

2.1 Der biblische Hintergrund des zu bearbeitenden Problems.

2.2 Der historische Hintergrund des Problems, gegliedert in:

2.2.1 Alte Kirche und Mittelalter,

2.2.2 Reformation,

2.2.3 (altprotestantischer) Orthodoxie sowie

2.2.4 Aufklärung und neuerer Theologie (z.B. Schleiermacher).

2.3 Aktuelle dogmatische Fachdiskussion: prägnante Positionen, möglichst alternativ, z.B.:
- katholisch / evangelisch,
- lutherisch / reformiert,
- liberale Theologie / Wort-Gottes-Theologie.

2.4 Empirisches Material, z. B. der Psychologie, angesichts der Fragen des Glaubens, oder zum vermuteten gesellschaftlichen und zeitgeschichtlichen Hintergrund.

3 Problemorientierung

3.1 Gewichtung des dogmatischen Problems I anhand der Frage: Wie nahe am Zentrum des christlichen Glaubens – Gott, in Jesus Christus uns zugewandt – sind die Aussagen?

Diese Frage tritt an die Stelle einer Untergliederung, wie sie das Verfahren der altprotestantischen Theologie („Orthodoxie") – vor allem bei N. HUNNIUS (Diaskepsis theologica de fundamentali dissensu doctrinae Evangelico-Lutheranae et Calvinianae, 1626) – vorgab:

- articuli fundamentales primarii (ihre Kenntnis und Anerkennung sind heilsnotwendig),
- articuli fundamentales secundarii (sie sind nicht heilsnotwendig, aber sie dürfen nicht bestritten werden [z..B. immanente Trinität, Erbsünde]),
- articuli non fundamentales (die man nicht zu kennen braucht [z.B. Fall der Engel, Situation Adams vor dem Fall]).

3.2 Gewichtung des dogmatischen Problems II
- anhand der verpflichtenden Bekenntnisse der Kirche(n) wie CA, FC, Art.Smalc., Reformierte Bekenntnisse, Barmen
- anhand der ökumenischen Bekenntnisbildung, die die Konfessionen relativiert

3.3 Beurteilung anhand des Schriftzeugnisses (Voraussetzung: Zeugnis des Bundes Gottes, Christuszeugnis, also ein theologisches Verständnis der biblischen Überlieferung).

3.4 Beurteilung im Blick auf das normierende christliche Grundbekenntnis, von dem die altkirchlichen Bekenntnisse ausgingen.

3.5 Eventuell Formalkriterium wie „Widerspruchsfreiheit" oder begründete Paradoxie.

4 Eigene Stellungnahme

4.1 im Blick auf den Konsens der Glaubensgemeinschaft,

4.2 im Blick auf sprachliche und sachliche Vermittlung in der gegenwärtigen Welt (vgl. auch 2.3).

Die Bezifferung dieses Urteilsgangs wird in den einzelnen Kapiteln des Repetitoriums wieder aufgenommen. Häufig vollzieht die Darstellung nicht alle Schritte nach; deswegen zeigt sich in der Bezifferung der jeweiligen Kapitel dann mitunter ein Sprung. Der Schritt 3 wird in der Regel in

einem Abschnitt zusammengefaßt. Der Schritt 4 ist selbstverständlich von dem Benutzer oder der Benutzerin dieses Repetitoriums je selbst zu vollziehen; er wurde darum weggelassen oder beschränkt sich auf einige Impulse.
Den Kapiteln (mitunter auch einzelnen Abschnitten) gehen im Schrifttyp abgesetzte *Arbeitshinweise* voran. Im Anschluß an jedes Kapitel folgen mögliche Klausurthemen.
Einigen Kapiteln sind Exkurse angehängt. Ihre Gliederung folgt nicht dem obigen Schema, sondern ist frei gestaltet.

Die Zitate sind teils im Original (häufig mit Übersetzung), teils in einer Übersetzung abgedruckt.
Die Literaturangaben sind absichtlich kurz gehalten und verzichten deshalb sogar auf den Erscheinungsort. Sie sind als Anregungen zur Vertiefung zu verstehen. Wer sucht, wird – insbesondere in den bekannten Nachschlagewerken (RGG, LThK, TRE, EKL) – weitere Titel finden!
Wer sich zudem über hier nicht behandelte feministisch-theologische Positionen in den dogmatischen Topoi informieren möchte, findet im Wörterbuch der Feministischen Theologie, hg. v. E. Gössmann u.a., 1991, ein repräsentatives Nachschlagewerk.

Literatur:
C. Frey, Dogmatik, [3]1993, Teil 1.3; W. Joest, Hauptthemen der Dogmatik, MS: WS 1979/80; F. Mildenberger, Grundwissen der Dogmatik, 1982, Teil 0.

I. DAS VERSTÄNDNIS VON THEOLOGIE UND DOGMATIK

Erarbeitungshinweise

Die folgenden Ausführungen fassen drei systematisch zu verstehende Gesichtspunkte zusammen:

- Im Sinne der älteren Theologie und Philosophie wird die Frage gestellt, was der ‚*Gegenstand*' der Theologie und besonders der Dogmatik sei, mit anderen Worten: die ihr aufgegebene Sache [A]. Auch die neuere Sprachphilosophie kann vom Aussage‚gegenstand' sprechen!
- Im Sinne eines *praktischen* Verständnisses ist die Frage nach ihrem ‚Wozu', ihrer Aufgabe, zu stellen [B].
- A und B werden zusammengefaßt.
- Schließlich wird die *Dogmatik* in den Gesamtzusammenhang der *Theologie* eingeordnet [C].

Dogmatik als pseudoobjektiv mißverstanden

Mit dem ‚Gegenstand' der Dogmatik bahnt sich bereits eine erste Schwierigkeit an: Dogmatik ist oft nicht so sehr beliebt. Sie wird so verstanden, als wolle sie Dinge, die sich nur schwer zur Aussage bringen lassen, gewissermaßen „objektiv" machen. Darum ist eine Vorbesinnung auf die Rolle der *Sprache in der Theologie* von Nutzen. Sie läßt sich anhand der folgenden Übersicht verstehen, die verschiedene Sprachebenen festhält, wie sie in der neueren Sprachphilosophie üblich sind:

Der Sprachvollzug kann sein

Auffassungen von der Sprache

<table>
<tr><th>1. narrativ:</th><th>2. begrifflich feststellend:</th><th colspan="2">3. diskursiv / identifizierend:</th></tr>
<tr><td>So ist er eher einem Geschehen oder der Geschichte angemessen.</td><td>Begriffe zielen auf Gegenstände, die in sich feststehen (⇨ Wesen).</td><td colspan="2">Verständigung geschieht durch Identifizierung des Gegenstands im größeren Zusammenhang der Sprache.</td></tr>
<tr><td>Er impliziert keinen logischen Ausgleich zwischen einander widersprechenden Erzählungen z.B. vom zornigen oder gnädigen Gott.</td><td>Das führt zu Schwierigkeiten bei Aussagen wie „Das ist mein Leib" und zu begrifflichen Paradoxien wie οὐσία ⇔ ὑπόστασις</td><td>Das Satzsubjekt ist u. U. ein singulärer Terminus *.</td><td>Das Prädikat des Satzes ist eine Kennzeichnung = generell oder Funktionsausdruck *.</td></tr>
<tr><td colspan="4">Kritische Hinweise:</td></tr>
<tr><td>Auch die Narration ist nicht beliebig, sondern hat ihr Ziel oder wird von einer Metaerzählung begleitet.</td><td></td><td colspan="2">Namen sind singulär. Auch wollen viele Aussagen den Gegenstand „ansprechen als ..."</td></tr>
</table>

Beispiel: 1.Kor 15,3ff., Dtn 6, 20ff.	Der Ursprung dogmatischer Formeln liegt oft nicht in philosophischer Begrifflichkeit, sondern in ⇨	der Doxologie, in GD, Liturgie ⇩ Wissenschaft ist ein Sonderfall der Kommunikation; deren Merkmale Definieren, Feststellen, analytische und synthetische Aussagen sind.

Vgl. v.a. zu Aussagen der rechten Spalte: E. Tugendhat / U. Wolf, Logisch-semantische Propädeutik, 1983.

A & B. DER ‚GEGENSTAND' DER THEOLOGIE UND IHR ZIEL

1 Bestimmung und Präzisierung des Problems

Gott als ‚Gegenstand'?

[A] Zu allen Zeiten hat es Probleme bereitet, Gott als *‚Gegenstand'* über anderen Gegenständen zu denken. Auch wenn er dabei als eine für die menschliche Erfahrung nicht erreichbare Gegebenheit gedacht würde, bliebe er jenseits der Erfahrung doch noch negativ von ihr bestimmt und zumindest in Gedanken von ihr abhängig. Deshalb ist der wahre Gegenstand der Theologie

Offenbarung oder Explikation des Glaubens?

– entweder *Gott,* der sich uns so *offenbart,* daß er Herr des Jenseits wie des Diesseits ist und so unsere im Glauben interpretierte Erfahrung nicht unberührt läßt oder
– der *christliche Glaube* in der Mannigfaltigkeit seiner geschichtlichen Lebensäußerungen in Vergangenheit und Gegenwart, sofern er sich ausdrücklich auf Gott bezieht.

Es bleibt zudem die Möglichkeit der religionsphänomenologischen (Äußerungsformen des Christentums), religionsphilosophischen (Sinn und Bedeutung religiösen Verhaltens für das menschliche Dasein) oder religionskritischen (wissenschaftstheoretische und praktisch-soziologische Analysen) Interpretation.

[B] Die *Aufgabe der Theologie* wird adäquat verstanden, wenn sie mit Intentionen und Interessen, die sich auf sie richten, ins kritische Gespräch tritt und wenn die Auswirkungen auf die Praxis des Glaubens, auf die Kirche und auch auf die Gesellschaft bedacht werden. Die Theologie

Aufgabe der Theologie und besonders der Dogmatik

- bezieht sich somit auf die *Kirche*,
- ist in kritisch zu reflektierender Weise von ihrer *Gesellschaft* abhängig und
- hat eine nicht unproblematische Beziehung zu anderen *Wissenschaften*.

In keinem dieser Bereiche ist sie unumstritten.

2 Problembearbeitung

2. 1 Biblischer Hintergrund

1. Petr 3,15 fordert:

> „Seid allezeit bereit zur Verantwortung vor jedermann, der von euch Rechenschaft fordert über die Hoffnung, die in euch ist ..."

Rechenschaft über die Hoffnung

2.2 Historischer Hintergrund

2.2.1 Alte Kirche und Mittelalter

[A & B] Der alten Kirche lag eine Reflexion über dieses Thema noch weitgehend fern. Mit ATHANASIUS wurde die Theologie vor allem Soteriologie.

Altertümlicher Subjektbegriff

Im *MA* sah THOMAS VON AQUIN in Gott den eigentlichen ‚Gegenstand' der Theologie (*subiectum* theologiae, einen Gegenstand, der die Erkenntnis bestimmt und nicht umgekehrt; ähnlich auch Johann Gerhard in der Epoche der lutherischen Orthodoxie).

> „Theologia est sapientia." (STh I, q 16; vgl. ferner STh I, q 17)

[A] Nach Thomas reicht die Wissenschaft bis zu Gott hin – besser: Sie entstammt Gottes alles überragender Vernunft. Ihre Axiome gründen in Gottes alles überragendem Wissen; die Theologie steht diesem am nächsten, deshalb ist sie in bestimmter Weise den anderen Wissenschaften vorgeordnet.

Abwehr der Häresie

[B] Die Feststellung der Aufgabe der Theologie wurde im allgemeinen erst später Thema als ihr Gegenstand. Allerdings ließ sich in der Unterscheidung von Wahrheit, rechtem Glauben und Häresie schon früh in der Christentumsgeschichte eine kirchenstabilisierende Funktion erkennen.

2.2.2 Reformation

[A] Auch für M. LUTHER ist der ‚Gegenstand' der Theologie zum einen Gott, der den Sünder rechtfertigt und rettet, zum andern aber auch der schuldige und verlorene Mensch, dessen Gewissen Gott anredet; aber Gott wird nicht am Menschen bestimmt.
J. CALVIN definiert Theologie als Erkenntnis Gottes und des Menschen, so im ersten Satz der „Institutio":

Doppelte Erkenntnis

„Tota fere sapientiae nostrae summa ... duabus partibus constat, Dei cognitione et nostri." (Beinahe unsere ganze Weisheit besteht aus zwei Teilen, der Erkenntnis Gottes und der Erkenntnis des Menschen.) (Inst. I,1)

Denn die Theologie ist nach älterer Tradition *sapientia*, nicht *scientia.*

Vgl. M. Luther, WA 40 II, S. 74: „Theologia est brevis in verbis et facilis, sed re, usu est latior, longior, profundior quam totus mundus." (Die Theologie ist kurz und leicht im Blick auf Worte, aber im Blick auf die Sache und ihre Anwendung breiter, länger, tiefgründiger als die ganze Welt.)

Dieser Glaube hat jedoch einen Gegenstand und ist nicht Vertrauen in ein beliebiges Etwas!

Gott hat einen Namen, er kann mit „Du" angeredet werden. Gott als ‚Gegenstand' wird deshalb immer problematisch bleiben. Die Reformatoren haben deshalb die Grenzen wissenschaftlicher Bemühung festgehalten.

2.2.3 Altprotestantische Orthodoxie

[B] J. GERHARD (als Vertreter der altprotestantischen Orthodoxie) richtet sein Interesse auf den *finis theologiae* (Zweck und Ziel der Theologie) und unterscheidet dabei zwei Formen:

- finis theologiae principalis: *glorificatio Dei* (Verherrlichung Gottes),
- finis theologiae intermedius: *informatio hominum ad salutem* (die Zubereitung des Menschen zum Heil durch wahren Glauben und ihm dienender Unterweisung).

Theologie als praktische Wissenschaft

Diese zwei Formen machen deutlich, daß die Theologie eine *scientia practica* ist und sich auf den Lebensvollzug des Menschen bezieht. Ihre Funktion ist sowohl auf die Praxis des Glaubens als auch auf Gottes neue Welt hin ausgerichtet. Verkündigung und Theologie werden noch nicht unterschieden. Sie stehen in einem praktischen Zusammenhang. Die öffentliche Relevanz der Theologie war für die altprotestantische Orthodoxie noch selbstverständlich (Theologen kontrollierten das Bildungssystem). D. HOLLAZ formulierte:

> „Die Theologie ist eine ... praktische Weisheit, welche aus dem offenbarten Worte Gottes alles lehrt, was zum wahren Glauben an Christus zu erkennen und zur Heiligkeit des Lebens zu tun vonnöten ist dem sündigen Menschen, der die ewige Seligkeit erlangen will." (Examen theologicum acromaticum, 1707 / 1725, I,1)

Analytische und synthetische Methode

Mit der Unterscheidung der *praktischen* von der *theoretischen* Wissenschaft ist die der *analytischen* und der *synthetischen Methode* verbunden. Die erstere will den Prozeß des Heils bis zu seinem Ziel hin aufgliedern (Beispiel in der folgenden Übersicht: A. QUENSTEDT); die zweite „konstruiert" die Momente, den Sachgehalt vor allem der Rechtfertigung, und setzt sie zusammen (siehe dazu auch den Abschnitt C).

2.2.4 Aufklärung und neuere Theologie

[B] Mit der Aufklärung wurde die Funktion der Theologie problematisch: Die Verbindung von Kirche und Gesellschaft lockerte sich. Entchristlichung und Entkonfessionalisierung der Gesellschaft setzten allmählich ein und wurden schon um 1800 spürbar. Die Religion wurde zur Privatsache.

2.2.4.1 Schleiermacher

Schleiermacher: Der Glaube als Urgrund der Erkenntnis Gottes

[A] Für F. SCHLEIERMACHER ist das religiöse Bewußtsein, der Glaube als eigentümliche Selbsterfahrung, zentraler Gegenstand theologischer Reflexion. Dabei wird der Glaube nicht nur beschrieben, sondern auf zeitgemäße Weise verteidigt (Apologetik); als Eingliederung in das von Christus ausgehende „Gesamtleben" integriert er das Menschsein. Dies ermöglicht eine kritische Stellungnahme sowohl gegenüber Skeptikern als auch zu innerkirchlichen Einstellungen und Verengungen.

Anknüpfung beim menschlichen Geist

[B] Bei Schleiermacher gewinnt die berufsbildende Funktion von Theologie für leitende und lehrende Tätigkeiten in der Kirche an Gewicht (vgl. seine „Kurze Darstellung des theologischen Studiums"). Auch wirkte sich der Wissenschaftsbegriff des *Idealismus* (als die Selbstdarstellung des menschlichen Geistes im organischen Zusammenhang mit den einzelnen Spezialwissenschaften) aus. Dabei fiel der Theologie die besondere Aufgabe zu, die religiöse Dimension des geistig-vernünftigen Gesamtzusammenhangs zu entfalten. Daraus folgte eine Entkonfessionalisierung und eine Tendenz zur anthropologischen und religionsphilosophischen Begründung (von Schleiermacher bis Troeltsch).
[A] Im übrigen hatte die dogmatische Theologie für Schleiermacher nicht die normative und systematische Selbständigkeit, die ihr heute oft zuerkannt wird; sie war eine historische Disziplin, die über die zur Gegenwart gewordene Geschichte und den Zustand der Kirche Auskunft geben sollte. Die altprotestantische Synthese der Theologie war vergangen; nun mußte die Vielfalt in einen neuen Typ von Gesamtentwurf zusammengefügt werden, die „Enzyklopädie". Manche heutige – allerdings umstrittene – Aufgabe der Dogmatik fällt in die Rubrik der „philosophischen Theologie" (vgl. die folgende Übersicht).
[B] Die praktische Absicht liegt deutlich in der „Kirchenleitung".

Literatur:

F. Schleiermacher, Kurze Darstellung des theologischen Studiums, 1810.

2.2.4.2 Liberale Theologie

[A] Auch die *liberale Theologie* sieht die Theologie als reflektierende Behauptung und Entfaltung des Wahrheitsanspruches des christlich-religiösen Bewußtseins an. Theologie soll als wertorientierte Wissenschaft (so z. B. A. RITSCHL, W. HERRMANN) im Horizont der allgemeinen Kultur und Geschichte auf der Basis einer Religionsphilosophie verortet werden können. Ritschl forderte den Ausschluß der Metaphysik (verstanden als die Lehre von den Dingen an sich) aus der Theologie (Theologie und Metaphysik, ^{2}1887).

Der Glaube als Äußerung des Selbstbewußtseins

2.3 Aktuelle dogmatische Fachdiskussion

[B] Diese Diskussion ist zunächst in Pro und Contra an der *Kategorie des Wortes Gottes* ausgerichtet. Erst seit den siebziger Jahren treten in Anschluß an Schleiermacher u.a. Kategorien wie ‚Erfahrung' oder ‚Religion' ein (s. o. 2.2.4). Im Folgenden werden vor allem ein Ansatz der Wort-Gottes-Theologie sowie Versuche deutlicherer Beziehung auf die moderne Welt einander gegenübergestellt. Danach werden sie auf die wissenschaftstheoretische Diskussion des 20. Jahrhunderts bezogen.

2.3.1 Wort-Gottes-Theologie

[B] K. BARTH verband die Aufgabe der Theologie als Wissenschaft mit dem Verkündigungsauftrag der Kirche. Die Kirche ist da, weil Gott in Jesus Christus das Wort seiner Selbstoffenbarung gesprochen hat (Offenbarungstheologie). Dieses Wort muß in der Welt verkündigt werden.

[A] In der *Wort-Gottes-Theologie* wird die Lehre von Gott als ein *Nach*denken der Selbstbekundung Gottes in Jesus Christus, wie sie in den biblischen Schriften bezeugt ist, verstanden. Diese Theologie der Offenbarung steht einer Glaubenslehre, die auf einer religionsphilosophischen Grundlage aufbaut, entgegen (vgl. dazu W. Joest, Dogmatik, Bd. 1, ^{3}1989, S. 15).

Barth: Wort Gottes

[B] Das selbstevidente Wort Gottes bewirkt den Glauben, der wiederum die Voraussetzung ist, das Wort Gottes in Zuspruch und Anspruch zu erkennen (KD I,1, S. 284; vgl. W. Pannenberg, Wissenschaftstheorie und Theologie, 1973, S. 53-57). Die Theologie ist dann eine Funktion der Kirche und die Dogmatik „als theologische Disziplin die wissenschaftliche

Theologie als Funktion der Kirche

Selbstprüfung der christlichen Kirche hinsichtlich des Inhalts der ihr eigentümlichen Rede von Gott" (KD I,1, S. 1). Weil in Jesus Christus die Wahrheit des Menschen erschlossen wird, kann die theologische Wissenschaft ein wahres Verständnis ihrer eigenen Aufgabe nur gewinnen, wenn sie in ihm Gottes definitives Wort an den Menschen vernimmt, das alle Wahrheitssuche begründet (s.o.). So setzt Barth jeder Apologetik, d.h. jeder Theologie, die sich durch angleichende Interpretationen innerhalb der anderen Wissenschaften zu rechtfertigen sucht, ein Ende. Barth betont, daß die Theologie in ihrer Sache gründet. Diese wird zunächst von der *hörenden* Gemeinde aufgenommen und dann der theologischen Reflexion erschlossen. Das *Dogma* dagegen ist ein *eschatologischer Begriff* (a.a.O., S. 284); seine Wahrheit wird im Geschehen der Selbsterschließung Gottes und deren Vollendung am Ende aller Zeiten bekräftigt (vgl. W. Pannenberg, a.a.O., S. 26 – hierin mit der Wort-Gottes-Theologie zum Teil übereinstimmend).

Die Bezeichnung der Wort-Gottes-Theologie als „Dialektische Theologie" hatte zunächst einen etwas ironischen Charakter und ist der theologischen Bewegung zwischen 1920 und 1933 nach Barths Erinnerung aus dem Jahre 1933 von einem „Zuschauer angehängt" worden (ZZ 11 [1933], S. 536). In „Das Wort Gottes als Aufgabe der Theologie" (1922; in: Anfänge der dialektischen Theologie, hg. v. J. Moltmann, Bd. 1, 1962, S. 197 ff., v.a. S. 212 ff.) sieht Barth jenseits des dogmatischen und des kritischen Weges den dialektischen. Dieser ist die unanschauliche Mitte zwischen den beiden anderen. Er sichert die Wahrheit des Wortes vor menschlichem Wahrheitsdiktat oder -dekret: „Das Wort Gottes ist die ebenso notwendige, wie unmögliche Aufgabe der Theologie" (a.a.O., S. 216).

2.3.2 Abwandlungen oder Alternativen zum Ansatz der Wort-Gottes-Theologie

[A] Andere Theologen wollten sich deutlicher auf die Situation des modernen Menschen beziehen, ohne dabei hinter Barths Ansatz zurückzufallen. So brach die Auseinandersetzung um die Aufgabe der Theologie wieder neu auf:

Brunner: Eristik

E. BRUNNER betonte einerseits, daß die Verkündigung am Gehalt des Offenbarungswortes gemessen werden müsse (nach Barth die alleinige Aufgabe der Theologie), hob andererseits aber auch die Auseinandersetzung mit Denken und Weltanschauung der Gegenwart als Aufgabe der Theologie hervor. Statt des Begriffes der *Apologetik* verwendete er den der *Eristik*, was soviel wie *Theologie als weltanschauliche Auseinandersetzung* meint (vgl. u.a.: Wahrheit als Begegnung, Zürich 1938).

2.3.2.1 Tillich

[A] Auch P. TILLICH stellte in der Einleitung zu seiner „Systematischen Theologie" die apologetische Aufgabe der Theologie neben die kerygmatische, denn das Kerygma muß sich auf die geistige Situation des modernen Menschen beziehen. Die christliche Botschaft ist als Antwort auf (latente) Fragen des Menschen nach existentiellem Sinn auszulegen (Methode der *Korrelation*: Theologische Antworten sind auf existentielle Fragen zu beziehen). Die Theologie fügt das Kriterium der christlichen Botschaft zur mystischen Erfahrung hinzu (Partizipation am Grund allen Seins) und fördert eine existentielle Entscheidung (Systematische Theologie, Bd. 1, 1956-1966, S. 15-37). Tillich will die Theologie in den Horizont der Erfahrung moderner Menschen einweisen; diese ist *ontologisch,* wissenschaftlich und mystisch. Wenn sie von Gott redet, meint sie den Grund des Seins, an dem alles einzelne Sein partizipiert (vgl. die Mystik).

Tillich: Korrelation

2.3.2.2 Existenztheologie

[B] In der *Existenztheologie* tritt die hermeneutische Aufgabe der Theologie hervor. Das Wort der Offenbarung wird auf die menschliche *Existenz* in ihrer Fraglichkeit bezogen. Die existentialen Strukturen (des Daseins) sind vom konkreten Vollzug der Existenz (in der Entscheidung selbst zu sein) zu unterscheiden.

Vgl. Bultmanns Bezug auf Heideggers Philosophie lt. ZThK 11 (1930), S. 339-364; ferner die Weiterentwicklung bei G. Ebeling, Dogmatik des christlichen Glaubens, Bd. 1, ^{3}1987, §§ 3-5 (Glaube und Leben).

[A] Die *existentiale Theologie* (R. BULTMANN, F. GOGARTEN, G. EBELING) bleibt zunächst dem Ansatz Barths nahe.

Bultmann: Kerygma, Existenz

– Bultmann definiert Theologie als Entfaltung des Anspruchs des *Kerygmas*. Mit diesem Aspekt wird aber das Selbst- und Wirklichkeitsverständnis des Menschen verbunden. Theologisches Thema ist Gott in seinem Wort, bezogen auf das menschliche Bewußtsein in der Erfahrung der Fraglichkeit der menschlichen *Existenz* inmitten der Wirklichkeit der Welt (die wohl die Relevanz der kerygmatischen Rede, nicht aber deren Inhalt absteckt). Darum ist nicht mehr die Rede von Gott an sich, sondern von seiner Tat am Menschen und von dessen existentiellem Betroffensein.

> „Die Theologie ist nichts anderes als die wissenschaftliche Selbstbesinnung über die eigene Existenz als durch Gott bestimmte; sie ist also die wissenschaftliche Entfaltung dessen, was im einfachen Glauben schon da ist. Aber nicht so, als wäre der Glaube eine niedrigere Stufe, über die es kraft der Wissenschaft hinauszukommen gelte zur Gnosis." (R. Bultmann, Zur Frage der Christologie, 1927, in: Glaube und Verstehen [GuV], Bd. 1, [8]1980, S. 88f.)

Will man von Gott reden, so muß man vom Menschen reden (die Umkehrung gilt aber nicht; vgl. Welchen Sinn hat es, von Gott zu reden?, in: GuV, Bd. 1, [8]1980, S. 26-37). Diesem Ansatz folgt Gogarten.

> „Gott wäre nicht Gott ... wenn wir ein Wissen von ihm hätten, das nicht zugleich und vor allem ein Wissen von uns selbst wäre. Ein Wissen von uns vor dem Angesichte Gottes oder, was dasselbe heißt, ein Wissen von uns als Geschöpfen Gottes. In diesem Sinne ist allerdings Sprechen von Gott dialektisch und nur als dialektisches ist es ein Sprechen von Gott." (F. Gogarten, Ich glaube an den dreieinigen Gott, 1926, S. 52)

Ebeling: Erfahrung

– Für Ebeling gilt, daß Jesus Christus der Grund des Glaubens ist; das erste Gebot deckt die Grundsituation des Menschen und die Erfahrung, daß Gott gegen Gott erfahren wird (Gesetz und Evangelium) auf (Dogmatik des christlichen Glaubens, Bd. 1, [3]1987, S. 169 ff.). W. PANNENBERG (Systematische Theologie, Bd. 1, 1988, S. 53-57) sieht in Ebelings Ansatz eine ‚petitio principii'.

> „Indem Jesus Grund des Glaubens wird, das uns angehende Evangelium ist, uns gewiß macht zum Heil, trifft er uns da, wo wir sind: in der Ungewißheit, die das Wesen der Sünde ist. Jesus verifiziert die uns angehende Wirklichkeit. Er macht uns dessen gewiß, wie wir in ihr dran sind. Er bringt das Gesetz, dem wir schuldig und verfallen sind, zur Eindeutigkeit." (G. Ebeling, Theologie und Verkündigung, 1962, S. 81f.)

Anthropologischer Bezug der Theologie

– In der Generation nach Bultmann erfährt die existentiale Interpretation Kritik, weil sie sich auf das persönliche Gottesverhältnis zu beschränken scheint, die Geschichte (zugunsten der Geschichtlichkeit des Daseins) ausklammert und deren universale Zukunftsaspekte sowie die gesellschaftlichen und kosmisch-naturhaften Bezüge menschlichen Daseins vernachlässigt. Daher betonen neuere Entwürfe die Stellung des Menschen inmitten der Welt, der durch die theologische Rede von Gott betroffen ist:

Nach E. KÄSEMANN sind *Rechtfertigungsaussagen* auf Gottes Kampf um seine Schöpfung zu beziehen. Für W. PANNENBERG ist Gott die universalste Hypothese, die den Sinn des Kosmos und der *Geschichte* betrifft. J. MOLTMANN entwirft eine *Theologie der Hoffnung* (s.u. 2.3.2.3). D. SÖLLE vertritt eine *Politische Theologie* und spricht zeitweise vom abwesenden Gott (s.u. 2.3.2.3).

Pannenberg: Orientierung an der Geschichte

Pannenbergs Entwurf stellt die wohl bedeutendste Weiterführung der an der Frage der Geschichte orientierten Theologie dar. Diese Geschichte wird nicht auf die Geschichtlichkeit der Existenz zusammengezogen, sondern eint die Naturgeschichte (in der Anthropologie), die Geschichte der Religionen und vor allem die Geschichte der auf das Universale ausgerichteten Gottesoffenbarung von Israel zum Christentum und endlich zum alles sinnvoll zusammenfassenden Ende aller Geschichte in Gott hin. Pannenberg kann darum den Hypothesencharakter wissenschaftlicher Sätze auf die Gottesaussagen beziehen.

> „Es kann nur gelten, das Ganze des Gotteshandelns – und das heißt, wenn es um den einen Gott geht, das Ganze alles Geschehens – als Offenbarung Gottes zu verstehen." (W. Pannenberg, Offenbarung als Geschichte. KuD, Beiheft 1, 1961, S. 17)

Dagegen geht es Ebeling besonders um die Gewißheit, also in der Existenzgeschichte und nicht im Universalen erfahrene Wahrheit. Dann ist die Abgrenzung gegenüber den neuzeitlichen Wissenschaften deutlicher (vgl. die folgende Übersicht „Theologie als Wissenschaft" im Abschnit 4.2).

Wissenschaftstheorie und Theologie

Es kann deshalb nicht gleichgültig sein, auf welche Art von Wissenschaftstheorie sich die Theologie aufgrund ihrer Sache und Aufgabe bezieht. Der *Positivismus* würde die Theologie vor allem in die Psychologie und damit möglicherweise in die Beliebigkeit abdrängen. Dieses Modell hat die angelsächsische Religionstheorie häufiger als die kontinentale beeinflußt. Der *Fallibilismus* erhebt einen anderen Wahrheitsanspruch; wissenschaftlich sinnvolle Hypothesen gehen auf die Wahrheit zu, sie haben sie nicht. Zu fragen wäre, wann dieser Weg der Hypothese gelingt und wann er scheitert – eine Frage nach der Wahrheit, die offenbar eine höhere Ebene beansprucht; Metaphysik ist auch in der Moderne nicht ausgeschlossen! Die *Konsenstheorie* der Wahrheit ist wegen ihrer Offenheit zu hermeneutischen Fragestellungen für die Theologie am interessantesten. (Weitere Gesichtspunkte sind der folgenden Übersicht „Theologie als Wissenschaft" unter 4.1 zu entnehmen.)

Religionsphilosophie

Prozeßtheologie

- Ein Verständnis des christlichen Glaubens im rein deskriptiven religionswissenschaftlichen Sinne – wie in der skandinavischen und angelsächsischen *Religionsphilosophie* – gibt es im deutschen Sprachraum nicht, da man sich darin einig ist, daß die Theologie mehr als nur eine auf das Christentum spezialisierte Religionswissenschaft sein soll. Die amerikanische *Prozeßtheologie* schließt an die Prozeßphilosophie A. N. WHITEHEADS an und findet Gott in jener Grundkraft, die die Ereignisse der Welt je in ihrem eigenen Sein hervorbringt (Tendenz zum *Panentheismus*).
- Alle diese Äußerungen zur Bedeutung der Theologie knüpfen mittelbar oder manchmal auch bewußt an wissenschaftstheoretische Konzeptionen an. Sie werden in der Übersicht „Theologie als Wissenschaft" zusammengefaßt.

2.3.2.3 Neuere Ansätze

Politische Theologie, gesellschaftskritische Theologie

J. MOLTMANN, J. B. METZ und D. SÖLLE betonen die sozial- und gesellschaftskritische Aufgabe der Theologie im Blick auf die Lebenswirklichkeit der Menschen. Die Theologie ist bei ihnen nicht mehr ausschließlich Rede von Gott, sondern greift religionskritische Fragen und Theorien auf, um sich an der Veränderung der Gesellschaft zu beteiligen.

Literatur:

J. Moltmann: Theologie der Hoffnung, 1964; J. B. Metz: Glaube in Geschichte und Gesellschaft, 1977; D. Sölle: Stellvertretung, 1965.

3 Problemorientierung

Gott und Mensch: zwei fundamentale Orientierungen in der Theologie

Insgesamt sind zwei Grundorientierungen festzuhalten:

a) Gott ist über die Frage des Menschen nach sich selbst hinaus Gegenstand der Theologie: z.B. bei Thomas von Aquin, Luther, Barth, Käsemann, Pannenberg und Moltmann.

b) Gott, wie er vom Menschen – in der je eigenen Erfahrung und sie doch schließlich übersteigend – erkannt wird, ist Gegenstand der Theologie: z.B. bei Melanchthon, Schleiermacher, in der liberalen Theologie und in der Existenztheologie.

Als Ergänzung folgt hier eine Übersicht zu wissenschaftstheoretischen Implikationen der theologischen Entwürfe. Sie geht exemplarisch vor.

Zusammenfassung zu Kapitel 1:

Theologie bzw. Dogmatik als Wissenschaft

Vier verschiedene Ansätze aus verschiedenen Epochen

1. Thomas von Aquino

geht aus von der

scientia Dei

in sie eingeschlossen: die scientia beatorum –

sie entläßt offenbarte Axiome und auf ihnen gründet die

Theologie als Wissenschaft

Begründungsgang anders: Wissenschaften mit selbstevidenten Axiomen (vgl. die Arithmetik)

Eine gewisse Analogie besteht zu Wissenschaften mit Axiomen aus übergeordneten Wissenschaften (z.B. die Musik, bezogen auf die Arithmetik)

2. Altprotestantische Dogmatik

Sie findet ihre Grundlagen im Aristotelismus, gelegentlich im Ramismus.

Entweder versteht sie sich als **praktische Wissenschaft**	oder als **theoretische Wissenschaft**
Die praktische Wissenschaft will • ihren ‚Gegenstand' verändern, • dazu den ‚finis' (das Ziel der Veränderung) kennen und • seine Momente analysierend herausheben.	Die theoretische Wissenschaft will • einen bestimmten ‚Gegenstandsbereich' erfassen, • dessen Zusammenhang konstruieren und • dessen Momente synthetisieren.
analytische Methode z. B. A. Quenstedt: Theologia didactico-polemica (1625).	***synthetische Methode*** z.B. P. Melanchthon: Loci communes (1521).
a. Voraussetzungen und Ziel der Theologie: *Gott als ‚finis obiectivus'* — *Topoi*: Begriff der Theologie, Gotteslehre, Heilige Schrift, Engel, Mensch, Vorsehung Gottes. b. Eigentlicher ‚Gegenstand' der Theologie: *‚subiectum theologiae'* — *Topoi*: der Sünder, zu Gott zurückzubringen, trotz der Sünde Gottesebenbild, Sünde, freier Wille. c. Prinzipien des Heils: *Topoi*: Gottes guter Wille gegen uns, Christus als Erlöser, ordo salutis. d. Mittel zum Heil: *media causalia:* — Wort Gottes (Gesetz und Evangelium), Sakramente, Glaube, gute Werke, Kreuz, Gebet. *media executiva:* — Stände, Kirche. e. Finis formalis (⇨fruitio Dei) — Unsterblichkeit, Auferstehung, Gericht, Vollendung der Welt.	Melanchthon konzentriert seinen theologischen Abriß auf die Rechtfertigung, denn: *„Mysteria divinitatis rectius adoraverimus quam vestigaverimus"(StA II, S. 6).*

3. Enzyklopädischer Ansatz der Theologie

nach F. SCHLEIERMACHER: Kurze Darstellung des theologischen Studiums (1810)

Die Theologie

gliedert sich in — gehört zu den Kulturwissenschaften, die sich mit der Geschichte und ihren Ergebnissen befassen.

philosophische Theologie		historische Theologie			praktische Theologie	
A. Apologetik	B. Polemik	C. Exegetische Theologie	D. Historische Theologie	E. Geschichtliche Kenntnis vom gegenwärtigen Zustand des Christentums	F. Kirchendienst	G. Kirchenregiment

Dogmatische Theologie — Statistik

Zweck dieser Erkenntnis: **Kirchenleitung**

(Wissenschaft und Kirche gehören in die allgemeine ethische Entwicklung.)

Zum Vergleich: In gegenwärtiger systematischer Theologie sind zu berücksichtigen:

- Wissenschaftstheorie und Enzyklopädie (vgl. A⇨G),
- Apologetik, Polemik (vgl. A, B),
- Fundamentaltheologie,
- Hermeneutik (vgl. C, D),
- Dogmatik, Ethik, Theologie der Religionen (vgl. z. T. F).

4. Wichtige Gesichtspunkte gegenwärtiger Wissenschaftstheorie

in ihrer Auswirkung auf die systematische Theologie

4.1 Wissenschaftstheoretische Ansätze im 20. Jahrhundert

	Methoden, Grundlagen	Wahrheitsbedingungen	Theolog. Konzeptionen
Positivismus (vgl. die sog. Wiener Schule – MACH, SCHLICK –, aber auch AYER USW.)	Ableitung bzw. Synthese wissenschaftlicher Aussagen aus/aufgrund von Axiomen und Theoremen - Bezug auf außertheoretische Empirie.	• Satz-, • Kohärenz-, • Kontrollierbarkeitspostulat; ferner: • Unabhängigkeits-, • Konkordanzpostulat.	Der Religionsphilosoph H. SCHOLZ im Disput mit K. BARTH.
Fallibilismus (vgl. POPPER, ALBERT)	Aufstellung widerlegbarer Hypothesen (dadurch Schritte auf dem Weg zur Wahrheit).	Übereinstimmung von Hypothesen und „Gegenstand" bzw. Ereignis - die Kohärenz wissenschaftlicher Aussagen muß sich erweitern.	Einige angelsächsische Religionsphilosophen wie HICK; vgl. PANNENBERG: Gott als universale Sinnhypothese.
Konsenstheorie (vgl. APEL, HABERMAS)	**a.** Diskurs über die Geltungsgründe von Aussagen (und Normen); **b.** hermeneutische Verfahren.	**a.** Pragmatische bzw. kommunikative Auffassung der Wahrheit, z. B. Verständigung als erfolgreiche Handlung; **b.** Überschneidung von Sinnhorizonten.	SAUTER: Konsens in der Kirche; EBELING, aber auch PANNENBERG.

4.2 *Zwei Beispiele:*

4.2.1 *W. Pannenberg: Wissenschaftstheorie und Theologie (1973)*

Pannenberg geht von folgender Alternative aus:

*Theologie als **einheitliche** Wissenschaft* ⇔ *Theologie als **positive** Wissenschaft*

- vgl. 1, evtl. 4.1 A: aus einem Prinzip.
- vgl. 3: Glaubenswissenschaft im 19. und 20. Jahrhundert.

Gott

ist universal herausfordernde Hypothese,

- zu erfahren in allen Gegenständen der Erkenntnis (indirekt),
- eschatologisch verifiziert (durch Kohärenz aller Ereignisse in einem Sinnzusammenhang),
- er umfaßt (zuletzt) alles einzelne im Sinnganzen.

Möglicherweise ein Bezug auf ein sonst eher beiseite geschobenes Thema!

- Die Erfüllung dieser Hypothese wird hier in vorläufigen geschicht lichen Erfahrungen antizipiert, vgl. das Kohärenzpostulat, 4.1 A.

Konsequenz: theologische Aussagen sind Aussagen über Ausprägungen des religiösen Bewußtseins

Aufbau der Theologie (vgl. das Thema der Enzyklopädie):

Anthropologie	***Religionswissenschaft***	***(evangelische) Fundamentaltheologie***	***Theologie der christlichen Religion***	***Daneben:***
Der welt- und gottoffene Mensch	Religiöser Wahrheitsanspruch, Theologie der Religionen	Fortführung der Apologetik, vgl. 3.	• Traditionelle Gotteslehre (Fundierung), • Christologie (s. auch Anthropologie), • Ekklesiologie (s. auch Gesellschaft), • Ethik = Handlungslehre.	• Biblische Theologie (israelitisch-christliche Religionsgeschichte), • Kirchengeschichte (systematische Darstellung des Christentums), • Praktische Theologie.

4.2.2 *G. Ebeling: Dogmatik des christlichen Glaubens (1979)*

Glaube
als Existential

Glaubensaussagen
bezogen auf

die Situation des Menschen und ein Widerfahren der Transzendenz

Reflexion
in dogmatischen Aussagen auf

Glaubenssituation — Glaubensgrund

⇒ Legitimation

- durch *Identifikation*: Christlichkeit durch Schriftgemäßheit,
- durch *Verifikation*: Wahrheit durch Einverständnis und Lebensbezug.

C. DOGMATIK UND THEOLOGIE

War bisher eher von der Theologie im allgemeinen die Rede, so muß nun bestimmt werden, an welchem Zeitpunkt und in welchem Zusammenhang sich eine spezielle „Dogmatik" herausbildet. Ist die Dogmatik eine Sammlung von einzelnen Dogmen, ihre Wahrheit einfach zumutenden Sätzen, oder will sie den Inbegriff kirchlicher Lehre und Bekenntnisses erschließen?

1 Bestimmung und Präzisierung des Problems

Bekenntnis

Kirchliche Lehre entstammt kirchlichem *Bekenntnis.* Ist das Bekenntnis ein normatives Korsett oder ein schützender Zaun, innerhalb dessen das Bekenntnis zu dem in Christus erschienenen Gott immer wieder entfaltet und gelebt werden kann?

Damit hängt die Frage zusammen, wer das Bekenntnis ausspricht und die der Kirche aufgegebene und zu bekennende Wahrheit formulieren darf – die Gemeinde (die im Kirchenkampf plötzlich das Glaubensbekenntnis laut sprach), ihre Lehrer oder Amtsträger. Die alte Kirche wird im eminenten Sinn „katholisch", als VINZENZ VON LERINUM seinen Traditionssatz prägt: Die Kirche bewahrt, was „überall, was immer, was von allen geglaubt worden ist" (vgl. die Übersicht „Dogma und Dogmen", 1.2).

Dogma

Auch die neuere Dogmatik erkennt den Begriff des Dogmas als Inbegriff an. Dogmen sind also analytische Aussagen, die sich auf das im Bekenntnis der Kirche gründende Dogma beziehen. Dabei hebt K. BARTH die Vorgabe des Wortes Gottes (der Verkündigung der Kirche vorangehend!) stärker als P. ALTHAUS hervor, der sich auf die Glaubenserkenntnis der Kirche bezieht (vgl. die Übersicht „Dogma und Dogmen", 2.1 und 2.2.).

2 Problembearbeitung

2.2 Historischer Hintergrund

2.2.1 Alte Kirche und Mittelalter

Sacra doctrina

Der Begriff des Dogmas findet sich recht früh, z.B. bei IGNATIUS (vgl. Ad Magn. 13: „... in den Dogmen des Herrn und der Apostel gefestigt werden.") Bis in die Neuzeit gab es keine Scheidung der Theologie in Disziplinen: die Theologie galt (mit AUGUSTIN) als *„sacra doctrina"*. Dogmatische Aussagen entstanden in der an Vorbildern von Schulen orientierten Reflexion des Bekenntnisses. Mit dem Aufkommen universitär betriebener Wissenschaft und des mittelalterlichen Aristotelismus wird die *Systematisierung der Überlieferung* (PETRUS LOMBARDUS) und die Gewinnung von Folgerungen aus axiomatischen Prinzipien Voraussetzung der theologischen *Wissenschaft* (THOMAS VON AQUIN und die Scholastik). Alle Aussagen müssen sich aus Offenbarungsaussagen der Schrift (bekräftigt durch das testimonium spiritus sancti) herleiten lassen. Die Gehalte des depositum fidei, aber nicht explizierende theologische Aussagen sind jeder menschlichen Erkenntnis übergeordnet. Im Nominalismus (DUNS SCOTUS, WILHELM VON OCKHAM) erlangte die *Offenbarung* deutlicher als zuvor autoritativen Charakter; die Theologie (mithin die spätere Dogmatik) tendiert zur Gott verherrlichenden *„scientia practica"*. Diese Auffassung war bis in die altprotestantische Orthodoxie hinein gültig, in der nun der Charakter der Schrift als alleiniger Richtschnur durch die Verbalinspirationslehre noch stärker betont wird.

Petrus Lombardus: Systematisierung der Überlieferung

autoritativer Charakter der Offenbarung

Mystik und Ostkirche: Reserve gegenüber der Dogmatik

Einige Ausnahmen hiervon seien erwähnt: In der mittelalterlichen *Mystik* (MEISTER ECKART, HILDEGARD VON BINGEN u.a.) und in „schwärmerischen" Bewegungen gelten auch persönliche Offenbarungen als der Schrift gleich, aber nicht übergeordnet. Die *Ostkirche* kennt zwar kirchliche Lehre, aber erst spät dogmatische Werke nach Art westkirchlicher Summen. Manche Bewegungen wie das sog. *Schwärmertum* lehnen sich gegen als „verordnet" empfundene dogmatische Lehren auf und räumen der persönlichen Offenbarung ebenfalls eine hohe Stellung ein.

2.2.2 Reformation

M. LUTHER begreift den Artikel von der Rechtfertigung durch Glauben allein als den Fundamentalartikel der Rechenschaft des Glaubens: Luther: Rechtfertigung fundamental

> „Locus igitur iustificationis ... diligenter discendus est. In eo enim comprehendentur omnes alii fidei nostrae articuli, eoque salvi sunt et reliqui." (Der Locus von der Rechtfertigung ist daher sorgfältig zu lernen. In ihm werden nämlich alle anderen Artikel unseres Glaubens zusammengefaßt; wenn er unverfälscht ist, sind auch die übrigen unverfälscht.) (Galaterbriefvorlesung von 1533, WA 40, I, S. 39)

Die erste reformatorische Dogmatik legt P. MELANCHTON 1521 mit den „Loci communes" vor. Sie „synthetisiert" (daher *synthetische Methode*) die zentralen Aussagen des Glaubens im Zusammenhang einzelner Loci. Melanchthon formuliert programmatisch: Melanchthon: Synthetische Methode

> „...hoc est Christum cognoscere beneficia eius cognoscere..." (Christus zu erkennen bedeutet, seine Wohltaten [an uns] zu erkennen.) (StA II,1,7)

Von Melanchthon bis G. CALIXT herrscht die synthetische Methode in der Dogmatik vor.

Die *analytische Methode* läßt die Dogmatik zuerst nach dem Ziel, dem ewigen Leben, dem Heil fragen und dann den Weg, beides zu erlangen, darstellen (vgl. das Modell des Heidelberger Katechismus). *Katechetischen* (aber auch apologetischen) Zwecken diente die erste umfassende reformatorische Dogmatik, J. CALVINs „Christianae religionis Institutio" (1536, 1539, 1559). Analytische Methode

2.2.3 Altprotestantische Orthodoxie

Die *altprotestantische Orthodoxie* ist eine Schultheologie, die im Allgemeinen aristotelische Logik, Metaphysik und Dialektik benutzt. Ihr aufgliedernder Rationalismus darf aber nicht verdecken, daß es ihr um bestimmte *Ziele* geht – nicht nur um Apologie von Lehrmeinungen, sondern um das „consentire cum ecclesia" (Dogmen). Als „praktische" (und damit Altprotestantische Orthodoxie

auch weisheitliche) Wissenschaft ist sie immer offen zum elementaren Vollzug des Glaubens, der sich betend und lobpreisend auf Gott bezieht (Doxologie). Die sich uns heute als starre Dogmatiken präsentierenden Werke (begegnen sie uns doch fast nur in herausgerissenen Sätzen in Kompendien) waren als Gesamtabriß der Theologie gedacht, als biblische Anwendung, Verteidigung der Bekenntnisse und Grundlage der Verkündigung. Auch die Aussagen der Frömmigkeit tragen dogmatische Spuren an sich; das Liedgut der Evangelischen Kirche ist voll von Versuchen dogmatischer Elementarisierung.

Gesamtabriß der Theologie

2.2.4 Aufklärung und neuere Theologie

Aufklärung: Autonomiepostulat

In der Aufklärung wird gegen die angebliche Heteronomie der Religion die Vernunftautonomie postuliert (I. KANT); damit wird die allein in Gottes kontingenter Tat gründende biblische Offenbarung als wissenschaftliches Axiom in Frage gestellt. Dies bereitet der Theologie nach ihrer bisherigen Selbstauffassung größte Schwierigkeiten.

Lessing: „garstiger Graben"

> „Denn ... was heißt einen historischen Satz für wahr halten? eine historische Wahrheit glauben? ... Wenn ich folglich historisch nichts darwider einzuwenden habe, daß Christus einen Todten erweckt: muß ich darum für wahr halten, daß Gott einen Sohn habe, der mit ihm gleiches Wesens sey? ... Das, das ist der garstige breite Graben, über den ich nicht kommen kann, so oft und ernstlich ich auch den Sprung versucht habe." (G. E. LESSING, Über den Beweis des Geistes und der Kraft, in: Sämtl. Werke 13, S. 6-8)

Die Theologie wird zur historischen Wissenschaft, eine normative Dogmatik aber höchst problematisch.

Schleiermacher: christlich-frommes Selbstbewußtsein

F. SCHLEIERMACHER sieht in der Darstellung des christlich-religiösen Selbstbewußtseins Sinn und Inhalt der Theologie. Wird dieser Ansatz oberflächlich verstanden, dann steht er einem bloß subjektiven Gefühl nah (und nicht einer transzendental zu interpretierenden Grundbefindlichkeit); er führt zu einem nur schwachen Stand der Theologie im Wissenschaftskanon, so daß ein danach aufkommender Positivismus ihn als spekulativ und schließlich überflüssig betrachten mußte. Nach Schleiermacher integriert die christliche Religion allerdings die objektive Kultur; die kirchliche Lehre als einer ihrer Aspekte wird zur historischen Disziplin (Der christliche Glaube, [2]1830-1831, § 2-19).

2.3 Aktuelle dogmatische Fachdiskussion

Damit beginnt die *Vorherrschaft der historischen Methode* und auch historischer Inhalte in der Theologie. Sofern die Theologie nicht die Universalgeschichte zu ihrem Thema macht, tritt sie damit in Diskrepanz zu ihrem universalen Anspruch.

2.3.1 Barth

K. BARTH fordert die Autorität des Offenbarungswortes als Voraussetzung für das Denken zurück; die Wissenschaftlichkeit solle hierbei nicht aufgegeben werden: Als Wissenschaft gilt ihm die methodische Erkenntnisbemühung, die von *ihrem Gegenstand* bestimmt wird.

Barth: Offenbarung begründet Erkenntnis

„In der Dogmatik hat die Kirche ihre Rede von Gott am Maßstab ihres eigenen Seins, das heißt, der göttlichen Offenbarung, zu messen. Ihre Rede von Gott ist aber die Rede der an sich glaubenslosen und glaubenswidrigen Vernunft des Menschen. Dogmatik ist also auf der ganzen Linie Auseinandersetzung zwischen dieser Vernunft des Menschen und der in der Kirche geglaubten Offenbarung. Aber diese Auseinandersetzung findet im Raume der Kirche selber statt, das heißt: sie ist nicht am Widerspruch der Vernunft, sondern am Spruch der Offenbarung orientiert." (KD I,1, S. 27)

Die Barthsche Voraussetzung liegt zunächst auch der Existenztheologie zugrunde (R. BULTMANN).

2.3.2 Vermittlungstheologie

Eine andere Lösung dieses Problems ist die *vermittlungstheologische*. Das historische Wissen und das historische Selbstbewußtsein sind nur ein Aspekt des Wissens und Selbstbewußtseins, das nach dem Sinn menschlicher Existenz sucht. P. TILLICHs Korrelationsmethode (s.o.) zielt nicht auf

neue Versuche der Vermittlungstheologie

eine Dogmatik, die Lehraussagen verteidigt, sondern auf eine Systematische Theologie, die sinnhaftes Existenzwissen entfaltet. Das symbolische Material menschlicher Rede und Weltauffassung kann zum Ausdruck göttlicher Selbstmanifestation werden (z.B. wird das persönliche Leben in der „analogia imaginis" zum Ausdruck göttlicher Selbstmanifestation [Systematische Theologie, Bd. 2, ^{8}1984, S. 125f.]).

2.3.3 Pannenberg

Pannenberg: hypothetische Erkenntnis im Vorgriff auf die Vollendung der Geschichte

Auch ein neuerer vermittlungstheologischer Ansatz mündet in eine „Systematische Theologie" ein: W. PANNENBERG (Systematische Theologie, Bd. 1-3, 1988-1993) versteht das Dogma als eschatologischen Begriff und die Systematische Theologie insgesamt als „offene" Frage nach dessen Wahrheit. Die Wahrheit erweise sich selbst in der Kohärenz des erfüllten Sinnzusammenhangs des gesamten geschichtlichen Geschehens (a.a.O., Bd. 1, S. 31, 59). Während die Wahrheit in ihrem Unbedingtheitscharakter nur im Glaubens*akt* aufscheint, sind Glaubens*aussagen* selbst nur hypothetisch (sie können an der letzten und umfassenden Wahrheit scheitern: vgl. a.a.O., S. 68 – gegen W. Joest, Dogmatik, Bd. 1, ^{3}1989, S. 45). Der Glaubende gibt in einer „assertio" der *Gewißheit* Ausdruck, der Hörende formuliert in der Reflexion Hypothesen.

2.3.4 Katholische Theologie: Rahner

Rahner: Transzendental-theologie

Als bedeutendster und einflußreichster *katholischer* Theologe der Gegenwart gilt K. RAHNER. Seine Theologie stellt einen großangelegten Versuch der Synthese von Thomismus, Transzendentalphilosophie und Existentialphilosophie dar: Schon in der (angeblich) vortheologischen Religionsphilosophie lasse sich der Mensch phänomenologisch als Wesen der Transzendenz („Hörer des Wortes", „Geist in Welt" – so die religionsphilosophischen Titel des frühen Rahner) beschreiben. Unter theologischer Perspektive werde (mit Hilfe der analogia entis) deutlich, daß a) der Transzendentalität des Menschen eine echte Transzendenz korrespondiere, ja diese jene erst möglich gemacht habe und b) beider Korrespondenz ihre kategorial-geschichtliche Verwirklichung in Jesus Christus erfahren habe. Die Offenbarung Gottes in Jesus Christus wird als ungeschuldete, irreversible (formalursächliche) Selbstmitteilung Gottes an den Menschen verstanden. Seit der Inkarnation sei offensichtlich, daß „die Chiffre Gottes der Mensch ist ... und alle Theologie in Ewigkeit darum Anthropologie bleibt“ (Schriften, Bd. 1, S. 150). Darum plädiert Rahner für das Recht einer natürlichen Theologie und einen induktiven Zugang zu Fragen der Theologie über Anthropologie und Philosophie. Zugleich setzt er sich mit diesem Ansatz der vehementen Religions- und Theologiekritik der Wort-Gottes-Theologie aus.

Literatur:

K. Rahner, Zur Theologie der Menschwerdung, in: Schriften, Bd. 4, S. 137-155; ders., Grundkurs des Glaubens, 1976.

3 Problemorientierung

K. BARTH zufolge fragt die Dogmatik nach den Kriterien christlicher Verkündigung im Rückbezug auf das in der Heiligen Schrift *bezeugte Wort Gottes*. Die Dogmen bildeten sich aus dem Bekenntnis der Kirche heraus. ‚Dogma‘ heißt nicht Gesetz, sondern eine im gewissen Sinne autoritative Lehrmeinung (nicht als Diktat, sondern als Konsens). Die Dogmatik ist dann eine Funktion der Kirche, eine Reflexion auf den Inhalt des zu Verkündigenden (vgl. W. Joest, Dogmatik, Bd. 1, S. 19). Aber die Kirche selbst ist nicht das Kriterium der Dogmatik. Weder die Kirche noch die Dogmatik sind autonom. Beide sind auf das Wort Gottes und auf das Bekenntnis gegründet. Das Wort Gottes ist nach altprotestantischer Auffassung Kriterium und Norm *(norma normans)* des Bekenntnisses *(norma normata)*.

Wort Gottes

Dogma und Dogmatik

Die *Heilige Schrift* ist Zeugnis vom Worte Gottes; sie bezeugt es als eine Vielfalt von Einzelaussagen, hingegen nicht als einheitliches Lehrgebäude, das in die Reflexion hineingehört. Um das Zeugnis der Schrift in der Lehre zu reflektieren, muß die Mitte der Schrift gesucht werden; diese zu bestimmen ist wiederum Aufgabe der Dogmatik. Ein Zirkel im strengen Sinn entsteht nicht, weil die Schrift auf das in ihr zur Sprache kommende Zeugnis verweist und die glaubende Gemeinde darauf antwortet, was sich in Predigt und Bekenntnis (als Urform des Dogmas) niederschlägt. Die Dogmatik interpretiert also das Schriftzeugnis, indem sie vom auf Gottes Wort antwortenden Zeugnis der Gemeinde ausgeht.

Heilige Schrift

Oft ist vom ‚Dogma' als singulare tantum die Rede. Das ist im Sinne von W. ELERT (Der christliche Glaube, [5]1960) zu verstehen: „Die Dogmatik hat das Dogma der Kirche, d.h. den Sollgehalt ihres Kerygmas, zu untersuchen." (a.a.O., S. 49)

4 Eigene Stellungnahme

- Warum predigen Pfarrerinnen oder Pfarrer oft so subjektiv oder gar willkürlich? Fehlt es ihnen an Einsicht in einen „Konsens" der Kirche?
- Gibt es Kirchen ohne Dogmen? Wäre ein dogmenfreies Christentum ohne Normen möglich?
- Steht die Dogmatik zu Recht in dem Verdacht, kritische Studentinnen und Studenten mit autoritären Sätzen zu überfallen?

Literatur zur Vertiefung:
O. Bayer, Theologie, 1994; C. Frey, Dogmatik, [3]1993, Teile 1.1, 1.3-1.9; W. Härle, Dogmatik, 1995, S. 3-45; W. Joest, Fundamentaltheologie, 1974; ders., Dogmatik, 2 Bd., [3]1989, S. 513-548; W. Pannenberg, Systematische Theologie, Bd. 1, 1988, S. 26-68.

Mögliche Klausurthemen:
1. Welche Fragen kann bzw. soll eine evangelische Fundamentaltheologie stellen?
2. In welchem Verhältnis stehen dogmatische und historische Theologie?
3. Kann die Dogmatik als Wissenschaft betrachtet werden?

Die folgende Übersicht versucht, das unterschiedliche Verständnis von Dogma (Singular), Dogmen (als einzelnen Aussagen) und Dogmatik (als Disziplin) zusammenzufassen:

Dogma und Dogmen

1. Ursprünge kirchlicher Lehre

FORMEN	URHEBER *lehrhafter Aussagen*	FORTENTWICKLUNG
⇩	⇩	⇩
1.1 Taufbekenntnisse:		
z.B. • HIPPOLYTS VON ROM (215) oder	die bekennende Gemeinde,	**Apostolikum** (nur in der westlichen Kirche)
• Taufsymbol von Caesarea	vertreten durch ihre Lehrer	
1.2 Bekenntnisse, die Irrlehren ausgrenzen:		
z. B. bei IRENÄUS VON LYON (ca. 180)	eher einzelne Lehrer der Kirche später: Konzilien, Synoden:	**Nicaenum** (325) **Chalcedonense** (451)
	Subjekt der lehrhaften Aussagen: die *Kirche* und ihre *Tradition*	Folgen: Streit um einzelne Aussagen des Bekenntnisses vor allem bei Erweiterung des Bekenntnisses

Vgl. VINZENZ VON LERINUM (⊥ vor 450):
- quod ubique,
- quod semper,
- quod ab omnibus creditum est.

Streit um einzelne Dogmen

Welcher Mindestgehalt kirchlichen Bekenntnisses und kirchlicher Lehre stiftet die Einheit der Kirche? (das „**Dogma**")

aber im Zusammenhang

2. Neuzeitliche Bestimmungen

	Dogma	***Dogmatik*** **als Systematisierung** und Reflexion
2.1 Beispiel P. ALTHAUS:	„Das Dogma ist der Inbegriff der in Gottes Offenbarung sich erschließenden Glaubenserkenntnis der Kirche" (Die christliche Wahrheit, S. 242). Deshalb lutherische Position: Sollgehalt der CA.	„Dogmatik ist die begrifflich bestimmte kritische Darstellung der kirchlichen Wahrheit" (a.a.O., S. 243).
2.2 Beispiel K. BARTH:		„Dogmatik ist die kritisch. nach dem Dogma, d. h. nac. Worte Gottes in der kirchlich. Verkündigung…" (KD I,1, S. 2.

Gewisse Spannung

Daran anschließend: Mitte des Bekenntnisses ist Jesus Christus, das eine Wort Gottes (vgl. Barmen I).

Theologische Systeme – Dogmatische Entwürfe

Eine Übersicht im Anschluß an Kapitel 1

1. Typus: Konstitution der Wirklichkeit in Gott

1.1 Origines: Peri archon (ca. 215-230)

1. Buch: *Gott*, die Geisterwelt

2. Buch: Hervorgang der *Welt*, Erlösung

3. Buch: (zentriert um) Mensch, freier Wille, Sünde, Erlösung

4. Buch (methodische Klammer): Lehre von der Schrift

1.2 Thomas von Aquin: Summa theologiae (ca. 1272-1273) (vgl. auch STh I q 2)

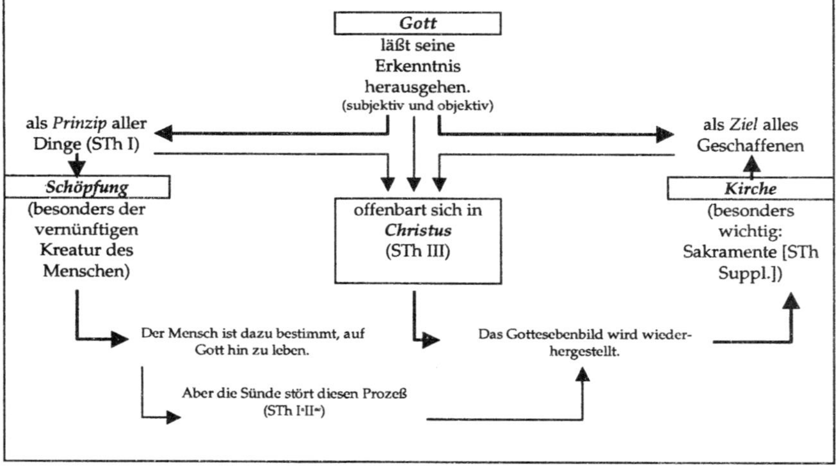

2. Typus: Auslegung des dreigliedrigen Bekenntnisses der Christenheit

2.1 Johannes Damascenus: Πηγὴ γνώσεως (Anfang des 8. Jahrhunderts)

1. Buch: Dialektik (Philosophie)

2. Buch: Irrlehren

3. Buch: Ekdosis des christlichen Glaubens:
1. Gott, Schöpfung, Anthropologie,
2. Christologie,
3. Soteriologie, Eschatologie.

2.2 Petrus Lombardus: Quatuor Libri Sententiarum (1150-1152)

1. Trinitätslehre, Lehre von Gottes Eigenschaften	2. Lehre von den Engeln, der Schöpfung, der Sünde und der Gnade	3. Christologie, Lehre von den Tugenden	4. Sakramente, Eschatologie
≈ erster Artikel	≈ zweiter Artikel		≈ dritter Artikel

3. Typus: Gotteserkenntnis und Selbsterkenntnis: Augustinischer Ansatz

CALVIN, JEAN: Institutio Religionis Christianae (letzte Auflage, besorgt vom Autor 1559) (vgl. 2.1 und 2.2.)

⇧ Der Einleitungssatz (I,1,1) bezieht sich auf die Erkenntnis Gottes und unserer selbst.

Aufriß:

1. Erkenntnis Gottes des *Schöpfers*
2. Erkenntnis Gottes des *Erlösers*, Fall des Menschen, Gesetz, Christus
3. Teilhabe an der *Gnade* Christi, Geist Gottes, Glaube, Rechtfertigung etc.
4. Mittel, mit denen uns Gott zur *Gemeinschaft* in Christus einlädt

4. Typus: Reduktionistischer Ansatz: Frage des Menschen nach sich selbst und damit Frage nach Gott

4.1 MELANCHTHON, PHILIPP: Loci communes (1521)

beschränkt auf:

das fragliche Thema des freien Willens, die Sünde,	Gesetz und Evangelium,	Gnade, Rechtfertigung und Glaube,	alter und neuer Bund, Sakramente usw.

4.2 SCHLEIERMACHER, FRIEDRICH: DER CHRISTLICHE GLAUBE (2. Aufl., 1830)

	Teil 1: Im christlich-frommen Selbstbewußtsein werden vorausgesetzt:	*Teil 2:* Das christlich-fromme Selbstbewußtsein	
		im Gegensatz	in seiner Entwicklung
Grundbefindlichkeiten des Menschen:	Verhältnis von Gott und Welt: *Schöpfung und Erhaltung*	In diesem Bewußtsein: *Sünde* als Unlust zur	*Gnade* als Lust zur
		schlechthinnigen Abhängigkeit	(Die Lust ist begründet in Person und Werk Christi.)
Darauf bezogene göttliche Eigenschaften:	• Ewigkeit, • Allgegenwart, • Allmacht, • Allwissenheit.	• Heiligkeit, • Gerechtigkeit.	• Liebe, • Weisheit
Entsprechende Beschaffenheit der Welt:	ursprüngliche Vollkommenheit von Welt und Mensch	Übel	Kirche: Entstehen, Bestehen, Vollendung

4.3 RITSCHL, ALBRECHT: Rechtfertigung und Versöhnung, Bd. 1, 1. Aufl., 1870

A.	B.	C.	D.
Der *Begriff* der Rechtfertigung und die Relationen derselben:	Die *Voraussetzungen*:	Der *Beweis*:	Die *Folgerungen*:
Definitionen, allgemeine Relationen, subjektive Seite	Lehre von *Gott*, von der Sünde, von der Person und dem Lebenswerk Jesu Christi	Notwendigkeit der Sündenvergebung, ihre Begründung im Wirken und Leiden Christi	die religiösen Funktionen aus der Versöhnung mit Gott, die religiöse Ordnung des sittlichen Handelns

Vgl. zu 1-4: F. Mildenberger: Grundwissen der Dogmatik, 1982, Kapitel 1.2 und 1.3.; C. Frey, Dogmatik,[2]1987, Übersichten 1 und 2.

Exkurs 1: Glaube und Vernunft in der Entfaltung der Dogmatik

1.1 Problemstellung

Das Verhältnis von Glaube und Vernunft berührt die Dogmatik auf zwei Ebenen:

Vernunftkonformität dogmatischer Inhalte und Methoden

- Sind ihre *Inhalte* vernunftkonform? Dann müßte der Glaube intellektuell verstanden werden und die Vernunft im Blick auf die letzten und höchsten Einsichten ergänzen, oder am Ende aller Zeiten würden Glaubens- und Vernunfterkenntnis in eins fallen.
- Sind ihre *Methoden* vernunftkonform? Beachtet sie z.B. den Satz vom Widerspruch (etwas könne nicht zur selben Zeit eines und genau dessen Gegensatz sein)? Immerhin kann die Rationalität dogmatischer Argumentation auch die Paradoxie einschließen (vgl. die Christologie: Jesus Christus sei zugleich der unendliche Gott und ein endlicher Mensch).

natürliche Theologie

Die erste Frage reicht an eine inhaltliche *natürliche Theologie* (Hat der Mensch als nicht von Gott abgefallenes Wesen „übernatürliche" volle Erkenntnis Gottes?), die zweite Frage an eine formale (Hat das Ebenbild Gottes – trotz des Falls – Sprache, Vernunft und Verantwortung im hinreichenden Maße, um die Bedeutung der Gottesfrage zu erkennen?)
Die *Katechismen* (etwa Luthers Kleiner und Großer sowie der Heidelberger Katechismus) wollen eine Basisrechenschaft des Glaubens sein. Sie setzen das unableitbare Heilsereignis des Kommens, des Sterbens, Auferstehens Jesu Christi sowie darauf bezogene Lehrentscheidungen voraus.

> „Ich gläube, daß ich nicht aus eigener Vernunft noch Kraft an Jesum Christum, meinen Herrn, gläuben oder zu ihm kommen kann, sondern der heilige Geist hat mich durchs Evangelium berufen, mit seinen Gaben erleuchtet, im rechten Glauben geheiligt und erhalten ..." (M. Luther, Kleiner Katechismus, Erklärung zum dritten Artikel)

Ihre formale Rationalität liegt in katechetischen Schulfragen. Ausgearbeitete Dogmatiken verfahren oft im Grunde nicht anders, obwohl sie vielfach auf eine Art explikativer Schulphilosophie zurückgreifen (z.B. die altprotestantisch-lutherische Dogmatik auf eine Art aristotelischer Metaphysik).

Das Verhältnis von Glaube und Vernunft hängt also von der näheren Bestimmung beider Seiten ab. Es war auch ein Thema der heute fast vergessenen Apologetik.

1.2 Positionen

Die *theologiegeschichtlichen Positionen* finden sich in der ganzen Bandbreite zwischen

- dem Glauben als *wahrer Gnosis* und höchster (über-)natürlicher Erkenntnis – einer *intellektuellen Theologie* – und
- dem Glauben als *Lebensakt* oder existentiellem Vollzug, der sich auch in Argumenten Ausdruck verschaffen kann – einer Art *Erfahrungstheologie*.

intellektuelle Theologie oder Erfahrungstheologie

1.2.1 Scholastik

Bereits die *scholastisch* durchgeformte *mittelalterliche Theologie* weist beide Seiten auf: Von ‚Erfahrungstheologie' ist dann zu reden, wenn Gott vor allem als Wille verstanden wird und deswegen in seiner Freiheit über all unser Ermessen und Erkennen hinausgeht (Voluntarismus).

Scholastik: Voluntarismus oder Intellektualismus

Die *intellektuelle Seite des Glaubens* hoben hingegen hervor:

- PETRUS ABAELARD im Anschluß an Hebr 11,1 („Fides est ... argumentum non apparentium", wobei ‚argumentum' an die Disziplin der Dialektik erinnert);
- die *Schule von St. Victor* im Anschluß an Augustin, der Jes 7,9 so wiedergab: „Nisi crediteritis, non intelligetis" (Wenn ihr nicht glaubt, werdet ihr nicht erkennen);
- die *Hochscholastik:* Die Grundaussagen der Glaubensartikel müssen den fundamentalen Prinzipien einer aristotelisch aufgefaßten Wissenschaft gleichgestellt werden. Glaube und Intellekt vereinen sich in der höchsten Wahrheit (gegen die These einer doppelten Wahrheit, die SIGER VON BRABANT vertrat).

Der sog. *Nominalismus* des Spätmittelalters ließ beide Seiten auseinandertreten.

1.2.2 Reformation und Orthodoxie

Auch die Theologen der *Reformation* tendierten – je nach ihrem Bildungsgang – zur einen oder anderen Seite.

Luther: Beschränkung der Vernunft

- M. LUTHER beschränkte die naturgegebene Vernunft auf die Lebensbereiche weltlichen Daseins (coram mundo) und hielt auch ihre Herrlichkeit fest, aber er sah ihre zentrale Frage (Wohin führt uns Menschen das alles?) als unbeantwortet an. Ihr antwortet nur die glaubende Annahme der Rechtfertigung (vgl. seine „Disputatio de homine", WA 39, I, S. 175 ff.).
- P. MELANCHTHON analysierte den Glauben und unterteilte ihn in notitia und assensus (im Denkvermögen, das auch offenbarte Inhalte bearbeiten kann) sowie fiducia (im Willen). Er hob damit den Fiduzialglauben so hervor, daß das Konzil von Trient darin das spezifisch protestantische Gebrechen zu erkennen glaubte.

Calvin: Betonung der kognitiven Elemente

- J. CALVIN, thomistisch gebildet, setzte eher auf kognitive Elemente (und schrieb auch deshalb die erste große Dogmatik des Protestantismus, die „Institutio").

Der *Altprotestantismus* folgte Melanchthons analytischer Distinktion und untermauerte die notitia mit Hilfe einer in der Regel aristotelisch geprägten Schulphilosophie.

1.2.3 Aufklärung

Aufklärung: vollendende Vernunft

Die *Aufklärung* faßte die Vernunft inhaltlich-teleologisch, betonte z.T. ihre praktisch-moralische Seite, aber auch die vernünftige Gestaltung der Lebenswelt bis hin zur allseitigen Entfaltung im Geist. Der Glaube trat hinter die sich allseits – subjektiv wie objektiv- vollendende Vernunft zurück (z.B. in G. W. E. LESSINGs „drittem Zeitalter" des Geistes oder in G. HEGELs Vollendung der Geschichte, die das Absolute – Gott als Inbegriff der Vernunft – und das geschichtlich Seiende – das einzelne – „versöhnt"). F. SCHLEIERMACHERs Entwurf folgte ebenfalls der Geschichte des Geistes und damit der sich organisierenden und zur Darstellung bringenden Vernunft. Der Kern dieses Geistgeschehens im einzelnen, das „Gefühl schlechthinniger Abhängigkeit", eine Art Grundbefindlichkeit, kommt im monotheistischen und teleologischen Glauben am reinsten zum Ausdruck.

Spekulative Theologien des 19. Jh.s glaubten, die umfassende Wahrheit spekulativ-vernünftig und systematisch entwerfen, die biblischen und die Glaubensaussagen aber als deren anschaulichere Form darstellen (z.B. A. E. BIEDERMANN) zu können. Die *Vermittlungstheologie* setzte hingegen ein teils negatives, teils positives Ergänzungsverhältnis von Glaube *und* Vernunft voraus (z.B. A. DORNER). Die *liberale Theologie* konnte sich auf die praktische Vernunft („Sittlichkeit") beziehen und so die Frage nach der „Religion" aufgreifen (W. HERRMANN).

spekulative Theologie, Vermittlungstheologie, liberale Theologie

1.2.4 20. Jahrhundert

Die protestantische Theologie des *20. Jahrhunderts* kennt zahlreiche Varianten der Verhältnisbestimmung:

Verhältnisbestimmungen im 20. Jahrhundert

- Die Vernunft ist immer vorläufig und gerade in ihrem empirischen Bezug auf dem Weg zur Wahrheit. Grundannahmen über unsere Wirklichkeit verdienen hingegen auch theologische Diskussion. Gottes Offenbarung geht von unableitbaren („kontingenten") geschichtlichen Ereignissen aus und betrifft die über uns verfügende, glaubend zu empfangende Wahrheit (so etwa K. BARTH: Fides quaerens intellectum, ^{2}1958).
- Die Vernunft soll und wird mit sich selbst in ihrer Beziehung zur Wahrheit eins sein und am Ende aller Zeit in der Offenbarung der Wahrheit des Ganzen einmünden. Somit ist die Theologie der Entwurf einer auf die universale Wahrheit zielenden Vernunft und der Glaube (nur) der persönliche Vollzug dieser Ausrichtung auf die Wahrheit (so etwa W. PANNENBERG).
- Die letzte Wahrheit auch als Gewißheit suchende Vernunft ist Aspekt der umfassenden Fraglichkeit des Menschen, der göttliche Antwort begegnen kann (ontologisch interpretiert bei P. TILLICH, hermeneutisch und in der Spannung von Gesetz und Evangelium bei G. EBELING).

Literatur: W. Härle, Dogmatik, 1995, S. 49-80.

Exkurs 2: Hinweise zum Umgang der Dogmatik mit dem Thema der Religion bzw. der Religionen

2.1 Problemstellung

Begriff

Die Herkunft des Begriffs der Religion ist ungeklärt. Zwei klassische Zeugen kennen eine unterschiedliche Herleitung: Vom „immer wieder lesen" (relegere) leitet CICERO den Begriff her (De natura deorum II, 28, 72), von „zurückbinden" bzw. „befestigen" (religare) LAKTANZ (Inst. IV, 28). „Religion" kennt kein striktes biblisches Äquivalent; der Begriff ließe sich u.U. wiederfinden in λατρεία, θρησκεία, εὐσέβεια, ὁδός (z.B. Apg 9,2; 19,9 passim).
F. SCHLEIERMACHER begreift das *Christentum als Religion*:

> „Das Christentum ist eine der teleologischen Richtung der Frömmigkeit angehörige monotheistische Glaubensweise und unterscheidet sich von andern solchen wesentlich dadurch, daß alles in derselben bezogen wird auf die durch Jesum von Nazareth vollbrachte Erlösung" (Der christliche Glaube, Bd. 1, ^{2}1830-1831, § 11).

Religion wurde vor allem bis zu R. OTTO auch auf die Erfahrung einer erhabenen Macht bezogen, während in den meisten neueren Versuchen die psychologische Variante vorherrscht und das Gefühl betont, dessen Sitz womöglich das Gewissen darstellt. Umstritten bleibt, was die wahre Religion ist – die fortgeschrittenste, die natürliche oder die positive (in der Gestalt des Christentums).

Theologie der Religionsgeschichte – Theologie der Religionen

Die Dogmatik wird sich nicht in eine (neutrale) religionsphänomenologische Position entäußern. *„Theologie der Religionsgeschichte"* geht auf P. TILLICH zurück und wurde von C. H. RATSCHOW ins Gespräch gebracht, *„Theologie der Religionen"* zielt unmittelbarer auf die Wahrheitsfrage.
Die christliche Dogmatik wird fragen, ob das Heil exklusiv oder in allen Religionen zu finden ist. Beides kann nur von einem alles überblickenden „Gottesstandpunkt" her abschließend beantwortet werden. Der Glaube kann sich nur daran halten, daß ihm von Gott nur ein Weg zum Heil erschlossen ist, ohne daß er spekulativ Gottes Handeln auch in anderen Religionen ausschließen kann.

2.2 Positionen

Traditionelle Positionen sind der *Exklusivismus* („extra ecclesiam nulla salus" – oder extra Christum?), der *Inklusivismus* (in der Menschwerdung werden alle Menschheitsfragen aufgenommen, jede Religion wäre im Kommen Christi an ihr Ende gekommen, die eigentliche Antwort durchbräche alle Antwortversuche von seiten der Menschen) und der heute nachdrücklich vertretene *Pluralismus*.

- Der Exklusivismus kann nur intern gelten; wem Gott begegnet ist, der kann keinen anderen Weg wählen, ohne den existenzgründenden Glauben aufzukündigen. Exklusivismus
- Der Inklusivismus verbindet sich mit einer finalen Geschichtssicht: Alle Fragen der Religionen münden in die endgültige Offenbarung ein - jetzt oder dereinst; die Geschichte führt auf ein Absolutes zu. Inklusivismus
- Der Pluralismus sieht alle Hochreligionen auf die eine und umfassende Wahrheit Gottes hin zielen und wahrscheinlich sie alle sich im gleichen Abstand zu dieser unfaßbaren Gottheit befinden; aber diese Aussage kann nur vom Standort der unfaßbaren Gottheit her gemacht werden; denn nur sie kann den Weg sowie den gleichen Abstand ermessen. Pluralismus

Verbunden mit Exklusivismus und Inklusivismus ist die Frage nach der *Absolutheit*. Die Absolutheit des Christentums wurde erst in neuerer Zeit postuliert. G. W. F. HEGEL konnte den absoluten Geist behaupten, der sich durch die Geschichte seiner Äußerungen als allumfassender selbst einholt und Subjekt und Objekt, Partikulares und Universalität vereint. E. TROELTSCH könnte auf eine paradoxale ‚relative Absolutheit' festgelegt werden, weil die europäisch(-abendländische Geschichte) eine Höchstform, nicht ein abschließendes Telos der Geschichte erreicht. Absolutheit des Christentums

2.3 Lösungsversuche

Angesichts dieser Fragen muß die „Wahrheit" bestimmt werden, die sich hinter den genannten Ansätzen verbirgt. Die angedeuteten Positionen kennen eine universal-reflexive Wahrheit, der Exklusivismus will hingegen eine in der Existenz und der Endlichkeit zu bewährende, eine Wahrheit, mit der der Sinn des Lebens gegen oft vorherrschende Erfahrungen der Sinnlosigkeit festgehalten werden kann. Dieses Paradox findet keine logi-

sche Auflösung, weshalb der theoretische Anspruch in dieser Wahrheit an die zweite Stelle tritt.
Schließlich ist darauf hinzuweisen, daß der christliche Glaube keine Buchreligion zum Ausdruck bringen will, sondern sein Zentrum in einem geschichtlich-partikularen Sein finden will, von dem es worthaftes Zeugnis gibt. Dieser ungeheuer zugespitzte Sinn von Geschichtlichkeit sperrt sich theoretisch-universalen Deutungen der Gesamtheit der Religionen.

Literatur zur Vertiefung:

Christentum und nichtchristliche Religionen, hg. v. K.-J. Kuschel, Darmstadt 1994; P. Schmidt-Leukel, Theologie der Religionen, München 1997.

Übersicht zum Ertrag der Einheit 1

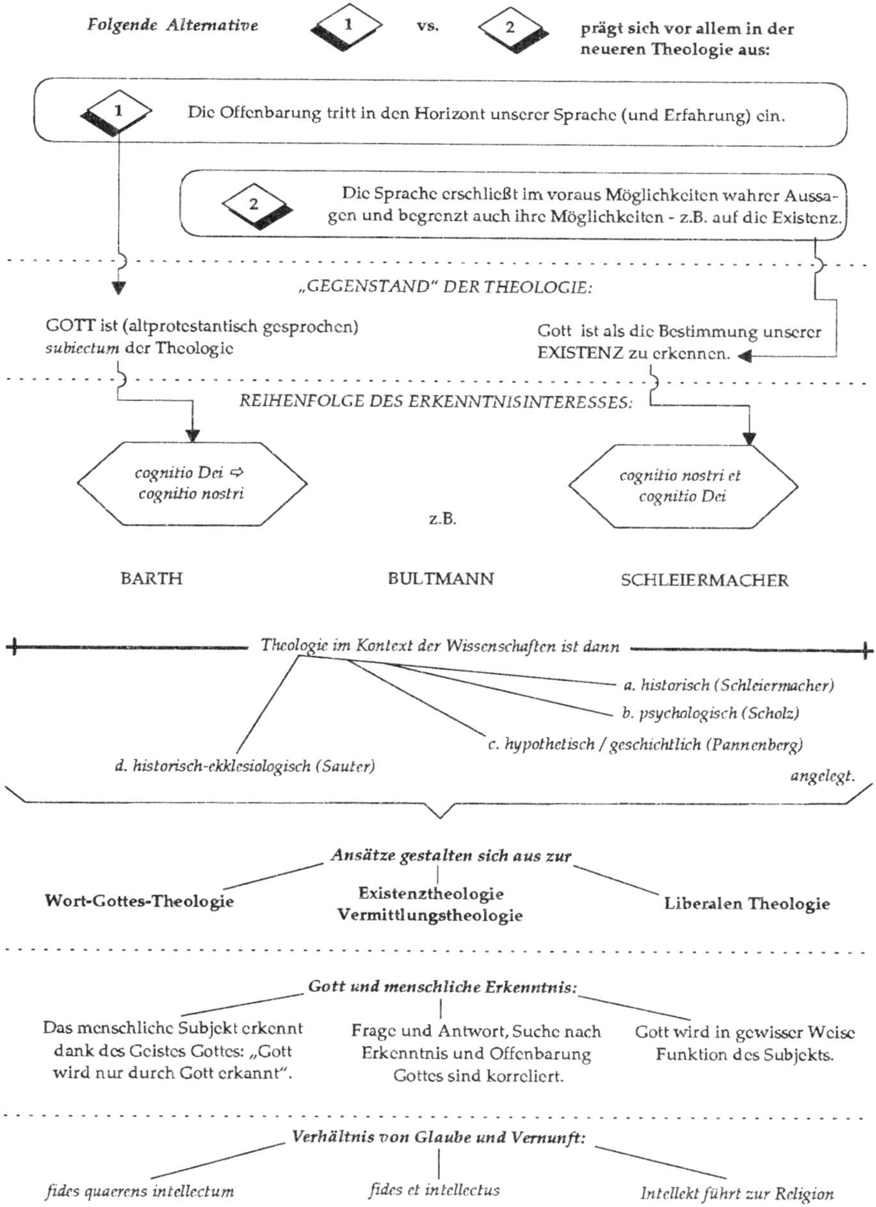

II. DIE HEILIGE SCHRIFT

Bei der Bearbeitung des Kapitels II sollten folgende fundamentale Unterscheidungen beachtet werden:

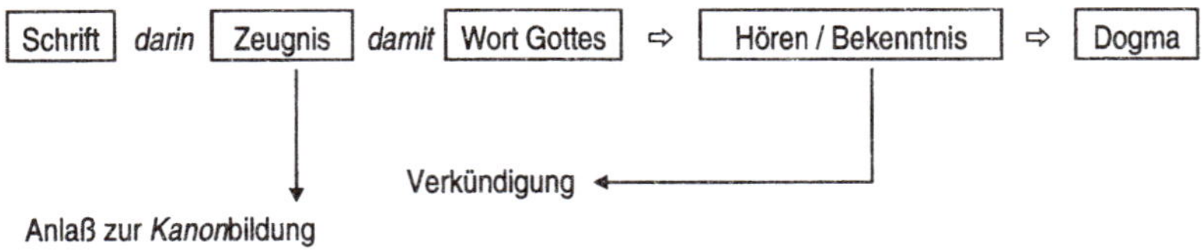

Autorität

Hinter den „Bausteinen“ stehen verschiedene Arten von Autorität, etwa hinter dem zu hörenden Wort Gottes die unautoritäre „Autorität des bittenden Christus“ (E. JÜNGEL). Von ihm nimmt das Zeugnis seine Autorität, von diesem die Schrift usw. Der Schrift selbst die Autorität des Wortes Gottes, das sich an die Menschen richtet, zuzuschreiben, bedeutete Fundamentalismus. Die folgenden Angaben und Hinweise können auf die oben vorgezeichnete Gliederung bezogen werden. Dann zeigt sich manche Verkürzung in bestimmten Epochen, aber auch eine Brücke zur Frage nach der Bedeutung der Kirche.

1 Bestimmung und Präzisierung des Problems

1.1 Problemzusammenhang

1.1.1 Bekenntnisse der Kirche

Folgende Ausschnitte aus Bekenntnissen zeigen die Bedeutung der Quelle des den Glauben weckenden Worte:

Reden des Geistes

Nicaeno-Konstantinopolitanum: „Und an den Herrn, den heiligen Geist ..., der durch die Propheten *geredet* hat.“ (BSLK, S. 27)

FC Epit., Von dem summarischen Begriff, 1: „Wir glauben, lehren und bekennen, daß die einige Regel und Richtschnur, nach welcher zugleich alle Lehren und Lehrer gerichtet und geurteilet werden sollen, seind allein die prophetischen und apostolischen *Schriften* Altes und Neues Testamentes ...“ (BSLK, S. 767)
FC Epit., Von dem summarischen Begriff, 8: „Die andere Symbola aber und angezogene Schriften sind nicht Richter wie die Heilige Schrift, sondern allein *Zeugnis* und Erklärung des Glaubens ...“ (BSLK, S. 769)

Heidelberger Katechismus, Fr. 19: „Gott hat das *Evangelium* anfänglich im Paradies offenbart, dann durch die heiligen Erzväter und Propheten verkündigen lassen, ... endlich durch seinen Sohn erfüllt.“

Barmen: Jesus Christus als Mitte der Schrift

Barmen I: „*Jesus Christus*, wie er uns in der Heiligen Schrift bezeugt wird, ist das eine Wort Gottes, das wir zu hören, dem wir im Leben und im Sterben zu vertrauen und zu gehorchen haben. Wir verwerfen die falsche Lehre, als könne und müsse die Kirche als Quelle ihrer Verkündigung außer und neben diesem einen Worte Gottes auch noch andere Ereignisse und Mächte, Gestalten und Wahrheiten als Gottes Offenbarung anerkennen.“

1.1.2 Sonstige Überlieferungen der Kirche

In der *gottesdienstlichen Tradition* sind die Schriftlesungen und ihre Ordnungen zu beachten; zum Beispiel lohnt es sich, über den Gebrauch der Psalmen nachzudenken. In reformierten Gotteshäusern ist die Bibel der einzige Schmuck des Abendmahlstisches.

1.1.3 Aktuelle Diskussion

Kerygma und Dogma

Wie verhalten sich *Kerygma* (Verkündigung Jesu Christi) und *Dogma* (Lehre der Kirche) zueinander? Läßt sich aus der Schrift ohne weiteres das Kerygma vernehmen, oder bedarf es allgemeingültiger, nachvollziehbarer Auslegungsprinzipien, die zu vermittelbaren Ergebnissen führen? Wie können sie sich auf die Dogmatik beziehen?

1.2 Eigene Zugänge

Zeugnis des Glaubens

- Wie bindend sind biblische Aussagen für die heutige Gemeinde?
- Welche Abschnitte wählen wir aus der Bibel für unsere Predigten und Bibelarbeiten aus?
- Warum sprechen bestimmte Abschnitte oder auch nur Verse der Bibel in bestimmten Lebenszeiten besonders zu uns?
- Warum legen verschiedene Gruppen auch verschiedene Schwerpunkte in der Bibel?
- Mit welchem Recht bezieht sich die Christenheit auf das „Alte" Testament; ja, sollte dies „Erstes" Testament oder „Hebräische Bibel" genannt werden?
- Sollen wir mit Schriften rechnen, die zwar nicht in den Kanon aufgenommen worden sind, aber Offenbarung bezeugen?

1.3 Aktuelle Formulierung des Problems

Wie kann die Offenbarung Gottes in Ereignis und Person Jesu Christi durch Hören auf biblisch fundiertes Zeugnis erkannt und Menschen der heutigen Zeit zugänglich gemacht werden?

2 Problembearbeitung

2.1 Biblischer Hintergrund

AT und NT

Zur *Verklammerung von AT und NT* läßt sich sagen, daß von Jesus selbst Aussagen über das AT überliefert werden, die erkennen lassen, daß es göttliche Weisung enthalte (Mt 5,17 [πληρῶσαι τὸν νόμον]; 22,40 [ὅλος ὁ νόμος]; Lk 16,31 [Mose und die Propheten]), aber auch, daß darin Zeugnis von ihm abgelegt sei (Lk 24,44 [λόγος μου]). Die Schriftbeweise und die Adam-Christus-Typologien (z.B. Röm 5,12 ff.) verweisen darauf, daß die neutestamentlich bezeugte Offenbarung Jesus Christus als Inbegriff der Verheißung Gottes und als Erfüllung alttestamentlicher Hoffnungen sieht.

Als Begründung für die *Geistgewirktheit* der Schrift wird 2.Tim 3,16 (πᾶσα γραφὴ θεόπνευστος) herangezogen. Geistgewirktheit

Die ntl. Gemeinde kennt drei *Autoritäten*: das Gesetz (Mt 5,17), den Herrn (1.Kor 7,10; 9,14) und die Apostel (Mt 16,18f.; 18,18; Lk 10,16; 1. Kor 7,40). Autoritäten

Als Legitimation der Integrität des *Kanons* fungieren Dtn 4,2 und Apk 22,18f. Kanon

2.2 Historischer Hintergrund

2.2.1 Alte Kirche und Mittelalter

Nach verbreiteter Auffassung ist der Kanon der hebräischen (und aramäischen) Schriften Ende des ersten Jh.s in einer Synode in Jamnia festgestellt worden. Der ntl. Kanon kristallisierte sich schrittweise heraus. Dies geschah in der lateinischen Kirche schneller als in der Ostkirche. (Im Osten war besonders die Apokalypse, im Westen der Brief an die Hebräer umstritten.) Die Auseinandersetzung mit MARCION und seinem reduzierten Kanon trieb die kirchliche Kanonbildung voran. Zugleich wurde die Stellung des ATs als Offenbarungsquelle gefestigt. *Kriterien der Kanonizität* waren Apostolizität, gottesdienstlicher Gebrauch und inhaltliche Bedeutung einer Schrift (vgl. E. Lohse, Die Entstehung des Neuen Testaments, ^{4}1983, S. 15). Als Abschluß der Kanonbildung gilt der 39. Osterfestbrief des ATHANASIUS von 367. Laut Athanasius geht die Heilige Schrift auf Jesus Christus als Logos des Vaters zurück. Sie enthält nicht menschliche, sondern göttliche Worte; Gottes Geist bewegt den Schreiber (ORIGENES bezieht dies auf die ganze Schrift, IRENÄUS nur auf einzelne Worte). An die Stelle der apostolischen trat allmählich die *kirchliche Tradition*, die sich auf die Apostel beruft:

Synode von Jamnia

Marcion

Kriterien der Kanonizität

Osterfestbrief des Athanasius

> „... quod ubique, quod semper, quod ab omnibus creditum est ..." (VINZENZ VON LERINUM)

„quod ubique ..."

Allegorese

Typologie

Die *Auslegung* der biblischen Schriften vollzieht sich in der Alten Kirche (und z.T. schon bei Paulus) vorwiegend nach zwei Methoden, der *Allegorese* – bei der hinter dem vordergründigen Wortlaut ein (auf Christus bezogener) tieferer Sinn gesucht wird – und der *Typologie* – die die berichteten Ereignisse und Gestalten zugleich als Abbilder *künftiger* Ereignisse und Gestalten auffaßt (z.B. Röm 5,12ff.).

vierfacher Schriftsinn

Im *MA* festigt sich die schon in der Alten Kirche ansatzweise vorhandene Auslegung als *vierfacher Schriftsinn:*

- sensus historicus: unmittelbarer Wortsinn,
- sensus allegoricus: Auslegung, die sich am Glauben an Christus orientiert,
- sensus moralis / tropologicus: Verhaltensanweisung für den einzelnen Christen,
- sensus anagogicus / eschatologicus: Auslegung, die auf die Gemeinschaft der Vollendeten im Reich Gottes hinweist.

Merkvers von Cassian:	„Littera gesta docet, quid credas allegoria, moralis, quod agas, quo tendas anagogia."

Literatur:

J. Schildenberger, Art. ‚Schriftsinne', in: LThK^2, Bd. 9, Sp. 491-493.

2.2.2 Reformation

sola scriptura

Luther: Konzentration der Exegese auf Christus

Die Reformation stellte den Grundsatz *„sola scriptura"* auf: Die Heilige Schrift gilt als oberste Richtschnur des christlichen Glaubens und aller Glaubenslehren. Der junge M. LUTHER konzentrierte seine Exegese auf Christus und damit auf einen neu verstandenen sensus literalis, der das Nebeneinander des vierfachen Schriftsinns überwindet. Mit ihm verbunden ist die tropologische Redeweise, die nach Luther (im Unterschied zu Kap. 2.2.1) den Menschen in seiner Existenz trifft. (So ist die ‚iustitia Dei' ad literam *Christus in Person*, tropologice die ‚fides Christi'.) Weil sie exklusiv das Zeugnis von Christus verbürgt, bedarf sie keiner Ergänzung durch andere Quellen. Tradition und *Bekenntnis* sind ihr nach- bzw. untergeordnet und müssen in ihrem Wahrheitsgehalt am Christuszeugnis der Schrift überprüft werden.

Die protestantische Theologie hat sich immer die Freiheit bewahrt, erneut nach dem *Kanon* zu fragen. Schon Luther sah einige Schriften nach Inhalt und Gewicht als den sog. Hauptschriften nicht gleichwertig an (vgl. Luthers Vorbemerkung zu den „Apokryphen": „... der Heiligen Schrift nicht gleichgeordnet, aber doch gut und nützlich zu lesen ..."). Kanonisch war für ihn eine Schrift, weil und sofern sie „Christum treibet", womit in erster Linie der Bezug auf die Rechtfertigung gemeint war. Die „Summa" der Schrift bilden *Gesetz und Evangelium.* Ihre Mitte ist *Jesus Christus.*

„Was Christum treibet ..."

Die FC SD V nennt die Unterscheidung von Gesetz und Evangelium „ein besonder herrlich Licht" (BSLK, S. 951), um Gottes Wort in der Heiligen Schrift zu verstehen und die Gewissen zu trösten. Dazu legt Christus das Gesetz geistlich aus, damit es uns der Sünde überführe. Gesetz und Evangelium sind deshalb nicht auf die Existenz des Menschen zu beziehende Kategorien (vgl. dagegen die Lutherauslegung G. EBELINGS). Das Bekenntnis als *„norma normata"* ist der Schrift als *„norma normans"* untergeordnet und hat also nur eine abgeleitete Autorität (vgl. FC Epit, Von dem summarischen Begriff ..., 8; BSLK, S. 769). J. CALVIN bemerkt zum Bund im Zusammenhang mit dem Verhältnis von AT und NT:

Gesetz und Evangelium

norma normans, norma normata

„Wohl hatte Gott mit dem Kommen Christi einen neuen Bund (novum foedus) versprochen, aber hatte zugleich gezeigt, der neue Bund werde keineswegs vom ersten verschieden sein, nein, vielmehr sei dies das Ziel, daß er den Bund, den er von Anbeginn an mit den Seinen geschlossen hatte, für alle Zeiten unverbrüchlich mache. ‚Ich will', spricht er, ‚mein Gesetz in ihr Herz geben und ihrer Sünden nimmermehr gedenken' (Jer 31,33)." (Komm. 3. Evangelienharmonie, 1555 [zu Mt 5,17])

Bund

Neben dem Ineinander vom ersten und neuen Bund betont Calvin das Wechselverhältnis von Wort und Geist (vgl. Inst. I, 9,3).

Im Konzil von Trient (1545-1563) stellte die katholische Kirche die *Tradition* (und das Lehramt) neben die Norm der Schrift (Sessio IV: pari pietatis affectu; DS 1501). Wer die Schrift überordnen wolle, müsse bedenken, daß die Schrift selbst aus mündlicher Tradition entstanden sei. Durch Niederschrift wurde diese Tradition allerdings zur Urtradition und damit zur Quelle aller weiteren (sog. Sekundär-)Tradition. Als Letztinstanz

Tridentinum

Schrift und Tradition

der Auslegung fungiert die Kirche durch ihr Lehramt (vgl. Sessio IV: „... proponens ..., ut puritas ipsa Evangelii in ecclesia conservetur ..." [DS 1501]). Die Schrift kann nie ohne Tradition gelesen werden, da diese als ihre überlieferte Auslegung angesehen werden kann (vgl. bereits AUGUSTIN: „Ego vero evangelio non crederem, nisi me catholicae ecclesiae commoveret auctoritas" [C.ep. fundamenti 5]). Das Traditionsargument führt bei R. SIMON zum ersten großen Versuch historischer Bibelkritik.

2.2.3 Altprotestantische Orthodoxie

Die altprotestantische Orthodoxie identifizierte die Schrift mit dem Wort Gottes, oft galt sogar der ganze Text der Bibel als das Wort Gottes im vollen Sinn. So schrieb man ihr eine einmalige Autorität zu: auctoritas causativa – in ihrer inspirierten Entstehung liegend, auctoritas normativa – Glauben und Leben ausrichtend. Begründet wurde dies in Abgrenzung zum tridentinischen Katholizismus mit der Lehre von der *Verbalinspiration* (Beweisstelle bis heute: 2.Tim 3,16). Da diese Lehre die Einheit der Schrift verlangt, unterschied die lutherische Orthodoxie nicht mehr wie die altlutherischen Dogmatiker (und sinngemäß Luther) zwischen protokanonischen und deuterokanonischen Schriften. Der Vorgang der Inspiration kann unterteilt werden in: *suggestio rerum* (Realinspiration; G. CALIXT bezieht diese nur auf die die Erlösung betreffenden Sachverhalte), *suggestio verborum* (Verbalinspiration; besonders: Sprache des Heiligen Geistes), *impulsus ad scribendum* (Personalinspiration). Die Schrift verfügt über folgende Eigenschaften (affectiones): auctoritas, sufficientia, claritas sive perspicuitas, efficacia. So legt sich die Schrift jedem, der auf sie hört, selbst aus *(semetipsam interpretandi facultas)*.

Verbalinspiration

affectiones scripturae:
- auctoritas,
- sufficientia,
- claritas,
- efficacia

2.2.4 Aufklärung und neuere Theologie

In der Aufklärung wurde mit der Lehre von der Verbalinspiration radikal gebrochen. Mit dem Aufkommen der *historisch-kritischen Methode* wurde die Bibel erstmals als ein historisches Buch gesehen, das in die Literatur des alten Orients einzuordnen sei (grundlegend: B. DE SPINOZAS Forderung nach einer „Geschichte der Schrift", in: Theologisch-politischer Traktat, 1670). Theologische Differenzen wurden nicht nur zwischen einzelnen Schriften des Kanons festgestellt, sondern auch zwischen einzelnen Aus-

Aufklärung: historisch-kritische Methode

sagen innerhalb der sog. Hauptschriften. Zwischen historischer Aussage und Vernunftwahrheit öffnet sich ein Graben (G. E. LESSING, s.o. Kap. I).

Die ,auctoritas normativa' des inspirierenden Heiligen Geistes wird bei F. SCHLEIERMACHER durch den von Christus ausgehenden, die Individuen und damit zuerst die Apostel jeweils „eigentümlich" prägenden Geist ersetzt: Der Christusglaube wird zur Voraussetzung für das besondere Ansehen der Bibel. Die Kenntnis des ATs sei zwar für das wissenschaftliche Verständnis des NTs unentbehrlich, doch komme dem AT keine dogmatisch normative Bedeutung zu (vgl.: Kurze Darstellung ..., § 115). Schleiermacher: individuelle Prägung des Geistes

In der liberalen Theologie wurden die letzten Vorbehalte gegen die historisch-kritische Untersuchung der Bibel soweit aufgegeben, daß die Leben-Jesu-Forschung überzeugt war, hinter dem verkündigten Christus der neutestamentlichen Schriften den *historischen Jesus* selbst suchen zu können. Dieser fungierte wie ein *Kanon im Kanon*. Wie schon Schleiermacher, so sahen auch E. TROELTSCH und A. v. HARNACK das AT nur noch als historische Quelle: historischer Jesus als innerer Kanon

„Das Alte Testament im 2. Jahrhundert zu verwerfen war ein Fehler, den die große Kirche mit Recht abgelehnt hat; es im 16. Jahrhundert beizubehalten war ein Schicksal, dem sich die Reformation noch nicht zu entziehen vermochte; es aber seit dem 19. Jahrhundert als kanonische Urkunde im Protestantismus noch zu konservieren, ist die Folge einer religiösen und kirchlichen Lähmung ... Hier reinen Tisch zu machen und der Wahrheit in Bekenntnis und Unterricht die Ehre zu geben, das ist die Großtat, die heute – fast schon zu spät – vom Protestantismus verlangt wird." (A. von Harnack, Marcion, ^{2}1924. S. 127, 222)

M. KÄHLER wandte sich hingegen bereits 1892 gegen die Ziele der Leben-Jesu-Forschung. Er sah das Jesuszeugnis des NTs immer schon vom Glauben an den Christus und damit den Auferstandenen geprägt; Jesus muß als Christus erkannt werden; die Evangelien sind „Passionsgeschichten mit ausführlicher Einleitung". Die Bibel ist für Kähler die Urkunde der kirchengründenden Predigt (Der sogenannte historische Jesus und der geschichtliche, biblische Christus ^{3}1961). Kähler: Bibel = Urkunde kirchengründender Predigt

„Die Kirche ist durch die Predigt in der apostolischen Zeit begründet, und diesen Vorgang spiegeln die Schriften ab, wie wir ja bekanntlich außer ihnen keine so hoch hinauf reichenden Stücke aus christlichen Kreisen besitzen. Wir haben in ihnen teils die Proben von jener Predigt, teils von dem zurechtweisenden Unterricht und dem leitenden Eingreifen bekannter oder unbekannter Männer, unter denen die christliche Gemeinschaft in der Welt einwurzelte. Bei diesem Vorgang hat auch die alttestamentliche Bibel eine wirksame Stellung eingenommen. So wird man sagen dürfen, *unsere Doppelsammlung sei Urkunde für den Vollzug der kirchengründenden Predigt.*“ (Dogmatische Zeitfragen, 1907, S. 23)

2.3 Aktuelle dogmatische Fachdiskussion

Während die neuprotestantische Theologie des ausgehenden 19. Jahrhunderts von Erfahrung und innerem Leben ausging, in ihnen den Impuls zum Umgang mit der Schrift fand und damit die subjektive Seite der Rezipienten zum zentralen Thema erhob, betonte

verschiedene Positionen zum Schriftverständnis

a) die sog. dialektische, besser: die „Wort-Gottes-Theologie“ nach dem ersten Weltkrieg und der Krise bürgerlicher Subjektivität die „objektive“ Gestalt des uns entgegentretenden Wortes Gottes.
b) Systematisch interessierte, nach wie vor historisch-kritisch orientierte Exegeten wollten sich dieser Wende nicht entziehen, aber fragten ebenso wie
c) lutherische Theologen nach dem Existenzbezug der Verkündigung des Wortes Gottes und suchten ihn im Ruf zur Freiheit oder in der dialektischen Erfahrung von Gesetz und Evangelium.
d) Ein Blick auf die neuere katholische Diskussion zeigt, wie die Rolle der Kirche und der von ihr beanspruchten Tradition neu durchdacht wird.

2.3.1 Barth

über die historische Kritik hinaus

K. Barth (a) wird häufig als Neuorthodoxer gesehen, der vor das Zeitalter der historisch-kritischen Auslegung zurückgehen wollte. Seine berühmten Aussagen aus der zweiten Auflage seines „Römerbriefs“ (1922) zeigen, daß er über die historische Kritik zu eigentlichem Verstehen vordringen möchte:

„*Kritischer* müßten mir die Historisch-Kritischen sein! … Bis zu dem Punkt muß ich als Verstehender vorstoßen, wo ich nahezu nur noch vor

> dem Rätsel der *Sache*, nahezu nicht mehr vor dem Rätsel der *Urkunde* als solcher stehe, wo ich es also nahezu vergesse, daß ich nicht der Autor bin ..." (a.a.O., S. XII)

Trotzdem bestreitet Barth nicht das Recht historischer Auslegung (KD I,2, S. 513).

Wort Gottes und Schrift

Barth unterscheidet zwischen *Schrift* und *Wort Gottes* (weshalb seine Theologie keine neue Form der altprotestantischen Orthodoxie darstellt). Die Lehre von der Verbalinspiriertheit der Schrift bezeichnet er als Irrlehre (KD I,2, S. 583). Das Wort Gottes begegnet in dreifacher Gestalt:

dreifache Gestalt des Wortes Gottes

- als *offenbartes* Wort Gottes (Christus),
- als *geschriebenes* Wort Gottes (Schrift, die nicht verbal inspiriert, sondern gottgeistlich [vgl. 2.Tim 3,16] ist) und
- als *verkündigtes* Wort Gottes (Predigt).

Deren Einheit darf nicht bestritten werden.
Die Bibel ist Kanon, weil eben diese Schriften von Gott dazu erwählt sind, das primäre Zeugnis seiner Offenbarung zu werden. Das AT deutet Barth – vom trinitarischen Gott ausgehend – christologisch: In ihm wird Christus als der Kommende bezeugt, im NT Christus als der Gekommene. Wie sich Gott bezeugt, ist im Modus verschieden, aber in der Substanz (Jesus Christus) gleich. Somit ist die *ganze* Schrift das von Gott gegebene und von der Kirche zu hörende Zeugnis von Christus.

> „Aber nun werden wir, gerade wenn wir die Menschlichkeit der Bibel ganz ernst nehmen, auch damit ganz ernst machen müssen, daß sie eben als menschliches Wort etwas Bestimmtes *sagt*, daß sie also als menschliches Wort auf eine Sache, auf einen Gegenstand verweist." (K. Barth, KD I,2, S. 513)

2.3.2 Bultmann

Kerygma

In mancher Hinsicht Kähler folgend nimmt R. BULTMANN (b) das *Christuskerygma* zur Richtschnur. Eine theologische Auslegung vom Christuskerygma her erfordert geradezu wie von selbst eine Entmythologisierung. Dabei ist die Entstehung der Überlieferungen (mit Hilfe der formgeschichtlichen Methode) zu berücksichtigen, um die Grenzen der Annäherung an den historischen Jesus und des urgemeindlichen Kerygmas auszuloten. Die alttestamentlich-jüdische Vorgeschichte (im AT) ist Weissagung in ihrem inneren Widerspruch und gerade auch im Scheitern, niemals *Erfüllung* (GuV, Bd. 2, S. 162-186).

AT. Weissagung und Erfüllung bzw. Typologie

Widerspruch zu dieser Auffassung kam von theologischen Auslegern des ATs, besonders von G. VON RAD, der ein typologisches Verständnis des ATs forderte (Theologie des Alten Testaments, Bd. 2, 1961, S. 377, 396f.):

> „Zwei Aussagenreihen scheinen einander zunächst beziehungslos gegenüber zu stehen: Gott hat sich durch seine Worte und Gott hat sich durch seine Taten geoffenbart. ... Aber das Alte Testament ist der Meinung, daß sich Jahwe je und je in seinen Taten „verherrlicht" habe, ... Die Geschichte wird zum Wort und das Wort wird zur Geschichte. Aber der Ausleger wird sich hüten, das Spannungsverhältnis, das damit gegeben ist, vorzeitig aufzulösen." (a.a.O., S. 371)

Das ntl. Kerygma ist nach Bultmann eschatologisches Geschehen, in dem Wort und Geschichte zusammenfallen.

2.3.3 Käsemann

Käsemann: keine Formalautorität

Der Neutestamentler E. KÄSEMANN (b) aus Bultmanns Schule wendet sich entschieden gegen eine Formalautorität der Bibel: Die Tatsache, daß es die Bibel gibt, autorisiert sie längst noch nicht, sondern nur der Geist, der sich in ihr manifestiert. Kriterium des Kanons ist allein Gottes veränderndes und befreiendes Wort.

Vielheit der Konfessionen

Der Kanon als solcher begründet nicht die Einheit der Kirche, sondern eher die Vielheit der Konfessionen. Allein das Evangelium soll die Kirche bestimmen, sofern es Evangelium von der Rechtfertigung des Sünders ist (E. Käsemann, Begründet der ntl. Kanon die Einheit der Kirche? in: EvTh 11 [1951/52], S. 13-21). Darum ist auch das Kerygma des Evangeliums Kanon im Kanon.

> „Der neutestamentliche Kanon begründet als solcher nicht die Einheit der Kirche. Er begründet als solcher, das heißt in seiner dem Historiker zugänglichen Vorfindlichkeit dagegen die Vielzahl der Konfessionen. Die

> Variabilität des Kerygmas im NT ist Ausdruck des Tatbestandes, daß bereits in der Urchristenheit eine Fülle verschiedener Konfessionen nebeneinander vorhanden waren, aufeinander folgten, sich miteinander verbanden und gegeneinander abgrenzten." [(Begründet der neutestamentliche Kanon die Einheit der Kirche?, in: EvTh 11 (1951-1952), S.19)]

Diem: Schrift verkündigt sich selbst

Eine kritische Gegenposition gegen Käsemann lieferte von protestantischer Seite H. DIEM (a) (Theologie als kirchliche Wissenschaft, 1951, S. 196-208), der die Selbstevidenz der verkündigten Schrift (des ganzen Kanons) gegen die Rechtfertigung als alleinigem hermeneutischem Kriterium des Evangeliums betonte.

2.3.4 Neuere lutherische Dogmatiken

Ontologisierung des Gesetzes

Diese (c) gehen im allgemeinen von der Unterscheidung von *Gesetz und Evangelium* aus (s.o. 2.2.2), aber tendieren dazu, das ‚Gesetz' zu ontologisieren oder zur Existenzkategorie zu machen. Es bezeichnet nach W. ELERT (Der christliche Glaube, § 21) eine Sphäre des Verhängnisses, in dem der verborgene Gott am Werk ist.

> „Die Kirchengeschichte beweist, daß sich das iudaisieren in ihrer Mitte immer wieder auf das Alte Testament gestützt hat. Das war schon bei den judaistischen Gegnern des Paulus der Fall. Daß auch Paulus gerade ihnen gegenüber das Alte Testament ins Treffen führte, ist begreiflich, weil er sie so mit der von ihnen selbst anerkannten Autorität schlagen konnte." (W. Elert, Der christliche Glaube, ²1941, S. 63)

Ebeling: „Gesetz und Evangelium" als hermeneutisches Fundamentalprinzip

G. EBELING (Wort und Glaube [=WuG], Bd. 2, S. 92-98) sieht die Unterscheidung von Gesetz und Evangelium als *hermeneutisches Grundprinzip* an (wobei die Hermeneutik das Verstehen des menschlichen Daseins und seiner Wirklichkeit meint). Das Gesetz (nach Bultmann das vorgläubige Dasein) – sagt Ebeling – werde sachgemäß durch die Philosophie M. HEIDEGGERS interpretiert. Dem hermeneutischen Verständnis entspricht Ebelings Auffassung des Wortes Gottes, das sich im Geschehen der „Lichtung" der Existenz bewahrheitet (WuG, Bd. 1, S. 319-348). Die Geschichtlichkeit der Existenz begründet das Recht der historischen Kritik.

Ebeling wendet sich gegen jene Orthodoxie, die das Wort Gottes mit der Heiligen Schrift identifiziert: Die Bibel ist nicht in Gesetz und Evangelium zweizuteilen.

2.3.5 Joest

Wort Gottes und Gemeinde

W. JOEST (a, aber auch b) faßt den Ertrag der neueren dogmatischen Debatte so zusammen: Das Wort Gottes ist primär Geschehen zwischen Gott und Mensch; da es sich in Christus konzentriert, schlägt es sich zeitlich und sachlich primär im NT nieder. Heute legitimieren nicht allein die Autorität der Autoren und die apostolische Verfasserschaft den Gebrauch der Bibel, sondern deren *Wirkung im Leben der Gemeinde* und die geistliche Erfahrung mit ihr (Dogmatik, Bd. 1, ^{3}1989, S. 49-89).

2.3.6 Katholische Stimmen

Schrift und Kirche

Noch K. RAHNER (d) folgt dem augustinischen Diktum, daß die Autorität der Kirche zum Glauben an die Zusagen des Evangeliums bewegt; die Schrift ist das Buch der Kirche (Grundkurs des Glaubens, 1977, S. 358-365). Dennoch kennt die katholische Lehre eine Subordination der Tradition unter die Schrift; so heißt es im Vaticanum II:

> „Wie die christliche Religion selbst, so muß auch jede kirchliche Verkündigung sich von der Heiligen Schrift nähren und sich zu ihr orientieren." (Dei verbum 21)

Ebenso hat H. KÜNG auf die ekklesiologischen Implikate der Kanon-Diskussion hingewiesen (Theologie im Aufbruch, 1987, S. 87-109).

3 Problemorientierung

Obwohl dogmatische Aussagen über die Heilige Schrift erst spät auftauchen und nicht immer zahlreich sind, ist das damit bezeichnete dogmatische Problem dennoch grundlegend für die Frage nach der Bedeutung der

Bibel in Gemeinde und Kirche. In der reformatorischen Theologie gilt die theologisch gelesene, von einer Mitte her verstandene Bibel als Maß und Richtschnur der Lehre. Insofern ist der dogmatische Topos „De scriptura sacra" als zentral anzusehen.

Literatur zur Vertiefung:

C. Frey u.a., Repetitorium der Ethik, ^{3}1997, 253-256; Gesetz und Evangelium, hg. v. E. Kinder und K. Haendler, 1968; W. Härle, Dogmatik, 1995, S. 111-139; W. Joest, Dogmatik, Bd. 1, 1984, S. 49-89; F. Mildenberger, Grundwissen der Dogmatik, 1982, S. 61-77; O. Weber, Grundlagen der Dogmatik, Bd. 1, 1955, S. 274-296.

Mögliche Klausurthemen:

1) Wie kann bzw. soll sich die Dogmatik auf die Heilige Schrift berufen?
2) Die Bedeutung des Wortes Gottes in der Theologie des 20. Jahrhunderts.
3) Beurteilen Sie die altprotestantischen dogmatischen Aussagen zur Inspiration der Hl. Schrift und die Wiederaufnahme der Inspirationslehre durch den modernen Fundamentalismus.

Zur Zusammenfassung folgt hier eine Übersicht „Die Lehre von der Heiligen Schrift":

Vom Verstehen der Bibel:

Die Lehre von der Heiligen Schrift

Voraussetzung:	Die Herausbildung des **Kanons** – er gilt bis zur Kritik der Aufklärung – im wesentlichen unbefragt – als normativ, danach werden Entstehung und Abschluß des Kanons als Folge eines diskutablen Konsenses angesehen.
Mittelalter:	**Vierfacher Schriftsinn:** 1. historisch – 2. allegorisch, – 3. moralisch (tropologisch) – 4. eschatologisch (anagogisch)
Reformation: Sie übernimmt in Neuinterpretation ...	(vgl. 1.) Christus als Subjekt und Objekt des Glaubens (Gott wird Mensch) (vgl. 3.) den Glaubenssinn Es gilt die **Autorität des Wortes Gottes** LUTHER: viva vox evangelii (Kirche = creatura verbi); Mitte der Schrift: **Jesus Christus** gegenüber der *Mittelalterliche Kirche:* **Autorität des Lehramts** und der Tradition
Altprotestantismus, nachtridentinischer Katholizismus:	Der *Altprotestantismus* läßt die Lehre von der Heiligen Schrift erstarren: *Grundsatz:* Die Schrift genügt sich selbst, sie ist ihr **eigener Interpret** Einzelne Gesichtspunkte: • Inspiration (2. Tim 3,16): • *Gott* vorrangiger Urheber der Schrift, die Autoren sind Instrumente seines Geistes • sie wird dank des durch sie sprechenden Zeugnisses verstanden • sie hat ‚affectiones' (Kennzeichen): - auctoritas, - sufficientia, - claritas, perspicuitas, - efficacia. Der *nachtridentinische Katholizismus* konstruiert einen selbsttragenden Traditionszusammenhang: *Grundsatz:* Die Schrift ist ohne Tradition ‚unvollständig' und ohne das Lehramt zweideutig a) „Puritas evangelii in ecclesia conservatur.„ b) Zur Tradition: • Die Apostel empfingen sie von Christus selbst bzw. • sie wurde ihnen vom Heiligen Geist selbst diktiert. Die Heilige Schrift wird in das ‚depositum fidei' eingegliedert.
Aufklärung:	**Wort Gottes** (häufig innerlich oder moralisch verstanden) und **Bibel** sind zu unterscheiden. ⇒ Die Bibel wird allmählich zur historischen Erforschung freigegeben. Im 18. bzw. 19. Jahrhundert kommen Hypothesen zur Entstehung v.a. der Evangelien und der Mose-Überlieferung auf, etwa: Urkunden-, Diegesen-, Fragmentenhypothese.
Nachaufklärerische Kritik	von aufklärerischer und historistischer Einseitigkeit: K. BARTH: Theologische Kritik der historischen Kritik: Das Wort Gottes ist in der Schrift bezeugt, es ist nicht die Schrift selbst. Es wird bezeugt und verkündigt. *Zweites Vaticanum* (Konstitution ‚De ecclesia': Die Schrift gehört in das ‚depo-situm fidei', das in der Lehre der Kirche öffentlich gemacht wird. Diese • wird gemeinschaftlich von Papst und Bischöfen verkündet, • ist endgültig und verpflichtend.

Exkurs 3: Biblische Theologie

3.1 Problemstellung

Wo immer die Bibel im Zusammenhang gelesen oder einzelne ihrer Abschnitte gewichtet, wo gar das Verhältnis von Altem und Neuem Testament bedacht wird, da schwingt bereits ein *umfassender theologischer Gesichtspunkt* mit. Bei ihm kann die Dogmatik ansetzen, wenn sie über die Heilige Schrift nachdenkt.

3.2 Positionen

Einheit der Schrift?

Seit der *Aufklärung* drohte die Verbindung von Altem und Neuem Testament zu zerreißen. Noch der liberale Theologe A. VON HARNACK riet der christlichen Kirche, das Alte Testament aufzugeben (Marcion, ^{2}1924, S. 127, 222), weil Jesu schlichter Gott-Vater-Glaube der religiösen und sittlichen Grundsituation der Menschen am besten entspreche (s.o.). Die bundestheologische Dogmatik K. BARTHs schärfte hingegen der christlichen Theologie ein, das Alte Testament als integralen Teil der Heiligen Schrift zu verstehen (KD I,2, § 19f.) (s.o.).

Überwiegendes Interesse am AT

Ins Gegenteil verfallend bevorzugen in jüngerer Zeit manche christlichen Theologen das Alte Testament, weil es auf die menschlichen Ursituationen (vor Gott) zurückgehe und diese in Geburt, Kinderlosigkeit, Aggression, Leiden, Tod usw. finde (z.B. C. WESTERMANN, der deshalb die Narration hervorhebt und vor dogmatischen Assertionen zurückscheut [Theologie des Alten Testaments in Grundzügen, 1978]).

„Biblische Theologie" hat nach G. EBELING die Aufgabe, den Zusammenhang von Altem und Neuem Testament, ja der Bibel überhaupt, in der Mannigfaltigkeit ihres Zeugnisses zu ergründen (WuG, Bd. 1, 1960, S. 88); sie wird deshalb auch begriffliche Präzision und nicht nur narrative Faszination anstreben. Wichtige Gesprächsanstöße zum Thema der Einheit der Bibel stammen gerade von Alttestamentlern:

Frömmigkeitsgeschichte

- die *frömmigkeitsgeschichtliche Sicht:* der alttestamentliche Mensch und der Christ erfahren jeweils Gott, den in Gnade und Gericht überlegenen Herrn (vgl. F. BAUMGÄRTEL [Verheißung, 1952]);

Heilsgeschichte

– die *heilsgeschichtlich-typologische Sicht:* Der Glaube wird an göttliche Setzungen in der Geschichte gebunden, die über sich hinausweisen, auf eine Erfüllung zielen, die in Jesus Christus wirklich wird (vgl. G. VON RAD [Theologie des Alten Testaments, 2 Bde., 1957-61]);

Theozentrik

– die *theozentrische Sicht:* Jahwe ist in seinem Selbsterweis die Mitte alttestamentlichen Zeugnisses, das deshalb in sich (und nicht nur im Neuen Testament) seinen perspektivischen Fluchtpunkt hat (vgl. W. ZIMMERLI [Grundriß der alttestamentlichen Theologie, 1972]); alle Texte bezeugen den lebendigen Gott (vgl. H. J. KRAUS [Die biblische Theologie, 1970]);

Traditionsgeschichte

– die *traditionsgeschichtliche Sicht:* Ein einheitlicher Traditionsprozeß durchzieht das Alte und Neue Testament, der ein einheitliches ‚ontologisches' Fundament bildet und von der Sinai-Offenbarung bis zur Auferstehung Jesu Christi reicht; in dieser Geschichte bricht neue Wirklichkeit in die Welt herein (vgl. H. GESE [Vom Sinai zum Zion, 1974; Zur biblischen Theologie, 1977]).

3.3 Lösungsversuche

Sachbezug der Auslegung: Gottes Offenbarung

Deutlicher dogmatisch reflektiert F. MILDENBERGER diese Fragestellung (Gotteslehre, 1975): Die Gottesoffenbarung trifft uns nur durch Tradition, selbst wenn sie uns unmittelbar angeht. Allein Überlieferung erlaubt uns, uns über Gott zu verständigen. Gott, von dem wir Sinn als Ganzheit erwarten, lernen wir narrativ an seinem Namen wahrhaft kennen. Die Besonderheit des mit Namen Benannten setzt in Abrahams Erwählung an und verschärft sich in Jesus Christus; so wird das Volk Gottes der Leib Christi sein.

Diese dogmatisch fundierte biblische Theologie will den strengen *Sachbezug* in der Textauslegung begründen, und zwar a) gegenüber der Unfruchtbarkeit historisch-kritischer Schriftauslegung und b) gegenüber deren einseitiger Bekämpfung in den folgenden *Applikationen:*

– der *tiefenpsychologischen Schriftauslegung*, die die Texte allegorisiert (im Dienste der Selbstfindung);
– dem *Zurechtstutzen biblischer Texte in der eigenen Situation* (überzogene Korrelationstheorie, vgl. P. TILLICH);
– der *Hermeneutik des Verdachts*, die häufig befreiungstheologisch-feministische Modelle der Auslegung trägt.

Literatur zur Vertiefung:
Jahrbuch für biblische Theologie, 1986 ff.; F. Mildenberger, Biblische Dogmatik. Eine biblische Theologie in dogmatischer Perspektive, Bd. 1-3, 1991-1993; H. Reventlow, Hauptprobleme der Biblischen Theologie im 20. Jahrhundert, 1983; M. Oeming, Gesamtbiblische Theologie der Gegenwart, 1985.

III. Die Erkenntnis Gottes und die Offenbarung

Der Inhalt des Kapitels III kann in einer Art Übersicht erarbeitet werden, die folgende Gestalt annehmen kann:

Die zwei Quellen der Erkenntnis Gottes:

Erkenntnis Gottes aus der Schöpfung bzw. Natur	*Erkenntnis Gottes aus der Versöhnung und Erlösung*
Erkenntnis Gottes aus der geschaffenen Natur	Erkenntnis Gottes aus seiner geschichtlichen, kontingent ergehenden Offenbarung
Beispiele	Beispiele
– Alte Kirche: Logosgedanke	– AT: Taten, Worte Gottes, NT: Apokalyptik ⇨ Offenbarungsbegriff
– MA: Erkenntnis, die vom Menschen zu Gott aufsteigt	– MA: fides quaerens intellectum
– Reformation: pädagogische Erkenntnis?	– Reformation: verbum externum
– Neuzeit: „etsi deus non daretur ...“, aber Physikotheologie, Frage der teleologischen Sicht der Welt	– Schleiermacher: Geist und Logos
– Neuthomismus und Uroffenbarungslehre	– Wort-Gottes-Theologie – Konflikte um natürliche Gotteserkenntnis
Systematische Auswertung:	
– Verhältnis Natur ⇔ Übernatur?	– Bestimmung der Natur durch die Offenbarung: Was ist „Schöpfung“?

Um die Ausführungen nicht zu sehr aufzublähen, sind die Detailfragen der natürlichen Theologie und der Gottesbeweise in zwei Exkursen am Ende des Kapitels übernommen.

1 Bestimmung und Präzisierung des Problems

1.1 Problemzusammenhang

Apologetik und Rechenschaft des Glaubens

Die Lehre der Kirche berücksichtigt zwei Quellen der Erkenntnis Gottes: Die eine liege im Menschen, zu dessen geschöpflicher Ausstattung angeblich eine sich (bzw. ihn) selbst übersteigende Vernunft gehöre, die andere in Gott selbst, der sich dem Menschen (durch Offenbarung) zu erkennen gebe. Die erstere ist eher ein Thema der *Apologetik*, der Verteidigung christlichen Glaubens vor dem Forum der Welt und ihrer Vernunft, die zweite ein Gegenstand der *Rechenschaft des Glaubens* über sein Bekenntnis.

1.1.1 Bekenntnisse der Kirche

Natürliche Gottes-erkenntnis

Die Frage nach einer *natürlichen Erkenntnis Gottes* bzw. seiner Offenbarung taucht in den kirchlichen Bekenntnissen nur selten auf. In der FC findet sich eine Bemerkung im Rahmen des Artikels über Gesetz und Evangelium (SD V, 22), die Aussage

„...daß viel ein ander Erkenntnus Gottes seie, die aus dem Evangelio kumbt, dann die aus dem Gesetz gelehrt und gelernet wird; weil auch die Heiden aus dem natürlichen Gesetz etlichermaßen ein Erkenntus Gottes gehabt, gleichwohl ihn aber ‚weder' recht erkennet, noch recht geehret haben, Ro 1,4." (BSLK, S. 959)

Vgl. auch FC SD II, 9 – hier wegen des Ausdrucks ‚scintillula' auch lateinisch:

„... etsi humana ratio ... obscuram aliquam notitiae illius scintillulam reliquam habet, quod sit Deus ... : tamen adeo ignorans, caeca et perversa est ratio illa, ut, etiamsi ... doctissimi homines in hoc mundo evangelion de filio Dei et promissiones divinas de aeterna salute legant vel audiant, tamen ea propriis viribus percipere ... nequeant." – „... des Menschen Vernunft ..., ob er gleich noch wohl ein tunkel Fünklein des Erkenntnis, daß ein Gott sei, ... hat: dennoch also unwissend, blind und verkehret ist, daß, wann schon die ... gelehrtesten Leute auf Erden das Evangelium vom Sohn Gottes und Verheißung der ewigen Seligkeit lesen oder hören, dennoch dasselbige aus eigenen Kräften nicht vernehmen ... können." (BSLK, S. 874)

Barmen: Wahrheit in Christus

In *Barmen I* werden andere Quellen der Wahrheit als die Offenbarung in Jesus Christus abgewiesen (gegen die Deutschen Christen und ihnen nahestehende Lehren von einer Gottesoffenbarung außerhalb Christi).

1.1.2 Sonstige Überlieferungen der Kirche

Logos (altkirchlich)

Gott und Vernunft

Bei einigen Kirchenvätern wird das Problem der natürlichen Theologie (Belegstellen: Röm 1,20; Ps 19,1-5) in Zusammenhang mit dem Logosbegriff aktuell: Der *Logos* Gottes, in Christus inkarniert, sei auch in der allgemeinen Menschenvernunft am Werk (vgl. JUSTIN, Apol I, 46). Der Neuplatonismus lehrte das Hervorgehen allen Seins aus dem Einen und seine Rückkehr zu ihm; dem Geist bzw. der wahren Vernunft (der Engel, der Menschen) mußte sich das All-Eine Gottes besonders aufprägen (AUGUSTIN [Conf. I, 1: Unruhe zu Gott hin]). THOMAS VON AQUIN bediente sich der Theorie des hochmittelalterlichen Aristotelismus: Gottes erschaffender Geist prägt sich in den umgreifenden Bestimmungen des Seins aus, dank derer der menschliche Geist auf Gott rückschließen kann. Für M. LUTHER und die Orthodoxie wird die Frage der natürlichen bzw. der offenbarten Gotteserkenntnis im Zusammenhang von Rechtfertigung und Erlösung zum Thema: Bringt der Mensch überhaupt eine Erkenntnis Gottes mit, wenn er gerechtfertigt wird? In der *Aufklärung* diente die natürliche Theologie dazu, die Vernünftigkeit des Redens von Gott zu begründen, und bei F. SCHLEIERMACHER dann auch, die religiöse Gleichgültigkeit mit Hilfe der Selbstevidenz der Religion abzuwehren.

1.1.3 Aktuelle Diskussion

Moderne: Noch Teleologie in der Natur?

Natürliche Theologie und Offenbarung können bis heute mit dem Blick auf Anliegen der Aufklärung diskutiert werden; allerdings hat heute im allgemeinen auch die Vernunft ihre uneingeschränkte Autorität eingebüßt. Weder traut man es ihr noch zu, aus der sinnvollen Struktur alles Seienden auf einen sinnstiftenden Urheber zu schließen (Physikotheologie), noch wagt es die praktische Vernunft, ein höchstes Gut (Gott als Inbegriff alles Guten) zu postulieren (wie I. KANT das tat).

1.2 Eigene Zugänge

- Woher beziehe ich Wissen von oder über Gott?
- Wie verhalten sich *Vernunft und Offenbarung* zueinander?
- Oder ist Gott nur Gegenstand einer Projektion, mit der zusammen auch die natürliche Theologie hinfällig wird?

1.3 Aktuelle Formulierung des Problems

Ist der christliche Glaube eine besondere (historische) Form der überall verbreiteten Religion; ist der Mensch (mit seiner vernünftigen Einsicht) gottoffen, besitzt er ein ‚übernatürliches Existential' (K. RAHNER)?

2 Problembearbeitung

2.1 Biblischer Hintergrund

AT: Erweis Gottes durch Wort, Taten und Schöpfung

Nach dem Zeugnis des *ATs* erweist sich Gott primär durch sein *Wort* (im Gesetz und den Propheten) und durch seine vom Wort gedeuteten *Taten* als der Gott seines Volkes, daneben auch (für das weisheitliche Denken) durch seine Schöpfung und deren Ordnungen, in denen der Mensch Gottes Wirken prinzipiell wahrnehmen und Gottes Willen gehorchen kann; er tut es aber meist nicht. Ein homogener und umfassender Offenbarungsbegriff existiert nicht.

NT: entscheidende Offenbarung in Jesus Christus

Diese komplexe Sachlage wird im *NT* vorausgesetzt und weiter reflektiert. Die Sünde Adams wird als Grund dessen verstanden, daß Gott nicht mehr aus seiner Schöpfung erkannt wird und die Menschen ihm nicht mehr gehorchen; in Jesus Christus erfolgt Gottes entscheidende Offenbarung, die eine neue Zeit (bzw. das Ende der Zeit) herbeiführt. Ihr Ereignis wird mit den Verben φανερόω, ἀποκαλύπτω, δηλόω und γνωρίζω umschrieben, in denen allerdings keine umfassende Lehre der Offenbarung angelegt ist. Sie artikulieren sowohl die Erkenntnis des sonst Verborgenen als auch das endzeitliche Hervortreten der Wahrheit.
Biblische Belege für das Verständnis der Offenbarung als μυστήριον sind u.a. Röm 11,34; 1.Kor 2,10ff.; Eph 3,3ff.

2.2 Historischer Hintergrund

2.2.1 Alte Kirche und Mittelalter

Philosophie und Theologie in der Alten Kirche

Für die frühen Kirchenväter ist die Geschichte ein Prozeß der Selbstoffenbarung Gottes, des Logos; sie findet ihr Ziel und ihren Endpunkt in der Offenbarung in Jesus Christus. Die ihm vorausgehende Geschichte, in der sich der göttliche Logos in Gesetz und Philosophie (CLEMENS VON ALEXANDRIEN) offenbarte, erzog auf Christus hin (IRENÄUS) schuf also die Grundlage für das Christentum, das selbst eine Art *Offenbarungsphilosophie* darstellt (JUSTIN). Der Logos soll Philosophie und Christentum verbinden; wenn sich die christliche *Apologetik* weit öffnete, konnte sie Menschen wie Sokrates, die dem Logos gemäß gelebt hatten, als Christen vereinnahmen. Andererseits wurde Skepsis gegenüber der Vernunft laut.

Apologeten

Das vernunftfeindliche „Credo quia absurdum" stammt wohl nicht von TERTULLIAN; jedoch findet sich bei ihm:

> „Credibile quia ineptum est – certum est quia impossibile est." (Es ist glaubwürdig, weil es ungereimt ist – es ist sicher, weil es unmöglich ist.) (De carne Christi, c 5).

Zugleich wurden die Grenzen der Vernunft benannt: Gott sei nicht zu definieren, stellt bereits AUGUSTIN fest:

> „Sicut Deus a nullo intellectu valet excogitari, ita nulla definitione potest proprie definiri aut determinari." (Weil Gott von keinem Intellekt ausgedacht werden kann, kann er im eigentlichen Sinn weder definiert noch bestimmt werden.) (De cognitione verae vitae, c 7)

Anselm: „Credo ut intelligam"

Aber es blieb die Frage, ob zuerst die Vernunft betrachtet werden muß (als Anknüpfungspunkt der Offenbarung) oder ob die Offenbarung erst der Vernunft Maß setze und letzte Einsichten gewähre (im Sinne des ANSELM VON CANTERBURY: „Credo ut intelligam.").

Nach THOMAS VON AQUIN kann der Mensch schon aufgrund seiner Vernunft (cognitio naturalis) die Tatsache der Existenz Gottes erkennen. Diese Gotteserkenntnis weist über sich hinaus auf die von Gott allein zu erwartende Selbstoffenbarung; sie ist übernatürliche Erkenntnis (cognitio supernaturalis [vgl. STh II-II, q 2, a 3, ad 1]), in der sich menschliche Erkenntnis erst vollenden kann. Diese ereignet sich in Jesus Christus und stiftet den Glauben, ohne die natürliche Erkenntnis zu annullieren: Thomas von Aquin: natürliche und übernatürliche Erkenntnis

„Cum enim gratia non tollat naturam, sed perficiat ..." ([In einen Hauptsatz umformuliert:] Die Gnade hebt die Natur nicht auf, sondern vollendet sie.) (STh 1, q 1, a 8, ad 2; vgl. 1, q 2, a 2, ad 1). gratia et natura

Die *Gottesbeweise* des Thomas (s.u. Exkurs 5) stehen im Zusammenhang mit der natürlichen Gotteserkenntnis; sie zeigen, wie der Mensch a posteriori (d.h. von getätigter Erfahrung), ontotheologisch auf die Existenz Gottes zurückschließen kann. Gottesbeweise

2.2.2 Reformation

In Anknüpfung an Röm 1,17 hält M. LUTHER fest, daß die entscheidende Offenbarung in Jesus Christus erfolgt ist. Sie allein bringt dem Menschen das Evangelium, das lebensverändernde Wort Gottes von der Rechtfertigung des Sünders. Voraus geht ihr das Gesetz, das der natürliche Mensch zwar kennen könnte; es offenbart jedoch Gott nur dunkel und kann nicht verhindern, daß sich der Mensch falsche Götter setzt. Aber die natürliche Gotteserkenntnis hat eine praktische (d.h. ethische) Seite: Luther: auch falsche Götter

„Denn was Gott vom hymel geben hat den Jüden durch Mosen, das hat er auch geschrieben ynn aller menschen hertzen. ... Also halt ich nu die gepot, die Moses geben hat, nicht darümb, das sie Moses geboten hat, sondern das sie myr von natur eyngepflantzt sind und Moses alhie gleich mit der natur ubereinstymmet." (Predigt vom 27.8.1525, WA 16, S. 380)

Kriterium ist das Evangelium

Aus dem Gedanken, daß die Offenbarung Gottes im *Evangelium von Christus* zum Ziel kommt, folgt für Luther, daß einzelne Aussagen der Bibel an diesem Kriterium zu messen sind:

„Auch das ist der rechte Prüfstein, alle Bücher zu tadeln, wenn man sieht, ob sie Christum treiben oder nicht." (Die ganze Heilige Schrift, deutsch 1545, Neudruck: Darmstadt 1972, S. 254)

Die Offenbarung sucht den Glauben an Gott als Vertrauen auf ihn allein. Umstritten ist, ob eine indirekte Offenbarung des verborgenen Gottes, der nach seinem uns dunklen Willen die Welt regiert (deus absconditus) selbständige Geltung beanspruchen kann oder ob der verborgene Gott nur den Schatten neben dem Licht des Gottes der Christusoffenbarung darstellt (vgl. Luthers Schrift „De servo arbitrio" und FC Epit. II: Die Sünde erzeugt das Bedürfnis nach Heil, dieses wiederum setzt die Offenbarung voraus [BSLK, S. 776 ff.]).

Vgl. die Rezeption dieses Themas bei W. ELERT, der den dunklen Gott des ebenso dunklen Geschicks vom hellen Gott Jesu Christi und des Evangeliums trennt, und im Unterschied bei K. BARTH, der Gott in seiner Offenbarung zugleich verborgen sein läßt.

Nach J. CALVIN führt Offenbarung zur Gotteserkenntnis und damit zum Glauben:

„Jetzt sind wir soweit, daß wir eine richtige Beschreibung vom *Wesen des Glaubens* geben können; wir müssen sagen: er ist die feste und gewisse *Erkenntnis* des göttlichen *Wohlwollens* gegen uns, die sich auf die Wahrheit der in *Christus* uns dargebotenen *Gnadenverheißung* stützt und durch den *Heiligen Geist* unserem Verstand *geoffenbart* und in unserem Herzen *versiegelt* wird." (Inst. III,2, 7 [vgl. schon Heidelberger Katechismus, Fr. 21])

Calvin: unausweichliche Nähe Gottes

Gottlosigkeit ist von Natur aus unmöglich (Inst. I,3) Aber der Begriff der ‚natürlichen Theologie' fehlt (obwohl Apg 17,28 das häufigste Zitat bei Calvin ist). Gott ist den Menschen unausweichlich nah, aber die Menschen sind nicht von sich aus Gott nah. Der wahre Gott ist der „Deus erga nos" nach Ex 34,6 (Inst. I,10,2).

2.2.3 Altprotestantische Orthodoxie

Orthodoxie: fides quae fides qua creditur

In der *Orthodoxie* wird zwar Luthers Verständnis vorausgesetzt, aber die Akzente werden mit Melanchthons Anregungen zugunsten des Glaubens (der fides) als ‚notitia', des Fürwahrhaltens (fides qua) von Glaubenssätzen (fides quae) und der Wahrheit in den Einzelaussagen der Schrift (bis hin zu deren Verbalinspiration) verschoben. Aber neben dem Buch der Heiligen Schrift steht die Vorstufe der Erkenntnis Gottes aus dem Buch der Natur. Sie kann eingeboren oder erworben sein und auf die Offenbarungserkenntnis pädagogisch vorbereiten.

Gerhard: Vernunft nach dem Fall

Unmittelbar nach J. GERHARD ist die Erkenntnisfähigkeit der Vernunft formal durch den Fall nicht abhanden gekommen; inhaltlich aber ist sie im Blick auf Gott verdunkelt. Ab dem 16. Jahrhundert wird die Unterscheidung von Natur und Übernatur postuliert (begrifflich schon in der mittelalterlichen katholischen Theologie, ohne daraus eine Unterscheidung zweier selbständiger Räume zu machen).

2.2.4 Aufklärung und neuere Theologie

Aufklärung: Physikotheologie

Im 18. Jahrhundert wurde der Gedanke einer der Vernunft unzugänglichen Glaubensautorität in Frage gestellt. Aufklärerische Theologen postulierten, daß wahrer Glaube nur das enthalten könne, was jeder mit seiner eigenen Vernunft erkennen und bejahen könne. Dies mündete in eine *Physikotheologie* (Gott sei aus der Ordnung der Natur zu erschließen) ein bzw. behielt jene überkommenen Gottesaussagen bei, die sich auf den moralischen Kern des Menschseins beziehen ließen. So sprach G. E. LESSING z.B. von einer geschichtlich entfalteten, vernünftigen Religion der Nächstenliebe und der Geisterfülltheit sowie I. KANT von einer rein moralischen Religion, die alle historischen Offenbarungsreligionen zu beurteilen erlaube. Zugleich wurde damit bestritten, daß eine historische Erscheinung (etwa die Gestalt Jesu) Wahrheiten mit universalem Anspruch begründen könne. Jesus wurde zum bloßen Vorbild.

Lessing und Kant: vernünftige bzw. moralische Religion

Schleiermacher: Religiöses (Selbst-) bewußtsein

Im 19. Jh. gab es vielfältige Versuche, die Anliegen der Aufklärung aufzunehmen, zugleich aber die Reduktion des Christentums auf eine allgemeine, natürliche Vernunftreligion abzuwehren. Wichtigen Vertretern protestantischer Theologie ging es um eine geschichtliche Offenbarung, die sich mit der Geschichte der (praktischen) Vernunft verbinden kann. So verstand Schleiermacher das Christentum als jene Religion, die sich ihrem Wesen nach auf „die durch Jesum von Nazareth vollbrachte Erlösung" (Der christliche Glaube, [2]1830-1831, § 11) bezieht, und er hebt sie somit von einer bloßen Vernunftreligion ab. Andererseits verweist er aber auch auf die mit dem Menschsein gegebene Anlage eines ***religiösen Bewußtseins*** und ordnet die Frömmigkeit damit in die dem Menschen möglichen religiösen Verhaltensweisen ein. Der von Jesus ausgehende Geist individualisiert sich in vielen Gestalten, wie überhaupt jede Religion individuelle Züge hat und eine allgemeine ‚natürliche' Religion nur ein Abstraktum der vielen historischen Religionen wäre. Die Entwicklung der religiösen Anlage bedarf aber immer eines ***urbildlichen*** Anfangs; für die christliche Religion ist dies Jesus von Nazareth. Das Christentum bildet die höchste Form monotheistischer Frömmigkeit, weil es auf die Vergeistigung der Welt zielt (und deshalb teleologisch ist):

Jesus als urbildlicher Anfang

Definition des Christentums

> „Das Christentum ist eine der teleologischen Richtung der Frömmigkeit angehörige monotheistische Glaubensweise, und unterscheidet sich von andern solchen wesentlich dadurch, daß alles in derselben bezogen wird auf die durch Jesum von Nazareth vollbrachte Erlösung." (a.a.O., § 11)

Troeltsch: Relativierung der Stellung Jesu

Betont Schleiermacher noch, daß sich der christliche Glaube nicht von Jesus ablösen lasse, so geht E. TROELTSCH noch einen Schritt weiter, indem er eine absolute Sonderstellung Jesu mit den Gesetzen historischen Denkens nicht vereinbaren kann; zwar will er Jesus als die *für uns* klarste Manifestation göttlicher Wahrheit und deswegen als psychologisch notwendig betrachten, aber er schließt die Möglichkeit nicht aus, daß sie in der Zukunft überboten werden kann.

Vaticanum I: metaphysische natürliche Theologie

Gegenüber diesen „Anpassungen an den modernen Gott" betonte das *Vaticanum I* die klassische natürliche Theologie: Gott kann sowohl von der Vernunft als auch vom Glauben erkannt werden. Der natürliche (vernünftige Weg) führt mit Hilfe des Lichts menschlicher Vernunft (naturalis humanae rationis lumine) von den geschaffenen Dingen her (e rebus creatis) zum Schöpfer, der sicher erkannt werden (certo cognosci) kann. Der übernatürliche Weg der Gotteserkenntnis verdankt sich der Güte Gottes und seiner Weisheit, dank derer er sich den Menschen offenbaren will (DS 3004).

2.3 Aktuelle dogmatische Fachdiskussion

Theologen im 20. Jahrundert können die alte natürliche Theologie nicht ungebrochen fortsetzen; und ohne ihren Vorbau verändert sich auch die Auffassung von der Offenbarung. Die folgenden Positionsangaben erstrecken sich über folgendes Spektrum der Argumente:

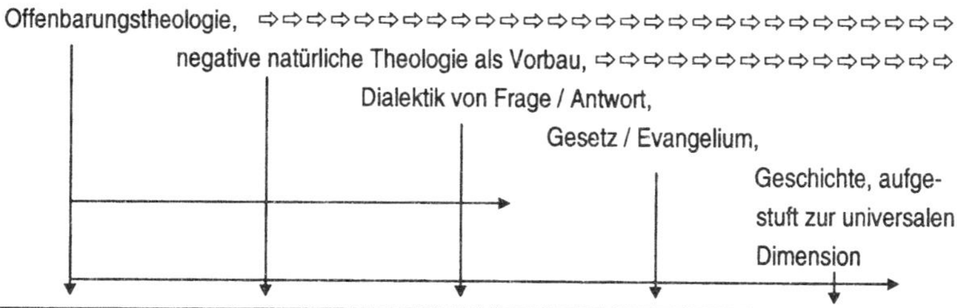

Bestreitung einer selbständigen natürlichen Theologie, Kritik der (christlichen) Religion), Gott als das Subjekt seiner Offenbarung.	Frage nach einer formalen natürlichen Theologie, Kritik des natürlichen Menschen und seiner Absicherungen.	Frage nach der Existenz des Menschen in ihren Widersprüchen, Frage und Antwort, Entfremdung und neues Sein und entsprechende doppelte Erkenntnis Gottes.	Dialektik von Gesetz und Evangelium, aber: Uroffenbarung, Gesetz als Bereich praktischer Gotteserkenntnis.	Geschichte der Menschwerdung sowie Sinnfindung, fortschreitende Sinnsynthesen in der Geschichte bis zur vollendeten Offenbarung am Ende der Zeiten.
K. BARTH	E. BRUNNER	R. BULTMANN, G. EBELING, P. TILLICH	G. EBELING, P.ALTHAUS	W. PANNENBERG

Ohne das Problem der natürlichen Theologie aus den Augen zu verlieren, widerspricht die Wort-Gottes-Theologie den an einem bestimmten Vernunft- und Menschenverständnis orientierten Versuchen des 18. und 19. Jahrhunderts einschließlich der liberalen Theologie.

2.3.1 Barth

radikale Wort-Gottes-Theologie: natürliche Theologie ausgeschlossen

K. Barth betont, daß eine natürliche Erkenntnis Gottes auch nur als Vorstufe zum glaubenden Gehorsam gegen sein Wort ausgeschlossen ist. Daß Gott in Christus als dem Zeugen der Wahrheit auch außerhalb der christlichen Lebenswelt wirken kann, ist hingegen nicht ausgeschlossen, denn die christliche Gemeinde und ihre Theologie kann die Wahrheit Gottes in Jesus Christus nicht exklusiv „besitzen" (KD IV,3, § 69.2; vgl. C. Link, Die Welt als Gleichnis, 1976).

dreifache Gestalt der Offenbarung

Gottes Offenbarung gibt sich in dreifacher Gestalt zu erkennen: Gott, der seinem Wesen nach den Menschen *Verhüllte,* enthüllt sich selbst (1) und ist seinem Sein zum anderen hin entsprechend *für uns* in Christus offenbar (2), er wird *in uns* durch den heiligen Geist lebendig (3). (Deshalb entfaltet Barth eine trinitarisch strukturierte Offenbarungslehre in den Prolegomena [KD I,1, S. 129, 311 ff.].)

> „Die Wirklichkeit unserer Gotteserkenntnis steht und fällt ... damit, daß Gott dem Menschen in seiner Offenbarung in einem Mittel und also gegenständlich gegenwärtig ist in dem doppelten Sinn: daß er dem menschlichen Subjekt als Objekt gegenübertritt in seinem Wort und daß er das menschliche Subjekt für sich selbst zugänglich, für das Anschauen und Begreifen seiner selbst als Objekt fähig macht durch seinen heiligen Geist." (KD II,1, S. 8f.)

Die Religion wird hingegen als Unternehmen des Menschen, sich ein Gottesbild zu schaffen, verstanden. Durch sie werde der Offenbarung vorgegriffen und Gott für den Menschen verfügbar gemacht (obwohl er doch auch in seiner Offenbarung verborgen bleiben muß; vgl. KD II,1, S. 254ff.). Die Religion ist also mit Unglauben gleichzusetzen, und gerade das Christentum kann zur Religion verkommen.

> „Ist der Mensch sich selber Gott, dann *muß* der Abgott ins Wesen treten. Und steht der Abgott in Ehren, dann *muß* sich der Mensch als der wahre Gott, als der Schöpfer seines Geschöpfs fühlen.“ (Der Römerbrief. Vorwort zur zweiten Auflage von 1921, [8]1947, S. XIIf.)

Da der Glaube Gottes Wort – und nur es! – hört, steht er zur Religion im Widerspruch. Ein so verstandenes Christentum kann Barth als „wahre Religion“ bezeichnen (KD I,2, § 17). Gotteserkenntnis gründet darin, daß Gott uns zuerst erkannt hat. Erst im Glauben – und allein in ihm – ist Gotteserkennen möglich. Deshalb heißt es: „Gott wird nur durch Gott erkannt“ Der begegnende Gott ist Inbegriff aller Gegenständlichkeit (KD II,1, S. 200 ff.); „Deus non est in genere“ (Dogmatik im Grundriß, [7]1987, S. 40). Eine Anknüpfung an menschliche Erfahrung ist nur insofern möglich, als der Mensch bereit ist, sich diese von Gott selbst in seinem Zuvorkommen erschließen zu lassen.

Gottes Gegenständlichkeit

> „Gott muß sich uns in der Gnade seiner Offenbarung zum Gegenstand *gemacht* und damit unserem auf die kreatürlichen Gegenstände gerichteten Erkennen Wahrheit, die Wahrheit der Ähnlichkeit mit ihm *verliehen* haben. Ohne diese Verleihung haben unsere Worte wohl in ihm, aber nicht für uns Wahrheit, sind und bleiben sie in unserem Munde Worte, die wohl die Kreatur, aber nicht ihn bezeichnen und ihn auch nicht bezeichnen können.“ (K. Barth, KD II,1, S. 260f.)

Christus ist die „imago Dei“. Erst aus ihm kann der Mensch die ‚imago Dei‘ (wieder-) gewinnnen. Sie begründet die kognitive und existentielle *analogia relationis:* Der Mensch erkennt, ja, er existiert von Gott her auf Gott hin (KD II,1, S. 260ff.; vgl. Kap VI). Die Bereitschaft des Menschen für Gott ist somit in Gottes Bereitschaft für den Menschen eingeschlossen (KD II,1, S. 161f.).

analogia relationis

Erfahrung und Existenz

> „Wenn Erkenntnis des Wortes Gottes Menschen möglich wird, dann muß das heißen: es wird ihnen eine *Erfahrung* vom Worte Gottes möglich. Wir definierten ja Erkenntnis als diejenige Bewährung menschlichen Wissens um einen Gegenstand, durch den sein Wahrsein zu einer Bestimmung *der Existenz des erkennenden Menschen* wird. Eben diese *Bestimmung der*

Existenz des erkennenden Menschen nennen wir Erfahrung. Der Mensch existiert nicht abstrakt, sondern konkret, d.h. aber in Erfahrungen, in Bestimmungen seiner Existenz durch Gegenstände, durch ein von ihm unterschiedenes Außen." (KD I,1, S. 206f.)

2.3.2 Brunner

Brunner: Anknüpfung

Zwischen den einstigen Kampfgefährten Barth und E. BRUNNER entbrannte Anfang der 30er Jahre ein Streit um das Thema der *„Anknüpfung"* (der Gotteserkenntnis an menschliche Voraussetzungen).

„Es ist die Voraussetzung des Glaubens, daß der Mensch vom Absoluten her bewegt, beunruhigt sei. Vielmehr: es ist einfach so, daß kein Mensch ganz ohne diese Bewegtheit lebt ... Nicht der Gebrauch der Vernunft ist ... vom Glauben aus irgendwie zu verdächtigen, wie oft geschehen ist. Ist doch die Vernunft der göttliche Teil des Menschen." (Philosophie und Offenbarung, S. 39)

„Die Verachtung jeglicher theologia naturalis (natürlichen Theologie) ... wird sich in der Kirche bald – und heute mehr als je – als vollkommene Isolierung geltend machen ... Die Kirche verträgt auf die Dauer die Ablehnung der theologia naturalis ebensowenig als ihren falschen Gebrauch. Es ist die Aufgabe unserer theologischen Generation, sich zur rechten theologia naturalis zurückzufinden." (Natur und Gnade. Zum Gespräch mit Karl Barth, 1934, S. 14)

formale imago Dei

Die *imago Dei* (sie enthält allgemeine Voraussetzungen des Menschseins) ist nach dem Sündenfall so weit erhalten, daß sie den Anknüpfungspunkt für Gottes Offenbarung bilden kann. Sie bewahrt die *Wortmächtigkeit* auf – der Mensch ist auch nach dem Sündenfall noch empfänglich (ansprechbar) – sowie die *Verantwortlichkeit* – d.h. der Mensch sollte eigentlich über Gut und Böse entscheiden können und um seine Sündhaftigkeit wissen. Das Letztere äußert sich im *Gewissen:* Der Mensch möchte mit sich selbst eins sein und bricht doch immer wieder mit sich selbst. Ohne solche Gewisseneinsicht könnte das Wort Gottes den Menschen nicht erreichen; aber erst die Offenbarung schafft die Fähigkeit, Gottes Wort zu glauben.

„Denn nicht das ist falsch an jeder pelagianischen und pelagianisierenden Theologie, daß sie einen Anknüpfungspunkt für das göttliche Wort im Menschen sucht. Es ist im höchsten Grade unsinnig und unbiblisch, das Vorhandensein eines solchen zu leugnen oder außer acht zu lassen. Vielmehr liegt ihr Grundübel darin, daß sie diesen Anknüpfungspunkt im Positiven statt im Negativen sucht." (E. Brunner, in: ZZ 7 [1924], S. 262)

2.3.3 Bultmann

Eine ähnliche Fragestellung verfolgte R. BULTMANN, der mit der Exegese des Neuen Testaments zugleich die Grundlagen eines theologischen Verständnisses der Bibel suchte. Offenbarung geschieht ihm zufolge ausschließlich in Jesus Christus; sie ist ein *kontingentes* Faktum (das „Daß des Gekommenseins" Jesu Christi). Sie eröffnet dem Menschen ein neues *Seins-* und Wirklichkeits*verständnis* (Die Begegnung mit der Offenbarung als unableitbarem Geschehen ist *existentiell;* was sie erschließt, betrifft auch die Strukturen der Existenz und ist *existential).*

Bultmann: Offenbarung kontingent – „Daß" des Gekommenseins Jesu

„Ist nach unserer Meinung vom *wirklichen* Menschen nur die Rede, wenn er in der Jeweiligkeit seiner Zeitlichkeit gesehen ist, und ist Offenbarung das ewige Geschehen von Gott aus, das in unsere Zeitlichkeit, in unsere Geschichte eintritt, so ist die Offenbarung als „Voraussetzung" zu unserem theologischen Reden nur dann vorhanden, wenn es Gott gefällt, diese Voraussetzung zu machen, sie wirklich werden zu lassen im Wirken des heiligen Geistes ..." (Die Frage der „dialektischen" Theologie, [1926], in: Anfänge der dialektischen Theologie, Bd. 2, hg. v. J. Moltmann, 1977, S. 82f.)

Diese Strukturen verdeutlichen das geschöpfliche Sein, denn es „ist kein anderes Licht in Jesus als in der Schöpfung" (Der Begriff der Offenbarung im NT, in: GuV, Bd. 3, S. 29). Der „natürliche" Mensch kann zwar nach Gott fragen, aber mehr als diese Frage, die sich aus der Fraglichkeit seiner eigenen Existenz ergibt (und dies zentral aus den Erfahrungen von Ohnmacht, Vorläufigkeit und Gefordertsein) ist nicht möglich. Deshalb weist der natürliche Mensch ein Vorverständnis des Glaubens auf, ohne jedoch selbst zum Glauben zu gelangen, der keine Möglichkeit neben anderen innerweltlichen Möglichkeiten darstellt.

2.3.4 Ebeling

Ebeling: „Daß" des Gekommenseins Jesu allein genügt nicht

In Auseinandersetzung mit Bultmann sagt G. EBELING, ein „Daß des Gekommenseins Jesu Christi" genüge nicht. Gottes Offenbarung sei kein punktuelles historisches Faktum, keine moralische Lehre, sondern sie begegne als verkündigtes Geschehen (Die Geschichtlichkeit der Kirche und ihrer Verkündigung als theologisches Problem, 1954, S. 57ff.). Trotzdem bleibt Ebeling in der Nähe Bultmanns und teilt die These, daß von Gott reden auch vom Menschen zu reden bedeute: Gotteserkenntnis und Selbsterkenntnis können nach Ebeling auf vierfache Weise zusammengeordnet werden: 1. Selbsterkenntnis führt zu fragwürdiger Gotteserkenntnis; 2. rechte Gotteserkenntnis allein ermöglicht rechte Selbsterkenntnis; 3. Selbsterkenntnis als Erkenntnis des Sünderseins ist wahre Bedingung der Gotteserkenntnis; 4. die Gotteserkenntnis wird zugleich mit der Selbsterkenntnis wahr. Bei der bleibenden Zweiseitigkeit der Erkenntnis stellt Ebeling in Frage, ob die Gotteserkenntnis je „von der faktischen Situation des Erkennenden" abstrahieren könne (Lutherstudien, Bd. 1, 1971, S. 254).

2.3.5 Tillich

Tillich: Offenbarung als Manifestation des Neuen Seins

Der deutlich philosophisch ausgerichtete Theologe P. TILLICH verfolgt das *vermittlungstheologische Programm* mit neuen Denkmitteln. Die Offenbarung (Gottes) gilt ihm als Manifestation des „Seins-Selbst" (Systematische Theologie, Bd. 1, 1956-1966, S. 29, 51, u. ö.) im endlichen Sein. Die letzte originale (d.h. inhaltlich etwas Neues bringende) Offenbarung ist die Manifestation Gottes in Jesus, dem Christus. Sie rettet aus der Entfremdung und ermutigt (Mut zum Sein, 1953) zum „Neuen Sein" (Glauben) in schöpferischer Kraft, Sinnhaftigkeit und Hoffnung. Das „Sein-Selbst" bzw. sein Grund ist nicht vom Menschen abhängig, aber seine Manifestation hängt davon ab, wie der Mensch die Offenbarung empfängt. Gott – „das Sein-Selbst" – antwortet auf die Fragen der Menschen, der Mensch ist die Frage nach sich selbst. Sie ist ein göttliches Paradox, dessen inhaltliche Norm das Kreuz Christi darstellt (GW, Bd. 7, S. 241; GW, Bd. 8, S. 44).

Offenbarungen außerhalb Christi

Außer Christus gibt es weitere Offenbarungsmedien wie die Natur, die Geschichte sowie kulturelle Äußerungen des Menschen, die in der Geschichte des Geistes vor oder außerhalb von Christus von Bedeutung sind. Sie werden aber von der Offenbarung in Christus her beurteilt. Alle anderen Offenbarungsträger sind, soweit sie selbst Unendlichkeit beanspruchen, dämonisch. Im übrigen ist die Offenbarung wesensmäßig verborgen (ein *Mysterium*!), religiöse Erfahrungen sind nur ihr Material (GW, Bd. 8, S. 31ff.).

Paradox

Tillich sichert das Verständnis der Offenbarung durch den Begriff des *Paradoxes,* das sich nicht auf Gott an sich, sondern auf seine Manifestation bezieht: In einem personhaften Leben zeigt sich das Bild des wesenhaften Menschen, der – obwohl in endlicher Existenz – nicht vom Ursprung entfremdet ist (Systematische Theologie, Bd. 2, 1966, S. 104, 157f.). Dieses *göttliche Paradox* ist vom positiven Paradox der vom Menschen mitgebrachten Eigenart, Fragen zu haben, ja Frage zu sein (als endliches Wesen auf Unendliches gerichtet zu sein) zu unterscheiden (GW, Bd. 7, S. 241, 255). „Gott ist die Antwort auf die in der menschlichen Existenz beschlossene Frage." (Systematische Theologie, Bd. 1, 1966, S. 79) So hängt Gottes Selbstoffenbarung (nicht sein Wesen) davon ab, wie der Mensch die Offenbarung empfängt.

Geist und Offenbarung

Das Geistereignis in Christus ist *exklusiv,* indem es andere Manifestationen normiert; die Geschichte des Geistes Christi ist aber auch *inklusiv,* indem sie alle anderen Manifestationen aufnehmen und überhöhen kann.

„Wer das Verhältnis von Unbedingtem und Bedingtem undialektisch sieht, der sieht es überhaupt nicht, der hat von der Gewalt dessen, was im Begriff des Unbedingten gemeint ist, keine Vorstellung. ... Ein unmittelbares, unparadoxes, nicht durch das ständige radikale Nein hindurchgehendes Verhältnis zum Unbedingten ist kein Verhältnis zum Unbedingten, sondern zu einem Bedingten, das den Anspruch macht, unbedingt zu sein, das heißt zu einem Götzen. Und gerade diejenigen Dinge und Worte, die das Paradox ausdrücken sollen, wie Religion und Bibel, Christus und Gott – und gerade Gott – sind in dauernder Gefahr, diesen götzenhaft-undialektischen Charakter zu erhalten, gegenständlich und damit bedingt zu werden." (Kritisches und positives Paradox [1923], in: Anfänge der dialektischen Theologie, Bd. 1, hg. v. J. Moltmann, 1977, S. 166)

2.3.6 Elert

Elert: Diastase von Gesetz und Evangelium

Bis zur Diastase in Gottes Selbstbezeugung geht ein neuerer lutherischer Entwurf: In eklektischer Anknüpfung an Luther betont W. ELERT die Unterscheidung von *Gesetz und Evangelium,* aber er geht so weit, Gott hinter Gesetz und Evangelium fast auseinanderzureißen. Mittels des Gesetzes wird dem Menschen seine Sündhaftigkeit und Verlorenheit vor Gott offenbar. Diesem negativen Wort des verborgenen Gottes steht seine positive Zuwendung im Evangelium entgegen. Der Begriff *Realdialektik* verdeutlicht, daß in Gott selbst eine zwiespältige Selbsterschließung anzusetzen ist. Das Gesetz bezeichnet Gottes Zorneswillen, das Evangelium den Gegenwillen (Der christliche Glaube, ^{2}1941, S. 169f.). Der natürliche Mensch lebt in Schöpfungsordnungen als Seinsordnungen unter dem Gesetz, in dem sich Gott als fordernd, zornig und strafend offenbaren will; diese Ordnungen sind aber nur im Glauben als *Gottes* gute Ordnungen erkennbar.

Diese problematische Position korrigiert u.a. eine andere Erlanger Stimme: W. JOEST hält fest, daß Gottes Selbstzusage immer über seinem Zorn steht, zumal er sich in Christus für die Menschen ein für allemal identifiziert und universal bestimmt hat (Dogmatik, Bd. 1, ^{3}1989, S. 121).

2.3.7 Althaus

Althaus: Uroffenbarung

Der wichtige Erlanger Theologe P. ALTHAUS prägte den Begriff der *Uroffenbarung*. Sie ist nicht am zeitlichen Anfang der Welt angesiedelt, sondern betrifft jeden Menschen immer wieder von neuem; sie begegnet ihm in der Erkenntnis der Unverfügbarkeit seines Lebens und in den sittlichen Forderungen seines Gewissens. Doch bleibt die Reaktion des Menschen darauf zweideutig, so daß sie zwar in Religionen bruchstückhaft zum Ausdruck kommen kann, sich ihr die Menschen weithin aber versagen und somit schuldig werden. Daran knüpft dann die Christusoffenbarung mit der Botschaft der Vergebung an (Die Christliche Wahrheit, Bd. 1, 1947, S. 45ff.).

> „Wir haben in der Lehre von der Ur-Offenbarung von der Selbstbezeugung Gottes an den Menschen geredet, aber nicht von dem, was der Mensch daraus macht in seiner „natürlichen Gotteserkenntnis". Wir haben von der Wirklichkeit Gottes im Dasein der Menschen, nicht von den Möglichkeiten der menschlichen Vernunft gehandelt. Die Gotteserkenntnis des natürlichen Menschen, die an der Ur-Offenbarung entsteht, ist als seine, des Sünders, Erkenntnis niemals neutral." (Grundriß der Dogmatik, Bd. 1 [1929], ^{3}1947, S. 26)

2.3.8 Pannenberg

Der Münchner Theologe W. PANNENBERG setzt Anliegen sowohl von Althaus wie von Tillich fort. Er entfaltet deshalb ein neuartiges vermittlungstheologisches Programm: Gott offenbart sich durch Geschichtstaten (im Zusammenhang der *gesamten* Geschichte durch *indirekte* Offenbarung) und zentral in der *Auferstehung Christi,* die der Vernunft als Vorwegereignis des Endes (der Summe) der Geschichte erkennbar sein sollte (Offenbarung als Geschichte, ^{2}1963, S. 17, 95).

Pannenberg: Universalgeschichte – Gott offenbart sich durch Geschichtstaten

> „Das Inerscheinungtreten der göttlichen Wirklichkeit, auch inmitten der noch ungelösten Konflikte religiöser und ideologischer Wahrheitsansprüche, heißt Offenbarung." (Systematische Theologie, Bd. 1, 1988, S. 188)

Im *AT* geschieht solche Offenbarung durch:

a) Erlebnisse intuitiver Mantik,

b) (prophetisches) Schauen Gottes,

c) Mitteilung des Gottesnamens (Mose),

d) Willensoffenbarung Gottes (Sinai),

e) prophetisches Erweiswort.

In den Punkten b, c, e ist Gott selbst der Inhalt der Offenbarung.

Im *NT* kommt die Offenbarung in einem apokalyptischen Bezugsrahmen zur Geltung, aber sie kennt kein einheitliches Wort (Röm 3,21: πεφανέρωται, bezogen auf den Seher; in Röm 1,7 wird endgeschichtliches Offenkundigwerden durch ἀποκαλύπτεται ausgedrückt). Die *eschatologische* Offenbarung Gottes ist personhaft, das Geschick der Person Jesu hat dieses proleptisch verdeutlicht (a.a.O., S. 273). Trotzdem ist ein metaphysischer Gottesbegriff allgemeine Verstehensbedingung christlichen Redens von Gott. Die Gotteserkenntnis wird durch Gott selbst ermöglicht (hier nähert sich Pannenberg Barth an; vgl. Systematische Theologie, Bd. 1, 1988, S. 11f.). Die Wahrheitsansprüche der Religionen sind strittig, zumal die endgültige Offenbarung erst am Ende aller Zeiten stattfindet (Offenbarung als Geschichte, ^{2}1963, S. 95). Die Theologie entfaltet mit dem Gottesgedanken eine Hypothese, die sich auf die Wirklichkeit als ganze bezieht (Wissenschaftstheorie und Theologie, 1973, S. 299).

2.3.9 Katholische Theologie: Rahner

Rahner: finale Ausrichtung von natürlicher auf definitive Offenbarung

Offenbarung hat für Rahner einen transzendentalen Aspekt und eine kategorial-geschichtliche Seite. Schon fundamentaltheologisch (d.h. in Absehung von der kategorialen Selbstmitteilung Gottes in Jesus Christus) könne der Mensch Gott als unsagbares, heiliges Geheimnis, als die Antwort auf die Fraglichkeit des menschlichen Seins erfahren und umschreiben. Diese „natürliche Offenbarung" ist des Menschen gnadenhafte Erhöhung als Heiligung und Rechtfertigung. Dem Menschen ist sie zwar per Analogie *bewußt*, ist aber nicht gewußt. *Ge*wußt wird Offenbarung nur als *geschichtliches, partikulares Ereignis,* wobei sie nicht identisch mit solchen geschichtlichen Ereignissen sei. Der unüberbietbare Höhepunkt der Selbstmitteilung Gottes sei in Jesus Christus gegeben, weil sich Gott hier in hypostatischer Union mit den Menschen verbinde. Somit sei das Christusereignis die einzig (be-)greifbare Zäsur der Heils- und Offenbarungsgeschichte, an der alle Offenbarungsansprüche sich messen lassen müssen. Auch wenn Rahner es nicht eingesteht, baut sein Konzept ganz und gar auf der Hermeneutik des Grundsatzes „fides quaerens intellectum" auf, erfüllt sich doch alle (angeblich vortheologisch beschreibbare) Transzendentalität in der Kategorialität der Offenbarungsgeschichte Gottes in Jesus Christus. Theologisch redlicher wäre es gewesen, diesen Ansatz von vorneherein als einen christologischen offensichtlich zu machen und nicht als einen philosophisch-fundamentaltheologischen zu übermalen.

Literatur:

K. Rahner, Grundkurs des Glaubens, 1976, S. 143-177.

2.4 Philosophische Ansätze

Moderne Wissenschaften können keine stringente Erkenntnis Gottes aufbieten, aber auch keinen zwingenden Nachweis seiner Nicht-Existenz. Geäußert wird der Verdacht, Gott sei Projektion des Wesens des Menschen (L. FEUERBACH) oder seines Unbewußten (S. FREUD) oder auch Stabilisationsfaktor gesellschaftlicher Unrechtsstrukturen (K. MARX). Hierdurch wird die Existenz Gottes aber noch nicht widerlegt. Interessant ist auch die Anfrage A. FLEWs, inwieweit der Gottesbegriff überhaupt einen Sinn habe, d.h., was eine Welt mit Gott von einer ohne Gott unterscheiden würde (dazu: I. Dalferth, Religiöse Rede von Gott, 1981, S. 502ff.). Der amerikanische Philosoph C. HARTSHORNE versucht, das Argument Anselms im Rahmen einer Modallogik zu rekonstruieren: die Möglichkeit, daß Gott existiert, ist logisch nicht auszuschließen.

moderne Wissenschaften und die Gottesfrage

3 Problemorientierung

Da die Frage nach der natürlichen Erkenntnis Gottes in den Bekenntnisschriften nahezu nicht auftaucht, liegt der Verdacht nahe, daß dieses Thema in der reformatorischen Theologie nur eine marginale Stellung einnimmt oder sogar der Ablehnung verfallen kann. Für die Glaubenden könnte das stimmen; sobald aber Zweifel an der Existenz oder am Wesen Gottes und am Sinn der Religion laut werden, ist das für die betroffenen einzelnen ein zentraler Punkt. Das gilt ebenso, wenn Glaubende und Nichtglaubende zusammenleben und der Wahrheitsanspruch des Glaubens umstritten ist. Sobald die Theologie apologetische Aufgaben übernimmt oder nach einem vermittlungstheologischen Programm gestaltet wird, wird die aller Offenbarung vorausgehende Möglichkeit der Gotteserkenntnis zu einem zentralen Thema, ja zu einer Aufgabe einer *Fundamentaltheologie*. Zu bedenken bleibt, daß Grundlegungsfragen auch in die materiale Entfaltung einer Dogmatik hineingenommen werden können (siehe Barth), weil das Gottes Selbstoffenbarung angemessen ist und damit Gott Gott sein läßt.

Notwendigkeit einer Fundamentaltheologie

4 Eigene Stellungnahme

Die Relevanz dieser Fragestellung erschließt sich jeder bzw. jedem, die über längere Zeit Predigten hören und dabei beobachten, ob überhaupt, wie oft und auf welche Weise in ihnen von Gott gesprochen wird. Fast alle neueren theologischen Programme können den Hörern bzw. Hörerinnen dort begegnen.

Literatur zur Vertiefung:
C. Frey, Dogmatik, ^{3}1993, Teil 4.1-4.4; ders., Art. ‚Natur und Übernatur', in: TRE, Bd. 24, S. 107-113; W. Härle, Dogmatik, 1995, 81-110; F. Mildenberger, Gotteslehre, 1975; ders., Grundwissen der Dogmatik, 1982, S. 41-49; O. Weber, Grundlagen der Dogmatik Bd. 1, 1977, S. 184-195; W. Pannenberg, Systematische Theologie, Bd. 1, 1988, S. 73-132; W. Kasper, Der Gott Jesu Christi, 1982, S. 13-167.

Mögliche Klausurthemen:

1. Kann das „Gesetz" eine ähnliche Rolle wie die „natürliche Theologie" in der Einleitung der Dogmatik spielen?
2. Die Gottesbeweise. Ihre Voraussetzungen und ihre Absicht.
3. Was bedeuten ‚Vermittlung' und ‚Anknüpfung' in der neueren evangelischen Theologie?

Eine systematisierende Zusammenfassung zu den Abschnitten 2 und 3 bietet die folgende Übersicht:

Gotteserkenntnis - Offenbarung Gottes

1	*Fragestellung und dogmatische Grundlage*		
	A. Die Schöpfung in ihrer Bedeutung	**B. Der Fall und seine Auswirkung auf die Gottesbeziehung**	**C. Offenbarung Gottes: Konsequenzen aus A und B oder Vorordnung vor A und B**
1.1	*Modell positiver Anknüpfung*		
	Als **Geschöpf** Gottes bringt der Mensch eine gewisse Gotteserkenntnis mit.	• Die Adam gewährte **Urstandsgnade** (scholastische Lehre!) ging zusammen mit der übernatürlichen Gotteserkenntnis verloren. • Eine gewisse Ausrichtung der menschlichen **Vernunft** auf Gott bleibt. Grundlage der **natürlichen Theologie**	Die **Offenbarung** ist • Ergänzung, • Überhöhung, • Integration der vorausgesetzten natürlichen Gotteserkenntnis. Spätestens seit dem Ausgang des MAs: Diskussion um das Verhältnis der ‚**Natur**' des Menschen [als abstrakter selbständiger Größe] und der ‚**Übernatur**'
1.2	*Modell negativer Anknüpfung*		
	Als **Geschöpf** Gottes hätte der Mensch Gott aus dem Geschaffenen erkennen können.	Aber der Fall • verdunkelt entweder dieses Licht völlig • oder läßt nur die **negative Einsicht** übrig, daß dem Menschen etwas fehlt. Umso mehr ist der Mensch der Zuwendung Gottes bedürftig.	Bevor es dazu kommt, wird Gott durch das ‚**Gesetz**' kund (Offenbarung des in seinem Zorn Verborgenen). Dies ist die **negative Voraussetzung** der Offenbarung Gottes durch das Evangelium.
1.3	*Umkehrung des Zugangs zur Gotteslehre: C ⇨ B ⇨ A*		
	Die Schöpfung ist nicht eine so selbstverständliche Voraussetzung wie die Natur als Vorstufe zur Erkenntnis der Übernatur, sondern sie geht aus der freien ungeschuldeten Zuwendung Gottes zum Geschöpf hervor und kommt deshalb der Gnade nah: Das Geschöpf **darf** sein, es ist nicht in das Dasein ‚geworfen'. Z. B. BARTH: Die Schöpfung ist der äußere Grund des **Bundes,** der Bund ihr innerer Grund. (Dagegen BERKOUWER: Dies wäre der Triumph der Gnade.)	**Von seiten Gottes** bleibt der Schöpfungssinn (menschlichen Daseins) bestehen, auch wenn der Mensch ihn wegwirft (vgl. das Problem der Imago Dei.)	Darum wird **Gott nur durch Gott**, d.h. aus der freien, dem Menschen nicht geschuldeten Offenbarung - als Zuwendung – **erkannt.** (JOEST: Selbstzusage Gottes). Das ist ontologisch im ewigen Sohn (Gott von Ewigkeit zum Gegenüber hin), **noëtisch** in Jesus, nicht jedoch in irgendeiner Anlage auf seiten des Menschen begründet.

Diese Positionen kehren in der Theologiegeschichte wieder:

2.	***Theologiegeschichtlicher Überblick***		
2.1	*Von der Alten Kirche bis zum Hochmittelalter*		
	An 1.1 anknüpfend: **Natürliche Theologie**		
	• unter Berufung auf Röm 1,20; 2,14; Apg 17,23ff; • auf der Grundlage der altchristlichen **Apologetik** (Logoslehre); • bzw., neuplatonische Denkschemata (Tendenz alles Seienden zu Gott hin); • konzentriert in den **Gottesbeweisen;**	• in Frage gestellt durch den Fall (B), der Zweifel an der Kraft natürlicher Vernunft weckt: TERTULLIAN: **„Credo quia absurdum".**	• Die ursprüngliche Gotteserkenntnis (vgl. A, 1.1) des Geschöpfes wird durch Offenbarung im Glauben neu begründet: ANSELM VON CANTERBURY: **„Fides quaerens intellectum"** ⇨ Die Glaubenseinsicht ermöglicht den theologischen Gebrauch menschlicher Vernunft.
2.2	*Hochmittelalterliche Positionen:*		
	Sie kombinieren auf verschiedene Weise die beiden Wege der Gotteserkenntnis (A bzw. C unter 1.1)		
	Gottes schöpferischer Geist legt seine **Ordnungen** in das natürliche Dasein und erlaubt dem menschlichen Geist Rückschlüsse auf den Schöpfer. Diese These wird unterstützt durch den ma.lichen **Aristotelismus**: Alles Sein ist zielorientiert; **Ziel aller Ziele ist Gott.**	⇦ Umstritten ist, ob es ein natürliches Verlangen des menschlichen Geistes nach dem Übernatürlichen gibt (vgl. 1.1 A mit 1.1 C.). ⇨	Gott offenbart sich – über die Natur hinaus – **‚übernatürlich'** zum Heil der Menschen.
2.3	*Die Theologie der Reformation*		
	kennt zwar beide Weisen der Erkenntnis Gottes (1.1, A und C), aber schränkt die natürliche ein (1.1. A).		
	LUTHER: Das herrliche Licht der Vernunft kann **irdische** Sachverhalte ausleuchten; auch wird der Schöpfer im Geschaffenen erahnt; ...		... aber wer Gott für uns ist, wird an Christus erkannt: Als **Mensch**gewordener bestimmt er sich im Natürlichen (keine räumliche Konfrontation Natur ⇔ Übernatur).
	MELANCHTHON kann die natürlichen Ordnungen als Voraussetzung der Gotteserkenntnis betrachten (humanistischer Einfluß); ...	... aber diese ist von der Sünde verdunkelt, so daß ...	... die Offenbarung des **Heils** in Christus geschehen muß.
	CALVIN: **Gotteserkenntnis** und **Selbst**erkenntnis gehören zusammen.	Eine natürliche Gotteserkenntnis ist unmöglich geworden, ...	... aber sie wird in **Christus** erneuert.

2.4	***Neuzeit***		
2.4.1	*Altprotestantische Orthodoxie:*		
	• revelatio **generalis**		• revelatio **specialis**: Die eigentliche Offenbarung Gottes geschieht in Christus und wird dank der Inspiration des Heiligen Geistes festgehalten.

2.4.2.	*Aufklärung:*		
	Im Interesse der **Vernunft** drängt sie die besondere Offenbarung (in Christus) zurück und entfaltet sie eine natürliche Theologie – zum Beispiel als Physikotheologie.		
2.4.3	SCHLEIERMACHER:		
	Es gibt eine Vielzahl von Selbstbekundungen Gottes, aber **keine** allgemeine natürliche Religion, ...		... sondern **individuelle** Gestalten, die ihre höchste Form (teleologisch, monotheistisch) im Christentum erreichen.
2.4.4	HEGEL:		
	Progressive Offenbarung der Idee, die sich als der absolute Geist in der Geschichte erweisen will.		Gott als sich selbst Offenbarender ist selbst das Medium seiner Offenbarung (als Logos der Universalgeschichte).
2.4.5.	BARTH		
	s. o. 1.3.		
2.4.6.	PANNENBERG:		
	Gottes Selbstoffenbarung ergeht indirekt durch **Taten** und Worte) und ... ⇩		... als progressiver Prozeß (einer alles integrierenden Geschichte hin zur eschatologischen Sinntotalität).
	Eingeschlossen ist ein Urteil über		

3.	***Die Religion und die Religionen***	
	Es folgt dem Urteil über die natürliche Theologie. Zum Beispiel:	
3.1	BARTH:	
	Auch die christliche Religion fällt - wie alle anderen Religionen - unter das Urteil des **ersten** und des **zweiten Gebots** sowie FEUERBACHs Projektionsverdacht.	**Wahre Religion** ist Gotteserkenntnis aufgrund der exklusiven Selbstkundgabe Gottes.
3.2	RATSCHOW:	
	Auszugehen ist vom **homo religiosus,** der die Transzendenz sucht und scheitert (Thema des ‚**Gesetzes**'). Auch der Christ ist homo religiosus.	(**Evangelium**)
3.3	PANNENBERG:	
	Alle entfalteten Religionen stellen Hypothesen von der **Totalität des Sinns** alles Daseins dar.	Die **universalste** (denkbare) Hypothese bietet das **Christentum**.

Exkurs 4: Natürliche Theologie – Ein Überblick

4.1 Anliegen

Anknüpfung und Apologetik

Die natürliche Theologie sucht eine *Erkenntnis Gottes außerhalb der Offenbarung Gottes in Jesus Christus;* sie soll der besonderen christlichen Verkündigung von Gott zur *Anknüpfung* dienen. Sie dient auch der *Apologetik* des Christentums: Von Gott können alle wissen, die vernünftig sind (denn nach stoischer Lehre ist der Logos Gottes als ‚logos spermatikos' in alle vernünftigen Lebewesen gelegt – ihr folgen die altchristlichen Apologeten); aber das Wissen reicht nicht aus, deshalb bedarf es der Offenbarung in Christus.

4.2 Die Eigenart natürlicher Gotteserkenntnis

ideae innatae?

Synteresis – Gewissen

Entweder gibt es dem Menschen eingeborene oder zumindest *in ihm liegende Ideen* (Hintergrund: die Lehre vom ‚koinos logos' der stoischen Philosophie (von ihr hergeleitet die ideae innatae bzw. notitiae insitae). Sogar eine gebrochene Gewissenserkenntnis wird mit der natürlichen Gotteserkenntnis verbunden (Scholastik: ‚synteresis' – das unerlöste, fragmentarische Gewissen, das aber selbst im Schatten des Irrtums noch vom eigentlich Guten, von Gott, weiß). Auch kann es sich um *erworbene Erkenntnisse* (notitiae acquisitae) handeln, z.B. durch den Blick auf die Schöpfung und ihre Zweckmäßigkeit.

4.3 Erkenntnismittel

Rolle der Vernunft

Erkenntnismittel ist die menschliche *Vernunft,* nicht der Glaube, genauer: die menschliche Vernunft, soweit sie nicht durch den Sündenfall verdunkelt ist. Daher hängt die natürliche Theologie mit den verschiedenen Entwürfen *theologischer Anthropologie* zusammen:

Die *katholische Lehre* ist eher additiv:	Die *reformatorische Lehre* ist eher dialektisch:	Der *Irrtum* des FLACIUS:
Die *Imago* Dei bleibt trotz des Falls, die *Similitudo* Dei ging verloren („Faciamus hominem ad *imaginem et similitudinem nostram*" [Gen 1,26; vgl. DS 1511 ff.]). Die Imago ist eher eine ontische Eigenschaft, die Similitudo das vollkommen rechte Verhalten gegenüber Gott.	Der Mensch ist ganz Sünder, aber er ist dennoch Gottesebenbild. In der menschlichen Perspektive sind Imago und Similitudo zerstört, aber Gott hält an seinem Schöpfungsvorsatz fest. Aber auch der Sünder steht unausweichlich vor Gott.	Die menschliche *Substanz* nach dem Fall ist Sünde; Flacius spricht von der Imago diaboli. Deswegen kann es keine inwendige natürliche Gotteserkenntnis geben (M. FLACIUS, *Gnesiolutheraner*).

Vergleich der Ansichten von der imago Dei

Aus den reformatorischen Ansätzen sind drei einander z.T. widersprechende Folgerungen gezogen worden:

4.3.1 *negative Bezeugung* Gottes außerhalb Christi: in den erschreckten Menschen finden sich „scintillulae" conscientiae (Funken des Gewissens) (FC Sol. Decl. II,9).	4.3.2 *positive Gotteserkenntnis* aus der Struktur der Schöpfung (v.a. P. MELANCHTHON, *altprotestantische Dogmatik*); sie ist durch die Sünde gefährdet.	4.3.3 *Ablehnung* natürlicher Gotteserkenntnis (in der Neuzeit) (K. BARTH).

Folgerungen aus reformatorischer Kritik an der natürlichen Gotteserkenntnis

4.4 Umfang der natürlichen Gotteserkenntnis

Zweck der natürlichen Gotteserkenntnis

Die natürliche Gotteserkenntnis reicht nicht zum Heil aus, sondern bringt höchstens auf den Weg, das Heil zu suchen. Ihr Zweck ist pädagogisch (Vorbereitung zur heilbringenden Offenbarung), *didaktisch* (Erläuterung der Offenbarung) und *paideutisch* (Bewahrung der Disziplin in und außerhalb der Kirche).

„Alle Menschen haben ein allgemeines Wissen, nämlich, daß Gott ist, daß er Himmel und Erde geschaffen hat, daß er gerecht ist, daß er die Gottlosen straft usw. Aber was Gott über uns denkt, was er geben und was er tun will, daß wir von den Sünden und vom Tod befreit und gerettet werden (welches die besondere und wahre Erkenntnis Gottes ist), haben die Menschen nicht erkannt.“ (M. Luther, WA 40, I, S. 607)

4.5 Biblische Belegstellen

Biblische Belegstellen

Als biblische Belegstellen für die natürliche Gotteserkenntnis gelten vor allem:
- Röm 2,15 (ἔθνη .... ἑαυτοῖς εἰσιν νόμος [lex scripta in corde]);
- Röm 1,18 ff. (τὸ γνωστὸν τοῦ θεοῦ φανερόν [alle Menschen müßten Gottes unsichtbares Wesen aus seinen Werken erkennen…]);
- Ps 19 („Die Himmel erzählen die Ehre Gottes…“);
- Apg 14, 15 ff. (Missionspredigt des Paulus und Barnabas: Gott hat sich nicht unbezeugt gelassen);
- Apg 17,24 (Areopagrede des Paulus, der an die Aufschrift „Dem unbekannten Gott“ anknüpft; vulgärphilosophische Momente und Einsichten der Weisheit wirken hier mit).

4.6 Probleme

neuzeitliche Infragestellung der Gotteserkenntnis

Die Voraussetzung bestimmter Entwürfe der natürlichen Theologie bilden bestimmte Weltbilder (Strukturentsprechungen von göttlichem und menschlichem Verstand, allumfassender Logos, auf ein definitives Ziel ausgerichtete Weltordnung, analogia entis).

„Aber es ist dagegen zu sagen, daß auch die Behauptung der leisesten Entsprechung von göttlicher Offenbarung und menschlichem Geist aus Gott einen Götzen macht. Denn Gott ist der, ohne den nichts ist und geschieht, oder er ist nicht Gott.“ (F. Gogarten, Ich glaube an den dreieinigen Gott, 1926, S. 3f.)

In Frage gestellt wird die natürliche Theologie durch die Säkularisierung (auch des Naturrechts: „etsi deus non daretur“ [vgl. H. Grotius]), durch den gesellschaftlichen Pluralismus, durch L. Feuerbachs Kritik.

4.7 Fortsetzung mit anderen Mitteln

Moderne Theologen versuchen, die natürliche Gotteserkenntnis christologisch zu interpretieren: Inkarnation ist Annahme der menschlichen Natur durch den Logos. Deswegen erfüllt sich in Christus die menschliche Natur – so K. RAHNER (Schriften, Bd. 4, S. 137-155); oder: Die Wahrheit Christi durchzieht die ganze Welt und reicht über die Sphäre des Glaubens hinaus.

4.8 Positionen

Barth: Lichterlehre

K. BARTH ist der Position 4.3.3 zuzuordnen; er bezeichnet das Leben Christi als das eigentliche Licht, neben dem es andere *Lichter*, wahre Worte extra muros ecclesia gibt, die aber auf das Zeugnis Christi (jenseits der Kirche) zu beziehen sind – eine christologische Neufassung natürlich-theologischer Erkenntnis (KD IV,3, S. 95-122).

Althaus, Ratschow: Uroffenbarung, Zorn Gottes

Neuere lutherische Theologie verbindet in der Regel die Sichtweisen: 4.3.1 und 4.3.2 C. H. RATSCHOW spricht wie P. ALTHAUS von der *Ur- oder Grundoffenbarung Gottes*. Im umfassenden Gesetz Gottes liegt die Ordnung des Seins, der Welt und des Menschen. Die Religion ist das als Uroffenbarung Erhobene, aber der *homo religiosus* steht unter der undurchschaubaren Ambivalenz von Gottes Zorn und Liebe (vgl. C.H. Ratschow, Der angefochtene Glaube, 1957, S. 279ff.).

Ebeling: Glaube vs. Religion

Bei anderen kommen eher 4.3.1 und 4.3.3 zusammen zur Geltung: G. EBELING setzt zwar Religion voraus, aber sieht sie durch den *Glauben* relativiert – eine Besonderheit schlechthin am Christentum (Dogmatik, Bd. 1, 1979, S. 137 ff.). W. JOEST (Dogmatik, Bd. 1, ^{3}1989, S. 32) versteht die Religion als Unruhe, mit der der Mensch von Gott her berührt ist.

Pannnenberg: homo religiosus

W. PANNENBERG überhöht 4.3.2: In der Humanität liegt die Anlage zum Wahrheitsanspruch, der Mensch ist „unheilbar religiös“ (Systematische Theologie, Bd. 1, 1988, S. 169 f., 172 f.) Offenbarung und Religion sind nicht streng zu unterscheiden.

Rahner: anonymes Christentum

Eine moderne katholische Position findet sich bei K. RAHNER: In Christus kommen die unausdrücklichen und ausdrücklichen Verlangen nach Sinn und Heil zum Ziel. In diesem universal-teleologischen Zusammenhang kann Rahner von *anonymen Christen* sprechen (Schriften, Bd. 5, S. 136-158).

Exkurs 5: Gottesbeweise

5.1 Anliegen und Form

Anliegen der Gottesbeweise ist die *Unterstützung und Verteidigung der christlichen Offenbarung* und die Bekämpfung des Unglaubens mit Mitteln vernünftiger Schlüsse. Die Gottesbeweise sind nicht in strengem Sinn Beweise, sondern eher *Ansätze vernünftigen Schließens*, deren Ergebnisse allerdings theologisch und philosophisch umstritten sind.

Zu den Voraussetzungen der Gottesbeweise vgl. Exkurs 4.

5.2 Arten

5.2.1. Kosmologische Beweisgänge

kosmologische Gottesbeweise

Hierbei handelt es sich um die sog. *quinque viae* des THOMAS VON AQUIN (STh I, q 2, a 3).

Voraussetzungen für 5.2.1.1 – 5.2.1.3 ist die *metaphysische Philosophie* im Anschluß an ARISTOTELES, für 5.2.1.4 die *neuplatonische Seinslehre* (Gott ist das Eine und Gute an der Spitze der geordneten Welt) und für 5.2.1.5 die *Lehre von der ‚analogia entis'*: Zwischen Gottes Sein und unserem Sein bestehen gewisse Analogien, die Schlüsse von unserer Anschauung auf Gott erlauben. (Seinsanalogie gilt auch für die vorher genannten Beweisgänge.)

Kants Kritik

Die später einsetzende *Kritik* wurde durch I. KANT zusammengefaßt und abschließend gedeutet: Der Verstand kann solange richtig schließen, wie er den Bereich gegenständlicher Erkenntnis nicht verläßt; es sei denn, er bezieht sich kritisch auf sich selbst (als Vernunft) – aber damit wird die unanschauliche „Realität" Gottes nicht bewiesen; Gott kann höchstens ein regulatives Ideal der Vernunft sein.

5.2.1.1 Anstoß

erster Anstoß

Alle *Bewegung braucht einen Anstoß.* Da alle Ursachen der Welt einen Anstoß gehabt haben, muß es einen ersten Beweger jenseits der Welt geben (Bewegung ist hier als Seinsveränderung verstanden [vgl. Aristoteles, Physik VIII bzw. Metaphysik XII]).

5.2.1.2 Erste Ursache

Alles *Werden* und Entstehen in der Welt geht auf Ursachen zurück. Alle Ursachen müssen schließlich in eine *erste Ursache* münden (causa efficiens prima). erste Ursache

5.2.1.3 Kontingenz und Notwendigkeit

Alle Dinge und Ereignisse in der Welt sind *kontingent* (sie können sein oder auch nicht sein). Aber nicht alles kann nur möglich bzw. kontingent sein, es muß etwas schlechthin *Notwendiges* geben. Kontingenz und Notwendigkeit

5.2.1.4 Aufstieg zum vollkommensten Gut

Alles, was in der Welt ist, ist in irgendeiner Hinsicht gut. Aber es gibt unterschiedliche Grade des Gutseins: Tiere haben mehr „bonum" als Pflanzen, Menschen mehr als Tiere usw. Aber jegliches Gute in der Welt ist nicht im vollständigen Sinne gut; deshalb muß man die höchsten Güter bis zum *vollkommensten Gut* übersteigen können (sog. Stufenbeweis). Aufstieg zum vollkommensten Gut

5.2.1.5 Letzter Zweck

Alles, was in der Welt ist, hat seinen *Zweck,* sein Ziel (finis). Die gesamte Ordnung aller dieser Ziele deutet auf einen höchsten planenden Verstand. letzter Zweck

5.2.2 Beweisgänge aus der Reflexion der Vernunft auf sich selbst

5.2.2.1 Consensus gentium

Alle Völker kennen (etwas wie einen) Gott. Dies sog. *argumentum e consensu gentium* findet sich bereits bei CICERO (De natura Deorum I,17).

5.2.2.2 Das sog. ontologische Argument

Anselm: ontologisches Argument

ANSELM VON CANTERBURY meint, seinen sog. ontologischen Beweis so stringent zu führen, daß er sogar den Einwänden eines Zweiflers standhält (Proslogion 2-4). Wenn es in unserem Verstand etwas gibt, über das hinaus nichts Größeres gedacht werden kann, dann muß zu dessen Vollkommenheit auch die Existenz (außerhalb des Verstandes) gedacht werden; denn:

„aliquid quo nihil maius cogitari potest"

Was im Verstand ist, kann auch in Wirklichkeit sein; etwas, das real existiert, ist aber vollkommener als etwas nur Gedachtes.
Nun ist die Idee Gottes im Verstand *„aliquid quo nihil maius cogitari potest"*. Sie muß also notwendig Existenz außerhalb des Verstandes ha ben.

Kritik am ontologischen Argument

Kritik erging durch GAUNILO (die größte gedachte Insel braucht nicht zu existieren) und I. KANT (die Existenz macht den Begriff eines Gegenstandes nicht reicher). Positive Aufnahme fand der Beweis bei R. DESCARTES (Meditationes de prima philosophia 5) und G. W. F. HEGEL.

5.2.3 Beweis aus der praktischen Vernunft

Beweis aus der praktischen Vernunft

Wenn das Handeln aus Pflicht nicht von sich aus Glückseligkeit verbürgt, – so I. KANT – dann müssen beide von Gott einander zugeordnet sein. Dies will Kant jedoch als Postulat verstanden wissen, nicht als Beweis.

Literatur:

C. Frey, Einführung in die Philosophie für Studierende der Theologie, 1999; W. Joest, Dogmatik, Bd. 1, 1984, S. 124 ff.

IV. Gottes- und Trinitätslehre

Hinweise zur Bearbeitung

Im Folgenden wird die Gotteslehre einschließlich der Trinitätslehre behandelt, weil der christliche Glaube nicht einen allgemeinen und einen trinitarischen Gott, sondern den *einen* Gott als Vater, Sohn und Heiligen Geist bekennt. Weil Vater, Sohn und Heiliger Geist – semantisch gesehen – zunächst einmal ebenso Prädikationen Gottes sind wie „allmächtig" usw., werden die Gesichtspunkte der Trinitätslehre [A] und die sog. „Eigenschaften" Gottes [B] nebeneinander behandelt.

Gottes-erkenntnis

Um die Trinitätslehre zu verstehen und nicht sogleich als metaphysische Spekulation beiseite zu schieben, können folgende Gesichtspunkte bei der Erarbeitung hilfreich sein:

Die Struktur der Gotteserkenntnis:

<table>
<tr><td>natürliche Gotteserkenntnis
(siehe Kap. III)</td><td>Erkenntnis
aus der Offenbarung
als Erschließungsereignis</td><td rowspan="2">Offenbarung
in der Geschichte und darauf
bezogene Erkenntnis</td></tr>
<tr><td colspan="2">ein Gott in seiner Selbstbezeugung</td></tr>
<tr><td></td><td colspan="2">Gott, der zum Gegenüber hin sein will,
von sich selbst her in Beziehung zum andern</td></tr>
<tr><td>(Schöpfung)</td><td>Bund ⇨</td><td>Christusereignis,
Sendung des Geistes</td></tr>
<tr><td>das Anfängliche und so
Gegenwärtige,</td><td colspan="2">was sich einst kontingent ereignet hat,
das Fortwirkende und auch heute Aktuelle –
mit einer Perspektive für die Zukunft.</td></tr>
<tr><td colspan="3">Der abstrakt eine Gott (theoretischer Monotheismus) wäre in sich zeitlos,
wohingegen der sich selbst in der Geschichte bezeugende, der begegnende Gott
nicht mit Hilfe eines abstrakten einheitlichen Begriffs erfaßt werden kann.</td></tr>
</table>

Diese Gesichtspunkte können durch die gesamte Geschichte des Nachdenkens über Gott und die Trinität verfolgt werden: Wie wirken sie sich auch auf die Rezeption der biblischen Zeugnisse, wie auf die Auseinandersetzung mit philosophischen Denkfiguren aus?

1 Bestimmung und Präzisierung des Problems

1.1 Problemzusammenhang

1.1.1 Bekenntnisse der Kirche

[A & B]

der dreieinige Gott in den Glaubensbekenntnissen

Apostolicum:

„Credo in Deum, patrem omnipotentem …
Et in Jesum Christum, filium ejus unicum …
Credo in spiritum sanctum …" (BSLK, S. 21)

Nicaenum:

„Credo in unum Deum, patrem omnipotentem ...
Et in unum Dominum Jesum Christum, filium Die unigenitum …
Et in spiritum sanctum, Dominum et vivificantem …"
(BSLK, S. 26; vgl. die Epistula de decretis Nicaeni Synodi:
ὁμοούσιος ..., ἐκ τῆς οὐσίας πατρός [dazu s. u.])

ein Gott – drei Personen

Athanasianum:

„Fides autem catholica haec est,
ut unum Deum in trinitate et trinitatem in unitatem veneremur,
neque confundentes personas, neque substantiam separantes.
Alia est enim persona patris, alia filii, alia spiritus sanctus."
(Dies ist aber der rechte christliche Glaube, daß wir ein einigen Gott in drei
Personen und drei Personen in einiger Gottheit ehren,
und nicht die Personen in einander mengen,
noch das göttlich Wesen zertrennen.
Ein andere Person ist der Vater, ein andere der Sohn,
ein andere der heilige Geist.)
(BSLK, S. 28)

Zudem werden den drei Personen weitere Prädikationen beigelegt, die ihnen gemeinsam gelten: nicht geschaffen, unermeßlich, ewig, allmächtig, der Herr (BSLK, S. 28 f.).

Das Athanasianum wird ATHANASIUS beigelegt (ca. 295-373), ist wahrscheinlich aber später als zusammenfassendes Bekenntnis entstanden.

Zum wahren Gott sagt M. LUTHER im Großen Katechismus:

Luthers Verständnis des Glaubens und Gottes

„Ein Gott heißet das, dazu man sich versehen soll, alles Guten und Zuflucht haben in allen Nöten. ... Worauf Du nu (sage ich) Dein Herz hängest und verlässest, das ist eigentlich Dein Gott." (BSLK, S. 560)

Nach dem Heidelberger Katechismus (Frage 25) hat Gott in seinem Wort offenbart, daß diese drei unterschiedlichen Personen der einige, wahrhaftige, ewige Gott sind.

1.1.3 Aktuelle Diskussion

immanente und ökonomische Trinität

[A] Die Gottes- wie die Trinitätslehre wollen das Bekenntnis zu Gott, der sich den Menschen offenbart, *reflektieren* und die Glaubenseinsichten der Gemeinde kommunikabel machen. Einen wichtigen Impuls erhielt die Diskussion des 20. Jahrhunderts durch K. BARTHs Betonung der immanenten Trinität und K. RAHNERs Gleichsetzung von immanenter und ökonomischer Trinität: Sind Trinitätsaussagen Kommentare zur menschlichen Erkenntnis von Gott oder entsprechen sie – in noch zu bestimmender Weise – Gottes eigenem (inneren) Sein?

Die *immanente* Trinität bezeichnet die Beziehung der „Personen" in Gott selbst, die *ökonomische* den Selbsterweis als Vater, Sohn und Geist in Schöpfung und in der Heilsgeschichte.

1.2 Eigene Zugänge

- [A & B] Für alle, die an Christus glauben, stellt sich die Frage, was es heißt, daß der *eine* Gott Vater, Sohn und Heilige Geist sei.
- Wie können die Antworten aus der Tradition für uns heute verständlich werden?
- Wovon reden wir, wenn wir von Gott reden?
- Wer oder was ist Gott?

– Ist die Trinitätslehre bloß ein Spezifikum oder das Proprium christlichen Redens von Gott?

1.3 Aktuelle Formulierung des Problems

Selbstbezeugung Gottes als Ursprung der Trinitätslehre

[A] Die Trinitätslehre macht es sich zur Aufgabe, der *Selbstbezeugung* des *einen* Gottes in der Geschichte Jahwes mit seinem Volk Israel, in Person und Werk Jesu Christi und in dem die christliche Gemeinde belebenden Geist nachzudenken. Dabei ist die Frage festzuhalten, ob Christen den dreieinen Gott bekennen (trinitarisch) oder ob sie über den Glauben an den einen, von ihnen aus unfaßbaren Gott in Begriffen der Trinitätstheologie reflektieren (trinitätstheologisch).

2 Problembearbeitung

Gefahren des abstrakten Monotheismus

[A & B] Der Gottesbegriff kann helfen, Religionen von Weltanschauungen zu unterscheiden. Antworten auf die Frage, wer oder was Gott sei, variieren in der Religionsgeschichte nicht unerheblich. Die Vorstellungen von Gott als mächtigem „Überwesen“, als Schöpfer, als Urbild des Menschen und als Weltenlenker sind in den religiösen Vorstellungen verbreitet. Ein triadisches Gottesbild findet sich in vorchristlicher Zeit selten, neuere Forscher deuten u.a. babylonische und ägyptische Gottesbilder triadisch Verbindungen zur christlichen Trinitätslehre lassen sich aber nicht ziehen.

Literatur: C.-M. Edsman, Art. ‚Triaden, religionsgeschichtlich‘, in: RGG^3, Bd. 6, Sp. 1023f.).

2.1 Biblischer Hintergrund

AT: Selbstbezeugung Gottes in der Geschichte

Es geht nicht an, Perikopen oder Worten des *AT* allegorisch eine Trinität Gottes zu unterlegen, etwa den drei Männern, die nach Gen 18 Abraham besuchten, oder dem „Lasset uns ...“, das Gott, (im Plural) nach Gen 1,26 spricht. Hingegen erweist sich Gott in der Geschichte des Volkes Israel als existent (vgl. Ex 3,14 [LXX]: εἰμί ὁ ὤν). Er entzieht sich aber jedem Bildnis (Ex 20,4) und Gleichnis. Er identifiziert sich nicht nur in seiner Tat, sondern auch und vor allem in seinem *Wort* für die Menschen seines Bundes. Seine „Eigenschaften" werden vorwiegend mit Metaphern angesprochen: Hirte, Schild, feste Burg etc.

Ex 3,14: „Ich bin, der ich bin."

Die LXX-Formel aus Ex 3,14 verleitet durch das Partizip dazu, eine Ontologie hinzuzudenken; aber ein Vergleich mit Ex 33,19 zeigt, daß Gott selbst sich in seinem *Handeln* zusagt (vgl. W. Zimmerli, Grundriß der alttestamentlichen Theologie, ^{6}1986, S. 14 f.).

NT: indirekte Zeugnisse des dreieinen Gottes

Nur wenige Aussagen des *NT* sprechen explizit von einem dreieinen Gott, aber viele erlauben Folgerungen im Blick auf Gott, der sich selbst im anderen für andere bezeugt: Im Kyrios Jesus Christus zeigt sich Gott den Menschen als liebender, helfender, aber auch als sich mit Leiden und Ohnmacht auseinandersetzender Gott, der den Tod besiegt. Obwohl der Vater, Jesus als Christus und der Heilige Geist als Herr häufig aufeinander bezogen werden, kann doch von echten trinitätstheologischen Aussagen im NT keine Rede sein.
Als Belegstellen für die Trinitätslehre wurden üblicherweise herangezogen: Joh 3,6.16-20; Röm 15,6.30, 1.Kor 6,11; 12,4-6; Eph 2,21f.; 4,4-7; 5,19f.; 1.Pt 1,2; Jud 20f.

Comma Johanneum

Das sog. „Comma Johanneum" 1. Joh 5,7 f. ist eine spätere Interpolation: Im Anschluß an die Aussage, daß Geist, Wasser und Blut zeugen, wurde später eingefügt: εν τω ουρανω, ο πατηρ, ο λογος και το αγιον πνευμα και ουτοι οι τρεις εισιν ...
Dennoch wird Gott in triadischen Formeln bezeugt, vgl.

- 2.Kor 13,13 (χάρις τοῦ Ιησοῦ Χριστοῦ / ἀγάπη τοῦ θεοῦ / κοινωνία τοῦ ἁγίου πνεύματος) und
- Mt 28,19 („...taufet sie im Namen des Vaters, des Sohnes und des Heiligen Geistes").

Taufbefehl Mt 28,19

Zudem begegnen Aussagen über die

- die besondere Gottesbeziehung Christi (Apg 20,27f., 1.Joh 5,20, Joh 1,1.13f.; 20,28 u.a.) und
- die Sohnschaft Christi (Joh 1,1; 2.Kor 5,19; Kol 1,15).
- Die klassischen Beweise für die Gottheit des Heiligen Geistes werden in Apg 5, 3f. und Joh 15,26 (processio aus dem Vater – ὃ παρὰ τοῦ πατρὸς ἐκπορεύεται) gefunden.
- Joh 4,24 identifiziert Gottes Handeln mit dem Wirken des Geistes.

Paraklet

– Zur Beziehung von Gott und Geist vgl. auch Joh 14,16; 15,26 (Paraklet); Joh 20,22; 16,7.13; Mt 28,19; 2.Kor 3,17 (ὁ δὲ κύριος πνεῦμά ἐστιν).

„Eigenschaften" Gottes

Gottes „Eigenschaften" oder Attribute lassen sich aus der Bibel reichhaltig belegen. Aber sind es Eigenschaften nach unserer geläufigen Auffassung? Vielmehr bedeuten die so verstandenen Aussagen doch wohl, daß sich Gott „als der und der" erweist (Identifikation durch sprachliche Mittel). Dann „hat" er nicht diese oder jene Eigenschaft, die in minderer Form auch anderen Wesen zukommen könnte (Klassifikation unter Wesen mit bestimmten Eigenschaften). Einige Stellen, aus denen eine klassifizierende Dogmatik „Eigenschaften" gewann, finden sich in Exkurs 6.

Gottesaussagen als identifizierende Rede

Wenn die Bezeichnungen als Vater, Sohn und Geist bzw. die sog. Eigenschaften Gottes im Nachsprechen biblischen Zeugnisses entschlüsselt werden, dann sind sie nicht klassifizierend, sondern als Selbsterweis Gottes zu verstehen: *Gott identifiziert sich für uns ‚als ...'*.

2.2 Historischer Hintergrund

2.2.1 Alte Kirche und Mittelalter

vermittelnde Funktion der Trinitätsaussagen

[A] Am Beginn kirchlicher Dogmenbildung wurde die Diskussion von dem Bestreben bestimmt, den Glauben an den dreieinigen Gott in Begriffe zu fassen, die der hellenistischen wie auch der jüdischen Umwelt verständlich sein konnten. Dabei mußte es darauf ankommen, die Identifikation Gottes mit Jesus von Nazareth so auszulegen, daß zum einen der monotheistische Anspruch des jüdischen Glaubens nicht aufgegeben werden durfte; zugleich mußte dieses Ereignis sprachlich dem in der damaligen Welt führenden Kulturkreis „vermittelt" werden, so daß diesem das Geschehen überhaupt begreiflich werden konnte. Die Lehre von Gottes Eigenschaften trat gegenüber der Trinitätslehre zurück und beschränkte sich auf das Nachsprechen biblisch inspirierter Bestimmungen.

Anfänge der Trinitätslehre

Daß der trinitarische Glaube in der Gemeindepraxis einen ‚Sitz im Leben' der Gemeinde hatte, bezeugen schon früh die Didache (7,1) wie JUSTIN (Apologie I, 61,13). Er war hier nicht theoretische Spekulation, sondern kam im Taufbekenntnis zum Ausdruck. Ansätze zur *gedanklichen* und begrifflichen Fixierung einer Lehre finden sich vor allem bei IRENÄUS VON LYON (der sie in Grundzügen entfaltet: Der Vater hat neben und bei sich sein Wort und seine *Weisheit* – als Wiederlegung des gnostischen Dualismus: der Schöpfergott ist der Vater Jesu Christi, Christus bringt die Anakephalaiosis), TERTULLIAN (er prägte die Formel *una substantia – tres personae* [vgl. Ad. Praxean II,4]) und ORIGENES (der die Einheit der Hypostasen auf den Begriff ὁμοούσιος brachte). Für die ewige Zeugung des Logos in Gott führte ORIGENES folgende Überlegung an: „Es handelt sich nämlich so um eine ewige und immerwährende Zeugung, wie der Glanz aus dem Licht hervorgeht." (De orat. § 15) Aber der so gezeugte Logos blieb dem Vater untergeordnet (Subordination).

Im Anschluß an das Konzil von *Nicäa* (325) entbrannte um die dort beschlossene Formel ὁμοούσιον τῷ πατρί die zweite Phase des arianischen Streits. Zum tieferen Verständnis des Konzilsbeschlusses trugen Athanasius (der die substantielle Einheit von Vater und Sohn betonte) und die drei sog. Kappadozier BASILIUS, GREGOR VON NYSSA und GREGOR VON NAZIANZ – durch ihr Nachdenken u.a. über die Gottheit des Heiligen Geistes – bei. Auf dem Konzil von Konstantinopel (381) kam es zu folgender autoritativer Lehrentscheidung: Gott ist μία οὐσία ἐν τρίσιν ὑποστάσεσιν – una substantia in tribus personis.

Nicäa ‚homo-ousios'

Kappadozier

Die hier verwendeten, aus der Philosophie entlehnten Begriffe wollten die Einheit Gottes in der Unterschiedenheit der Personen festhalten; dabei setzten Theologen des griechischen Ostens andere Akzente als die im lateinischen Westen. Insgesamt bestand wohl mehr Einigkeit in der Abwehr jener Positionen, die später als

Abwege des Subordinatianismus und des Modalismus

– *Subordinatianismus* (der Sohn und der Geist sind Gott *untergeordnet* und haben nur begrenzten Anteil an seinem Wesen – z. B. ARIUS)
– und *Modalismus* (Vater, Sohn und Geist sind nur verschiedene Erscheinungsweisen des einen Gottes – z. B. SABELLIUS)

bezeichnet wurden, nicht aber in der präzisen Definition der verwendeten Begriffe, denn die lateinischen Begriffe entsprachen nicht ganz den griechischen (z.B. ὑπόστασις ⇨ persona).

Probleme des Begriffs der Hypostase bzw. Person

Im Westen wurde die später ins Athanasium eingegangene Trinitätslehre AUGUSTINs maßgebend. Er betonte das Hervorgehen des Geistes aus Vater und Sohn (vgl. das Filioque, festgestellt in Toledo 447 und 589, sowie den späteren Streit hierüber mit der Ostkirche) und suchte Analogien zur Einheit und Verschiedenheit der Personen in kreatürlichen Dreiheiten: Spuren der Trinität (vestigia trinitatis) in menschlicher Erfahrung findet AUGUSTIN in

Augustin: kreatürliche Analogien

- mens, notitia, amor (De trin. IX, 18);
- memoria, intelligentia, voluntas (De trin. X, 11);
- amans, amatus, mutuus amor (De trin. IX, 2).

Die drei Personen beziehen sich auf die innertrinitarischen Relationen der *einen* Gottheit: Sie sind nie isoliert zu denken, nach außen handelt die Trinität als *ganze* (De trinitate IV,21,30-32; V,10,11-16,17); die gesamte Trinität nimmt in Christus Menschheit an, die Person Jesu ist ihr besonderes Werk.

Johannes Damascenus: Perichorese

Im Osten entfaltete JOHANNES DAMASCENUS die Trinitätslehre und entwickelte dabei den Gedanken der *Perichorese* (gegenseitige Durchdringung der Hypostasen; vgl. De fide orthodoxa 8).

Dionysios Areopagita: via eminentiae, via negationis, via causalitatis

[B] DIONYSIOS AREOPAGITA im 6. Jh. unterschied drei Wege, ontologische Aussagen der Gotteslehre zu gewinnen:

- *via eminentiae,* sie überhöht Eigenschaften der Welt und zielt auf Gottes Alleigenschaften;
- *via negationis,* sie verneint endliche Eigenschaften und zielt auf Gottes Unendlichkeit usw.;
- *via causalitatis,* sie weitet die Ursächlichkeit über die Welt hinaus aus und zielt auf die erste Verursachung.

Diese erkenntnistheoretische Unterteilung hat Einfluß auf die Theologie des MA und die altprotestantische Orthodoxie, z.B. auch J. GERHARD u.a.

Literatur: W.-D. Hauschild, Lehrbuch der Kirchen- und Dogmengeschichte, Bd.1, 1996, S. 1-51.

MA: analogia entis

[A & B] Die mittelalterliche Philosophie entwickelte einen theoretischen (ontologischen und semantischen) Rahmen für die Prädikationen des dreieinen Gottes. Menschliche Begriffe können sowohl den Schöpfer als auch die Schöpfung – aber verschieden – bezeichnen. Weil Gott der Schöpfer den Geschöpfen in unterschiedlichem Grade Anteil an seinem vollkommenen Sein (summum esse) gegeben hat, können diese mittels einer ‚*analogia entis*' (dies allerdings ein Ausdruck des 20. Jahrhunderts) auf ihn zurückschließen. Die ‚analogia entis' hält ein gewisses Maß an Ähnlichkeit bei desto größerer Unähnlichkeit fest (Lateranense IV, 1215, in: DS 806).

Victoriner: trinitarische Erkenntnis aus Gottes Liebe

Neben der erkenntnistheoretisch ausgerichteten Trinitätslehre der Scholastik (THOMAS VON AQUIN) gab es eine zweite Richtung, die jedoch weniger rezipiert wurde, obwohl ihr Ansatz eine besondere Originalität aufweist. Sie versuchte, das Ineinander der drei göttlichen Personen aus einer „Analytik der Liebe“ zu „begreifen“. Der Vater ist der ganz Schenkende (gratuitus); der Sohn Geschenkter und Schenkender (debitus et gratuitus); der Geist als vom Vater und Sohn gemeinsam Geliebter (condilectus) reine Gabe (debitus). Ihr Hauptvertreter ist RICHARD VON ST. VICTOR. Er führt die Trinität auf die innergöttliche Liebe zurück:

> „Notwendigerweise darf die Liebe (caritas) in der vollendeten Glückseligkeit nicht fehlen. Da aber die Liebe im höchsten Gut ist, so ist es unmöglich, daß sie Gott fehlt ... In jener wahren und vollendeten Glückseligkeit ... kann nicht die gegenseitige Liebe (mutuus amor) fehlen. In der gegenseitigen Liebe aber ist es überhaupt notwendig, daß dort sowohl jemand ist, der die Liebe anwendet als auch jemand, der sie erwidert“ (De trinitate III,3).

2.2.2 Reformation

[A] Die Reformatoren hatten wenig Interesse an begrifflichen Spekulationen über die subtilen innertrinitarischen Beziehungen (immanente Trinität), da sie von der Rechtfertigung des Sünders und dem darauf bezogenen Handeln Gottes ausgingen und vorwiegend spekulative Fragen zurückstellten. Ohne Glaube gibt es keine wahre Gotteserkenntnis. M. LUTHER kann das drastisch so sagen, als ob der Glaube des Menschen Gott zu Gott mache; aber er schränkt zugleich ein:

> „Fides es creatrix divinitatis, non in persona, sed in nobis. Extra fidem amittit deus suam iustitiam, gloriam, opes etc. et nihil maiestatis, divinitatis, ubi non fides.“ (Der Glaube ist der Schöpfer der Gottheit – nicht in Person, sondern in uns. Außerhalb des Glaubens verliert Gott seine Gerechtigkeit, Herrlichkeit, Macht usw.; und es findet sich kein Zug der Majestät oder Göttlichkeit, wo nicht der Glaube ist.) (WA 40, I, S. 360)

Am rigorosesten verfuhr P. MELANCHTHON in seinen „Loci communes“:

> „Mysteria divinitatis rectius adoraverimus quam vestigaverimus." (Die Geheimnisse der Gottheit sollen wir richtiger angebetet als erforscht haben.) (Loci communes 1521, CR 21, S. 84)

Melanchthon sieht allerdings seit 1535 von dieser strengen Benefizientheologie wieder ab und greift die scholastische Gotteslehre in gewisser Weise wieder auf.

> „Ich finde keinen geeigneteren Beginn für diesen Locus, in dem von der Natur Gottes zu reden ist, als das, was Christus zu Philippus sagt, der den Vater sehen will: Philippus, wer mich sieht, sieht auch den Vater." (Loci theologici 1559, StA II,2, S. 174).

Luther: Gott gibt sich

Die Frage nach einer ontologischen Bestimmung Gottes trat hinter die Frage nach dem biblisch bezeugten, jetzt am Menschen handelnden Gott zurück. Deshalb bekennt Luther 1528:

> „Das sind die drey person und ein Gott, der sich uns allen selbs gantz und gar gegeben hat mit allem, das er ist und hat. Der Vater gibt sich uns mit hymel und erden sampt allen creaturen, das sie dienen und nütze sein müssen. Aber solche gabe ist durch Adams fal verfinstert und unnütze worden. Darumb hat darnach der son sich selbs auch uns gegeben, alle sein werck, leiden, weisheit und gerechtickeit geschenckt und uns dem Vater versunet, damit wir widder lebendig und gerecht, auch den Vater mit seinen gaben erkennen und haben möchten. Weil aber solche gnade niemand nütze were, wo sie so heymlich verborgen bliebe, und zu uns nicht komen kündte, So kompt der heilige geist und gibt sich auch uns gantz und gar ..." (Vom Abendmahl Christi, Bekenntnis, 1528, WA 26, 505f.)

Calvin: Verteidigung der Trinität

In Auseinandersetzung mit antitrinitarischen Strömungen (M. SERVET, Sozinianer, Entstehung unitarischer Gruppen) verteidigten die Reformatoren jedoch die traditionelle Gestalt des trinitarischen Dogmas. J. CALVIN schreibt:

> „Indes lernen wir aus der Schrift, daß Gott wesenhaft einer sei und deshalb die Wesenheit so des Sohnes wie des Geistes ungezeugt sei. Aber sofern der Vater der Ordnung nach der erste ist und aus sich seine Weisheit gezeugt hat, wird er mit Recht … als Ursprung und Quell der ganzen Gottheit angesehen.“ (Inst. I, 13, 25; vgl. auch CR 47, S. 387 [zu Joh 17,21])

Die Reformatoren vereinen die Erkenntnis Gottes und des Menschen in wohlüberlegter Weise zur Weisheit:

Erkenntnis Gottes und des Menschen

> „Cognitio dei et hominis est sapientia divina et proprie theologica; ... ita ... ut ... referatur tandem ad deum iustificantem et hominem peccatorem ...“ (Die Erkenntnis Gottes und des Menschen ist göttliche und im eigentlichen Sinn theologische Weisheit in der Weise ..., daß sie sich zuletzt auf den rechtfertigenden Gott und den Menschen als Sünder bezieht ...) (M. Luther, WA 40, II, 327).

> „... fieri nequit, ut rite de religione tractetur, nisi ante omnia deum agnoveris, hominem vero cognoveris.“ (... es kann nicht geschehen, daß angemessen das Thema der Religion verhandelt wird, wenn du nicht vor allem Gott anerkennst und den Menschen erkennst). (H. Zwingli, Commentarius de vera et falsa religione, CR 90, 640)

> „Tota fere sapientiae nostrae summa ... duabus partibus constat: cognitione Dei, et nostri.“ (Fast die gesamte Summe unserer Weisheit ... besteht aus zwei Teilen: der Erkenntnis Gottes und unserer selbst). (J. Calvin, Institutio Christianae religionis 1539, I,1)

2.2.3 Altprotestantische Orthodoxie

Altprotestantismus: Attribute Gottes

[A & B] Die altprotestantische Orthodoxie stellte – oft an die Scholastik anschließend – ein umfangreiches Werk von Distinktionen auf, um das Bekenntnis zum trinitarischen Gott in seinen besonderen Eigenschaften intellektuell zu untermauern und zu verteidigen. So wurden v.a. von lutherischen Theologen die Eigenschaften Gottes als „attributa Dei *absoluta*“ und „attributa Dei *operativa*“ klassifiziert. Gottes An- und Insichsein betreffen die attributa absoluta, wohingegen die attributa operativa Gottes Eigenschaften in seinem Handeln gegenüber den Menschen bestimmen wolle. Eine ähnliche Unterscheidung ist im Blick auf die Trinität zu machen; die Trinitätslehre wurde erneut in ein umfassendes begriffliches System gebracht, immanente und ökonomische Trinität wurden unterschieden:

opera ad intra – opera ad extra

Im Gegensatz zu den *opera ad intra* (s.u.) sind die *opera ad extra* zu sehen: Schöpfung (Vater), Erlösung (Sohn) und Heiligung (Geist). Diese Werke sind *indivisa,* d.h., obwohl einer Person besonders zugeordnet (per appropriationem) sind sie Werke des dreieinen Gottes in ungeteiltem Miteinander. Die Orthodoxie richtete – wie die Scholastik – einen sorgfältigen Blick auf die Verhältnisse im Inneren der Trinität: In überzeitlichen, sich ständig vollziehenden Akten wird der Sohn vom Vater gezeugt (generatur) und der Geist vom Vater (und vom Sohn – so die Westkirche) gehaucht (spiratur). Dabei wehrt die Perichorese einer Hierarchisierung. Aus diesen *opera ad intra* ergeben sich die im Schema aufgeführten *notiones personales* (Eigentümlichkeiten jeder Person in Relation zu den je anderen). Die opera ad intra beschreiben also die *immanente Trinität,* die opera ad extra dagegen die *ökonomische Trinität.*

Die entfaltete Trinitätslehre im Zusammenhang verdeutlicht die Grafik auf der folgenden Seite (vgl. dazu auch die Vorlage und die Erläuterung bei C. Frey, Dogmatik, ^{3}1993, S. 173).

Zur Klärung mußten die Theologen v.a. des 17. Jh.s die Schulphilosophie umformen und die Wesenseinheit von Dreien als wahre Einheit und nicht als Aggregat verstehen, während die Dreiheit weder wesenhaft noch nur zufällig sein durfte, sondern als einzigartiger Fall galt (pluralitas hypostatica).
Auch dieses Gedankensystem hatte das Anliegen, Gottes Heilshandeln in seinem Wesen zu begründen. Es überschritt jedoch in der begrifflichen Entfaltung die Grenze des Verstehbaren.

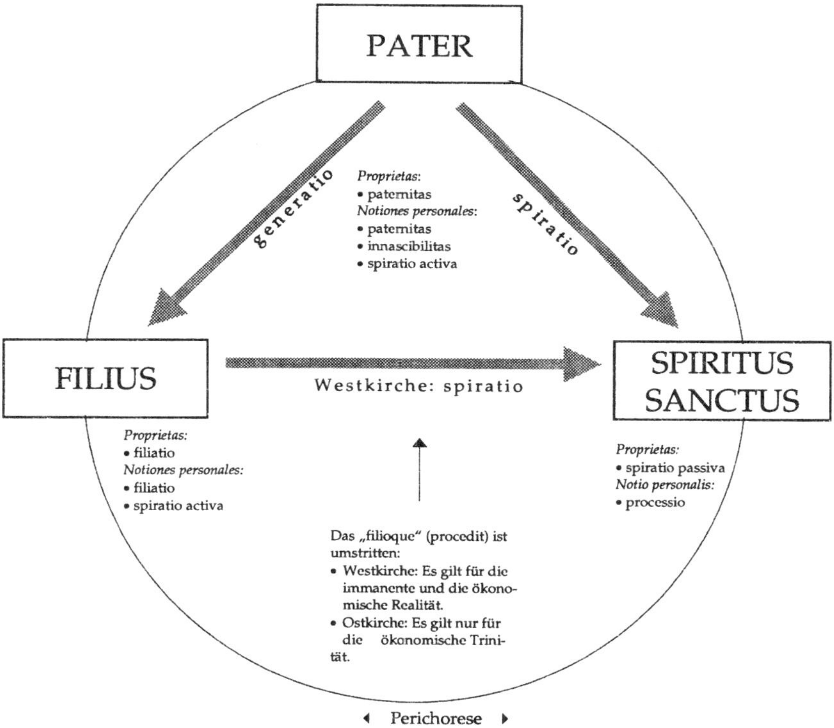
PATER
generatio
spiratio
Proprietas:
• paternitas
Notiones personales:
• paternitas
• innascibilitas
• spiratio activa
FILIUS
Westkirche: spiratio
SPIRITUS SANCTUS
Proprietas:
• filiatio
Notiones personales:
• filiatio
• spiratio activa
Proprietas:
• spiratio passiva
Notio personalis:
• processio
Das „filioque" (procedit) ist umstritten:
• Westkirche: Es gilt für die immanente und die ökonomische Realität.
• Ostkirche: Es gilt nur für die ökonomische Trinität.
Perichorese

2.2.4 Aufklärung und neuere Theologie

aufklärerische Kritik an der Trinitätslehre

Idealismus: Subjektbegriff und Gott

[A] Wegen dieser begrifflichen Überlast konnten der Deismus und die strengere *Aufklärung* besonders die Trinitätslehre und oft die kirchlichen Dogmen überhaupt als vernunftwidrige Spekulationen disqualifizieren. Gott wurde v.a. als Instanz der Fürsorge, der Lebensführung und als Inbegriff eines moralischen Subjekts aufgefaßt. Eine ***Rehabilitierung*** erfuhr die Trinitätslehre im ***Deutschen Idealismus*** durch F.W.J. SCHELLING und vor allem G.W.F. HEGEL (der sie als dialektische Selbstbewegung des Geistes philosophisch uminterpretierte). Auf die Theologie hatte dieser panentheistische Entwurf allerdings nur begrenzten Einfluß.

Schleiermacher: Trinitätslehre als Appendix

F. SCHLEIERMACHER wies der Trinitätslehre nur noch einen Platz am Ende seiner Glaubenslehre zu und deutete dabei das traditionelle Dogma erheblich um: Die Trinität bezieht sich auf die „Vereinigung des göttlichen Wesens mit der menschlichen Natur, sowohl durch die Persönlichkeit Christi als durch den Gemeingeist der Kirche“ (Der christliche Glaube, [2]1830-1831, § 170). Schleiermacher bewies damit eine sabellianische Tendenz. Dem Neuprotestantismus blieb die immanente Trinitätslehre fremd. Er konzentrierte sich auf eine Umdeutung, die an verschiedenen Gestalten der Gotteserfahrung der Menschen in der Geschichte Anhalt suchte.

2.3 Aktuelle dogmatische Fachdiskussion

Auch in den dogmatischen Entwürfen unseres Jahrhunderts schwanken Ort, Gestaltung und Gewichtung der trinitätstheologischen Erwägungen und oft auch der Gotteslehre.

Hinweise zur Einordnung von Entwürfen zur Gotteslehre im 20. Jh.

Während für die einen Gott im Vordergrund steht, aber die Trinitätslehre als Reflexion nur am Schluß aufgenommen wird (P. ALTHAUS, G. EBELING), führt K. BARTH die Trinitätslehre in die Prolegomena seiner „Kirchlichen Dogmatik“ ein: Gott allein bewirkt seine Erkenntnis; von ihm muß zuerst die Rede sein. (E. JÜNGEL führt Gottes trinitarische Bewegung auf die Liebe zurück, die sich in der Welt und vor allem am Kreuz des Sohnes manifestiert.) Diesen beiden deutlich entgegengesetzten Möglichkeiten steht eine vermittelnde Position gegenüber, die P.TILLICH und W. PANNENBERG kennzeichnet; Gott über Gott oder Gott als Ort umfassender und letzter Wahrheit stehen höher im Interesse als die immanente Trinität, die allerdings Pannenberg ausdrücklich vor allem wegen des an ihr zu gewinnenden Personverständnis bearbeitet. Ein stärkeres Interesse an der ökonomischen Trinität beweisen W. JOEST (von ihr her ist auf die immanente zu schließen) und betont K. RAHNER. Das Geschehen aus der ökonomischen Trinität, vor allem den Schmerz des Gekreuzigten, nimmt J. MOLTMANN in die immanente Trinität zurück, während D.

SÖLLE den Gottesbegriff in zwischenmenschliche Beziehungen bzw. später in mystische Erfahrungen zurücknimmt. Die moderne Theologie steht also vor der Frage, ob sie das Gegenüber Gottes dogmatisch festhalten oder aufgeben will und ob die immanente Trinität Gott so bestimmt, daß er von vornherein zum anderen hin ist – in sich selbst, außer sich selbst. Das müßte konsequent als Gottes Selbstbestimmung für die Menschen als Gegenüber Gottes gedacht werden.

2.3.1 Althaus

[A] P. ALTHAUS nimmt die Trinitätslehre am Ende seiner Dogmatik auf, um mit ihrer Hilfe das christliche Gotteszeugnis zusammenzufassen: Indem Gott in Jesus Christus Mensch geworden ist, erweist er seine Liebe. Dieses Tun entspricht seinem Wesen, da die Liebe innerhalb der Trinität Voraussetzung der Liebe Gottes zu uns ist. Das Wirken des ***Heiligen Geistes*** erscheint bei Althaus (und W. ELERT) auf die Ekklesiologie beschränkt. Die Stellung der Trinitätslehre entspricht jener in Schleiermachers Glaubenslehre, das sachliche Gewicht ist allerdings stärker (vgl. auch Ebelings „Dogmatik des christlichen Glaubens").

Althaus: Gottes- und Trinitätslehre sind zu trennen

2.3.2 Brunner

[B] Wie Althaus ist auch der reformierte Theologe E. BRUNNER mehr an einer Differenzierung der dem Menschen zugewandten Eigenschaften Gottes als an innertrinitarischen Spekulationen interessiert. Ohne Gott von Gott trennen zu wollen, polarisiert Brunner Gottes Eigenschaften, um deren Wirkungen genauer beschreiben zu können:

Brunner: Gott in der Begegnung mit dem Menschen

> „... Heiligkeit ist das Distanzschaffende, Liebe ist das Gemeinschaftschaffende. Heiligkeit richtet die Schranke auf, Liebe durchbricht die Schranke. ... Nur da, wo die Heiligkeit Gottes und das aus ihr folgende Urteil über den Menschen ganz ernst genommen wird, kann die ganze Unbegreiflichkeit der vergebenden Liebe gewürdigt ... werden." (Dogmatik, Bd. 1, 1946, S. 196f.)

Zorn und Gesetz erwachsen aus der Heiligkeit, Gnade und Evangelium aus der Liebe.

2.3.3 Ebeling

Ebeling: Erfahrung mit Gott im Horizont der Sprache

[A & B] G. EBELING zeigt diese die Trinitätslehre überlagernde bzw. an den Rand drängende Tendenz noch deutlicher: Der fundamentaltheologische Bezug auf Gesetz und Evangelium bestimmt, was von Gott zu sagen ist. Gott wird zuerst in der Fraglichkeit des Menschen und der dem Menschen begegnenden Wirklichkeit erfahren. Die radikale Fraglichkeit dringt im Gewissen (als Ort der Erfahrung Gottes) an den Menschen heran. Die Gotteserkenntnis ist ein *Sprachgeschehen* (WuG, Bd. I, S. 365 ff.). Mit der Wendung „Existenz zwischen Gott und Gott" bricht Ebeling gewissermaßen die Einheit Gottes auf, um die Existenz des Menschen dazwischen zu bestimmen. Gott ist nicht ‚principium et finis', sondern kommt durch Gesetz und Evangelium zu Wort (WuG, Bd. II, S. 257 ff.). Die Gotteslehre setzt beim Strittigsein Gottes (Widerspruch zwischen Gott und Gott) an. Das erste Gebot deckt die Grundsituation des Menschen auf; die Gottlosigkeit gilt als Urphänomen, dem Gott selbst widerspricht (Dogmatik des christlichen Glaubens, Bd. I, S. 169 ff.).

In der Wort-Gottes-Theologie gilt der ontische und der erkenntnistheoretische Primat Gottes und damit auch das Interesse an Gottes Selbstbeziehung in seiner Beziehung zu uns:

2.3.4 Barth

Barth: Trinitätslehre in den Prolegomena

[A & B] Bereits in den Prolegomena zur KD setzt K. BARTH mit der Trinitätslehre ein. Als Auslegung der Selbstoffenbarung des dreieinen Gottes wird sie zur Grundlegung der Dogmatik überhaupt (KD I,1, S. 311-514). Gerade die immanente Trinitätslehre kommt wieder neu zur Geltung, weil Barth die Selbstkundgabe als Entsprechung zu Gottes ewigem Gegenüber in sich selbst versteht, als Selbstentsprechung: Gott ist *in sich* unterschieden und zum Gegenüber hin, deshalb erweist er sich auch *nach außen* in dreifacher Gestalt. Die Unterscheidung Gottes in „Personen" erscheint Barth problematisch, die Vorstellung von „Seinsweisen" (KD I,1, S. 373 ff.) zutreffender. Die sogenannten „Eigenschaften" sind keine Gott angehängten Attribute, sondern *Vollkommenheiten* Gottes selbst im Bewegtsein seiner Offenbarung. Diese weisen ein kritisches Potential gegenüber den Verhältnissen der Welt und den Vorstellungen der Menschen – gerade auch in der Religion – auf (KD II,1, S. 228-664). Barth ordnet den beiden Oberbegriffen Liebe und Freiheit je drei Paare von Vollkommenheiten zu, die sich je gegenseitig auslegen:

„Seinsweisen" statt „Personen"

„Vollkommenheiten" statt Attribute

Liebe:	Freiheit:
Gnade und Heiligkeit	Einheit und Allgegenwart
Barmherzigkeit und Gerechtigkeit	Beständigkeit und Allmacht
Geduld und Weisheit	Ewigkeit und Herrlichkeit

Einteilung der Vollkommenheiten Gottes nach Barth

Mit seiner Gnade erweist sich Gott als heilig, in seiner Barmherzigkeit als gerecht. Liebe und Heiligkeit sind eben keine Gegenbegriffe (wie z.B. bei Brunner). Durch diese Paarbildungen wird klar, daß keine Vollkommenheit für sich (metaphysisch) gültig ist, sondern immer an der biblisch bezeugten Offenbarung gemessen werden muß. Von der Allmacht kann nur in der Beziehung zur Ohnmacht des Gekreuzigten gesprochen werden, von der Ewigkeit nur in Beziehung zur Zeit der Schöpfung. Schließlich aber verweisen auch die Oberbegriffe der Liebe und der Freiheit notwendig aufeinander und verhindern die Trennung in einen deus absconditus und einen deus revelatus (gegen W. ELERT u.a.).

Die beiden folgenden theologischen Entwürfe (s. auch 2.3.6) akzentuieren stärker den existentiellen Sinn der Gotteserkenntnis:

2.3.5 Jüngel

Jüngel: Ausgangspunkt ist die Liebe – Gott bestimmt sich selbst für...

[A & B] E. JÜNGEL bestimmt – in Barthscher Tradition – die Gotteslehre von der Christologie her, aber konzentriert sie existentiell (also R. BULTMANNs Anliegen einarbeitend). Der *Glaube* (nicht das universelle Wahrheitsbewußtsein) nimmt Gottes „Existenz“ (ek-sistere = heraustreten) als sein Wesen; Gott „existiert“ in die partikulare geschichtliche Wirklichkeit des Menschen Jesus hinein (Gott als Geheimnis der Welt, 1977, S. 259 f.). Deshalb ist Gott von Ewigkeit her so bei sich selbst, daß er für die Menschen und damit die Liebe ist (a.a.O., S. 300). Kriterium dieser Selbstbestimmung außer sich ist Gottes Identifikation mit dem am Kreuz gestorbenen Jesus (a.a.O., S. 298). Nicht univoke Begriffe, sondern das Gleichnis und die Metapher sind die angemessenen, Gottes Bewegtsein ausdrükkenden Sprachformen. Die analogia entis verfehlt nach Jüngel die Differenz Gottes und der Menschen, weil sie Gottes Nähe zu den Menschen übergeht (a.a.O., S. 385).

„Gott als Geheimnis der Welt“

Bultmann: von Gott reden = von sich selbst reden (Existenz)

Vgl. hierzu auch R. BULTMANNs berühmten Aufsatz „Welchen Sinn hat es, von Gott zu reden?“ (GuV, Bd. 1, 26-37):

> „Man kann über Gott sinnvoll so wenig reden wie man über *Liebe* reden kann. In der Tat, auch *über* Liebe kann man nicht reden, es sei denn, daß dies Reden über Liebe selber ein Akt des Liebens wäre.“ (a.a.O., S. 26)
> „Von Gott reden als *aus* Gott reden kann offenbar nur von Gott selbst gegeben werden.“ (a.a.O., S. 28)

2.3.6 Joest

Joest: ökonomische Trinität

[A & B] Der Erlanger Theologe W. JOEST faßt die neuere Diskussion in der Perspektive der Lutherschen Kreuzestheologie und z.T. in der Theologie Barths zusammen. Die Frage der Allmacht Gottes (deutlicher im altkirchlichen Bekenntnis als in der Bibel) wird am theoretisch unlösbaren Theodizeeproblem eschatologisch relativiert. Jetzt können wir nur an Christus verstehen, wer Gott bei so viel Widersprüchen und Dunkelheiten in der Welt ist. Deshalb nimmt Joest die immanente Trinitätslehre zurück zugunsten der ökonomischen: Gott kommt zum Menschen und überwindet dessen Verschlossenheit (Dogmatik, Bd. 1, ^{3}1989, S. 333 ff.). Mit der Hoffnung des Paulus baut Joest auf die Übermacht der Gnade Gottes (a.a.O., S. 680). Hierin kommt auch Gottes Erwählen zum Ziel (a.a.O., S. 678). In dieser Perspektive gilt, daß die Frage, *wer* Gott ist, in der Geschichte seiner Selbstbekundung beantwortet wird, deren Telos Gottes Person gewordene Selbstaussage in Jesus Christus ist (a.a.O., S. 107). Joest stellt die Trinitätslehre nicht (wie Barth) in die Prolegomena, weil sie sich aus der Geschichte göttlicher Selbstzusage erschließt (a.a.O., S. 318) und durch Christologie und Pneumatologie hindurch zur Entfaltung kommt. Die trinitarische Gestalt ist dabei Ausdruck des Versöhnungsgeschehens, da sie auf den Bruch des Menschen mit Gott bezogen ist und beschreibt die *Selbstbewegung* Gottes. Die immanente Trinität wird als Selbstunterscheidung Gottes (a.a.O., S. 337) verstanden. Auf diese hin muß die Offenbarungstrinität *zurück*denken (a.a.O., S. 338).

Im Hinblick auf die Eigenschaften betont Joest den Erweischarakter: Gott erweist sich in seiner Freiheit ‚als ...‘ . Deshalb lehnt er auch die Unterscheidung von attributa absoluta und relativa ab.

Die Geschichte, in der sich Gott uns erschließt, ist ein trinitarisches Geschehen. Mit K. RAHNER (s.u.) vertritt Joest die Gleichsetzung von ökonomischer und immanenter Trinität.

2.3.7 Mildenberger

Mildenberger: keine Aseität Gottes

Gottes Sein ist relationales Sein – das halten die meisten protestantischen Theologen der Gegenwart fest. F. MILDENBERGER richtet sich ausdrücklich gegen die Aseität Gottes, denn Gottes Sein werde in seinem Dabeisein erkannt. „Gegenständlichkeit Gottes meint hier vielmehr seine Vergegenständlichung in der durch ihn bestimmten Menschlichkeit" (Gotteslehre, 1975, S. 160). Im Sein Gottes mit den Menschen sei die Partikularität (geschichtlichen Seins) auf die Spitze getrieben, aber mit ihr auch der universale Anspruch: „Indem *in der Gottesgeschichte* – zuerst in Jesus und dann in denen, die in Jesu Gott entsprechendem Menschsein Raum finden – sich Menschsein so verwirklicht, wie es sein soll, *kommt* gerade hier *Wirklichkeit in ihre Wahrheit.*" (a.a.O., S. 164, 167).

Eher vermittlungstheologische Positionen zeigen ein Interesse an klassischen metaphysischen Fragen:

2.3.8 Tillich

Tillich: Gott über Gott – Gott jenseits möglicher Aussagen

[A & B] Die Gotteslehre P. TILLICHs ist *ontologisch* geprägt: Gott ist das „Sein-Selbst" (Systematische Theologie, Bd. 1, 1956-1966, S. 29, 51, 220-224), der Grund allen Seins und dessen Macht. Deshalb ist die Rede von Gott ***ekstatisch*** (a.a.O., Bd. 2, S. 12). Gott ist „der Name für das, was den Menschen unbedingt angeht" (a.a.O., Bd. 1, S. 247). Gott ist der ganz andere, und dennoch dürfen endliche Prädikationen in Gottesaussagen verwendet werden, weil es analoge und symbolische Gotteserkenntnis gibt, bei der das Symbol seine eigene wörtliche Bedeutung verneint (a.a.O., Bd. 2, S. 15). *Gott steht „über Gott"* (dem Gott des Theismus). Er ist das Objekt aller mystischen Sehnsucht (Der Mut zum Sein, 1962, S. 134).

Gott als Geist in der Welt und in der Geschichte

Tillich kennt keine ausgeprägte Trinitätslehre; er gehört aber zu den wenigen protestantischen Theologen des 20. Jahrhunderts, die eine ausgeprägte Pneumatologie entwickelt haben. Der Geist ist in der menschlichen Geschichte gegenwärtig:

> „Der Einbruch des göttlichen Geistes in den menschlichen Geist ereignet sich nicht in isolierten Einzelnen, sondern in sozialen Gruppen, da alle Funktionen des menschlichen Geistes – moralische Selbst-Integration, kulturelles Sich-Schaffen und religiöse Selbst-Transzendierung – durch die

> Ich-Du-Beziehung im sozialen Zusammenhang bedingt sind." (Systematische Theologie, Bd. 3, 1956-1966, S. 165)

Auch Christus wird pneumatologisch beschrieben:

> „(Eine) Einsicht, die aus der Geist-Christologie folgt, ist die Einsicht, daß Jesus als der Christus das Mittelglied in der Kette der geschichtlichen Manifestationen des Geistes ist." (a.a.O., S. 174)

2.3.9 Pannenberg

Pannenberg: Gott und die Wahrheit

[B] Gerade in der Lehre vom Geist bezieht sich W. PANNENBERG auf Tillich. Zunächst versucht Pannenberg allerdings, die offenbarte Wahrheit auf das allgemeine Wahrheitsbewußtsein zu beziehen; Gott ist der Ort der *Kohärenz der Wahrheit* (Systematische Theologie, Bd. 1, 1988, S. 63); das Wahre aber ist der Vorgriff auf das Ganze der Geschichte (a.a.O., S. 65). Deshalb erkennt Pannenberg den metaphysischen Gottesbegriff als die allgemeine Verstehensbedingung des Redens von Gott an (a.a.O., S. 79). Wie ist dieser Gottesbegriff in einer auf das Universale gerichteten Theologie zu interpretieren? Pannenberg schließt sich dem mittelalterlichen Theologen DUNS SCOTUS an und fordert univoke (nicht analoge) Begriffe – allerdings mit unterscheidenden Bestimmungen – für das Reden von Gott (a.a.O., S. 373 ff.).

Pannenberg begreift das Reden von Gott im Kontext einer *Metaphysik*, die den Gottesgedanken universal und doch geschichtlich zu denken erlaubt. Die *Offenbarung* bedient sich der Religion(en) in geschichtlicher Abfolge und der sich herauskristallisierenden Vernunft. Diese muß zuletzt erlauben, unmetaphorisch von Gott zu reden und in ihm das Unendliche (nicht die erste Ursache!) zu finden. Dem Thema des Unendlichen, das Pannenberg besonders mit Hilfe der kappadokischen Theologen erörtert, fügt sich jenes des Geistes an, dessen Wirklichkeit mit jener des elektromagnetischen Feldes (!) zu vergleichen (und also nicht substanzhaft) ist (Systematische Theologie, Bd. 1, 1988, v.a. S. 59, 78, 188, 194, 411, 414, 426).

Gott und das Ganze der Geschichte

[A] Pannenbergs Geisttheologie und sein Ausgriff auf das Ganze der Geschichte und der Welt erfordern ein besonderes Gottes-„bild" und einen besonderen Zugang zur Trinitätslehre: Die Gottheit ist – in Berührung mit der Physik – als „Kraftfeld" zu denken, das in allen drei Personen gleichmäßig hervortreten kann (a.a.O., S. 415). Das kontrastiert dem Personcharakter Gottes, der erst die Personhaftigkeit des Menschen begründet (Grundfragen der systematischen Theologie, 1967, S. 380ff.). Pannenberg kommt der Ostkirche entgegen, wenn er sagt, daß der Vater und der Geist die Gottheit als Ganze repräsentieren (Systematische Theologie, Bd. 1, 1988, S. 464), der Sohn aber nur durch seine Beziehung zum Vater. Die immanente Trinität steht in den Ereignissen der Geschichte auf dem Spiel (a.a.O., S. 359).

Die Tradition der Wort-Gottes-Theologie modifiziert sich in der folgenden Position:

2.3.10 Moltmann

[A & B] J. MOLTMANN bedenkt die Konsequenzen des Kreuzesgeschehens für den Gottesgedanken und macht sie zum Zentrum seiner Trinitätskonzeption (Der gekreuzigte Gott, 1972). Am Kreuz sind Jesus Christus und Gott der Vater aufs Tiefste getrennt, und dennoch leidet der Vater im Sohn selbst, Gott steht gegen Gott (Patricompassianismus, vgl. EvTh 33 [1973], S. 346-365). In dieser *Stasis* in Gott treffen Schmerz und Pathos des Kreuzes auch den Vater. Aus diesem Geschehen geht der rechtfertigende und lebendigmachende Geist hervor. Diese Trinitätslehre betont somit das Heilshandeln Gottes in der Geschichte.

Moltmann: Stasis des Kreuzes und Schmerzes in Gott selbst

2.3.11 Sölle

Ähnlich wie Moltmann verbindet D. SÖLLE die Theodizeefrage mit dem Kreuz, aber sie treibt die Existenztheologie ins Extrem und reduziert den Gottesbegriff. Sie lehnt die göttlichen Eigenschaften ab, da sie Gott nicht mehr als transzendentes personhaftes Wesen ansehen kann, sondern im Geschehen solidarischen und mitleidenden Lebens identifizieren will:

Sölle gegen die Aussage von der Allmacht Gottes

> „Gerade um dieser sinnlos leidenden Menschen willen wäre ein allmächtiger und gütiger Gott notwendig, aber gerade an ihnen scheitert der Versuch, einen solchen Gott zu lieben.“ (Leiden, 1973, S. 175)

2.3.12 Zwei neuere katholische Positionen: Rahner und Kapser

Rahner: ökonomische Trinität = immanente Trinität

Der bedeutendste neuere katholische Ansatz in der Trinitätstheologie stammt von K. RAHNER. Summarisch drückt er sich in folgender Grundaussage aus:

> „Die ,ökonomische' Trinität ist die ,immanente' und umgekehrt." (Schriften, Bd. 4, 1960, S. 137-155; Mysterium Salutis, Bd. 2, S. 317-401 [hier S. 328])

Die Stoßrichtung des Axioms liegt im Versuch, die Funktionslosigkeit des dogmatischen Traktates „De Deo trino" gegenüber „De Deo uno" zugunsten eines soteriologischen Nachdenkens über die Trinität zu überwinden. Inhaltlich läßt sich die lebendige Wirklichkeit des dreieinigen Gottes in der sich auf zweifache, sich gegenseitig bedingende Weise ereignenden Selbstmitteilung Gottes in Jesus Christus (als der Wahrheit) und dem ,Geist' (als der Liebe) (a.a.O., S. 371) beschreiben.

Trinität = Gott als die Liebe

Ein weniger origineller, aber solider Entwurf ist der des Tübinger Dogmatikers und jetzigen Bischofs W. KASPER. Nach gründlichen und detaillierten Darstellungen der theologie- und geistesgeschichtlichen Probleme der Trinitätslehre (Der Gott Jesu Christi, S. 9-354) folgt eine kurze Entfaltung des eigenen Ansatzes. Die Trinitätslehre sei die christlich-konkrete Form des Monotheismus (a.a.O., S. 355, 360 u.a.), die ausdrückt, daß der Gott Jesu Christi kein einsamer Gott ist. Anders formuliert:

> „Weil Gott in sich Liebe ist, kann er Liebe für uns sein." (a.a.O, S. 361)

So teilt Kasper Rahners Axiom, transformiert jedoch die transzendentalphilosophisch geprägte Sprache Rahners in ein personalistisches Trinitätskonzept, das eine Affinität zum Ansatz von Richard von St. Victor aufweist. Der Sinn der Trinitätslehre sei im letzten jedoch nicht nur Soteriologie, sondern um derentwillen Doxologie (a.a.O., S. 370, 378), in die sich Gottes- und Menschenfrage endgültig und sinnvoll aufheben.

3 Problemorientierung

In der Aufgabe, jenem Geschehen nachzudenken, in dem sich der eine Gott in drei Personen als unser Schöpfer, Versöhner und Erlöser (und zu unserer Heiligung) erschließt und in diesem Tun sein Wesen offenbart, ist die Trinitätslehre Ausdruck des Evangeliums. Sie überschreitet jedoch ihre Gren-

ze, wenn sie versucht, in das Geheimnis der innergöttlichen Trinität durch ein ontologisch-metaphysisches Begriffssystem einzudringen, statt sich zu bescheiden, ein Hinweis darauf zu sein. Sie muß jedoch auch bedenken, daß Gott, der Vater bzw. der Sohn oder der Heilige Geist *selbst* begegnen und nicht irgendwelche Modi einer unbegreiflichen Gottheit zur Erkenntnis kommen.
Die zentrale Bedeutung der Trinitätslehre spiegelt sich in ihrem Gewicht in den Bekenntnissen. So wird vor allem in CA I und dem ersten Teil der Schmalkaldischen Artikel wie auch im Heidelberger Katechismus (Fr. 25 und 53) das traditionelle Dogma explizit aufgenommen. Die Bedeutung des trinitarischen Bekenntnisses für die Einheit der Kirchen dokumentiert die Basisformel des Ökumenischen Rates der Kirchen (ÖRK):

„Der ÖRK ist eine Gemeinschaft von Kirchen, die den Herrn Jesus Christus gemäß der Heiligen Schrift als Gott und Heiland bekennt und darum gemeinsam zu erfüllen trachtet, wozu sie berufen sind, zur Ehre Gottes, des Vaters, des Sohnes und des heiligen Geistes.“ (Neu-Delhi 1961)

Trotz dieser gemeinsamen trinitarischen Formel bleibt die Differenz über die innertrinitarischen Relationen (Filioque-Streit) bestehen.

4 Eigene Stellungnahme

Zu eigenen Überlegungen können folgende Fragen anregen:

- Was sage ich, wenn ich in der Liturgie des Gottesdienstes die Eingangsformel „Im Namen des Vaters, des Sohnes und des Heiligen Geistes“ spreche?
- Behindert das trinitarische Dogma das Gespräch mit dem Judentum, kann der Gott des ATs überhaupt im trinitarischen Glauben zu Wort kommen?
- Sollten wir nicht besser im Blick auf so viele Religionen in einer multikulturellen Gesellschaft sagen: „Wir haben doch alle *einen* Gott!“?

Literatur zur Vertiefung:
I. Dalferth, Gott, 1992; C. Frey, Dogmatik, ^{3}1993, Teil 4.1-4.4; W. Härle, Dogmatik, 1995, S. 235-302, 384-405; W. Joest, Dogmatik, 2 Bde, 1984-86, S. 113-185, 317 ff; O. Weber, Grundlagen der Dogmatik I, 1955, 463-553; W. Kasper, Der Gott Jesu Christi, 1982, S. 285-383.

Mögliche Klausurthemen:
1. Feuerbachs Kritik am Gottesglauben und ihre theologische Bearbeitung.
2. Welche Gründe bewegen Theologen des 20. Jh.s, an der Lehre von der Trinität festzuhalten?
3. Ist Gott gerecht? In welchem Sinn kann von der „Eigenschaft" der Gerechtigkeit bei Gott die Rede sein?

Da bereits im voraufgehenden Kapitel Gotteserkenntnis und Offenbarung Gottes in einer Übersicht zusammengefaßt wurden, wird hier zur Wiederholung nur eine Übersicht zu Grundfragen der Trinitätslehre angefügt:

Zur Lehre von der Trinität

1. *Grundlagen und Motive v.a. biblischer Art*

A. **Gott,** der sich **selbst** von **Anfang** an seinem Volk wie ein Vater, wie eine Mutter bezeugt (evtl. auch: der sich indirekt allen Menschen bezeugen könnte [vgl. das Thema des Naturrechts])

AT: Messias

AT: רוח, NT: πνεῦμα

B. **Gott,** der sich **selbst** im **einzigartigen** Leben Jesu Christi und in der Geschichte seines **Todes** und seiner **Auferstehung** bezeugt

Jesu Verheißung des Parakleten

C. **Gott ,** der uns die **Zukunft** erschließt und so auch **heute** wirkt (Kriterium: seine Selbstzusage in Jesus Christus)

2. *Dognatische Konsequenzen*

2.1 A, B, C: Gott **selbst** bezeugt sich als

⇧ **Sohn,** ⇧ **Vater,** ⇧ **Heiliger Geist,**

ohne in dem einen je den anderen auszuschließen.

2.2 Über den Dreien steht kein ‚vierter' Gott, deshalb sind A, B, C keine Modi der Erscheinung Gottes (gegen den Modalismus).

2.3 Gott ist nicht in sich abgeschlossen (etwa als oberste Monade, vgl. LEIBNIZ), sondern er ist zum Gegenüber hin, wie er in sich ist (ökonomische und immanente Trinität).

2.4 **B** identifiziert Gott **selbst** als Gott für die Menschen – in A, B, C als **ökonomischer Trinität;** B und C bestimmen diesen Gott, der zuinnerst zum Gegenüber hin ist **(immanente Trinität)** sowohl in sich als zu uns hin.

3 *Schwierigkeiten:* Die Begriffe der altkirchlichen Trinitätslehre sind unscharf:

Griechisch:		*Lateinisch:*
• οὐσία (eigentlich: Wesen, wesenhaftes Sein)	→	• ‚substantia' (Wesen, selbständiges Sein)
• ὑπόστασις (eigentlich: Zugrundeliegendes, vgl. ‚subsistentia')	→	• ‚persona' (definiert durch BOËTHIUS: naturae rationalis individua substantia)

Exkurs 6: Gottes Eigenschaften

6.1 Zum Begriff

attributa, proprietates usw.

Die ältere Dogmatik unterscheidet

- attributa (Gott in seinem Handeln in Hinsicht auf Menschen und Welt zugesprochen),
- proprietates (einer trinitarischen Person besonders zugelegt) und
- bestimmte Handlungen Gottes (z.B. die Schöpfung betreffend).

Deshalb legt es sich nahe, von „Attributen" zu reden. Aber die moderne Sprachphilosophie wird auch diese Redeweise schwierig finden.

6.2 Das Problem

Können Gott überhaupt Attribute zugeordnet werden, wie es bei bestimmten Dingen geschieht (z.B. „grün" zu Baum – der Baum ist nicht immer grün und bleibt trotzdem Baum)? Wäre z.B. „gerecht" von der reinen „Substanz" Gottes beliebig abzutrennen oder ihr zuzufügen?

Die alte Dogmatik kennt folgende Lösungen:

Attribute nominell oder real?

- Entweder sind die Attribute *nominell:* die Unterscheidung Gottes von seinen Attributen gilt nur für die begriffsbildende Vernunft (ratio ratiocinata); sie fällt nicht in sein Wesen selbst. Da Attribute häufig nur zufällig sind (und nicht notwendig, z.B. ist ein beliebiger Mensch nicht notwendig „gerecht"), kann die abendländische Tradition mit AUGUSTIN sagen:

„In Deum non cadit accidens." (Gott wird nicht von etwas Zufälligem betroffen.) (De Trinitate V, 5, 6).

- Oder die Attribute sind *real:* Sie bestehen in Gott und an und für sich und sind keineswegs nur auf unsere aussagende Vernunft bezogen. Somit sind sie dem Wesen Gottes hinzugefügt.

Universalienstreit

Diese beiden Lösungen weisen auf die beiden Richtungen des mittelalterlichen Universalienstreits, den *Realismus* (das einem Begriff Zugrundeliegende ist in seiner Allgemeinheit real) und den Nominalismus (das den Be-

griffen zugrundeliegende Allgemeine existiert nur für die wahrnehmende Vernunft, real sind nur individuelle Gegenstände der Erkenntnis) zurück.
Nach der ersten Denkweise hätte Gott am Inbegriff des Gerechten (einen besonderen) Anteil, nach der zweiten würden Menschen Gott aufgrund irgendwelcher Merkmale Gerechtigkeit zusprechen.

Beispiel der Gerechtigkeit Gottes

Die altprotestantische Dogmatik meinte, sich mit einem dritten Begriff diesem Dilemma entwinden zu können: Die Attribute seien weder nominell noch real, sondern *formal* zu verstehen, sie gälten für unser Denken, das Gottes einfaches Wesen nicht mit adäquaten Begriffen erfassen könne – so bei D. HOLLAZ (Examen theologicum acroamaticum, 1707 / 1725, I,1).

6.3 Ein weiteres Problem: Der Nachvollzug der alten Aussagen

Entweder *ist* Gott *selbst* in seinen Attributen (unbeschadet seiner Verborgenheit), oder Gott wird in ihnen nur scheinbar erkannt (z.B. in der Aussage: Gott ist gerecht – wie verifiziert sich das „gerecht" – als übertragene oder als Gott offenbarende Aussage?). Dazu s.u.

6.4 Herleitung und Ordnung der Attribute

Die Attribute gehen teils auf die Metaphysik, teils auf biblische Aussagen zurück (z.B. ‚Gott ist [zeitlos-]ewig' stammt eher aus der Metaphysik, ‚Gott ist barmherzig' eher aus biblischer Überlieferung). Drei Wege führen (nach Dionysius Areopagita) zur Formulierung von göttlichen Attributen:
- via causalitatis (z.B. Gott ist der Schöpfer);
- via eminentiae (Gott ist *all*-wissend, *all*-gegenwärtig);
- via negationis (Gott ist *un*-endlich, *un*-begrenzt).

Ableitung der Attribute Gottes in der Metaphysik: via causalitatis, via eminentiae, via negationis

6.5 Einteilung

- Die altprotestantisch-*lutherische* Dogmatik unterscheidet *attributa absoluta* (Gott in sich) und *attributa respectiva* (bezogen auf Gottes Handeln in die Welt hinein).

Einteilung der Attribute

Die altprotestantisch-*reformierte* Dogmatik unterscheidet *attributa incommunicabilia* (z.B. Einfachheit, Unendlichkeit) und *attributa communicabilia* (z.B. Weisheit, Macht).

attributa absoluta

attributa absoluta:		
unitas	Einheit	
simplicitas	Einfachheit	Gott ist nicht zusammengesetzt.
veritas	Wahrheit	Gottes Wesen ist mit seinem Intellekt konform.
bonitas	Güte	Gottes Wesen ist mit seinem Willen konform.
sanctitas	Heiligkeit	Gottes Wesen ist vollkommen rein.
infinitas	Unendlichkeit	Wesen und Vollkommenheit sind ohne Grenzen.
aeternitas	Ewigkeit	Das göttliche Wesen bleibt in unendlicher Dauer.
immensitas	Unermeßlichkeit	Gott läßt sich nicht räumlich eingrenzen.
immutabilitas	Unwandelbarkeit	Gott unterliegt weder physischer noch moralischer Wandlung.
immortalitas	Unsterblichkeit	
incomprehensibilitas	Unfaßlichkeit	
invisibilitas	Unsichtbarkeit	
beatitudo	Glückseligkeit	
maiestas	Majestät	

attributa respectiva

attributa respectiva (auch „operativa“ genannt):		
vita	Leben	Leben gehört zu Gottes Wesen (essentia semper actuosa).
intellectus	Intellekt	Gottes Intellekt gehört notwendig zu seinem Wesen.
omniscientia	Allwissenheit	Gott erkennt alles, was war, ist, sein wird und sein kann, auf einmal.
sapientia	Weisheit	Gott leitet alles nach seinem Rat.
voluntas	Wille	Gottes Wille ist selbstbezogen (natür-

		lich– Gott will sich selbst) oder frei (Gott will etwas außer ihm).
gratia	Gnade	Gott liebt durch sie alle Kreaturen.
iustitia	Gerechtigkeit	Gott will, daß alles seinem Seinsgesetz konform sein soll (lex aeterna).
veracitas	Wahrhaftigkeit	Gott ist beständig in seiner Zusage.
potentia	Macht (Allmacht)	Gott kann alles ausrichten.
omnipraesentia	Allgegenwart	Gottes „Substanz" ist allen Kreaturen nahe.

6.6 Biblische Belege

biblische Belege, vor allem aus dem Bereich der Doxologie

Als biblische Belege dienen u.a.:
- Ewigkeit: Ps 90,2; 1.Tim 1,17;
- Unveränderlichkeit: Röm 1,23;
- Unermeßlichkeit: 1.Kön 8,27;
- Allgegenwart: Ps 139,7;
- Allmacht: Ps 115,3;
- Allwissenheit: Ps 7,10; Ps 139,1;
- Weisheit: Hi 28,20 ff.;
- Heiligkeit: Lev 19,2;
- Gerechtigkeit: Röm 2,5-7;
- Wahrhaftigkeit: Röm 13,3 ff.;
- Liebe: Joh 3,16; 1.Joh 4, 9 f.

6.7 Probleme in der altprotestantischen Dogmatik

Determination oder Freiheit?

Problematisch ist vor allem das Verhältnis von Liebe und strafender Gerechtigkeit oder das Verhältnis von Gottes Vorherwissen und Freiheit des Menschen: Determiniert uns Gott oder läßt er uns freien Raum – mit der Konsequenz, daß er nur weiß, wie wir uns entscheiden können, nicht aber, wie wir uns entscheiden werden. Oder gibt es eine *scientia media:* Wenn wir das oder das tun werden, wird Gott dementsprechend reagieren, und er weiß, wie wir unter bestimmten Umständen uns entscheiden werden (vgl. auch den folgenden Exkurs).

6.8 Aufnahme der Lehre von Gottes Attributen im 20. Jahrhundert

Tillich: symbolische Rede von Gott

– Für P. TILLICH ist von Gott ist nur symbolische Rede möglich (ein *Symbol* im strengen Sinn ist ein Zeichen, das am Bezeichneten teilhat, ohne daß das Bezeichnete selbst ungebrochen zur Aussage kommen kann [vgl. Systematische Theologie, Bd. 2, 1956-1966, S. 15]).

Barth: Vollkommenheiten

– Nach K. BARTH ist Gottes Wesen ganz in ihnen; deswegen ist weder eine realistische noch eine nominalistische Auffassung möglich. Barth spricht von Vollkommenheiten. Sie werden nach Gottes Liebe und Gottes Freiheit geordnet (s.o. IV,2.3.4). Die Gerechtigkeit fällt dabei unter die Liebe (KD II,1, S. 288 ff.).

Ebeling: Sprache des Gebets – Anrede, Lob, Vertrauen

– G. EBELING schließt die Rede von den Eigenschaften Gottes an die Sprache des Gebets an *(Anrede:* Heiligkeit Gottes in Verborgenheit und Nähe; *Lob:* Gottes Doxa – Ewigkeit und Schöpfungsmacht; *Vertrauen:* Liebe Gottes in Gnade und Wahrheit [Dogmatik des christlichen Glaubens, Bd. 1, 1979, S. 241 ff.]).

Exkurs 7: Die Lehre von der Erwählung

7.1 Anlaß

Anlaß für die Frage ist die biblische und zugleich praktische Frage, warum die Verkündigung nicht alle Menschen erreicht (Gleichnis vom Sämann [Mk 4, 1-9.13-20] allegorisch gedeutet; Israel und Christus [Röm 9-11]), weiterhin das Verhältnis von göttlicher Allmacht und Partikularität der Kirche.

7.2 Absicht

Die Erwählungslehre orientiert sich teils an biblischen und theologischen Aussagen von Gottes Handeln, teils geht sie spekulativ darüber hinaus. O. WEBER zeigt die Grenze:

„Es widerspricht dem Wesen des Glaubens, darüber zu reflektieren, daß der Glaubende auch nicht glauben könnte.“ (Grundlagen der Dogmatik, Bd. 2, 1962, S. 520)

7.3 Terminologie und Ausformungen

Die Aussagen der Prädestinationslehre fallen zum Teil – und je nach Fassung – auch in die Christologie und in die Lehre vom Geist hinein. Prädestination

7.3.1 Universalismus vs. Partikularismus

Zwei Richtungen streiten miteinander:

Universalismus vs. Partikularismus

- ORIGENES und S. HUBER vertreten nach Tit 2,11 einen *Universalismus*: Gottes guter Wille (Schöpfung) bestimmt alle zum Heil; Konsequenz ist die ἀποκατάστασις πάντων.
- Der *Partikularismus* vertritt die Ansicht, daß Gottes Wille nur einen Teil der Menschen zum Heil bestimmt (vgl. Röm 11,32: Die Verwerfung einiger dient der Verherrlichung der Gnade).
- Einen *Universalismus hypotheticus* vertrat MOSES AMYRAUT (1596-1646): Von Gott her ergeht die Gnade allgemein, aber infralapsarisch ist sie beschränkt.

Vgl. dagegen den Ansatz mittelalterlicher Gnadenlehre: Gott hat zweierlei Intention: die *voluntas antecedens* – alle Menschen erhalten anfängliche Gnade – und die *voluntas consequens* – wer die anfängliche Gnade annimmt und nutzt, wird gerettet.

7.3.2 Mitwirkung des Menschen

Wie weit wirkt der Mensch aus eigener Kraft zum Heil mit? AUGUSTIN stellt gegen die *Semipelagianer* und ihren Synergismus die These von der *„gratia irresistibilis“* auf mit der Folgerung: Wenn viele nicht zum Heil gelangen, können sie die gratia irresistibilis nicht erhalten haben; Gottes Erwählung wirkt daher deterministisch.

7.3.3 Gottes Vorauswissen und Wirken

Allmacht, Vorherwissen und Heilswille Gottes im Streit?

Ist Gott direkt Urheber des Unglaubens oder läßt er die menschliche Entscheidung nur zu? Im ersten Fall ist die Allmacht gewahrt, aber der universale Heilswille in Frage gestellt (dämonische Seite in Gott), im zweiten Fall ist die Allmacht (scheinbar) eingeschränkt, aber der universale Heilswillen festgehalten.

Weitere Distinktionen der Tradition waren:
- *scientia naturalis Dei:* Gott weiß von Ewigkeit und auf einmal, was möglich sein wird.
- *scientia libera Dei:* Gott weiß alles, was ist.
- *scientia media (de futuro conditionato):* Gott weiß, was unter welchen Bedingungen sein kann (also rechnet er auch menschliche Entscheidungen unter bestimmten Bedingungen ein).

Die Annahme einer scientia media ist eine Lehre des jesuitischen Spätscholastikers L. DE MOLINA, die bereitwillig von der protestantischen Dogmatik aufgenommen wurde.

necessitas consequentiae, necessitas consequentis

M. LUTHER unterscheidet in „De servo arbitrio“:
- *necessitas consequentiae:* Wenn diese oder jene Bedingungen eintreten (die Reihe der Konsequenzen sich erstellt), dann tritt etwas notwendig ein – so bestimmt Gott, was geschieht;
- *necessitas consequentis:* So und nicht anders mußte ein Ereignis eintreten.

7.3.4 Positionen

Luther: der verborgene Gott

- M. LUTHER sagt in seiner Römerbriefvorlesung, daß Gottes Erwählen an die Stelle der scholastischen ‚dispositio ad gratiam‘ trete. Später kommt seine Auffassung einer doppelten Prädestination nahe – das Geheimnis fällt in den verborgenen Gott, der Christ hält sich im Glauben an Christus:

> „... de secreta illa voluntate maiestatis non esse disputandum ...“ (De servo arbitrio, WA 18, S. 689)

- J. CALVIN spricht (Inst. III, 23,7) vom „decretum horribile", das er aber (1559) erst nach (!) der Rechtfertigung und Heiligung behandelt (im Kapitel „De modo percipiendae gratiae"); es ist demnach nicht spekulativ gemeint, sondern auf die Zurückweisung der Predigt durch viele gemünzt (die Auflage von 1559 trennt zudem die Providenz- und die Prädestinationslehre).

Calvin: decretum horribile

- Bereits die *Konkordienformel* kennt die christologische Bestimmung der Prädestination, wie sie später K. BARTH gegenüber Calvin festhalten möchte: „aeterna praedestinatio in Christo et nequaquam extra Christum consideranda" (die ewige Erwählung ist in Christus und niemals außerhalb von Christus zu betrachten), und zwar im praktischen Interesse des Trosts und Heils; denn Gott ist nicht Ursache des Bösen. So gilt:

FC: christologische Bestimmung der Prädestination

> „Praedestinatio vero tantum ad bonos et dilectos filios Dei pertinet ...". (Die Erwählung erstreckt sich aber nur auf die guten und geliebten Söhne Gottes.) (FC SD XI)

Die anderen jedoch verachten das Wort Gottes und sind sich offenbar selbst die Ursache der Verwerfung (FC XI).

- F. SCHLEIERMACHER und O. WEBER beziehen die Erwählung auf die Gemeinde.

Erwählung der Gemeinde

- K. BARTH konzentriert die doppelte Erwählung auf Christus; Jesus Christus ist Mittel und Gegenstand der Erwählung, er ist der erwählende Gott und der (am Kreuz) verworfene, so wie der (in der Auferstehung) erwählte Mensch (KD II,2, §§ 32-35).

Barth: christologische Korrektur der Erwählungslehre

> „Die Gnade ist das Dennoch der göttlichen Liebe zu seinem Geschöpf. In diesem Dennoch besteht die Erwählung. Sie ist ja Erwählung. Sie ist ja Gnade und also frei." (KD II/2, S. 29)

7.3.5 Einfache oder doppelte Erwählung?

Die *lutherische Dogmatik* will Gottes Erwählung zum Heil betonen und die Verwerfung auf sich beruhen lassen:
Nach der Konkordienformel (Epitome XI) ist zu unterscheiden zwischen ‚praescientia' und ‚praedestinatio':

lutherisch: Verwerfung eingeklammert

- Die „praescientia“ ist Gottes Vorhersehen (Vorsehung); sie betrifft Böse und Fromme.
- Die Prädestination bezeichnet die Wahl Gottes, sie betrifft allein die wohlgefälligen Kinder Gottes. Sie „muß allein aus dem heiligen Evangelio von Christo gelernet werden ...“ (BSLK, S. 818).
- Daß einige nicht selig werden, liegt daran, daß sie Gottes Wort nicht hören.

Damit werden Luthers Aussagen in „De servo arbitrio“ abgeschwächt.

reformiert: gemina praedestinatio

Die *reformierte Dogmatik* hält die „gemina praedestinatio“ fest; sie betont den unbedingten Vorrang der göttlichen Entscheidung.

> „Unter Vorherbestimmung verstehen wir Gottes ewige Anordnung, vermöge deren er bei sich selbst beschloß, was nach seinem Willen aus jedem einzelnen Menschen werden sollte. Denn die Menschen werden nicht mit der gleichen Bestimmung erschaffen, sondern den einen wird das ewige Leben, den andern die ewige Verdammnis vorher zugeordnet.“ (J. Calvin, Inst. III, 21,5-7)

7.3.6 Infralapsarische und supralapsarische Erwählung?

Infra- vs. Supralapsarismus

Ist Gottes Vorherwissen *vor* oder *nach* Adams Fall wirksam geworden? Augustin meint: danach (infralapsarische Lösung); die reformierte Tradition meist: davor (supralapsarische Lösung).

Die Canones der reformierten Synode von Dordrecht 1619 betonen zwar die Erwählung angesichts der Lehre der Arminianer, die eine bestimmte Mitwirkung des menschlichen Willens festhalten; in der Frage von Infra- oder Supralapsarismus scheinen sie letzterem zuzuneigen.

7.4. Biblische Grundlage

biblische Hinweise

Als Belege dienen Wörter wie πρόγνωσις, προγιγνώσκειν, προορισμός (Röm 8,29); ferner u.a. Hebr 7,18 (Vulgata: reprobare – daher reprobatio = Verwerfung); 1.Petr 1,20 (Erwählung vor der Grundlegung der Welt); Mt 22,14 (Viele sind berufen, wenige auserwählt). Im AT wird das Motiv der

Erwählung Jakobs und Zurückweisung Esaus aufgegriffen (dazu Mal 1,2 f.), das von Paulus in Röm 9,13 aufgenommen wird. Die neueste Exegese macht uns allerdings auf die eschatologische Hoffnung des Paulus, daß Gott sein Volk Israel retten werde, aufmerksam.

7.5. Zum Umgang mit der alten Lehre und ihren Fallstricken

- Wir können allen spekulativen Aussagen über einen isolierten über- und vorweltlichen Gott nur absagen (deshalb die christologische Konzentration Barths).
- Somit ist kritisch zu fragen, aufgrund welcher Berechtigung und Vollmacht Menschen überhaupt meinen, solche Aussagen treffen zu können?
- Die Prädestinationslehre kann eigentlich nur von einer selbstkritischen Gemeinde neu interpretiert werden, die Gottes Selbsterschließung in Jesu Christi Wort, Verhalten und Geschick nicht als ihren Besitz betrachtet und die Nichterwählung auch als ihre eigene Möglichkeit ansieht. Dann wird sie sich bescheiden und wird nicht Aussagen über Gott vor und über der Welt und über die endgültige Bestimmung aller Menschen machen.

7.6 Die Stellung der Erwählungslehre in der Dogmatik

- *Lutherische Dogmatiker* neigen dazu, die Erwählungslehre mit der Lehre von Gottes Vorsehung zu verbinden.
- K. BARTH hat die Lehre von der ‚Gnadenwahl' zur Grundlage dogmatischen Denkens gemacht: Von Gott abstrakt kann theologisch nicht die Rede sein, wohl aber von seinem konkreten Erwählungshandeln im zeitlichen und ewigen Sohn, in Jesus Christus (vgl. Eph 1,4). Die so verstandene „Gnadenwahl ist das *ganze Evangelium,* das Evangelium in nuce" (a.a.O., S 13).

  Barth: Betonung der Gnadenwahl
- W. JOEST stellt die Lehre von der Prädestination an das Ende seiner Dogmatik. Sie beantwortet nicht die Frage, woher alles kommt (etwa aus Gottes Allmacht), sondern bezieht Fragen und Zweifel im Glauben auf Gottes letztes und verborgenes Ziel mit der Welt (woraufhin will das alles?). Joest läßt die Frage der ἀποκατάστασις πάντων ebenso wie

Barth offen. Die in Jesus Christus begründete Hoffnung läßt auf die Übermacht seiner Gnade bauen (Dogmatik, Bd. 2, ³1989, S. 613, 678ff.).

Exkurs 8: Föderal- oder Bundestheologie

8.1 Voraussetzungen

ein Bund oder zwei Bünde?

Eine reformierte Besonderheit bildet die sogenannte Föderaltheologie (der Begriff wurde von H. HEPPE geprägt, im 18. und 19. Jh. war der Begriff Coccejanismus üblich). Die Föderaltheologie geht von *einem* Bund (z.B. H. ZWINGLI und H. BULLINGER) bzw. mehreren Bünden (z.B. W. MUSCULUS, J. COCCEJUS) Gottes mit den Menschen aus. Die frühen Vertreter (Zwingli, Bullinger) halten die Einheit und Ewigkeit des einen Bundes und damit auch die Einheit von Evangelium und Gesetz fest.

Daran schließt auch J. CALVIN (Inst. II, 9-11) an. Er kennt zwar die Begriffe des Alten und des Neuen Bundes; sachlich gehören für ihn die beiden aber zu dem *einen* Bund (Inst. II, 10,1 f.). So wird von den Menschen des Alten Bundes gesagt, daß sie in ihm zur gleichen Kirche gehören wie wir, diese jedoch noch nicht voll entwickelt war (Inst. II, 11,2); auch verliert der Alte Bund durch die Übertretung der lex moralis nicht seine Bedeutung (Inst. II, 11,9). Der Neue Bund hingegen besteht seit Anbeginn der Welt; und alle von Gott Wiedergeborenen gehören zu ihm (Inst. II, 11,10) (vgl. den Exkurs die Erwählungslehre) Ihn kennzeichnet in besonderem Maße die Gnade, nicht nur das Evangelium, das lediglich die in Christus dargebotene Gnade offenbart (Inst. II, 10,1 f.).

Alter und Neuer Bund

Folgendes ist dem Alten und dem Neuen Bund u.a. gemeinsam: Die Hoffnung auf Unsterblichkeit, die Begründung im Erbarmen Gottes, die Erkenntnis Christi als des Mittlers (Inst. II, 10,2), die Rechtfertigung allein aus Gnade (Inst. II, 10,4), das ewige Leben (Inst. II, 10,8). Unterschiedlich ist hingegen die äußere Darbietung des *einen* Bundes in AT und NT, die die Einheit des Bundes nicht aufhebt (Inst. II, 11,1).

8.2 Weiterführung

8.2.1 Musculus, Ursin, Olevian

W. MUSCULUS erweitert die Föderaltheologie. Er geht nun von einem duplex foedus aus: Entfaltung bei Musculus u.a.

- dem *foedus generale* mit der ganzen Schöpfung (Noahbund),
- dem *foedus speciale et sempiternum* mit den Gläubigen (Abrahamsbund).

Auch bei Musculus findet sich keine Gleichsetzung von Altem Testament, Altem Bund und Gesetz in Analogie zum Neuen Testament und Neuen Bund und Evangelium.

Diese führt erst Z. URSIN in der „Summa Theologica" (1562) ein:

- Das *foedus naturale* ist Gott mit der ganzen Schöpfung eingegangen – der Mensch weiß dieses von Natur aus und ist zu vollkommenem Gehorsam verpflichtet. Hält er dieses, so erwartet ihn das ewige Leben, bricht er es, so wartet die Verdammnis (dieses Schema nimmt später wieder J. H. HEIDEGGER auf). Durch die Betonung des Gehorsams kommt eine enge Verbindung mit dem Gesetz zustande.
- Das *foedus gratiae* hat Gott mit den Gläubigen geschlossen, denen die vollkommene Gerechtigkeit Christi durch den Geist zuteil wird.

K. OLEVIAN betont im Anschluß an Ursin nur noch das foedus gratiae und sieht in ihm zwei Merkmale: die Sündenvergebung und die Erneuerung des Menschen zum Ebenbild Gottes durch den Heiligen Geist.

8.2.2 Perkins

Die Föderaltheologie hat große Bedeutung für den angelsächsischen Protestantismus gehabt: angelsächsische Föderaltheologie bei Perkins

W. PERKINS führt folgende Unterscheidung ein:

- das foedus operum – es steht hinter der lex moralis und wird durch den Dekalog betont (durch die Sünde, durch den Ungehorsam wird es verwirkt),
- das foedus gratiae – es enthält die Verheißung Christi im NT und AT. Das darin wiederhergestellte moralische Gesetz fordert zur christlichen Gestaltung des Gemeinwesens heraus.

8.2.3 Coccejus

Coccejus: heilsgeschichtlicher Rahmen: Werk- und Gnadenbund

Der Bremer J. COCCEJUS wurde der wohl bekannteste Vertreter der Föderaltheologie. Sein System läßt sich folgendermaßen darstellen:
Im Paradies etablierte Gott ein foedus operum. Der Mensch allerdings brach diesen Bund durch seine Sünde. Daraufhin setzte Gott seinen *seit Ewigkeiten* festgelegten Gnadenbund stufenweise in Kraft.
Coccejus sieht also die verschiedenen Bundesschlüsse in einen heilsgeschichtlichen Rahmen eingebettet, Grundlage der Heilsgeschichte ist dabei das Erlösungswerk Christi.

8.3 Neuere Positionen

Pietismus: praxis pietatis

– Auf den *Pietismus* (reformierter und lutherischer Prägung) wirkte die Föderaltheologie vor allem durch den Gedanken der schon von Olevian betonten *Heiligung des Lebens auf die Idee der praxis pietatis.* Eine gewisse Analogie zum Gedanken des sukzessiv erfüllten Bundes bietet der Gedanke des irdisch wachsenden Reiches Gottes in der liberalen Theologie.

Barths Kritik: ein einziger Gnadenbund Gottes in Jesus Christus

– K. BARTH kritisiert vor allem die Föderaltheologie der reformierten Orthodoxie in ihrer Aufteilung von Gnaden- und Werkbund. Sie könnte die *eine* Zuwendung Gottes zu den Menschen und damit den *einen* Bund zu einer Kette vielfältiger aufeinander folgender Geschehnisse machen. Er verknüpft seine Konzeption vom Bund eng mit dem Versöhnungsgeschehen, dessen Bestandteil er ist. Barth stellt in KD IV,1 einleitend fest, daß Jesus Christus Gott im Werk der Versöhnung ist. Versöhnung aber bedeutet die Erfüllung des Bundes mit Gott. Darum wird deutlich, wie sehr Barth seine Christologie zur Grundlage „seiner" Bundestheologie gemacht hat.
Der Bund bezeichnet die zwischen Gott und Menschen anfänglich bestehende, dann durch die Sünde angegriffene und bedrohte Gemeinschaft. Sie wird in Jesus Christus und seinem Werk der Versöhnung endgültig. Dabei ist der Bund immer nur *einer.* Die Begriffe des Alten und des Neuen Bundes bedeuten bei Barth keine Ablösung des einen durch den anderen, sondern der Neue offenbart den Sinn des Alten und sichert damit dessen Bestand. Bezieht sich im Alten der Noahbund auf die ganze Menschheit bzw. sogar die Schöpfung (deren innerer Grund

der Bund ist), so hebt der zweite die besondere Mission Israels hervor (den Heilswillen Gottes zu verkündigen). Der Bund ist immer nur *Gnadenbund:* 1) Gott ist Gott *für uns,* 2) sein Werk ist Wohltat, 3) der Mensch antwortet aus Dankbarkeit.

8.4 Probleme und Konsequenzen

Verhältnis zum Judentum

Die Föderaltheologie muß auf ihre möglichen Folgen für eine Unterscheidung von Israel und Kirche, AT und NT, Gesetz und Evangelium, Juden und Christen bei der Trennung zweier Bünde bedacht werden:
Handelt es sich um *einen* Bund, der in Christus definitiv wird, dann steht das Gesetz in der Klammer des Evangeliums. Der Bund kann aber nur dann Israel und die Juden mit umfassen, wenn Christen sich im Neuen Bund als Beschenkte, nicht aber als Besitzer der Wahrheit Gottes erkennen.

Literatur:
K. Barth, KD IV,1 (Versöhnungslehre; v.a. S. 22-82), KD III,1 (Schöpfungslehre); J.F.G. Goeters, Art. ‚Föderaltheologie', in: TRE, Bd. 11, S. 246-252; H. Heppe / E. Bizer, Die Dogmatik der evangelisch-reformierten Kirche, Neukirchen [2]1958.

V. Gott der Schöpfer und seine Schöpfung

wichtige Vorfragen

Wer von der Schöpfung reden will, muß sich verdeutlichen, daß dies eine Reflexion auf die Möglichkeiten, Schöpfung zu denken oder auszusagen, voraussetzt. Nachdem es unter dem Eindruck der Erfolge der Naturwissenschaften, vor allem der kosmischen Physik, fast unmöglich war, anders als nur subjektiv von der Schöpfung zu reden, macht sich mit der Umweltbewegung eine oft ganz unreflektierte Rede von der Schöpfung breit. Sie wird auch von jenen im Munde geführt, die keineswegs an einen Schöpfer glauben. Die vorrangige Frage in der Dogmatik sollte deshalb die nach dem Gegenüber von Schöpfer und Schöpfung sein: Ist die Rede vom *Schöpfer* unabdingbar? Das folgende Kapitel sollte deshalb auch unter den modernen Fragestellungen und ihren Gefahren gelesen werden:

Frage nach dem Gegenüber von Schöpfung und Schöpfer

Von Gott (dem Schöpfer) zu reden bedeute, vom Menschen zu reden.	Von der Welt zu reden und das Leben in ihr zu verstehen heiße, Gott und die Schöpfung zu verstehen.	Von der erhofften Ganzheit des Lebens zu reden heiße, Schöpfung als Verheißung oder Utopie in oder über der Natur zu erfahren.
Anthropozentrik	*Tendenz zum Pantheismus*	*Eschatologischer Panentheismus*

Was will demgegenüber die biblische Sicht der Schöpfung oder die dogmatische Schöpfungslehre? Unter welchen Bedingungen läßt sich das gegenüber von Schöpfer und Schöpfung festhalten, und wozu ist dies theologisch notwendig?
Die biblischen Motive können in folgendem Zusammenhang genauer erarbeitet werden:

biblische Motive der Rede von der Schöpfung

Im Kontrast zu antiken Vorstellungen sollen ... ⇩	... biblische Schöpfungsmotive im Blick auf Vergangenheit und Gegenwart ... ⇩	... bzw. Zukunft erkannt werden. ⇩
– Naturteleologie – Organismusdenken	– Weisheit – Als Erfahrung vor aller Heilsgeschichte ist die Schöpfung offenbar (C. Westermann). – Die Weisen erkannten das „sehr gut" der Schöpfung oft nur im Widerspruch.	– Geschichtserfahrung – Glaube und Heilsgeschichte sind Voraussetzung der Schöpfungserfahrung. (G. von Rad), – Hiob: Die Schöpfung ist (fast) nicht zu erkennen.

	(G. VON RAD) – DtJes: Einst wehrte der Schöpfer die Bedrohung durch das Chaos ab ⇨	– Erlösung – 2.Makk 7,28: „aus Nichts" ⇨ Zukunft der Toten

Was „Schöpfung" besagt, ist deshalb nicht nur vom Anfang her zu erkennen, sondern muß an den drei Modi der Zeit bzw. der Geschichte – Vergangenheit, Gegenwart und Zukunft – ausgelegt werden.

1 Bestimmung und Präzisierung des Problems

1.1 Problemzusammenhang

Theologie, die vom Weltganzen redet, muß auch von der Schöpfung Gottes reden. Was aber meint der Begriff Schöpfung? Inwiefern ist Gott Schöpfer? Kann Gott in der Schöpfung erkannt werden; „wohnt" er gar der ganzen Schöpfung ein, weil die Schöpfung letztlich in ihm ist (Pan*en*theismus)? Was haben Mensch und Welt als Schöpfung Gottes gemein? *Was ist das Ganze?* *Panentheismus?*

In jüngster Zeit ist das genaue Verständnis von Schöpfung besonders wichtig, weil sich die Ökologie-Bewegung mit dem Slogan „Die Schöpfung bewahren" verbunden hat. Kann das – theologisch gesprochen – der Mensch überhaupt, oder ist es Gottes Aufgabe? Auch klagen manche (z.B. L. WHITE oder C. AMERY) das Juden- und das Christentum wegen einer Anthropozentrik des Schöpfungsglaubens an. Viele Bibelausleger weisen das zurück und legen die Schöpfung auf die *Mit*kreatürlichkeit des Menschen hin aus. Besonders wichtig ist die Frage nach dem Sein des Schöpfers – in, mit oder gegenüber der Schöpfung. *„die Schöpfung bewahren"* *Anthtropozentrik des Schöfungsglaubens?*

Auch die *Theodizeefrage,* verbunden mit der Frage der Vorsehung, gehört in diesen Zusammenhang. *Theodizeefrage*

1.1.1 Bekenntnisse der Kirche

Das *Apostolicum* bekennt Gott als „creator coeli et terrae", das *Nicaenum* als „factor coeli et terrae", nur das Athanasianum redet nicht von Gott als Schöpfer (weil es soteriologisch orientiert ist).
CA I erweitert diese Aussagen zu

> „creator et conservator omnium rerum, visibilium et invisibilium" („Schöpfer und Erhalter aller sichtbarn und unsichtbarn Ding") (BSLK, S. 50)

Laut *CA XVI* sind auch die

> „legitimae ordinationes civiles ... bona opera Dei" („geordneten Regimente und Gesetze gute Ordnung ...") (BSLK, S. 70; vgl. das Thema der Schöpfungsordnungen)

Die Auslegung zum ersten Glaubensartikel des Kleinen Katechismus beginnt:

Kleiner Katechismus

> „Ich gläube, daß mich Gott geschaffen hat sampt allen Kreaturn, mir Leib und Seel, Augen, Ohren und alle Gelieder, Vernunft und alle Sinne gegeben hat und noch erhält ..." (BSLK, S. 510)

Heidelberger Katechismus: providentia Dei

Offensichtlich enthält das „mich" einen Schlüssel zum Verständnis des Status des Redens von Schöpfung. Im *Heidelberger Katechismus* ist v.a. die Frage nach der „providentia Dei" (Fr. 27) zu beachten, die auf die Frage 26 zurückverweist.

1.1.3 Aktuelle Diskussion

Infragestellung durch die Neuzeit

Seit der frühen Neuzeit (N. KOPERNIKUS, G. GALILEI), gewiß aber ab der Aufklärung entbrannte der Streit zwischen der literalen Auffassung biblischer Berichte und der naturwissenschaftlichen Sicht der Genese der Welt. In unserem Jahrhundert hat die Frage nach der Bedeutung der Schöpfung eine andere Pointe: Problematische Auswirkungen der Industrialisierung stellen die Erfolge der Technik und Technologie in Frage und veranlassen viele Menschen, die Natur nicht nur als Ressource anzusehen, sondern als Lebenszusammenhang. Aber reicht diese manchmal etwas romantische Kehrtwendung aus, Schöpfung zu verstehen?

1.2 Eigene Zugänge

- Was hat die biblisch beschriebene Schöpfung mit der naturwissenschaftlich „erfaßten" Natur zu tun?
- Sind beide miteinander vereinbar oder gar so eng verwoben, daß z.B. zugleich mit der Natur auch Gottes Schöpfung (oder gar Gott selbst) Schaden nimmt?

1.3 Aktuelle Formulierung des Problems

Naturbilder

Was bedeutet ‚Schöpfung', wenn heute sogar unter säkularen Menschen von „Bewahrung der Schöpfung" gesprochen wird? Muß sich, wer Schöpfung sagt, notwendig mit dem Schöpfer auseinandersetzen? Welches Naturbild kommt eventuell dem Schöpfungsglauben entgegen:

- das *romantische* (organische) einer vorgegebenen und unausschöpflichen Ganzheit voller Leben,
- das *teleologische,* alles einzelne ist zielorientiert, und so ist dessen Gesamtzusammenhang, oder
- das *evolutionäre,* nach dem sich im freien Spiel der Zufallskräfte Werden und Vergehen entfalten?

Konsequenzen verschiedener Naturauffassungen

Welche Möglichkeiten, Probleme und ethischen Konsequenzen ergeben sich aus verschiedenen Naturauffassungen für das Verständnis der Welt als Schöpfung?

- Reduziert ein *holistischer Ansatz* nicht das Gegenüber des Schöpfers?
- Erwartet ein *technokratisches Modell* nicht einseitig die Lösung der Weltprobleme von einer sich selbst überlassenen Vernunft?
- Wie kann ein *Spielraumkonzept* vorgestellt werden, das die Stellung des Menschen in *und* gegenüber der Schöpfung verantwortungsvoll gestalten will?

2 Problembearbeitung

2.1 Biblischer Hintergrund

Daß die Gesamtheit (das „Ganze“) nicht einfach wie ein einzelner Sachverhalt ausgesagt werden kann, weiß auch die Bibel. Oft wird deshalb Schöpfung „mitausgesagt“, aber nicht direkt und schon gar nicht definierend angesprochen.

Weisheit, Ordnungen

– Die *Weisheitsliteratur* enthält z.T. die ältesten Aussagen. In einem späteren Stadium tauchen Listen von Naturerscheinungen auf, die die Welt als Schöpfung Gottes erklären sollen (z.B. Hi 28; 38ff.; Ps 148 [„Lobet ihn, Sonne und Mond ...“]). Gott hat seiner Schöpfung Weisheit verliehen (die sogar als präexistent gilt [Spr 8, 22-31]); Gott ist als personifizierte Weisheit der Schöpfer (Spr 1-9). Die Schöpfung verweist den Menschen durch ihre Ordnungen auf Gott zurück. G. VON RAD spricht von einer Selbstoffenbarung der Schöpfung; die Ordnung in den Dingen verkünde sich von selbst (Weisheit in Israel, 1970, S. 220f.)

Schöpfungspsalmen

– *Schöpfungspsalmen* sind Ps 8 („Herr, unser Herrscher, wie herrlich ist dein Name in allen Landen ...“); Ps 19a („Die Himmel erzählen die Ehre Gottes ...“); Ps 29 („Bringet dar dem Herrn die Ehre seines Namens ...“); Ps 104 („... der du den Himmel ausspannst wie ein Zeltdach ...“).

Jahwist

– Der *Jahwist* läßt in Gen 2,4b-24 das Wunder des Neuwerdens und überhaupt des Zum-Leben-Kommens hervortreten. Gott hat auch gerade den Menschen gut geschaffen, aber der hat sich in seiner Freiheit von ihm getrennt (Sündenfall). Gen 1-11 ist (dem Ansatz des Jahwisten folgend) ganz zu erzählen: des Menschen Höhe und Tiefe und der trotz des Verhängnisses bleibende Segen. Der Mensch verwirklicht sich erst in Gemeinschaft mit der übrigen Schöpfung („Es ist nicht gut, daß der Mensch allein sei“). Durch die Macht, die Welt mit Hilfe der Sprache zu ordnen und zu benennen, erhält der Mensch auch hier eine gewisse Macht über die Schöpfung.

Deuterojesaja

– Bei *Deuterojesaja* erweist Gottes Schöpfung die Nichtigkeit der Götter und die Herrschaft Jahwes. Die Schöpfung verbindet sich von Anbeginn an eng mit der geschichtlichen Tat an Israel. Gott als Schöpfer ist somit in Israel als der Ursprung von Heil und Unheil gegenwärtig (W. Zimmerli, Theologie des Alten Testaments, 1972, v.a. S. 29). Die das Chaos bändigende Macht Gottes und die Befreiung des geknechteten Volkes gehören zusammen.

- Der Schöpfungsbericht der *Priesterschrift* (Gen 1-2,4a) zeigt Spuren „wissenschaftlichen Fragens" nach dem Anfang der Welt und der Menschheit. Der Gedanke der Welterschaffung in sechs Tagen soll die aufeinanderfolgenden Epochen der Weltentstehung und damit die von Gott gesetzten Ordnungen verdeutlichen. Der Bericht zeigt, daß Gott die Welt aus dem Unbestimmten (tohuwabohu) geschaffen und ihr damit einen zeitlichen Anfang gegeben hat (die Dogmatik greift dieses Moment mit dem Terminus creatio originans auf); Schöpfer und Geschöpf sind streng zu unterscheiden. Gottes Wort ist schöpferische Macht (vgl. auch Ps 33,9). Der Mensch wird als Gottes Gegenüber, als sein Bild geschaffen. Zugleich erhält der Mensch die Herrschaft (Statthalterschaft) über die Schöpfung, die er im Sinne der Verantwortung des Schöpfers wahrzunehmen hat. Priesterschrift
- In *2.Makk 7,28* wird bereits der Gedanke der *Schöpfung aus dem Nichts* angedeutet: ἐξ οὐκ ὄντων αὐτὰ ἐποίησεν im Zusammenhang mit der Hoffnung auf die Auferweckung der Toten). creatio ex nihilo

  Auf diese Stelle bezieht sich dann Hebr 11,3, wo die creatio ex nihilo mit dem „Wort" aus Gen 1 ff. verknüpft wird: „Durch Glauben erkennen wir, daß die Welten durch ein [Allmachts-]Wort Gottes bereitet worden sind, damit nicht [etwa] aus wahrnehmbaren Dingen das Sichtbare entstanden sei."

Eine ausgeführte *Schöpfungslehre* enthält das *AT* nicht, aber es schärft ein, niemals das Gegenüber von Schöpfer und Schöpfung einzuebnen, weil der Gang des Lebens durchaus nicht immer den Schöpfer bezeugt (das „es war sehr gut" kann auch einen Protest gegen die Verhältnisse des Lebens bedeuten!). Das Gegenüber Gottes bedeutet eine gewisse Verheißung in der Schöpfung, sie wartet auf den Frieden (Jes 11). Schöpfer und Schöpfung

- Das nahekommende Reich Gottes läßt bei den *Synoptikern* auch schöpfungsgemäßes Leben wiederentdecken (z.B. Mt 6,25-34: die Lilien auf dem Felde); dies kommt besonders in den Gleichnissen zum Ausdruck. Reich Gottes und Entdekkung des Geschaffenen
- Nach dem *Johannesevangelium* liegt zwar der Kosmos im Argen, ist aber doch Gottes Schöpfung (1.Joh 5,19; Joh 1,3.10). Die Schöpfung geschieht durch das Wort (Joh 1,3), bzw. die Neuschöpfung durch den Geist (vgl. Joh 3).
- Bei *Paulus* und seiner Schule gehören Schöpfung und Erhaltung zusammen: „Alles ist von ihm, durch ihn und auf ihn hin." (Röm 11,36; vgl. 1.Kor 8,6) „Die Erde gehört voll und ganz dem Herrn" (1. Kor 10,26), sie stammt aus seiner Hand und bleibt in ihr. Christus ist Mittler Paulus: protologische und eschatologische Perspektive

der Schöpfung und Ziel der Neuschöpfung (Kol 1,15 ff.). Bis zur endgültigen Parusie Christi „harrt", „seufzt" und „ängstigt" sich die Schöpfung (Röm 8, v.a. 19 ff.). Die Hoffnung des Geschaffenen liegt in der Befreiung der Kinder Gottes.

Vom *NT* her wird die Frage verschärft, von woher Menschen überhaupt Schöpfung wahrnehmen können. Offensichtlich müssen sie durch *Christus* den wahren Willen des Schöpfers kennenlernen.

2.2 Historischer Hintergrund

2.2.1 Alte Kirche und Mittelalter

Origenes: ewige Schöpfung

In der Alten Kirche trafen die biblischen Aussagen auf eine Sprache und eine Denkweise, die eher von einem ewigen Kosmos ausging. Deshalb entstand eine spannungsreiche Konfrontation: Nach ORIGENES ist die Schöpfung von Ewigkeit her. Alle Vernunftwesen waren als aus dem Logos hervorgehende (logika) körperlose Geister präexistent. Bald kam die Frage auf, was Gott vor der Erschaffung dieser Welt getan habe, und Origenes beantwortete die Frage so, daß Gott von Ewigkeit her Schöpfer der Welt sei, deshalb vor der Schöpfung der sichtbaren Welt eine Geisterwelt geschaffen habe: Was sollte Gott sonst getan haben? „Gottes Natur müßig und unbewegt auszusagen, verstößt gegen die Ehrfurcht und ist absurd." (De princ. III,5,3).

Augustin: ewige und zeitliche Schöpfung

AUGUSTIN folgte zum Teil einem neuplatonischen Denken: Die Ideenwelt stellt das wahre Sein dar; Gott ist das „bonum solum simplex", „summum bonum". Das Böse ist nur Mangel an Gutem (privatio boni). Je weiter das Geschaffene von Gott entfernt ist, desto defizienter ist es. Vor der Schöpfung bestand keine Zeit. Gen 1 ist Ausdruck der idealen Schöpfung, Gen 2 Ausdruck ihrer materialen Gestaltwerdung. Daraus erwächst eine Konsequenz für die Bewertung der Geschlechter: der Mann sei näher bei der ersten, die Frau tiefer in die zweite Schöpfung eingelassen (De Gen. ad lit.)

Neuplatonismus und Aristotelismus

Zunächst herrschten im MA *neuplatonische Denkweisen* vor, dann brach sich der *Aristotelismus* Bahn. Dazu zwei Beispiele:

– JOHANNES SCOTUS ERIUGENA, ein frühmittelalterlicher Philosoph, unterscheidet vier Phasen in einem emanativen Prozeß der Naturentwicklung: „natura creans non creata" (Gott) – „natura creata creans"

(Ideenwelt) – „natura creata non creans“ (sinnliche Erscheinungswelt) – „natura nec creata nec creans“ (Ende der Welt nach Rückkehr zu Gott)

– THOMAS VON AQUIN und seine Schule lehren: Gott ist die causa prima, der actus purus; er ist somit die erste und unverursachte Ursache der Welt (vgl. ARISTOTELES und die Gottesbeweise). Während Aristoteles nur aus Möglichem Wirkliches hervorgehen lassen wollte (Metaphysik IX,8; XII,7), müssen die Theologen an der creatio ex nihilo festhalten. Eine *teleologische* Auffassung alles Geschaffenen ordnete es auf Gott hin.

Diese kurz skizzierten Entwürfe berühren auch den *Universalienstreit.* Sein Hauptstreitpunkt: Sind den Dingen die Allgemeinbegriffe als göttliche Ideen und reale Urbilder vorgeordnet (universalia ante res) oder nur in den Dingen aktualisiert und real (universalia in rebus), oder sind sie nur Abstraktionen ohne Realität und darum nachträglich zu erschließen (universalia post res)? Universalienstreit

Literatur:

K. Flasch, Das philosophische Denken im Mittelalter, 1986, S. 159ff., 216f., 298ff., 324ff., 397f. usw.

2.2.2 Reformation

Zur *Reformation* vgl. auch Abschnitt 1.1.1 dieses Kapitels.

M. LUTHER betont mit der Schöpfung weniger von Gott gesetzte Ordnungen als das Wunder des von Gott geschaffenen, durch Menschenwerk nicht nachzuahmenden Lebens und seiner Güter, eine teleologische Metaphysik tritt deshalb zurück. Der Kleine Katechismus betont die Erfahrung der Schöpfung durch den, der den Schöpfer bekennt: „Ich gläube, daß mich Gott geschaffen hat sampt allen Kreaturn ...“ (BSLK, S. 510). Dieses „mich“ ist kein Ausdruck eines Anthropozentrismus, weil der Mensch aus sich gar nicht Bestand hat. Daß er sein darf, liegt an der Erlösung durch Christus („... mich verlornen ... Menschen erlöset hat ...“ [a.a.O., S. 511]), die im Heiligen Geist erkannt wird: „Ich gläube, daß ich nicht aus eigener Vernunft noch Kraft an Jesum Christ, meinen Herrn, gläuben ... kann ...“ [a.a.O., S. 511f.]). Luther: Wunder des Lebens

Calvin: theatrum gloriae Dei

Nach J. CALVIN gehören Schöpfung und Erlösung zusammen, weil der Vater mit dem Sohn vereint handelt und der (tendenziell untergeordnete) Geist alles bewegt. Durch Christus als das Wort Gottes sind alle Dinge geschaffen. Gott hat alle Dinge zu unserem Nutzen und Heil geordnet (Finalismus; vgl. auch Heidelberger Katechismus, Fr. 27 f.). Zuletzt dient alles dem Glanz der Herrlichkeit Gottes; die Welt ist *theatrum gloriae Dei.* Mit den Kirchenvätern betont Calvin Gottes geistige Schöpfung (u.a. Engel, Seelen) vor der materialen. Die Unsterblichkeit der geschaffenen Seele überdauert auch den Sündenfall. Der Mensch hat eine bevorzugte Stellung im Schöpfungszusammenhang (Inst. I,14).

Literatur:

C. Link, Schöpfung, Bd. 1, 1991, S. 27-178.

2.2.3 Altprotestantische Orthodoxie

altprotestantische Schöpfungslehre

creatio immediata, mediata

providentia Dei, concursus divinus

‚Creatio' bedeutet bei A. QUENSTEDT ein von außen kommendes Handeln des dreieinigen Gottes, durch das alle unsichtbaren und sichtbaren Dinge im Zeitraum von sechs Tagen aus dem Nichts allein aufgrund des Befehls von Gottes allerfreiestem Willen hervorgebracht wurden. Hierbei unterscheidet der Dogmatiker eine unmittelbare Schöpfung (creatio immediata, die Schöpfung am ersten Tag aus dem Nichts) und eine mittelbare Schöpfung (creatio mediata, die Schöpfung unter Verwendung der unmittelbar geschaffenen Materie). Gott überläßt die Welt nicht sich selbst, sondern greift auf dreierlei Arten mit seiner *providentia* in sie ein:

- mit seiner *conservatio* (Erhaltung);
- mit seiner *cooperatio seu concursus* (Mitwirkung);
- mit seiner *gubernatio* (Führung), die im Blick auf das Böse weiter unterteilt wird in *permissio* (Zulassung), *impeditio* (Verhinderung), *directio* (Lenkung zum Guten) und *determinatio* (Eingrenzung des sich Ereignenden durch Gott).

Literatur:

A. Quenstedt, Theologia didactico-polemica, ^{3}1696.

Die Providenzlehre ist nicht spezifisch christlich oder biblisch; schon nach CICERO ist die Providenz – die ‚pronoia' – mit Folgendem befaßt: „Erstens damit, daß die Welt geradezu am geeignetsten ist, bestehen zu bleiben, zweitens, daß es (dazu) an nichts fehlt, am meisten aber im Blick darauf, daß in ihr die herausragendste Schönheit herrscht und alles damit geschmückt ist." (De natura deorum II, 22; 58).

Die *reformierte Orthodoxie* rechnet die Schöpfung und die Vorsehung zu Gottes „opus naturae" (im Kontrast zum „opus gratiae", das wie das „opus naturae" zu den externen Wirkungen Gottes zählt und sein ewiges Dekret ausführt; vgl. HEPPE-BIZER, Die Dogmatik der evangelisch-reformierten Kirche, 1958, S. 150ff.).

reformierte Orthodoxie

Weitere Bestimmungen der Schöpfung in der altprotestantischen Orthodoxie sind:
- ihre causa efficax: Deus triunus;
- ihre causa impulsiva: bonitas Dei
- ihr finis: gloria Dei.

2.2.4 Aufklärung und neuere Theologie

Das Thema der Welt als ganzer, ihrer letzten Ursache und ihrer Geordnetheit ließ gerade auch die Aufklärung nicht los. Noch einmal triumphiert der Teleologie-Gedanke, bevor er im 19. Jh. im Ansturm des Evolutionsgedankens (C. DARWIN) untergeht.

aufklärerische Teleologie

G.W. LEIBNIZ entwickelt die Lehre von der *prästabilierten Harmonie.* Sie beruht auf der Annahme einer in Ewigkeit von Gott festgelegten Harmonie der Welt. Die geschaffene Welt ist die vollkommenste aller möglichen Welten. Gott läßt das Böse in der Welt zu, weil es die Schuld bestrafen hilft und zum Guten führen kann. Auch läßt er die Sünde wegen der Freiheit des Menschen zu. Deshalb unterscheidet Leibniz drei Arten von Übeln: das *metaphysische Übel* (in der Unvollkommenheit der Welt), das *moralische Übel* (aus der mißbrauchten Freiheit) und das aus ihm folgende *physische Übel.* Der Mensch in seiner Wahlfreiheit stört die gute Ordnung. Der Begriff der „Theodizee" geht auf Leibniz zurück. Die Theodizee will Gott vor dem Forum der Welt mit ihrem Licht und Schatten rechtfertigen (Essays de theodicée, 1705).

Leibniz: Theodizee

Der *Deismus* der englischen Aufklärung vertrat die Ansicht, Gott habe die Welt geschaffen und sich aus ihr zurückgezogen; sie verlaufe eigenständig.

Deismus

Kant: regulative Idee

I. KANT hatte den Verstand auf empirische Sachverhalte, die Vernunft auf Verstandesstrukturen bezogen. Gott und Welt gehören weder zum ersten noch zum zweiten, sondern sind regulative Ideen, die alles Erkennen begleiten können. Deshalb verweist F. SCHLEIERMACHER beide an den Horizont unseres Erkennens und Sagens. Gott ist die Allursache der Welt, sie kann nicht ohne ihn gedacht werden. Gott und Welt sind untrennbare Korrelate (deshalb kennt Schleiermacher keine zeitlich eingegrenzte Schöpfung am Anfang). Nach Schleiermachers Frühwerk ist Gott mit dem Universum bzw. dem Unendlichen identisch. Nach seiner Glaubenslehre befindet sich der Mensch von Grund auf in einem *schlechthinnigen Abhängigkeitsverhältnis,* das seine alltägliche Freiheit und Abhängigkeit apriorisch umgreift. Diese „Grundbefindlichkeit" kann als geschöpfliches Dasein verstanden werden, das gestört ist und wiederhergestellt werden kann. Gott wirkt durch Naturursachen und freie Ursachen und bestimmt diese zum Darstellungsmittel der Vollkommenheit des Menschen (Der christliche Glaube, [2]1830-1831, §§ 40-41, 57-61).

Schleiermacher: Gott und Welt sind Korrelate

schlechthinnige Abhängigkeit

Der Philosoph A. SCHOPENHAUER vertrat einen nachaufklärerischen *Pessimismus*: Der menschliche Wille verfehlt sein Ziel und ist sinnlos. Leben bedeutet Leiden, einen immer aufgeschobenen Tod. Dasein ist stetes Sterben. Die Welt ist deshalb die schlechteste aller möglichen Welten.

Personalismus

Die Theologie des 19. Jh.s zieht sich von metaphysischen Fragen nach einem übernatürlichen Ursprung der Natur zurück und konzentriert sich meist auf einen persönlichen Glauben an die *Führung Gottes* (Providenz) (s.o. 2.2.3). Das Lutherische „mich" legte unter der transzendental-subjektiven Perspektive den falschen Schluß nahe, „Schöpfung" sei eine (subjektive) Sicht und Interpretation der Welt („Ich gläube, daß *mich* Gott geschaffen hat ..." [BSLK, S. 510]). Auch die Theodizeefrage erwies sich als theoretisch nicht beantwortbar. Eine Auseinandersetzung um die Kosmologie trat fast ganz zurück. Jedoch versuchte Anfang unseres Jahrhunderts aus der liberalen Tradition heraus A. TITIUS einen Dialog mit den Naturwissenschaften, aus dem Pietismus hingegen K. HEIM. Aber sie blieben Ausnahmen.

Reduktionismus und Subjektivismus

Beginn des Dialogs mit den Naturwissenschaften

2.3 Aktuelle dogmatische Fachdiskussion

W. JOEST faßt (in einem ungedruckten Repetitorium) die gegenwärtige Diskussion über die Schöpfung so zusammen:
In die Krise werde sie geführt durch
- Evolutionstheorie, aber auch Deismus,
- ein neues Weltverständnis und
- die Erfahrung von Sinnverlust.

Problemlösungen würden angeboten
- im Zusammenhang mit einer in der Christusoffenbarung zu begründenden Aussage,
- in der Verbindung von Heil und Schöpfung,
- in der Umdeutung der ,creatio ex nihilo' als Weltentstehungstheorie,
- in der Vorordnung der Eschatologie vor die Protologie,
- im Zusammenhang von aktuellem schöpferischen Wirken Gottes und Bittgebet,
- in der Auseinandersetzung um die Gegenwart Gottes in der Welt und die bedrohliche Macht des Bösen,
- im Gespräch von Schöpfungsglauben und Naturwissenschaften, und
- im Feld des Praktischen, im Weltverhalten und Weltverständnis des Christen.

Die modernen theologischen Positionen orientieren sich v.a. an vier Möglichkeiten:

	Orientierung am „Pro me" oder am „Ich – Du"	Existentiale oder symbolische Interpretation	Auslegung exklusiv aus der Offenbarung Gottes	Schöpfung als Prozeß
Akzente:	Gott *spricht* zu Menschen und erschließt so die Schöpfung	Teilhabe am Sein selbst vs. Nichtsein in Gestalt der *Angst*	*Wort Gottes* (Jesus Christus) – Schöpfung interpretiert durch die Rechtfertigung	Innere Dynamik der zeithaft-geschichtlichen Natur (*events*)
Vertreter u.a.	E. BRUNNER ⇩	P. TILLICH ⇩	K. BARTH ⇩	A.N. WHITEHEAD, W. PANNENBERG, evtl. J. MOLTMANN ⇩
	2.3			2.4

2.3.1 Brunner

Echo der natürlichen Theologie – im „Gesetz", – im Gottesebenbild

Während neuere lutherische dogmatische Entwürfe an die Stelle der *natürlichen Theologie* das *Gesetz* stellten und den Schöpfungsglauben als Vorsehungsglauben inmitten dunkler Geschichte festhielten (so besonders W. ELERT), setzte der reformierte Theologe E. BRUNNER eine doppelte Tradition fort: die negative natürliche Theologie, bezogen auf einen Rest an *Gottebenbildlichkeit* im Menschen, und die Auslegung der Schöpfung im ‚pro me' ihrer Aneignung als einer gesonderten Offenbarung (darin von manchen liberalen Theologen nicht unterschieden).

Streit Brunner – Barth um die „imago Dei"

Nach 1930 kam es zu einem heftigen Streit mit K. BARTH; in ihm ging es um die Schöpfungsgaben der Sprache und des Verstehens, die trotz des Falls der Menschen – wenn auch beschädigt – geblieben seien und eine Anknüpfung für die Verkündigung gewährleisteten. In seiner Dogmatik griff Brunner deshalb auf die Ich-Du-Philosophie zurück:

Gott selbst will die Welt als Gegenüber

a) *Gott und die Welt:* Gott hat im und durch den Logos die Welt erschaffen (Joh 1; vgl. Kol 1, Hebr 1). Der Grund der Welt liegt im Sein Gottes, das zugleich Wille zur Selbstmitteilung ist. Gott spricht uns an: „Ich bin der Herr, dein Gott und Schöpfer, du bist mein Eigentum" (vgl. Ex 20,2; Jes 43,1).

Vorsehung

a) *Erhaltung und Vorsehung:* Gott will Gemeinschaft mit der von ihm geschaffenen freien Kreatur, die ihm seine Liebe in freier Liebe zurückgibt und ihn so ehrt. Um diese Gemeinschaft zu vollziehen, erhält Gott seine Schöpfung. Die im Glauben begründete Freiheit des Menschen ist identisch mit völliger Abhängigkeit von Gott.

Theodizee

a) *Theodizee* (Versuche der Rechtfertigung Gottes angesichts des Bösen in der Schöpfung): Brunner sieht die gesamte neutestamentliche Botschaft als Antwort auf die Theodizeefrage an. Das Böse und das aus ihm stammende Leid sind die Folge des Gegensatzes, den die Auflehnung des Menschen – in seiner Freiheit – gegen den göttlichen Willen hervorgerufen hat. Das Böse wird von Gott nicht gewollt; er hat soviel Macht darüber, daß er es zum Instrument seines Heilswerks gebrauchen kann. Leiden wird zum Zuchtmittel Gottes, durch das hindurch der Mensch das Vollendungsziel, das ewige Leben sieht.

Ebeling: Schöpfung als Werturteil

In ähnlichen erkenntnistheoretischen Grenzen bleibt noch G. EBELING, der zwar beim Thema der Schöpfung vom Blick auf die Wirklichkeit im Ganzen spricht, aber „Schöpfung" für ein Werturteil und damit für eine Sache des Gewissens hält (Dogmatik des christlichen Glaubens, Bd. 1, 1979, S. 90ff., 226).

Literatur:

E. Brunner, Die christliche Lehre von Schöpfung und Erlösung. Dogmatik, Bd. 2, 1950.

2.3.2 Tillich

Trotz seines *vermittlungstheologischen* Ansatzes fiel es P. TILLICH schwer, sich kosmologischen Themen zu stellen; das mag an seinem auch existentialphilosophisch geprägten und zugleich dialektischen Denken liegen.

a) *Gott und Welt:* Tillich versucht, das Verhältnis von Gott und Welt von der *Offenbarung* her zu erschließen. Sie bedeutet für ihn die Selbsterschließung Gottes in Jesus Christus, die das „Neue Sein" begründet. Gott ist „in" und „über" der Welt, ihr immanent als schöpferischer Grund, ihr transzendent durch seine Freiheit.

Tillich: Gott als Grund des Seins – wiedererkannt am Neuen Sein

Tillich unterscheidet bei der Auslegung der creatio ex nihilo mehrere Hinsichten: Gott (als das „Sein-Selbst" bzw. der Grund des Seins) schafft sich selbst in Ewigkeit; alles, was er ist, ist er durch sich selbst; er ist von keiner Notwendigkeit abhängig (Freiheit Gottes). An der Kreatur des Menschen hebt Tillich zwei Gesichtspunkte hervor: Die *Geschöpflichkeit* schließt zwar das *Nichtsein* (bekundet in existentieller Angst vor dem Tod und der Endlichkeit) ein, ist aber vor allem *Teilnahme am „Sein-Selbst"*. Dies trägt die Macht des Seins in sich und weckt in den Menschen den Mut zum Sein. Geschöpfsein bedeutet zweierlei: im schöpferischen Grund des göttlichen Lebens wurzeln und sich selbst in Freiheit verwirklichen. Die Schöpfung findet ihre Erfüllung in der geschöpflichen Selbstverwirklichung, die zugleich Freiheit und Schicksal voraussetzt.

Geschöpflichkeit – Teilnahme am Sein-Selbst, aber bedroht vom Nichtsein

b) *Erhaltung und Vorsehung:* Die Erhaltung bezeichnet das Verhältnis Gottes zum Geschöpf und damit sein andauerndes Handeln, mit dem er von Ewigkeit her mit der Zeit zugleich auch die Realität schafft. In jedem Augenblick zeitlicher Existenz ist Gott wesensmäßig schöpferisch. Tillich unterscheidet also eine ursprüngliche von einer erhaltenden Schöpfung. Letztere bezieht sich auf die Strukturen der Wirklichkeit, auf das, was innerhalb des Wechsels der Ereignisse dauert, auf das Regelmäßige und Berechenbare in den Dingen. Den traditionellen Begriff der Vorsehung umschreibt er mit „lenkendem Schaffen". Die Vorsehung findet ihr Ziel im Vollzug der Liebesgemeinschaft mit Gott in Jesus Christus; sie leitet zur Vollendung hin.

Gottes andauerndes schöpferisches Wirken

c) *Theodizee:* Tillich führt das Böse in der Welt auf die kreatürliche Endlichkeit und Freiheit zurück. Das physische Übel ist natürliche Folge kreatürlicher Endlichkeit, das moralische Übel hingegen tragische Folge kreatürlicher Freiheit. Das Theodizeeproblem läßt sich theologisch nicht lösen; nur im Mysterium des schöpferischen Grundes, d.h. in Gott selbst, wäre die Antwort zu finden.

Literatur:
P. Tillich, Systematische Theologie, Bd. 1-3, 1955-1966, v.a. Bd. 1, S. 309-311.

2.3.3 Barth, Bonhoeffer, Jüngel, Joest

Barth: Offenbarung Gottes, nicht natürliche Theologie

Während die personalistische (Brunner) oder existential geprägte Theologie (Tillich) Schöpfungsaussagen den Fragen der Menschen (als einzelnen) korreliert, ist K. BARTHs Schöpfungslehre so entschieden von der Selbstoffenbarung Gottes her entworfen, daß die an sich legitime Anthropozentrik durchbrochen wird. Gottes vorzeitliche Erwählung und versöhnendes Handeln stecken einen Rahmen ab, der die Konzentration auf das „pro me“ weit überschreitet. Deshalb wendet sich Barths Schöpfungslehre deutlich vom anthropozentrischen Gesichtspunkt ab (obwohl LUTHERs „mich“ auf seine Weise auch Recht hätte, da die Bibel nicht ohne Grund anthropozentrisch rede, vgl. KD III,1, S. 21); aber nicht der Kosmos des Lebendigen, auch nicht der einzelne Mensch, sondern der Schöpfer steht im Mittelpunkt. Barths Anliegen entspricht eine theologische Erkenntnislehre, die H. IWAND so zusammenfaßt:

wider das „pro me“

> „Bei Kant und der von ihm inaugurierten theologischen Methodenlehre wird das ‚pro me‘ zum erkenntnistheoretischen Prinzip im Sinne der Subjektivität, des auf seine eigene Existenz zurückgewendeten (re-flektierten) Ich. ... Nur unter der Voraussetzung der Gnadenwahl Gottes in Jesus Christus ist das ‚pro me‘ theologisch sinnvoll. Das ‚pro me‘ hat dort seinen festen Platz, wo wir die Gerechtigkeit Gottes im Absehen von uns selbst an uns selbst gelten und wirken lassen.“ (H.-J. Iwand, Wider den Mißbrauch des „pro me“ als methodisches Prinzip in der Theologie, in: EvTh 14 [1954], S. 120f.)

Aber Barths Konzentration auf den Schöpfer verstellt nicht etwa die geschöpfliche Freiheit:

„Das schöne Wort – Spr 8,31f. – von der Weisheit Gottes, die Tag für Tag lauter Entzücken war und vor ihm spielte, die spielte auf dem Erdenrund und hatte ihr Ergötzen an den Menschenkindern – ist in seiner ganzen mythologischen Sprache wahrer als vieles, was in der Richtung auf eine göttliche Alleinwirksamkeit scheinbar ernsthafter, aber in Wahrheit zur Unehre des Geschöpfes und darum doch auch zur Unehre des Schöpfers gesagt worden ist. Gerade daß das Geschöpf nicht nur einmal sein, sondern als das, was es ist, wieder sein und also in seinen Grenzen seinen eigenen Weg und Lauf haben darf, gerade daß Gott ihm dies nicht mißgönnt und wegnimmt, gerade daß es da ein ‚Spiel' gibt, in welchem zwar immer zuerst der Schöpfer, aber dann auch immer das Geschöpf zu seinem Zuge kommt, gerade das ist das schöne, das freie Geheimnis der göttlichen Erhaltung." (KD III,3, S. 98; vgl. auch Barths Angelologie [s.u. Exkurs 9])

Jesus Christus als ontologischer Grund der Schöpfung

Jesus Christus, das eine Wort Gottes, ist der ontologische Grund der Schöpfung (KD III,1, S. 29). Der Heilige Geist ist Gottes über alle Dinge ausgegossenes Wirken (a.a.O., S. 62). So ist *die Schöpfung als äußerer Grund des Bundes,* der Bund als *innerer Grund der Schöpfung* auszulegen.

„Die Schöpfung ist der äußere und nur der äußere Grund des Bundes, man darf wohl sagen: seine technische Ermöglichung, die Bereitstellung und die Ausstattung des Raumes, in welchem die Begründung und Geschichte des Bundes sich abspielen, des Subjektes, das in dieser Geschichte Gottes Partner sein, kurz, der Natur, der sich Gottes Gnade in dieser Geschichte annehmen und zuwenden soll." (K. Barth, KD III,1, S. 107)

Deren Ziel ist die Sabbatfeier Gottes (a.a.O., S. 108). Die Schöpfung darf nicht mit der Natur verwechselt werden:

„Die Schöpfung ist der Friede: der Friede zwischen dem Schöpfer und dem Geschöpf und der Friede zwischen den Geschöpfen untereinander." (a.a.O., S. 235)

das Nichtige

Diese Bestimmung der Schöpfung wird von der Erfahrung des Nichtigen überschattet, das Gott in seinem Schaffen übergangen hat, aber das noch vorläufig wirkt (KD III,3); eine theoretisch zu Ende geführte Theodizee steht Menschen nicht zu Gebot. Die von Gott gemeinte geschöpfliche Wirklichkeit des Menschen tritt an der Menschlichkeit Jesu heraus (KD III,2, S. 158).

Lichterlehre

Auch das Problem der *natürlichen Theologie* findet dann seinen Ort, allerdings einen neuen: Von Christus, dem Zeugen der Wahrheit, her sind auch „Linien“ und „Kontinuitäten“ des Geschaffenen als wahr zu erkennen (bis hin zu den Gesetzen des Kosmos und seinem Geheimnis; vgl. KD IV,3, S. 162 ff.).

Bonhoeffer

Damit holt Barth zum Teil ein, was D. BONHOEFFER (Akt und Sein, 1931) postulierte: die Reflexion nicht nur über das Ereigniswerden Gottes (in Christus), sondern auch über eine Struktur des Seins, die das ermöglicht. Theologie muß sich auf die Welt beziehen:

„Man versucht, der mündig gewordenen Welt zu beweisen, daß sie ohne den Vormund „Gott“ nicht leben könne. Wenn man auch in allen weltlichen Fragen schon kapituliert hat, so bleiben doch immer die sogenannten „letzten Fragen“ – Tod, Schuld – auf die nur „Gott“ eine Antwort geben kann und um derentwillen man Gott und die Kirche und den Pfarrer braucht. Wir leben also gewissermaßen von diesen sogenannten letzten Fragen des Menschen.“ (Widerstand und Ergebung, 1952, S. 215f.)

„Und wir können nicht redlich sein, ohne zu erkennen, daß wir in der Welt leben müssen – „etsi deus non daretur“ (als wenn Gott nicht gegeben wäre). Und eben dies erkennen wir – vor Gott. Gott selbst zwingt uns zu dieser Erkenntnis. So führt uns unser Mündigwerden zu einer wahrhaftigen Erkenntnis unserer Lage vor Gott. Gott gibt uns zu wissen, daß wir leben müssen als solche, die mit dem Leben ohne Gott fertig werden. Der Gott, der mit uns ist, ist der Gott, der uns verläßt (Markus 15,34)!“ (a.a.O., S. 214f.)

Jüngel

Auch E. JÜNGEL kennt einen christologischen Bezug zur Schöpfung: Die Rechtfertigung Gottes bildet ein Modell, das Gottes schöpferisches Wirken aufweist: Gott ist Gott, weil er überhaupt erst Mögliches und Wirkliches unterscheidet – nicht etwa Mögliches in Wirkliches überführt (Unterwegs zur Sache, 1972, S. 206-233).

Joest

Auch der Ansatz von W. JOEST ist damit zu vergleichen. Er hält fest, daß nur von Christus her und nicht aus der Welt eine Erkenntnis Gottes als des Schöpfers möglich ist (Dogmatik, Bd. 1, ^{3}1989, S. 185). Das Bekenntnis zu Gott dem Schöpfer schließt das

Bekenntnis zur Hoffnung auf seine Macht ein, die Leben aus dem Verderben rettet. Dabei ist Jesus Christus die Erfüllung dieser Hoffnung (a.a.O., S. 166).

2.4 Gesichtspunkte der Naturwissenschaften

Ende der metaphysischen Kosmologie

Die Metaphysik bis zur Aufklärung erlaubte, die Schöpfung kosmologisch auszulegen. Die Physikotheologie auch der Naturwissenschaften kam der Theologie dabei entgegen. Danach wurde die Schöpfung ad hominem ausgelegt. Gibt es heute überhaupt einen Zusammenhang mit naturwissenschaftlichen Weltbildern? Naturwissenschaftliche Kosmologien versuchen u.a., die Kausalkette so weit wie möglich zurückzuverfolgen oder die Evolution von Systemen rückwärts zu konstruieren. Nimmt man auch hier die Existenz eines wie auch immer gearteten „ersten Ereignisses" an, so ist der Glaube an Gott noch nicht betroffen, weil der mit dem Anfang nicht ein zeitliches Moment, sondern den tragenden Grund alles zufälligen Geschehens meint. Theorien, die von einer unendlichen kausalen Kette oder einer zyklisch wiederkehrenden (rekursiven) Geschichte der Natur ausgehen (ausgehend z.B. von der Urknalltheorie und einer letzten Implosion des Gesamtkosmos), können innerhalb ihres Systems eine Welt ohne Gott beschreiben und begründen; jede Frage über den Anfang des Urknalls hinaus wäre sinnlos. Die immanente Ordnung des evolutionären kosmischen Verlaufs garantiert aber nicht, daß das Leben der Menschen mit Sinn erfüllt ist. Dennoch stehen Naturwissenschaft und Theologie einander nicht notwendig diametral gegenüber; z.B. haben die Physiker-Theologen-Gespräche nach dem Zweiten Weltkrieg ein gemeinsames Interesse an Geschichte, Sinn und Erhaltung der Natur bewiesen.

Naturwissenschaft und Theologie

Darin wirkte sich die Kritik u.a. von F. GOGARTEN positiv aus; er forderte, daß über die Naturwissenschaft hinaus die Ganzheit der Welt thematisiert werden müsse (Der Mensch zwischen Gott und Welt, [3]1956, S. 299).

Prozeßphilosophie und -theologie

Der angloamerikanische Philosoph A. N. WHITEHEAD hat eine Kosmologie entwickelt, die nach der inneren Dynamik der Natur fragt. Gott ist als aktuale Macht im Sein, also in den konkreten Ereignissen, er „steuert" gewissermaßen ihre Form, die sie zu Objekten und zugleich auch damit erkennbar macht. So stellt er den Zusammenhang des kosmischen Prozesses her, in den er selbst verwoben ist (Process and Reality, 1929). Für die sich an Whiteheads Ideen anschließende *Prozeßtheologie* (C. HARTSHORNE, J.B. COBB JR. u.a.) ist Gott so in der Welt, daß er neues Leben voranbringt, Sensitivität für anderes Sein weckt und Freiheit begründet. Pantheistische Tendenzen sind ebenso deutlich wie die Gleichsetzung von Natur und Schöpfung.

Pannenberg: Sinnzusammenhang

Dafür hat W. PANNENBERG gewisse Sympathien. Er will die gesamte Geschichte des Kosmos in einem *universal*geschichtlichen System integrieren; rückwärts blickend erscheint das Gewordensein des Kosmos als gesetzmäßiges, aber kontingentes Geschehen; nach vorne blickend wird die endgültige Offenbarung als Synthese alles kontingenten Geschehens in einem einzigen Sinnzusammenhang (proleptisch) begriffen. (Systematische Theologie, Bd. 2, 1988, S. 162ff.).

Moltmann: messianische Hoffnung

Davon unterscheidet sich J. MOLTMANN (Gott in der Schöpfung, 1985, S. 27ff.), der zwar die Weltimmanenz Gottes wahrnehmen will, ohne jedoch die Differenz von Gott und Welt aufzuheben. Daß alles in Gott sein wird, ist nicht durch die vernünftige Konstruktion einer kosmischen Geschichte zu antizipieren, sondern Gegenstand messianischer Hoffnung. Die eschatologische Schöpfungsperspektive ist Geistgeschehen.

Teilhard de Chardin: Theo- und Kosmogenese

Die radikalste Evolutionstheologie bietet der Jesuit P. TEILHARD DE CHARDIN (Mein Glaube, 1972). Gott erfüllt sich in der Vergeistigung des Weltprozesses, im Punkt Omega, der konsequent vom Punkt Alpha, der noch ungeformten und nicht intelligiblen Materie, her erreicht wird. Teilhard spricht von Theo-, Christo-, Kosmo- und Noogenese.

3 Problemorientierung

ökumenische Bedeutung des Schöpfungsthemas

Anhand der jüngeren Entwicklung in der Theologie der Ökumene wird die Bedeutung der Schöpfungstheologie für die Theologie überhaupt, für den Glauben und besonders für das Weltverhalten der Christen erkennbar. Im Zusammenhang mit dem ÖRK-Programm „Gerechtigkeit, Frieden und *Bewahrung der Schöpfung*“ (besser englisch: „... integrity of the creation“) sind von Theologen verschiedenster Konfession und Provenienz Folgerungen aus der Deutung der Welt als Schöpfung Gottes gezogen worden. Die meisten betonen die *Statthalterschaft der Menschen* in der Schöpfung, die aber Gott gehört. Eine Verletzung der Schöpfung kann dann fast einer Verletzung Gottes gleichgesetzt werden.

Statthalterschaft des Menschen

4 Eigene Stellungnahme

- Darf z.B. der heilende Eingriff in ein Gen des Menschen als Eingriff in Gottes Schöpfung denunziert werden?
- Ist Schöpfung gleich Natur und ist damit eine definitive Grenze für menschliche Eingriffe gesetzt?
- Ist Schöpfung eine schöne, aber subjektive Ansicht des Ganzen der Natur?
- Was bedeutet das Gegenüber Gottes zu seiner Schöpfung?

Literatur zur Vertiefung:

C. Frey, Dogmatik, ^{3}1993, Teil 4.5; W. Härle, Dogmatik, 1995, S. 409-455; C. Link, Schöpfung, Bd. 1-2, 1991; O. Weber, Grundlagen der Dogmatik, 1955, S. 539-553.

Mögliche Klausurthemen:

1) Creatio originans und creatio continua. Welche Bedeutung haben diese beiden Gesichtspunkte der kirchlichen Lehre für die Gegenwart?
2) Der Mensch als Geschöpf. Wie behandelt die Dogmatik wichtige Gesichtspunkte dieses Aussagenzusammenhangs?
3) Schöpfung und Natur. Was bedeuten diese beiden Begriffe und wie ist der erstere heute, im Zeitalter der Naturwissenschaften, geltend zu machen?

Die Schwerpunkte dieses Abrisses werden in einer Übersicht zusammengefaßt:

*Schwerpunkte der Lehre von der **Schöpfung***

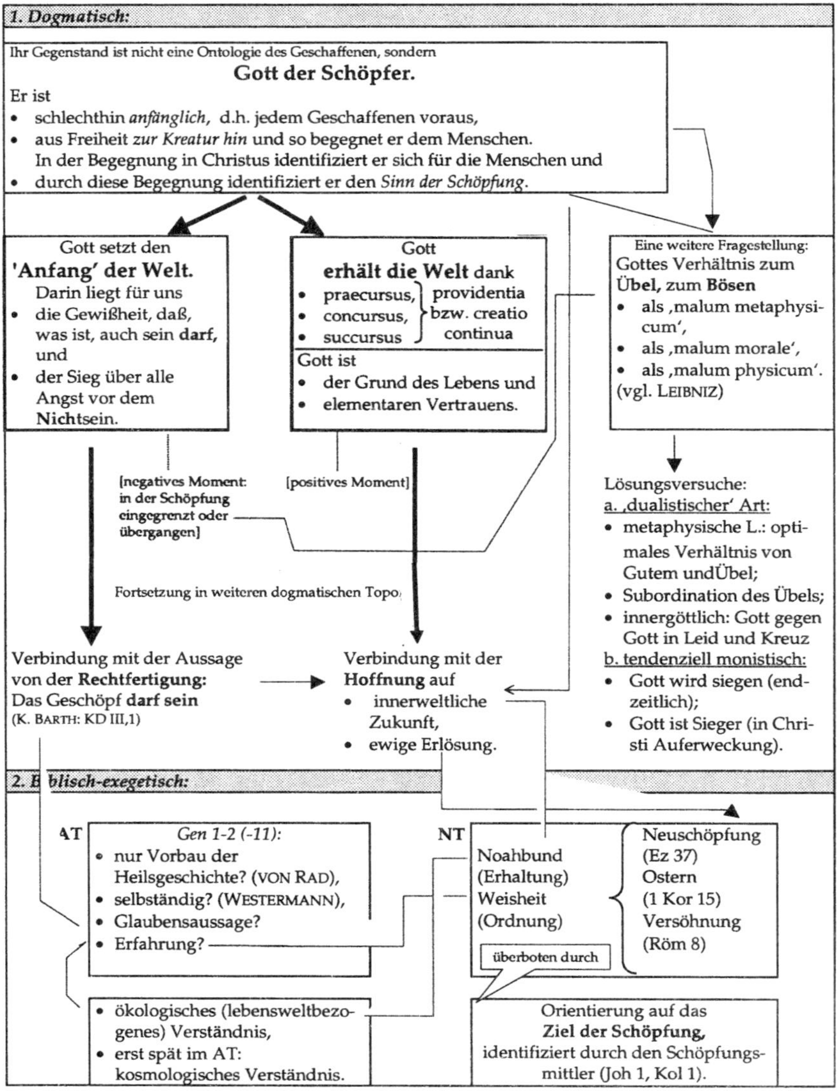

Exkurs 9: Die Theodizee-Problematik

9.1 Problemstellung

Die Bezeichnung ‚Theodizee' für die *Rechtfertigung* (eines) *Gottes* vor den Menschen verdankt sich den „Essais de Théodicée ..." (Essays über die Theodizee. Über die Güte Gottes, die Freiheit des Menschen und den Ursprung des Übels) von G. W. LEIBNIZ (1710 erschienen). Gott kann im metaphysischen Denken nur vor einem übergeodneten Maßstab gerechtfertigt werden; oder er muß mit ihm übereinstimmen. Andernfalls wäre er unberechenbarer Wille.

Theodizee als Begriff (Leibniz)

Die Frage ist aber sehr alt; vor allem bezieht sie sich immer wieder auf *Hiob*, der aus dem Tun-Ergehen-Zusammenhang heraustritt und – am Schluß des Buches – von Gott herausgefordert wird, sich zu prüfen, ob er denn die Weisheit der Schöpfung ergründen könne.

Hiob

PLATONS Dialog „Eutyphron" demonstriert ein Problem, das die spätere Theodizee-Debatte beschäftigt: Steht Gott über den Prinzipien, oder qualifizieren die Prinzipien Gott? Genauer: „Ist etwas fromm, weil es von den Göttern geliebt wird, oder wird etwas von den Göttern geliebt, weil es fromm ist?" (Eutyphron 10a) Die christliche *Metaphysik* konnte Gott mit der Idee des Guten ineins setzten; aber die Theodizeefrage rührte gerade an diese Gleichung. Biblisches Zeugnis hingegen will in Gott das lebendige Gute finden.

Prinzip oder lebendiger Gott?

9.2 Lösungsversuche

9.2.1 Augustin

AUGUSTIN konnte der Frage nach Gott und dem Guten die letzte Schärfe nehmen, weil er dem Neuplatonismus folgte und von Gott in die Welt hinunter das Gute abnehmen und die *Defizienz des Guten* (privatio boni) zunehmen sah; aber das Böse war für ihn keine Realität wie das Gute.

Augustin: neuplatonische Emanationslehre

9.2.2 Luther

Luther: De servo arbitrio

M. LUTHER wurde in eine polemische Auseinandersetzung mit ERASMUS verstrickt, in der er das geistige Vermögen des Menschen zur Selbsterziehung bestritt. Biblische Aussagen von einer Verstockung durch Gott brachten ihn dazu, auch dunkles Geschehen in der Welt auf Gott zurückzuführen und an seine Verborgenheit zu binden. Vor dem Schrecken dieser dunklen Seite Gottes kann der Glaubende nur zu Jesus Christus fliehen.

„zu Christus fliehen"

Weniger beachtet wird der Schluß der Schrift *„De servo arbitrio"* (Vom unfreien Willen), der die Verborgenheit der Absichten Gottes eschatologisch einbettet: Im Licht der Natur ist das Glück der Gottlosen ebenso wie das Leid der Glaubenden unverständlich, im Licht der Gnade versteht man nicht, daß Gott die einen erwählt und die anderen verwirft; erst das Licht der Herrlichkeit Gottes wird diese Rätsel auflösen.

drei Lichter

9.2.3 Frühe Neuzeit

rationale Metaphysik

Die *frühe Neuzeit* sieht Gott allein als Grund des Wirklichen, so auch des Leides und Übels (und des Bösen?). Er setzt der Welt und allem, was in ihr ist, das Ziel (*Teleologie*). Seine Ratio ordnet die Welt; im denkbar umfassendsten Kalkül gleicht sie sämtliche Möglichkeiten miteinander ab: Gott schafft die Beste aller möglichen Welten (G. W. LEIBNIZ). Die Menschen haben freien Willen, aber sie treiben wie Boote mit eigener Trägheit auf dem großen Fluß der Welt mit. VOLTAIRE spottete über Leibniz („Candide").

9.2.4 Kant

Kant: Scheitern der Theodizee

I. KANT konstatierte das Scheitern der rational-metaphysischen Theodizee („Über das Mißlingen aller philosophischen Versuche in der Theodizee", 1794). Die transzendenten Ideen sollten allerdings nicht einfach abgewiesen werden; zu leben wären sie jedoch nur in Gestalt eines praktisch-vernünftigen Glaubens (Gott, das höchste Gut).

9.2.5 Hegel

G.W.F. HEGEL sah in der Weltgeschichte das Weltgericht und im Zusichkommen der Idee im absoluten Geist durch den Verlauf der gesamten Geschichte die Vernunft restituiert und die Theodizee gelungen (obwohl sie über so viele einzelne Leben hinwegschreiten mußte!). Diesem Geistverständnis setzte A. SCHOPENHAUER das des Willens entgegen, der in allem Leben begegnet, aber sich nicht in ihm vollenden kann. Leben ist in sich Leiden – welche Instanz wäre da noch zu rechtfertigen?

Hegel: Vernunft in der Geschichte

9.2.6 Feuerbach

Die Linkshegelianer, allen voran L. FEUERBACH, ersetzten die in der Geschichte realisierte Theodizee durch eine *Anthropodizee.* Diese ist noch schneller und nachhaltiger als die Theodizee gescheitert.

Feuerbach: Anthropodizee

9.3 Beurteilung

Das Christentum muß beachten, daß sich der biblisch bezeugte Gott nicht vor einem Prinzip rechtfertigen lassen will, sondern den Menschen rechtfertigt, indem er nicht an einem Prinzip, sondern an einer Person – die wie alle Personen sonst gegen nichts aufzuwägen ist – sein Recht bezeugt und sich für die Menschen als der identifiziert, der sich ihrem Leiden und vor allem dem Tod nicht entzieht.

Christentum: Prinzip oder Person?

Bisher ist also keine überzeugende theoretische Lösung jener Probleme aufgezeigt worden, die die Theodizeefrage (verschärft in einer panentheistischen Schöpfungstheologie zur Theo- *und* Kosmodizee!) aufwirft; sie findet keine theoretische Lösung. Aber sie wird im Glauben eschatologisch umbestimmt; der Glaube hofft auf Gottes endzeitliche Selbstenthüllung.

Literatur zur Vertiefung:

W. Groß / K.-J. Kuschel, „Ich schaffe Finsternis und Unheil!". Ist Gott verantwortlich für das Übel?, 1992; T. Haga, Theodizee und Geschichtstheologie, 1991; Theodizee – Gott vor Gericht?, hg. v. W. Oelmüller, 1990; B. Petersen, Theologie nach Auschwitz, 1997.

Exkurs 10: Die Lehre von den Engeln

Da sich die Engel in kindliche Frömmigkeitsmuster, in die Kunstgeschichte und in das Sprichwort vom Schutzengel zurückgezogen haben, soll ihr dogmatischer Sinn – nicht nur als Kuriosum! – ernstgenommen werden.

Religionsgeschichtlich treten die Engel in den Platz der degradierten Götter, der Elohim-Wesen, ein, die nach Gen 6, 1-6 – einem Interessenschwerpunkt feministischer Exegese – mit Menschentöchtern, irdische Männer ausschließend, Riesen zeugten. Nach der Lehre der Alten Kirche gehören sie zur geistigen Schöpfung (J. CALVIN [s.o. Abschnitt 2.2.2]), die vor der materiellen erfolgt (Nicaenum: Schöpfer der „unsichtbaren Dinge“ [ἀοράτων]).

Als immaterielle Wesen rufen sie nach der aristotelischen Lehre des Mittelalters das Problem wach, ob sie überhaupt Individuen sein können, weil Individuen durch das Hinzutreten der Materie zum Wesen (der Gattung, der Art) entstehen. Jeder Engel wäre demnach eine Gattung für sich (THOMAS VON AQUIN [STh I, q 50-64, 106-114]). Altprotestantische Dogmatiker wie A. QUENSTEDT sprechen ihnen „persönliche Substanz“ zu, damit sie Individuen sein können. Nach C. MORGENSTERN darf man sich fragen:

„Wieviel Engel sitzen können auf der Spitze einer Nadel – ‚Alle!‘ wird's dein Hirn durchblitzen. ‚Denn die Engel sind doch Geister ...‘	Ich hingegen stell den Satz auf: ‚Keiner!‘ – Denn die nie Erspähten können einzig nehmen Platz auf geistlichen Lokalitäten.“

Luther: Engel und Gottes Regiment

Die Engel bringen den unanschaulichen Gott der Providenz näher und applizieren die Aussage von seiner Führung. Sie repräsentieren die guten von Gott eingegebenen Gedanken des Naturrechts. M. LUTHER predigt am Michaelistag von vier Regimenten Gottes, dem direkten zuinnerst in uns, danach der von außen eingegebenen, der vernünftigen Leitung durch die Engel, der geistlichen Führung durch die Verkündigung und dem weltlichen Regiment (WA 47, S. 853 ff.).

Barth: Zeugendienst für Gott

Eine Angelologie entfaltet K. BARTH (KD III,3, S. 426-623). Er betrachtet das Reden von Engeln als „rechte Sage“. Zwanglos auf eine Modernisierung verzichtend will den Engeln Zeugendienst für Gott zuschreiben, der nicht raumlos ist, sondern innerhalb der Geschöpfwelt seinen bestimmten Ort hat (Himmel). Nach so vielen „Götterboten" in den neureligiösen oder ideologischen Strömungen seiner Zeit mußte Barth die wahren Boten Gottes bestimmen.

Exkurs 11: Der Satan

Die in Hiob 1 und 2 auftretende Gestalt zählt zu den „Gottessöhnen", abhängig von Gott und doch dessen (beschränkter) Gegenspieler. Ein himmlischer Dualismus (zweier Urmächte) ist also auszuschließen. Ein *volkstümlicher Dämonen- und Satansglaube* bildet auch den Hintergrund vieler Wunder Jesu und mancher neutestamentlicher Darstellung (v.a. bei Mk; vgl. aber auch den johanneischen Dualismus). Hi 1-2

In der Kirchenlehre schob sich oft die Spekulation über den *Fall des Luzifers* mit einem Teil der von Gott geschaffenen Geister vor die volkstümliche Satansfigur. Das dieser Gruppe von Geistwesen ursprünglich zugedachte Gute wurde dann in der materiellen Schöpfung den Menschen zugedacht. M. LUTHERs Teufelsfurcht ist bekannt, weniger F. SCHLEIERMACHERs deutliche Kritik (Der christliche Glaube, [2]1830-1831, § 44). Schleiermacher: Kritik am Teufelsglauben

Die *Vergegenständlichung des Bösen* bzw. des bösen Prinzips im Satan nimmt die durchdringende Gewalt des Bösen nicht ernst (zum Thema des Bösen vgl. C. Frey, Theologische Ethik, 1990, S. 172ff.).

VI. Der Mensch, Ebenbild Gottes und Sünder

Im Zuge der Erarbeitung sollte die Leserin oder der Leser folgende wichtige Gesichtspunkte bzw. Fragestellungen festhalten:

a) Die Theologie des 20. Jahrhunderts hat sich entschieden, von Gott niemals ohne Blick auf den Menschen und die Fragen seiner Existenz zu sprechen. Das gilt selbst für K. BARTHS Theologie, die sich vor allen in ihren Anfängen auf das Zeugnis von Gott, „den ganz Anderen", konzentriert, um den Anspruch des menschlichen Subjekts, Mitte seiner Welt zu sein, aufzubrechen. Von welchem Menschen spricht der jeweilige theologische Ansatz? Hat die christliche Theologie ein besonderes Menschenbild, oder will sie vom Menschen ohne „Bilder" reden?

b) Die gesamte Theologie weiß auf biblischem Hintergrund von des Menschen Größe und von der Tiefe seines Falls zu reden. Die mit dem Fall zusammenhängenden Probleme sind aber seit der Aufklärung mehr und mehr verdrängt worden, etwa das Problem des Bösen oder das unmoralische Verständnis der Sünde. Beides kann jedoch in konservativen Weltbildern eine Rolle spielen. Und wie ist diese dann zu beurteilen?

c) Kennt die Theologie formale Strukturen, die als gewissermaßen neutrale Grundlage den Menschen kennzeichnen? Oder ist der ganze Mensch Sünder bzw. vor Gott gerechtfertigt? Kann die Theologie partiale Bestimmungen an ihn anlegen oder wird sie in Gestalt einer Totaldialektik von seiner Größe und Abgründigkeit reden müssen? Drei Grundentscheidungen lassen sich tabellarisch aus dem Folgenden exzerpieren:

Der Mensch – teils Sünder, teils Bild Gottes trotz Verlustes der ursprünglichen Herrlichkeit noch mit Restregungen des freien Willens gegenüber Gott ausgestattet.	⇦ Übergangsstellung: ⇨ Einem formalen Rest steht die materiale totale Verlorenheit entgegen.	Dialektik, die jeweils den ganzen Menschen beschlagnahmt: etwa „gerecht und Sünder zugleich"
...	...	...

Im Folgenden sind zwei Themenkreise miteinander verwoben: Der Mensch als Ebenbild Gottes [A] – der Mensch als Sünder [B].

1 Bestimmung und Präzisierung des Problems

1.1 Problemzusammenhang

1.1.1 Bekenntnisse der Kirche

Die Bekenntnisschriften halten an der [A] *Bestimmung des Menschen zum Ebenbild Gottes* fest und nehmen doch das [B] *Problem der Sünde* immer wieder auf:

- Gemäß der *Confessio Augustana* macht die Erbsünde verdam–menswert; Rettung erfolgt nur durch die Wiedergeburt (Taufe, Heiliger Geist), die Pelagianer werden verurteilt (CA II):

Erbsünde und freier Wille nach der CA

> „Weiter wird bei uns gelehrt, daß nach Adams Fall alle Menschen, so naturlich geborn werden, in Sünden empfangen und geborn werden, das ist, daß sie alle von Mutterleib an voll boser Lust und Neigung seind..." (BSLK, S. 53)

Die Freiheit des Willens gilt nur im Rahmen der weltlichen Vernunft (CA XVIII):

> „Vom freien Willen wird also gelehrt, daß der Mensch etlichermaß ein freien Willen hat...zu wählen unter denen Dingen, so die Vernunft begreift; aber ohne Gnad, Hilfe und Wirkung des heiligen Geists vermag der Mensch nicht Gott gefällig zu werden ..." (a.a.O., S. 73 f.)

Die Ursache der Sünde ist der verkehrte Wille (CA XIX):

> „... wiewohl Gott der Allmächtig die ganze Natur geschaffen hat und erhält, so wirket doch der verkehrte Will die Sunde in allen Bösen und verachtern Gottes ..."(a.a.O., S. 75)

- Die Erbsünde ist gemäß den *Schmalkaldischen Artikeln* der Vernunfterkenntnis entzogene Verderbnis der Natur (Art.Smalc. III,1):

Erbsünde nach den Art.Smalc.

> „Solche Erbsunde ist so gar ein tief bose Verderbung der Natur, daß sie kein Vernunft nicht kennet, sondern muß aus der Schrift Offenbarung gegegläubt werden ...“ (a.a.O., S. 433-435, hier S. 434)

Sünde nach dem Großen Katechismus

- Nach dem *Großen Katechismus* sind die Gebote ein Sündenspiegel und können aus eigener Kraft nicht erfüllt werden (1. Hauptsstück; vgl. zur Sündenvergebung 3. Hauptstück, a.a.O., S. 662 ff., zur Erlösung von der Sünde durch die Taufe 4. Hauptstück, a.a.O., S. 691 ff.).
- Für die *Konkordienformel* ist die Erbsünde zwar nicht die Natur des Menschen, aber sie korrumpiert diese. Der Mensch bleibt als Sünder dennoch Gottes Geschöpf (FC Epit. I, a.a.O., S. 770 ff.). Der Wille, das Wort Gottes anzunehmen, ist geistgewirkt (FC Epit. II, a.a.O., S. 776 ff.).

Anthropologie im Heidelberger Katechismus

- Nach dem *Heidelberger Katechismus* hat Gott den Menschen gut und nach seinem Ebenbild geschaffen (Fr. 6). Der Mensch ist so erschaffen, daß er das Gesetz halten kann. Durch seinen Ungehorsam ist die menschliche Natur vergiftet worden (Fr. 7). Selig kann der Mensch nur durch den wahren Glauben werden, den der Heilige Geist bewirkt (Fr. 20). Der Glaube ist ein herzliches Vertrauen, das der Heilige Geist durch das Evangelium bewirkt,

> „... daß nicht allein andern / sondern auch mir vergebung der sünden / ewige gerechtigkeyt und seligkeyt von Gott geschenkt sey auß lauter gnaden ...“ (Fr.21).

- *Barmen II* faßt zusammen: Jesus Christus ist Gottes Zuspruch der Vergebung aller Sünden und Anspruch auf unser ganzes Leben.

1.1.2 Sonstige Überlieferung der Kirche

kirchliche Schuldbekenntnisse

[B] Das *Stuttgarter Schuldbekenntnis von 1945* (gegenüber Vertretern der Ökumene) z. B. deutet eine die einzelne Personen überschreitende Dimension der Sünde an und fordert eine *Solidarität der Schuld* ein:

„Wir klagen uns an, daß wir nicht mutiger bekannt ...“ (vgl. auch das Darmstädter Wort von 1947: „Wir sind in die Irre gegangen ...“)

In der *gottesdienstlichen Tradition* hat das Sündenbekenntnis einen besonderen Platz am Anfang des Gottesdienstes. Die Bitte um Vergebung der Sünden findet sich im Vaterunser, das Vertrauen darauf im Apostolischen wie im Nicänischen Glaubensbekenntnis, die Dringlichkeit in der Beichtvermahnung im allgemeinen Sündenbekenntnis, die Befreiung von der Sünde spielt in Taufe und Abendmahl eine besondere Rolle. Deutlich ausgeprägt ist die Bußform der römisch-katholischen Kirche in den ersten beiden Teilen der Beichte (contritio und confessio). Zu beachten ist, ob das Sündenbekenntnis aufgrund der Ansage der Zuwendung Gottes erfolgt oder die Vergebung der Sünden zum Lobpreis Gottes führt. Sündenbekenntnisse im Gottesdienst

[A] Die Frage nach dem Menschsein und damit auch der Sünde spielt in der Apologetik eine besondere Rolle: Die *theologische Anthropologie* will den ganzen Menschen in den Blick nehmen (anders als empirische Humanwissenschaften, die jeweils bestimmte Aspekte untersuchen). Sie fragt deshalb nach dem Menschen in seinem Gottesverhältnis, sie sieht ihn im Lichte Gottes, so wie er sich in Jesus Christus offenbart hat. So bearbeitet die theologische Anthropologie das Problem, daß der Mensch sich selbst nicht abschließend bestimmen kann und immer wieder aus der Bestimmung durch Gott herausfällt. Auffällig ist, wie unterschiedlich der Mensch im Lichte Gottes erkannt wird. Daran zeigt sich, daß die theologische Anthropologie sich trotz ihrer radikalen Absicht nicht in einer grundsätzlich anderen Lage als philosophische Anthropologien befindet. theologische Anthropologie angesichts der Humanwissenschaften und der Philosophie

1.1.3 Aktuelle Diskussion

[A & B] Die neuere Anthropologie (auch in der Theologie) behandelt vorzugsweise Themen, die mit der *Sinnfrage* zusammenhängen, etwa Glück und Leiden (s.o. Theodizee, Kap. V), Endlichkeit und Personalität einschließlich des Todes (s.u. S. 196), das Böse und die Sehnsucht nach besserem Leben. Die Sünde tritt dabei allerdings oft zurück. In schwerwiegenden sittlichen Fragen taucht der Begriff der Sünde dennoch häufig auf: Rassismus ist Sünde (Lutherischer Weltbund, Daressalam 1977); Massenvernichtungsmittel sind Sünde (Reformiertes Moderamen); das Weltwirt- Sinnfrage Sünde: aktuelle Definitionsversuche schaftssystem ist Sünde (U. DUCHROW). Solche – oft „prophetische" – Ansage der Sünde ist mit der Aufforderung zu einem praktischen Bekenntnis verbunden.

aktuelle „praktische" Bekenntnisse der Kirchen

Literatur:
epd-Dokumentation 17/1977 (zu Daressalam bes. S. 212 und 249 ff.: „Apartheid ist Sünde"); Wenn wir wie Brüder beeinander wohnten. Von der Apartheid zur Bekennenden Kirche. Stellungnahme südafrikanischer Theologen, hg. v. J. de Gruchy, 1984; Das Bekenntnis zu Jesus Christus und die Friedensverantwortung der Kirche – Eine Erklärung des Moderamens des Reformierten Bundes, 1982; U. Duchrow, Weltwirtschaft heute – Ein Feld für bekennende Kirche?, 1986.

1.2 Eigene Zugänge

Während die Frage nach der Humanität so evident erscheint, fällt das Verständnis der Sünde schwer.
- Ist der Begriff der Sünde in den reformatorischen Kirchen überhaupt noch aktuell oder nicht längst Ausdruck einer etwas ironischen Alltagssprache geworden?
- Kann die Erkenntnis struktureller Sünden helfen, daß Christen ihr Weltverhalten verändern?
- Belebt oder erstickt das Verständnis von Erbsünde die Diskussion um konkrete Sünden?
- Welche Folgen hat eine theologisch fundierte Sündenerkenntnis für die Ethik?

1.3 Aktuelle Formulierung des Problems

Z. B. läßt sich fragen:
- Hat Kollektivschuld Sündencharakter?
- Nach welchen Kriterien wird Sünde bestimmt?
- Wie verhalten sich strukturelle Sünde und personale Sünde zueinander und welche Auswirkungen hat dieses Verhältnis – entmutigen nicht Strukturen, die uns bestimmen, allzu schnell?

2 Problembearbeitung

2.1 Biblischer Hintergrund

Atl. Äquivalente für ‚Seele‘

[A] Im *AT* wird der Mensch als ein *als* Fleisch bzw. Seele lebendes Wesen beschrieben. Die Seele – נפש als Lebenskraft des Menschen bzw. רוח, eher auf Gott bezogen – steht als pars pro toto für die umfassende, von Gott geschenkte Lebendigkeit; sie macht sein Menschsein im besonderen aus.

[B] Die Auswirkungen der *Sünde* beziehen sich deshalb nicht nur auf einen Teil des Menschen, sondern auf sein ganzes Menschsein mit allem körperlichen und seelischen Empfinden (vgl. Ps 38: „Herr, strafe mich nicht in deinem Zorn … deine Pfeile haben mich getroffen … Nichts Gesundes ist an meinem Fleisch …“).

Ebenbild Gottes

[A] Nach Gen 1,26a ist der Mensch Ebenbild, Abbild oder Entsprechung Gottes. Dieser Status bleibt dem Menschen auch nach dem Fall (Gen 5,1.3: „Als Gott den Adam erschuf, machte er ihn Gott ähnlich … Adam … zeugte … einen Sohn … nach seinem Bilde …“; 9,6: „Wer Menschenblut vergießt, dessen Blut soll auch durch Menschen vergossen werden; denn Gott hat den Menschen nach seinem Bilde gemacht.“).

Sünde

[B] Von der Sünde wird im wesentlichen als Ungehorsam bzw. *Auflehnung gegenüber Gott* gesprochen (Gen 3). Auch in den Apokryphen, also in zwischentestamentlichen Schriften, wird daran festgehalten, daß der Mensch nach dem Bilde Gottes geschaffen ist (Sir 17,3; Weisheit 2,23).

Der *Talmud* legt die Gottebenbildlichkeit so aus:

> „Die Größe Gottes ist ohne Grenzen, denn während der Mensch mit einem Stempel viele Münzen prägt, und sie alle sind gleich, so prägt Er, der König der Könige, der Heilige, mit einem Stempel allen Menschen das gleiche Antlitz, und doch gleicht kein einziges seinem Gefährten.“

[A & B] Das *NT* kennt ein differenziertes Vokabular, um den Menschen zu beschreiben: Dabei entspricht ψυχή am ehesten dem atl. נפש und wird als pars pro toto verstanden.

Die *Unvergänglichkeit der Seele* ist biblisch kaum belegt; auf zwei Stellen konnte die Dogmatik jedoch zurückgreifen: Mt 10,28 („Fürchtet euch nicht vor denen, die den Leib töten, aber die Seele nicht töten können") und Koh 12,7 („... der Odem aber kehrt wieder zu Gott, der ihn gegeben hat").

Σῶμα meint den ganzen Menschen in seiner psychischen und sozialen Verfaßtheit; πνεῦμα und σάρξ werden oft als Gegensatzpaar gebraucht und weisen auf die existentielle Zerrissenheit des Menschen hin, die später jedoch unterschiedlich interpretiert wird:

Dichotomie des Menschenbildes in der Geschichte des Christentums

[A & B] In der *Alten Kirche* und erst recht in der *Scholastik* (s.u.) verstand man diesen Gegensatz als Teilung des Menschen in zwei Bereiche (πνεῦμα für Vernunft und Wille, σάρξ für den Körper [bzw. verstand man bei einer Teilung auf drei Bereiche λόγος als Vernunft, ψυχή als Wille, σάρξ als Begehren); M. LUTHER bezog beide Begriffe auf den ganzen Menschen, womit er sagen wollte, daß der ganze Mensch noch in einer Sphäre der Sünde (σάρξ) lebt und doch durch Gottes Zuspruch befreit wird.

Jesus Christus = Bild Gottes

[A] Die Gottebenbildlichkeit des Menschen gilt zuerst für *Jesus Christus* und ist daher auch als Verheißung zu interpretieren, nicht als fixierte Aussage einer natürlichen Theologie:

- 2.Kor 4,4: „... Herrlichkeit Christi, der das Ebenbild Gottes ist";
- Kol 1,15: „Und er ist das Ebenbild des unsichtbaren Gottes ...";
- Hebr. 1,3: „... Abglanz seiner Herrlichkeit und Ebenbild seines Wesens"; in ihm gilt diese dann auch den Christen (vgl. Röm 8,29: „... gleichgestaltet zu sein dem Bilde seines Sohnes");
- Röm 5,12: δι' ἑνὸς ἀνθτρώπου ... ἐφ' ᾧ πάντες ἥμαρτον – die Sünde ist mit Adam in die Welt gekommen; dieser Vers und auch Röm 3,23 („Alle haben gesündigt ...") gelten als Beleg für die Erbsünde;
- Röm 5,18: „durch eines einzigen Übertretung ... durch eines einzigen gerechte Tat für alle Menschen ..." – durch Jesus Christus wird die Rechtfertigung zum Leben geschenkt.

Literatur zur Vertiefung:

H. Conzelmann: Grundriß der Theologie des Neuen Testaments, [6]1997, 192-204; 213-221; H.W. Wolff: Anthropologie des Alten Testaments, 1973.

2.2 Historischer Hintergrund

2.2.0 Antike Philosophie

Die griechische Philosophie hat eine überragende, aber nicht unkritisch zu bewertende Bedeutung für das Selbstbild v.a. des abendländischen Menschen.

platonische Anthropologie

[A] Bei PLATO werden Leib und Seele dualistisch unterschieden. Die Seele ist unsterblich. In ihrer Prä- und Postexistenz schaut sie die reine göttliche Welt der Ideen. Der Leib ist Aufenthalt der Seele für die Zeit des Erdenlebens (vgl. Phaidon).

Rätsel des Bösen

[B] Das gute bzw. das böse Tun hängt vor allem und unmittelbar von der *Erkenntnis* des Guten und Bösen ab. Wer das Gute wirklich erkannt hat (durch Wiedererinnerung [Mimesis] an das in der Präexistenz Geschaute, durch Beziehung zur [Methexis] Idee des Guten), handelt auch nach dieser Erkenntnis. Die Praxis erlaubt nicht, die Ahnung des Guten beständig festzuhalten, sondern dieses leuchtet plötzlich auf – als eine göttliche Gabe, die wieder verblaßt. Erst die Erkenntnis durch Wiedererinnerung führt zur Sicherheit (vgl. Menon).

2.2.1 Alte Kirche und Mittelalter

[A] Die altkirchliche Lehre vom Menschen war in der griechischen Kirche eher trichotomisch, die Seele das sinnliche Lebensprinzip, der Geist jedoch aus Gott. Über die Entstehung neuer beseelter Individuen (und damit die Weitergabe der Adamssünde) gab es drei Theorien:

Präexistentianismus

- den ***Präexistentianismus*** (vgl. Platos Lehre von der ἀνάμνησις), vertreten u.a.. von ORIGENES, 543 und 553 in Konstantinopel verdammt;

Kreatianismus

- den ***Kreatianismus*** (unter Berufung auf Jer 38,16 oder Hebr 12,9 [πατέρες τῆς σαρκός / πατὴρ τῶν πνευμάτων]), vertreten von LAKTANZ und CLEMENS VON ALEXANDRIEN);

Traduzianismus

- den ***Traduzianismus*** (etwa nach Gen 5,3, Apg 17,24-26), vertreten von TERTULLIAN („duas species confitebimur seminis, corporalem et animalem..." [De anima 27]), wiederzufinden bei ATHANASIUS und GREGOR VON NYSSA.

Unentschieden blieb AUGUSTIN.

Sünde und Gnade in der Alten Kirche: Augustinismus vs. Pelagianismus

[B] Der Streit um den Menschen, um seine *Sündhaftigkeit* und *Gnadenbedürftigkeit* wurde in der Alten Kirche für die spätere Zeit prägend zwischen der *augustinischen* und der *pelagianischen* Position geführt. Die Synode 418 in Karthago, das Konzil 431 in Ephesus und die Synode 529 in Orange waren Schritte zu einer verbindlichen Formulierung, wobei im wesentlichen Augustins Lehre übernommen wurde. Der Streit bewegte vor allem die abendländische Kirche, die seit TERTULLIAN („vitium originis" [De anima 41]) im Schema von Lohn und Leistung dachte, wogegen die Ostkirche den Menschen als Teil einer auf Erden nicht endenden Geschichte des Fortschreitens auf Gott hin ansah. Diese Geschichte ist durch den Sündenfall gestört, aber durch Christus wieder in Kraft gesetzt worden.

Entstehung der Seele und Erbsünde

Bringt der neugeborene Mensch ererbte Sünde etwa in seiner Seele als der Lebenskraft mit? Die bereits erwähnten Theorien von der Entstehung der Seele zogen folgende Konsequenzen: Der Traduzianismus erklärte die Entstehung der Seele durch Weitervererbung durch den Samen und konnte die Erbsünde in der Zeugung weitergegeben finden. Der Kreatianismus sah die Seele als jeweils neu von Gott geschaffen an und mußte die Erbsünde als allgemeines Verhängnis verstehen. Der Präexistentianismus mußte einen vorzeitlichen Fall konstruieren.

Augustin: Urstand, Sünde

[A] Besonderen Einfluß gewann AUGUSTIN: Der Mensch besteht aus Leib und Seele (dichotomisches Menschenbild – ohne eindeutige Entscheidung für Kreatianismus oder Traduzianismus). Im *Urstand* konnte sich der Mensch einer Harmonie der Triebe und des Willens einerseits, des Menschen mit Gott andererseits erfreuen (similitudo Dei). Adam hätte durch seinen guten Willen und sein Vertrauen auf Gottes Gnadenhilfe sündlos bleiben können (posse non peccare). Das menschliche Geschöpf konnte alles unter ihm Stehende von Rechts wegen gebrauchen (*uti*) und sich Gott in freier Liebe unterwerfen (*frui*).

Sündenfall

[B] Durch den Hochmut Adams (er suchte sich selbst, nicht Gott) kam es zum *Sündenfall*, der die natürliche Ordnung des Willens des Menschen zerstörte (Adam blieb die beschädigte imago Dei: non posse non peccare) (dagegen PELAGIUS: Sünde ist ein Akt des Ungehorsams, der durch einen Akt des Gehorsams annulliert werden kann; die Heilung des Menschen kann also auch dank moralischer Appelle bewirkt werden). Die *Sünde* (als den Menschen bestimmende Macht) ist Hochmut und Begierde, die unvergebbare Sünde besteht im Unglauben gegenüber der Möglichkeit der Vergebung. Die Sünde Adams hat die Sterblichkeit und das Begehren

superbia

concupiscentia

(concupiscentia, die sich in neuen Sünden entlädt) in die Welt gebracht; die concupiscentia ist nicht nur grob sinnlich, sondern auch der geistige Drang, sich an Gottes Stelle zu setzen (De civitate Dei XII-XIV). Weitervererbt wird die Sünde durch die mit der Konkupiszenz verbundene Zeugung (was der Grund der *Kindertaufe* ist; dagegen Pelagius: Adam war sterblich geschaffen. Jeder Mensch wird sündlos geboren und ist deshalb fähig, die Gebote zu halten).

Im Gesetz erfährt der Mensch Gottes Forderungen; daran erkennt er, daß er sündig und der Gnade bedürftig ist. In Christus offenbart Gott seine (vorlaufende) *Gnade,* durch die allein der Mensch gerecht wird. Augustin betont in seiner *Prädestinationslehre* den gegenüber der Gnade Gottes *unfreien Willen* (dagegen sagen Pelagius und asketische Bewegungen: Der Mensch kann aus eigener Kraft seinem Heil entgegenkommen). In der *Heiligung* kann der befreite Wille zusammen mit der (mitwirkenden) Gnade dann Verdienste erwerben. Prädestination, Heiligung

[B] Indem Augustin die Sünde als Begierde versteht, neigt er zu einem leibfeindlichen Menschenbild. Weil Augustin betont, wie sehr der Mensch der Sündhaftigkeit verfallen und der Gnade zum Heil bedürftig ist (d.h. der Eingießung des Heiligen Geistes, der im Menschen den richtigen Willen wirkt), kann die kirchliche Institution sich aufschwingen, Gnade und rechten Willen nach eigenen Kriterien zu bestimmen.

Die *Scholastik* tendiert u.U. zum *Semipelagianismus.* Scholastik

[A] Wie bei Augustin wird der Mensch *dichotomisch* bestimmt, Leib und Seele werden als eigenständige Seinsprinzipien betrachtet. Die Seele wird hervorgehoben, weil sie von Gott bei bzw. nach jeder Zeugung je eigens geschaffen wird und die ‚Form‘ des Menschen repräsentiert *(kreatianische Position).* Der Mensch ist zum Ebenbild Gottes bestimmt, die Ebenbildlichkeit wird zweistufig interpretiert: Die *imago* bezeichnet die geschöpfliche Natur und damit die bleibenden, aber beschädigten ontischen Eigenschaften des Menschen (z.B. der Wille – hervorgehoben von DUNS SCOTUS – oder die Vernunft – betont von THOMAS VON AQUIN). Die *similitudo* steht höher als die *imago* und wird als übernatürliche Gnadengabe verstanden (donum superadditum). Natur und Gnade werden also unterschieden, aber zuletzt doch nicht im Widerspruch zueinander verstanden. „*Cum enim gratia non tollat naturam, sed perficiat ...*“ (STh I, q 1, a 8, ad 2; vgl. STh I, q 2, a 2, ad 1; vgl. Kapitel 3, Abschnitt 2.2.1). imago similitudo

[B] Durch den Sündenfall geht die similitudo gänzlich verloren, die imago bleibt, wenn auch erheblich geschwächt. *Status integritatis* und *status*

status integritatis, status corruptionis

corruptionis werden nacheinandergestellt, die Sünde überlagert die ursprüngliche Natur, löscht sie aber nicht aus. Der Mensch bleibt im Zentrum seines Daseins auf Gott bezogen und kennt damit einen Anknüpfungspunkt für die Gnade Gottes.

Franziskaner: freier Wille?

Eine *gewisse Freiheit des Willens* bleibt dem Menschen (stärker in der Franziskanerschule, während der Thomismus alles auf die Gnade setzt): Der Mensch kann dann aufgrund seiner natürlichen sittlichen Kräfte weiterhin etwas Gutes tun (Synteresis-Gewissen; Tendenz zum Semipelagianismus). Als Sünde kommt deshalb vor allem die concupiscentia (vitium materialiter) in den Blick, eine Begehrlichkeit, die aus dem niederen, körperlichen Sein aufsteigt und Anlaß bildet, Böses zu tun. Thomas und andere entwickeln ein differenziertes System der *Sündenlehre*: Sie unterscheiden zwischen verzeihlichen (läßlichen) Sünden und (sieben) Todsünden, zwischen Sünden gegen Gott, gegen sich selbst und gegen den Nächsten, zwischen Erbsünde und Aktsünde (s.u. Übersicht „Gnade und Rechtfertigung"!).

Sündenlehre bei Thomas

Literatur:
A. Hügli u.a., Art. ‚Mensch', in: HWP, Bd. 5, Sp. 1059 ff.

2.2.2 Reformation

Die *reformatorische Theologie* unterscheidet sich gerade im Menschenbild entscheidend von der scholastischen:

Geist, Seele, Leib nach Luther

[A] Der Mensch lebt nach M. LUTHER in Geist (als Verstand), Leib und Seele; aber der Geist zuinnerst ist nichts als ein Hohlraum zum Empfang des Geistes Gottes; der so doppelt zu bestimmende Geist als Gabe und vernehmender Vernunft bildet das *Zentrum der Person*, ist aber als Verstand dem Leib untrennbar verbunden (Das Magnificat verdeutschet ..., WA 7, S. 550 ff.). Adam ist nicht als Sünder erschaffen worden, sondern war voll Weisheit und Liebe und damit ganz von seiner Beziehung zu Gott erfüllt, sein gesamtes Wesen stand unter der Herrschaft Gottes.

Radikalität der Sünde

[B] Durch den Fall wurden Adam und alle seine Nachfahren *Sünder*. Aus Gottes Ebenbild sei des Teufels Ebenbild geworden, sagt Luther gelegentlich in drastischer Sprache (Einfluß auf M. FLACIUS, s.u.). Der Grund des Bösen bleibt ein Geheimnis der Majestät Gottes. Nun kommt es darauf an, daß der Mensch durch Gottes „opus alienum" (Strafhandeln) der Erbsünde und damit gerade der feinen und tiefen Sünden des Herzens überführt wird. Die *Sünde* ist jenes eingeborene Böse, das uns des ewigen Todes schuldig macht und bis zum Tod den Menschen gefangen halten will.

Sünde und Taufe nach Luther

Die *Taufe* macht den Menschen sakramental rein, aber löst die Erbsünde nicht endgültig auf; sie hat die Bedeutung, auf Tod und Auferstehung Jesu Christi hinzuweisen, an denen wir teilhaben können; die Auferstehung steht im irdischen Leben noch immer aus, obwohl uns in der Taufe das Werk Christi zugeeignet wird, durch das Gott uns neu schaffen will.

Vernunft nach dem Fall

Adam hat die auf das irdische Leben gerichtete „Majestät" der *Vernunft* nach dem Fall nicht verloren. Durch sie ist der Mensch von den Tieren unterschieden. Durch den Sündenfall ist jedoch auch sie unter die Herrschaft des Teufels geraten. So ist das gesamte natürliche Leben durch den Fall *verderbt*. Der Mensch kann sich durch seine Vernunft weder der Gnade Gottes öffnen noch dank freien Willens das Gebot Gottes erfüllen. Der Mensch vermag nicht, zwischen Leben und Tod, zwischen Gut und Böse zu wählen.

kein freier Wille

> „Liberum arbitriium post peccatum res est de solo titulo et dum facit, quod in se est, peccat mortaliter." (Der freie Wille nach dem Sündenfall ist ein Ding, das bloß aus einem Namen besteht, und wenn er das tut, was in ihm ist, begeht er Todsünde.) (M. Luther, Heidelberger Thesen 1518, These 13, WA I, S. 359)

Adam und Christus

[A] Der natürliche Mensch betrachtet seinen Willen zwar kraft seiner natürlichen Vernunft als ungezwungen; dennoch wird er entweder von Gott oder vom Satan beherrscht. Nach der berühmten These 17 der „Disputatio contra scholasticam theologiam" (1517) gilt:

> „Non ‚potest homo naturaliter velle deum esse deum'. Immo vellet se esse deum et deum non esse deum." (Der natürliche Mensch kann von Natur aus nicht wollen, daß Gott Gott sei. Zugleich will er, daß er selbst Gott sei und Gott nicht Gott.) (WA 1, S. 225 [wörtliche Antithese zu G. BIEL]).

Dem *irdischen Adam* steht der *himmlische Christus* und damit das Bild des himmlischen Menschen als das von Gott gewollte Ebenbild gegenüber;

ihm sollen wir gleich werden. Der Mensch soll „schuldig werden", d.h. Schuld (sein Leben im Herrschaftsbereich des Bösen) erkennen, damit sich Gott des Menschen erbarmen und ihn aus Gnade rechtfertigen kann. So kann der Mensch Gott fürchten und ihm trauen, ihn lieben und loben, an sich selbst verzweifeln und Gottes Gnade zum Maß des Guten machen.

Literatur:

M. Luther, Disputatio de Homine, WA 39, I, S. 175ff.

Flacius und seine Häresie

[B] M. FLACIUS hat in der Auseinandersetzung mit synergistischen Vorstellungen des späteren Melanchthon (über das Mitwirken des freien menschlichen Willens bei der Gnade Gottes, vgl. den synergistischen Streit) behauptet, daß der Mensch durch die Erbsünde in seiner Substanz verdorben sei (*imago diaboli;* vgl. Luther s.o.) und von sich aus Gott nur Widerstand entgegenstelle. Vor seiner Bekehrung sei der Sünder einem Holzklotz oder Stein zu vergleichen (truncus et lapis). Damit nimmt Flacius Aussagen Luthers auf, die allerdings nicht ausschließen, daß der Sünder *von sich aus* ganz die Gottebenbildlichkeit verloren hat, dennoch *von Gott her* zu dessen Ebenbild bestimmt ist. Die *Konkordienformel* folgt Flacius gegen die „Philippisten" (Anhänger Melanchthons) bis zu einem bestimmten Punkt: Auf alle extremen Formulierungen wird verzichtet; sie hält fest, daß der Mensch seiner Natur nach auch nach dem Fall Kreatur Gottes bleibt, jedoch die Erbsünde als *corruptio naturae* weiterwirkt (BSLK, S. 770-776; 855-859).

Melanchthon: Heilung von der Sünde

[A] Nach P. MELANCHTHON ist der Mensch von Gott mit dem Licht der Einsicht in rechte Ordnung geschaffen. Er war *Gottes unverdorbenes Ebenbild und Tempel.*

[B] Die Erbsünde besteht in einer Schuldverhaftung, die auf den Fall der Ureltern zurückgeht. Sie wurde durch den *Teufel* sowie durch den *Willen des Menschen* verursacht, der sich in eigener Freiheit von Gottes Gebot abwendete und dem Teufel zustimmte. Die *Sünde* umfaßt sowohl die Erbsünde als auch die Tatsünde; sie ist alles, was *gegen Gottes Gesetz* steht. Dadurch wird der Mensch des Zornes Gottes und ewiger Verdammnis schuldig. Nur um Christi willen kann er *Vergebung* erlangen. Unter die Tatsünden rechnen sowohl *läßliche Sünden* – als auch Todsünden – bei Wiedergeborenen gefolgt vom Verlust der Gnade und des Heiligen Geistes; sie zeigen sich im Aufbegehren gegen das Gewissen, im Verlust des Glaubensgrundes, an der Zustimmung zu gottloser Lehre in Unwissenheit oder Mitwissen. Die läßlichen Sünden werden vergeben, für die Todsünden bedarf es einer je neuen Bekehrung. Die *Taufe* ist der *Beginn eines Heilungsprozesses.* Volle Gesundung wird erst im ewigen Leben eintreten (CR 23, S. 402-407).

[B] H. ZWINGLI sieht die Erbsünde im Gegensatz zu den übrigen Reformatoren nicht als ein schuldhaftes Verhalten an, sondern spricht von einem *natürlichen Gebrechen.*
[A] Nach J. CALVIN wird, was die „imago Dei" bedeutet, erst an ihrer Wiederherstellung (restauratio) erkannt (Inst. I,15,4).

Insgesamt leugnen die Reformatoren keineswegs den freien Willen, aber sie können in der sündigen Abwendung von Gott nur den Verlust der den Menschen zugedachten Freiheit erblicken, so daß nur eine gewisse Freiheit im Weltbezug übrigbleibt:

> „Vom freien Willen wird also gelehrt, daß der Mensch etlichermaß ein freien Willen hat, äußerlich ehrbar zu leben und zu wählen unter den Dingen, so die Vernunft begreift..." (CA XVIII).

Literatur:
E. Hirsch, Hilfsbuch zum Studium der Dogmatik, S. 162ff.

2.2.3 Altprotestantische Orthodoxie

Altprotestantismus: Angriff auf die ursprüngliche Natur

[A] Die *altprotestantische Theologie* versucht, den Menschen mit der Terminologie einer aristotelischen Schulmetaphysik zu verstehen, die sich vor allem auf die substantiell gedachte Natur ausrichtet.
[B] Sie versteht unter der Erbsünde den Verlust der ursprünglichen Gerechtigkeit: Der Mensch wird von einer verkehrten Neigung ergriffen, sie verdirbt die ganze menschliche Natur. Mit dem „peccatum originans" denkt die Theologie kausal und führt das Verhängnis auf den Fall der ersten Eltern der Menschen zurück; die fleischliche Zeugung überträgt sie auf alle Menschen (vgl. D. HOLLAZ [Examen theologicum acroamaticum, 1707 / 1725, II, III, 9, 12]). Die Erbsünde zerstört und korrumpiert die menschliche Natur selbst; als fortwirkende Macht (peccatum originale gegenüber peccatum originans, der Tat Adams) produziert sie den Tod. Damit sind ursprüngliche Weisheit, Heiligkeit und Freiheit des Menschen

verloren. (Dagegen sagt der spätmittelalterliche Scotismus, aber auch die FC: Die Sünde zerstört nicht die eigentliche Natur des Menschen).

Die altprotestantischen Theologen wie Hollaz – aber nicht nur sie – bestimmten den Tod dreifach: als mors spiritualis (radix omnis mali), mors corporalis (complectens omnes morbos et miserias) und mors aeterna (perpetua exclusio a beatifica Dei visione).

Eine detaillierte Sündenlehre der altprotestantischen Theologie entwickelte J. GERHARD, der – wie Melanchthon – die Sünde in *peccatum originale* und *peccata actualia* einteilt.

katholische Anfragen an Naturkonzeption und Sündenverständnis

Katholische Anfragen an die reformatorische und nachreformatorische Theologie im Blick auf den Menschen und die Sünde lauten:

- Weil die Bibel auch den Sünder noch imago Dei nennt (Gen 9,6), müßte die reformatorische Lehre eine Kontinuität der Gottebenbildlichkeit annehmen. Ist darüberhinaus ein pessimistisches bzw. deterministisches Menschenbild biblisch zu begründen?
- Wie kann die reformatorische Theologie die Besonderheit der Gnade festhalten, wenn sie nicht zwischen imago und similitudo und damit ferner nicht zwischen Natur und Gnade unterscheiden kann? Stellt Gott aus Gnade das Ebenbild wieder her, dann könnte es als Gnadengabe mißverstanden werden; die Schöpfungsnatur entfiele oder die Gnade würde naturalisiert.

Literatur:

Vgl. die verschiedenen Dogmatiken, ferner das Handbuch der Dogmen- und Theologiegeschichte, hg. v. C. Andresen, 1984.

2.2.4 Aufklärung und neuere Theologie

2.2.4.1 Aufklärung

Aufklärung: moralisches Verständnis des Menschen, Einsicht in die mythische Qualität der Urstandsgeschichte

[A & B] Bereits die *Sozinianer* und *Arminianer* leugneten das Verderben der Erbsünde als Folge der Sünde Adams. Weil nun die *Aufklärung* die *Autonomie* des vernünftigen Menschen betont, kann sie den Sündenfall fast als notwendigen, wenn auch zunächst negativen Schritt des Mündigwerdens verstehen. Die biblischen Geschichten bestimmen nicht mehr das Geschichtsbild, weil die historische Wissenschaft die Geschichte als einander bedingende Kette von Ereignissen ansieht. Historische Forschung macht zunehmend deutlich, daß Menschen schon lange vor der mutmaßlichen Zeit des biblischen Adams lebten, und das nicht nur im Mittelmeerraum! Damit war die traditionelle dogmatische Begründung der geschichtlichen Einheit aller Menschen vor Gott aus ihrem Ursprung in Adam in Frage gestellt. Um weiterhin an der *Einheit aller Menschen* (und d.h. auch an der Ansprechbarkeit aller durch das *eine* Wort Gottes) festhalten zu können, wurden vor allem drei Positionen aufgeboten:

- Viele hielten der Wissenschaft zum Trotz am *Monogenismus* (Abstammung von *einem* Menschen) fest (v.a. die katholische Lehre, z.B. noch im 20. Jh. K. RAHNER [Schriften, Bd. 1, S. 253-322[). Monogenismus
- Andere legten die Urgeschichte so aus, daß die in Adam geschehene Geschichte sich in jedem Menschen ereigne, z.B. S. KIERKEGAARD. Adam in jedem Menschen
- Schließlich konzentrierten sich Theologen auf Christus als den neuen Adam. In der durch ihn bestimmten eschatologischen Vollendung der Menschheit werde auch deren noch verborgene Einheit heraustreten. Einheit der Menschheit in Christus

2.2.4.2 Schleiermacher

[A] Nach F. SCHLEIERMACHER ist das religiöse Bewußtsein, damit das Bewußtsein der Gnade bzw. der Sünde ist individuelle Ausformung des *Gefühls schlechthinniger Abhängigkeit* bzw. seiner Beeinträchtigung. Schleiermacher: Sünde als Störung des Gottesbewußtseins

[B] Die *Sünde* hemmt die Entwicklung des Weltbewußtseins zum Gottesbewußtsein. Sie ist also Störung, nicht Zerstörung der Natur, sie ist das noch nicht oder nicht mehr wirksame Gottesbewußtsein. Daraus ergibt sich, daß die Sünde als der Gegensatz des Guten erkannt wird; ihre vollständige Erkenntnis wächst am Kontrast zur völligen Sündlosigkeit Christi. Christus zeigt, daß die Sünde vermeidbar ist; jeder Mensch kann durch die Erlösung in Christi Gottesbewußtsein aufgenommen werden; denn nur dieses kann die Unfähigkeit des Menschen zum Guten (die Schleiermacher als eine Art kollektiver Erbsünde erkennt) aufheben. Mit der einseitigen Betonung der effektiven Rechtfertigung folgt Schleiermacher der Interpretation A. OSIANDERS. In der Gnade ist die Sünde als (abnehmende) Gegenwirkung zum Gottesbewußtsein mitgesetzt.

2.2.4.3 Liberale Theologie

Einfluß der praktischen Philosophie Kants auf den Neuprotestantismus

[A & B] Ausgehend von I. KANTs Ausrichtung der moralischen (praktischen) Vernunft auf das Höchste Gut setzt die *liberale Theologie* mit der Frage nach der Religion beim Individuum und seiner Vergemeinschaftung an. A. RITSCHL bezieht die Rechtfertigung und die Versöhnung auf das *Reich Gottes* und meint damit eine sittliche Weltgestaltung als umfassende Kulturarbeit, in die sich die einzelnen integrieren. Weil sich Ritschl auf die Welt der Werte konzentriert, braucht er das Verhältnis Gottes zur Natur nicht zu erörtern. Er erkennt in der Sünde auch eine soziale Macht und hält – im Kontrast zum Reich Gottes – ein „Reich der Sünde" fest, eine Allgemeinheit des Sündigens, die den einzelnen beeinflußt und bindet, aber weder anthropologisch noch theologisch notwendig ist (Unterricht in der christlichen Religion, 1875, S. 35-39).

Ritschl: sittliche Weltgestaltung

Das Denken W. HERRMANNs kreist um die innere, gewiß machende Erfahrung der Person Jesu. Der Glaubende und der Mensch in der Gesellschaft, die innere Person und der soziale Mensch sind deutlich unterschieden.

[B] E. TROELTSCH betrachtet natürliche Hemmungen und geistigen Widerstand gegen die „Geisteswelt" als Sünde. Die Erbsünde wird mit Kants Gedanken des radikal Bösen interpretiert (Glaubenslehre, 1925, § 22). Die Überwindung der Sünde ist zwar Gabe Gottes, aber auch und vor allem menschlich-schöpferische Tat (a.a.O., § 27). „Erlösung ist lediglich Glaube, ist Gewißwerdung Gottes durch den Eindruck des Bildes Christi". (a.a.O., S. 356)

2.3 Aktuelle dogmatische Fachdiskussion

Die aktuelle dogmatische Diskussion muß die in der Dogmen- und Theologiegeschichte angelegten Spannungen austragen und mit Hilfe veränderter Kategorien neu zur Sprache bringen. Im Hintergrund stehen folgende differierende Menschenbilder, die zugleich die Frage nach dem „wahren" Menschen stellen. Zwei Auffassungen des Sünders und Erlösten könnte so skizziert werden:

——————— = Urstand

··············· = Sünde

Natur und Fall des Menschen

a. Eine Theorie sich überschneidender sukzessiver Stadien:

(seit IRENÄUS' Theorie der *recapitulatio)*

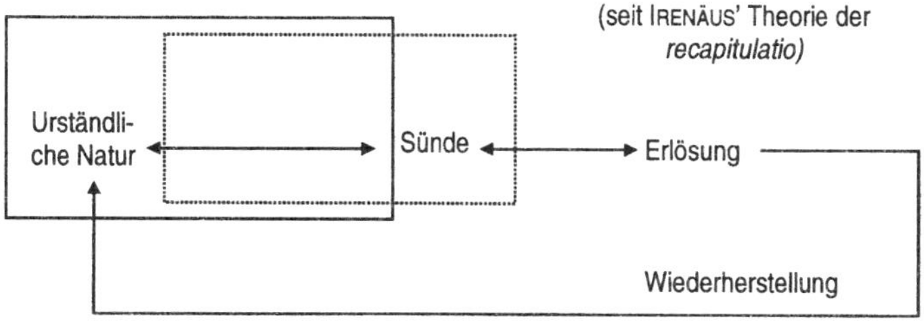

simul iustus ac peccator

b. Eine Theorie der Totaldialektik:

(vgl. die Reformation)

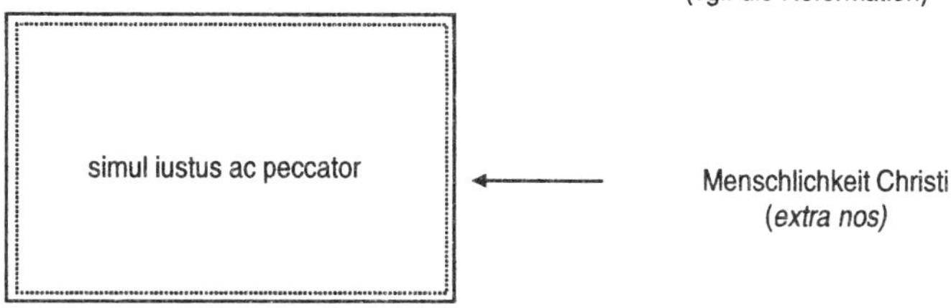

Während die Modelle a und b auf das Ebenbild Gottes und den Sünder hinweisen wollen, zeigen die beiden folgenden verschiedene Zuordnungen von Geist, Seele, Leib:

klassische Trichotomie

c. Klassische hierarchischeTrichotomie:

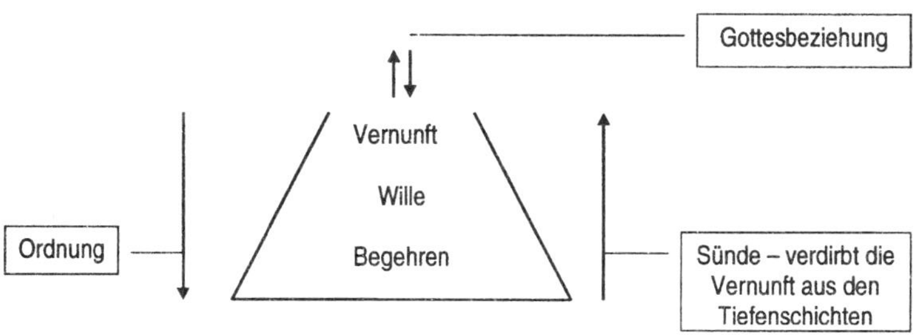

Neuordnung der Trichotomie

d. Luthers Modell:

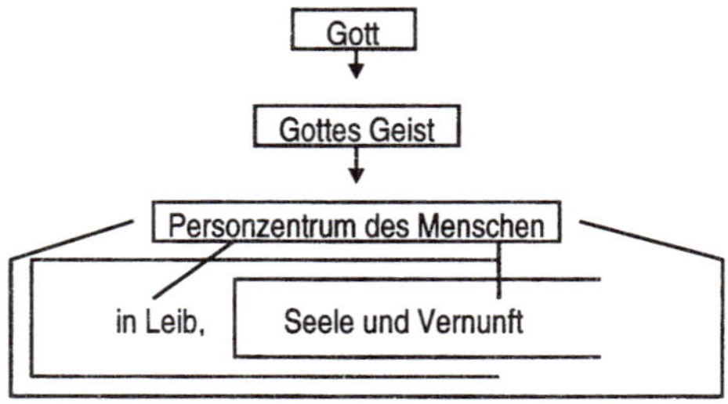

Dem Modell (a) am nächsten stehen die anthropologischen Darlegungen E. BRUNNERS, P. TILLICHS und W. PANNENBERGS.

Das Modell (b) findet Anklang bei P. TILLICH und R. BULTMANN, während K. BARTH die theologische Anthropologie (b) aufbricht – die geschenkte Gerechtigkeit erhält ein eschatologisches Übergewicht. Alle stellen mehr oder minder die hierarchische Trichotomie (c) in Frage.

K. RAHNER vergeschichtlicht (a).

2.3.1 Brunner

Brunner: Eristik

[B] E. BRUNNER geht es darum, den Menschen durch das Wort Gottes in seiner Selbstherrlichkeit zu erschüttern, d.h. ihm seine Sünde bewußt zu machen *(Eristik)*. Brunner setzt also, anders als BARTH, die ältere apologetische Tradition fort. Die Erkenntnis der Sünde ist negative Voraussetzung für die Wirksamkeit der Gnade Gottes. Deshalb fällt die *Lehre von der Sünde* genauso ins Gewicht wie die *Lehre von der Erlösung*. Sie bilden zusammen das Zentrum der biblischen Verkündigung.

Ntl. ausgerichtete Schöpfungslehre

[A] Brunner geht bei der Bestimmung der Schöpfungsgemäßheit des Menschen vom ntl. Schöpfungszeugnis aus (christozentrische Methode!); er will den Menschen im Lichte Jesu Christi erkennen: Indem ihm Gott in Jesus Christus begegnet, erkennt er seine Geschöpflichkeit. Ohne Jesus Christus steht er in der Gefahr, sich selbst mit Gott zu verwechseln und die Welt zum Objekt seines Verfügens zu machen. Die Begegnung mit dem lebendigen Gott setzt dieser Versuchung ein Ende. Gott will den Menschen selbst als Antwort, als „Entsprechen" seines Ansprechens. Das freie, zur Selbstbestimmung fähige Ich gehört zwar zur schöpfungsmäßigen Konstitution des Menschen, aber diese Freiheit gilt nicht aus sich heraus, sondern von Gott her, sie ist somit eine *bedingte* Freiheit.

[A] Die *Gottebenbildlichkeit* hat eine formale und eine materiale Seite. Die *Verantwortlichkeit* gehört zur unaufgebbaren formalen Struktur der Geschöpflichkeit. Aber es geht auch um deren materiale Seite: Die Antwort des Menschen soll der Liebe Gottes gemäß sein; sonst sucht der Mensch sich selbst (Autonomie bedeutet für Brunner Abfall von Gott). In Christus kann das Ebenbild wiederhergestellt werden; der Glaube wirkt die ‚*restitutio imaginis*'. Der Mensch kennt nun keine andere Freiheit mehr als die freie Gottesliebe.

formale und materiale Gottebenbildlichkeit

Kritik an der Autonomie

Eine ähnliche Richtung schlägt G. EBELING ein; er sieht ein Verständnis für die Imago Dei erst aufkommen, wenn den Menschen die Erfahrung der Sünde berührt hat. Gott selbst ist „totaliter aliter"; diesem Gott muß der Mensch im scheiternden Denken entsprechen (Dogmatik des christlichen Glaubens, Bd. 1, 1979, S. 346, 392).

Literatur:

E. Brunner, Der Mensch im Widerspruch, Zürich ^{3}1941.

2.3.2 Tillich

P. TILLICH benutzt metaphysische Aussageweisen, die er existenzphilosophisch zuspitzt:

Tillich: Fraglichkeit, Angst

[A & B] Der Mensch ist jenes Seiende, das allein die Frage nach dem Sein stellt – auch in der Angst des Nicht-Seins (hervorgerufen von Tod, Schuld, Sinnlosigkeit). Gott ist das Sein selbst, ist das, was uns *unbedingt angeht*. An den Grundfragen zeigt sich, daß der Mensch einerseits etwas von seinem wahren Wesen ahnt (Unendlichkeit, Vollkommenheit, Ewigkeit), sich andererseits aber als endlich, unvollkommen und vergänglich erfährt. Des Menschen *Trennung vom Grund des Seins* (Übergang von der *Essenz zur Existenz*) (Systematische Theologie, Bd. 2, 1958-1966, 8, S. 35ff.) ist notwendig verbunden mit dem Wirklichwerden in Raum und Zeit; sie äußert sich als *Entfremdung*. Tillich interpretiert damit den Sündenfall; er ist nicht nur Geschick, sondern eine Art von Urakt in jedem Menschenleben. Anlaß der Sünde ist die Angst (a.a.O., S. 41). Schöpfung und Fall koinzidieren, insofern sie nicht auf einer Zeitlinie verortet werden können (a.a.O., S. 51).

Entfremdung

Sünde

Unglaube

Hybris
Begierde

Die Sünde bedeutet die Trennung	– vom Grund des Seins, – von uns selbst und – vom Mitmenschen.
Sie drückt sich aus als	– Unglaube (d.h. getrennt zu sein von *Gott, dem Sein-Selbst,* nicht zu fragen nach der Macht, die dem Nicht-Sein widersteht), damit als – Selbstliebe, – Hochmut bzw. Hybris und – Begierde bzw. Wille zur Macht (a.a.O., S. 56 ff.).

Jesus Chrisus – das neue Sein

Jesus Christus ist die *Manifestation des neuen Seins*; er bleibt unter den Bedingungen der Existenz, der Entfremdung zwischen Gott und Mensch, dennoch mit Gott verbunden. In ihm ist die Kluft zwischen *Existenz* und *Essenz* im Prinzip überwunden, der Prozeß der Heilung hat begonnen. Jesu Christi Leben wird zur exemplarischen menschlichen Existenz, die in die Nachfolge ruft.

Literatur:
P. Tillich, Systematische Theologie, Bd. 2, 1958.

2.3.3 Pannenberg

Pannenberg: Ansatz bei den Humanwissenschaften

W. PANNENBERG steht in mancher Hinsicht Tillich nahe, aber versucht deutlicher, eine existentiale Engführung zu überwinden und die Natur- bzw. Humanwissenschaften in einer Universalgeschichte mitzubedenken. Deswegen setzt er [A] bei einer säkularen Anthropologie an: Der Mensch ist kein ausschließlich instinktgeregeltes Wesen, sondern weist in seiner biologischen Konstitution einen *Antriebsüberschuß* auf. Dieser treibt ihn dazu, nach seiner Bestimmung außerhalb seiner selbst zu fragen (von A. GEHLEN übernommen). Diese Offenheit geht über sein Selbst hinaus und fragt nach Gott, der alles bestimmenden, personalen Wirklichkeit und der „Macht der Zukunft". Diese Bestimmung drängt zur *Einheit der Menschheit.* Jeder Mensch ist dank dieser Konstitution auf den Mitmenschen angewiesen.

[B] Die Sünde zeigt sich im Widerspruch zwischen dem selbstbezogenen Ich und der alles bestimmenden Wirklichkeit. Selbst als Sünder lebt der Mensch noch von der Wirklichkeit, der er sich verschließen und für die Gottes Güte ihn ständig neu aufschließen will. Diese dem Menschen vorgeordnete Wirklichkeit ist argumentativ zu vermitteln; der Boden der Argumentation ist seit dem 18. und 19. Jh. die Anthropologie (Systematische Theologie, Bd. 1, 1988, S. 142).

Literatur:
W. Pannenberg, Anthropologie in theologischer Perspektive, Göttingen 1983.

2.3.4 Bultmann

Bultmann: Existenz

Die existentiale Interpretation will hingegen eine verobjektivierend-wissenschaftliche Sicht auf den Menschen vermeiden, sondern fragt nach der Existenz des Menschen selbst. Diese setzt voraus, daß die Modi der Zeit (Vergangenheit, Gegenwart und Zukunft) im qualifizierten Jetzt dem Menschen gegenwärtig werden.

Geschichtlichkeit des Daseins

[A] So tritt die Geschichtlichkeit des Menschen im Zukünftigsein hier und jetzt heraus; seine Verantwortung ist es, sich je und je für die Anrede des Glaubens zu *entscheiden*. Der Mensch wird das eigentliche Leben stets von neuem im Jetzt der Entscheidung ergreifen; in ihr wird der ganze Mensch beansprucht. Der Glaube ist Verstehen der eigenen Existenz und bringt neues Selbstverständnis mit sich (Ek-sistenz = Heraustreten aus sich selbst). In solchen eschatologischen Augenblicken der Entscheidung fallen das mitgebrachte Ich und das unanschauliche neue Selbst, fallen alter und neuer Mensch zusammen; der Mensch ist „entweltlicht".

Entscheidung

[B] Bleibt er in seiner Welt und seinem Gewordensein, so findet er sich in existentieller *Verfallenheit* vor. Die *Sünde* trifft die Existenz im Kern und daher den ganzen Menschen; sie gilt daher als jene *radikale Eigenmächtigkeit,* die sich dem eigentlichen Leben verschließt. Sie wird nur erkannt und überwunden, wenn der Mensch durch Gottes Gnade von sich selbst befreit wird. Deshalb ist sie „... ja nicht ein Etwas am Menschen, sondern ist der Seinscharakter des sündigen Menschen" (Jesus, 1926, S. 135). Sie bleibt immer ein individuelles Geschehen und wird so nie zu einem strukturellen Problem des Menschenlebens insgesamt.

Sünde als Verfallenheit

Literatur:

W. Schmithals, Die Theologie Rudolf Bultmanns, 1966.

2.3.5 Sölle

Sölle: Teilhabe an der Schöpfung

[A] D. SÖLLE führt den existentialen Ansatz radikal fort und erweitert ihn in eine „politische Theologie". Der Mensch ist Concreator Gottes. Die Schöpfung ist noch nicht abgeschlossen, sondern ein Prozeß, der unsere eigentliche Zukunft verbürgt. Ebenbild Gottes zu sein heißt, die Fesseln der Ungerechtigkeit zu sprengen, in der Liebe zu wachsen, in die Freiheit des Staunens und Entzückens einzutreten, Schönheit wahrzunehmen und zur Freude geboren zu sein. Göttliches und menschliches Handeln fallen ineinander.

Emanzipation

[B] Der Sündenfall bedeutet, im Prozeß des Mündigwerdens schuldig zu werden. Der Unterschied zwischen Schuld und Sünde löst sich immer mehr auf. Humanwissenschaften zeigen, wie abhängig Menschen voneinander sind. Die christliche Tradition sieht die Würde des Menschen darin, daß er schuldig werden kann. Auch sind wir an Vorgängen mitschuldig, an denen wir uns nicht beteiligt haben. Gerade dann müssen wir zur Sensibilität Christi finden, der die Schmerzen anderer Menschen als die eigenen erfährt; die Schuld hört damit auf, etwas Privates zu sein. Die Wahrheit des Begriffs der Sünde erschließt sich erst in der politischen Dimension: Die Erbsünde ist der Zusammenhang von Unfähigkeit und Schwäche, Hoffnungslosigkeit und Bosheit, in dem wir stehen, ohne ihn selbst hervorgerufen zu haben, den wir aber gleichwohl mittragen.

politische Dimension

Literatur:

D. Sölle, Das Recht ein anderer zu werden, 1971, S. 25-53; dies., Lieben und Arbeiten, [2]1985, S. 55-75.

2.3.6 Barth

Barth: keine Anthropologie ohne Christologie

[A] Gegenüber den bisher vorgestellten Ansätzen wendet sich K. BARTH entschieden gegen eine selbständige vortheologische Anthropologie, die den apologetischen Untergrund der Theologie selbst bilden könnte. Deshalb kennt er auch keine Sündenerkenntnis außerhalb des Glaubens an den in Christus uns zugewandten Gott. Der Erkenntnis- und Realgrund allen geschöpflichen Seins ist die Gnade Gottes in Jesus Christus. An ihm, dem vere Deus und vere homo, sind folgende Bestimmungen des Menschen zu erkennen: 1. Mitmenschlichkeit, 2. Leib-und-Seele-Sein, 3. Zeitlichkeit.

Jesus Christus als Realgrund geschöpflichen Seins

„(Wir müssen) *also bei der Entfaltung der Lehre vom Menschen Punkt für Punkt zunächst auf das Wesen des Menschen blicken ..., wie es uns in der Person des Menschen Jesus entgegentritt, und dann erst und von da aus* – immer von jenem hellen Orte her fragend und antwortend – *auf das Wesen des Menschen ..., wie es das Wesen jedes Menschen aller anderen Menschen ist* ...“ (KD III,2, S. 54 [Hervorhebungen dort])

„Die ontologische Bestimmung des Menschen ist darin begründet, daß in der Mitte aller übrigen Menschen Einer der Mensch Jesus ist.“ (KD III,2, S. 158)

Relation statt Substanz

Barth legt die imago Dei nicht als ontologischen Tatbestand am Menschen aus, sondern als *Relation* und so als Gottes Bestimmung des Menschen zum Bunde. Die imago Dei ist Geschenk Gottes, das von Jesus Christus her definitiv interpretiert werden muß (der Mensch als Geschöpf ‚darf sein‘ – das ist seine Rechtfertigung).

„Sie (sc.die Gottebenbildlichkeit) ist keine Qualität des Menschen. ... Sie besteht nicht in irgend etwas, was der Mensch ist oder tut. Sie besteht, indem der Mensch selber und als solcher als Gottes Geschöpf besteht. Er wäre nicht der Mensch, wenn er nicht Gottes Ebenbild wäre. Er ist Gottes Ebenbild, indem er Mensch ist.“ (KD III,2, S. 206f.)

[B] Die Sünde des Menschen zeigt sich, wenn der Mensch aus dem Bund heraustritt und nicht auf Gottes zuvorkommende Treue mit seinem eigenen Lebensvollzug antwortet.

„Das göttliche Ja, zu dem die Sünde Nein sagt und durch das sie ihrerseits verneint ist, ist aber das Ja des *Bundes* Gottes mit dem Menschen, der das Geheimnis schon der Schöpfung ist: des in Jesus Christus von Ewigkeit her aufgerichteten und in der Zeit erfüllten und offenbarten *Gnaden*bundes.“ (KD III,3, S. 154)

Sünde im Widerspruch zum Sein Christi

Die Erkenntnis der Sünde ist also immer nur ein zweites Wort und kann auch nie das letzte sein; sie wird an der ursprünglichen Bestimmtheit zum Bund mit Gott, an der imago Dei, nichts ändern. Die Sünde wird von der

Gnade Gottes umfaßt; ihre Erkenntnis richtet sich an christologischen Bestimmungen aus, denn die Erkenntnis der Sünde geht dem Sünder ab (KD IV,1, S. 398).

Erkenntnis der Sünde als Hochmut, Trägheit, Lüge

Da Jesus Christus sich erweist als ⇩	zeigt sich die Sünde als: ⇩
1. wahrer, sich selbst erniedrigender und so versöhnender Gott	Hochmut,
2. wahrer, von Gott erhöhter und so versöhnter Mensch,	Trägheit,
3. Bürge und Zeuge unserer Versöhnung,	Lüge. (KD IV, 1, S. 83ff.)

analogia relationis

Gottes Treue bekundet sich auch in seinem Gebieten; durch sein Gebot wird der Mensch als Bundespartner angesprochen (Gen 9,6) und erfährt, wer er vor Gott, dann zum Mitmenschen hin ist, aber auch, was er tun soll. Das Gebot fordert ein Verhalten, das dem Tun Gottes *entspricht* (analogia relationis). Deshalb umfaßt das Evangelium das Gebot, das primär das aktuelle Gebieten Gottes ist; Barth kehrt die herkömmliche Reihenfolge (von Gesetz und Evangelium) zu *„Evangelium und Gesetz"* um. (Das Gesetz wird zuerst als Bundesweisung verstanden. Dabei gilt das Gesetz als vom Evangelium „umfangen".)

Evangelium und Gesetz

Literatur:
K. Barth, KD III, 2, v.a. S. 1-27, 54-63, 128-132, 238-241; KD IV, 1, S. 83-99, 395ff.

2.3.7 Joest

Gottebenbildlichkeit nicht durch die Sünde aufgehoben

Der Erlanger Systematiker W. JOEST faßt wichtige theologische Erkenntnisse der Reformation und dieses Jahrhunderts – Luthers und Barths – zusammen:

[A & B] Auch der Sünder verliert die von Gott gewollte Gottebenbildlichkeit nicht (Dogmatik, Bd. 2, ^{3}1989, S. 418). Sie wird nicht – wie bei Brunner – in der Entscheidung für oder gegen Gott aktuell, sondern in der wirklichen Entsprechung zu Gottes Bestimmung.

Grundsünde

[B] Die *Grundsünde* (so statt „Erbsünde") beruht auf dem Verhalten und nicht auf einem vorzeitlichen Fall und damit eingetretenen Effekt (a.a.O., S. 415 f.). Die (aktuelle) Sünde wirkt sich in Relationen aus:

- gegenüber Gott als Verschlossenheit und Selbstsorge,
- gegenüber dem Nächsten als Gleichgültigkeit,
- gegenüber der Schöpfung als „Sucht nach Haben" (a.a.O., S. 399 ff.).

Nicht am Menschen an sich, sondern in Christus wird die Sünde erkannt. Schuld bedeutet die Anlastbarkeit sündigen Verhaltens.

2.3.8 Katholische Theologie: Rahner

Rahner: finalistische Sicht des Menschen

[A] K. RAHNER beschreibt den Menschen als Wesen der (sittlich zu verantwortenden) Freiheit. Insofern Rahner Freiheit als intentional (Freiheit wozu, nicht wovon) bestimmt, zielt sie letztlich (wie bei BARTH) notwendig auf (ihre Erfüllung in) Gott.
[B] Weil sich dieser universale Anspruch im einzelnen mit dessen subjektiver Kontingenz paart, entsteht konsequenterweise eine Asymmetrie zwischen Anspruch und Wirklichkeit menschlicher Freiheitstaten, die sich als Schuld bezeichnen läßt. Sünde wird bei Rahner somit nicht phylogenetisch, sondern „religiös-existential" begriffen. Weil die menschliche Freiheitssituation grundsätzlich ihre Bedrohung einschließt, ist Rahner bereit, in einem ätiologischen Rückschluß von „Erbsünde" zu sprechen. Diese ist jedoch – im Unterschied zur reformatorischen Tradition – keine „corruptio" des Menschen, sondern zeigt „nur" die radikale (mögliche) Schuldbedrohtheit, die bis zur Abwendung von Gott führen kann. Im Zusammenhang der Erbsünde spricht Rahner von „Adam" nur, um in ihm nach Röm 5 die anthropologische Kontrastfolie zur wahren Erfüllung des Menschseins in Christus zu sehen.

Literatur:
K. Rahner, Grundkurs des Glaubens, S. 97-121.

2.4 Nichttheologische Anthropologien

humanwissenschaftliche Anthropologie

„Der Mensch" ist Gegenstand vieler Wissenschaften. Die stärkste „Konkurrenz" zur theologischen Anthropologie bildet die biologisch bestimmte *Philosophie;* aber auch die *Psychologie* setzt sich mit der Frage auseinander, was der Mensch sei.

Ethologie

Die *Ethologie* (biologische Verhaltensforschung) bestimmt den Menschen aufgrund naturgeschichtlich ererbter Verhaltensprogramme, die allerdings zum Teil seiner jetzigen Situation schlecht angepaßt sind.

Behaviorismus

Der *Behaviourismus* (z.B. bei B.F. SKINNER) sieht den Menschen im Gegensatz zur Ethologie nicht als vorprogrammiertes Naturwesen, sondern als Kulturwesen, das seine Verhaltensorientierung aus erworbenen und gespeicherten Reiz-Reaktions-Schemata gewinnt.

Monismus der Psychologie

In der *Psychologie* bzw. Psychoanalyse vertritt S. FREUD zunächst einen positivistischen, naturwissenschaftlichen Ansatz und damit ein monistisches Welt- und Menschenbild (also einer *Hierarchie* von Seele und Leib widersprechend). Ursprünglich verortete Freud psychische Vorgänge im neuronalen System. In der (psychotherapeutischen) Praxis wurde aus seinem positivistischen Denkansatz jedoch ein trichotomes Menschenbild: Es (Triebe) – Ich – Über-Ich (in der Sozialisation von außen eingegebenes Gewissen). Damit hat Freud sogar die Rationalität, die in der Evolutionstheorie noch die Spitze der Entwicklung darstellt, degradiert und das Ich als bedrohte Insel im Meer des Es relativiert. Auch das *Gewissen* (und damit ein Schuldverständnis) wird durch die Erklärung seiner Entstehung relativiert. Die angebliche Stimme Gottes wird zur verinnerlichten Stimme der Eltern bzw. der Gesellschaft.

Literatur:
C. Frey, Arbeitsbuch Anthropologie, 1979, S. 111-226.

3 Problemorientierung

Eine zentrale Tradition des biblischen Glaubens ist die prophetisch-befreiende Tradition: Die Gnade Gottes, des Schöpfers, die sich im Bund zeigt und in Jesus Christus offenbart ist, läßt den Menschen als Geschöpf und Sünder von Gottes Zukunft her neu verstehen:

- Gott schafft den Unterdrückten Recht; Schöpfung heißt, sein zu dürfen.
- Deshalb sind herrschende Machtsysteme, Machthaber und Hierarchien zu kritisieren.
- Die Vision eines kommenden neuen Zeitalters zeigt etwas von der Wiederbringung der Schöpfung, in dem die von Gott gewollte Herrschaft des Friedens und der Gerechtigkeit aufgerichtet sein wird.

In der dogmatischen Tradition wurde der Mensch in seiner Beziehung zu Gott in drei verschiedenen Richtungen bestimmt:

Bestimmung des Menschen in der dogmatischen Tradition

- Der Mensch ist ein Wesen in beständigem Werden dank der lebenseröffnenden Erfahrung der göttlichen Zuwendung (K. BARTH, P. TILLICH; vgl. W. Joest, Dogmatik, Bd. 2, [3]1989, S. 509: Der Mensch wird durch Gottes Güte, die er erfährt, zum Tun des Guten bewegt).
- Der Mensch ist von seinem Wesen her böse; verdienen würde er Gottes Gericht, aus Gnade wird er freigesprochen (AUGUSTIN, M. FLACIUS).
- Der Mensch ist von seinem Wesen her gut, fähig die Gebote Gottes zu halten, wenn sie ihm nur bewußt sind und er das will (PELAGIUS, in Ansätzen: F. SCHLEIERMACHER, A. RITSCHL, W. PANNENBERG; deutlich: D. SÖLLE).

4. Eigene Stellungnahme

Anregungen und Ansätze zu einer eigenen Stellungnahme bieten die Gesichtspunkte unter Abschnitt 2.4.

Literatur zur Vertiefung:
C. Frey, Arbeitsbuch Anthropologie, 1979; W. Härle, Dohmatik, 1995, S. 424-434, 456-492; W. Joest, Dogmatik, 1984-86, S. 345-430; A. Peters, Der Mensch, 1979; O. Weber, Grundlagen der Dogmatik, Bd. 1, 1955, S. 605-639.

Mögliche Klausurthemen:

1) Geschöpflichkeit und Sündhaftigkeit des Menschen.
2) Ist der Wille des Menschen frei oder unfrei? Stellen Sie die wichtigsten theologischen Positionen dar und beurteilen Sie diese.
3) Leib, Seele, Geist – Welche Zuordnungen kennt die Geschichte der Theologie und was könnten sie in der heutigen anthropologischen Diskussion bedeuten?

Eine zusammenfassende Übersicht versucht, entscheidende Gesichtspunkte und Alternativen festzuhalten:

Situation und Bestimmung des Menschen in der Dogmatik (Ausgewählte Gesichtspunkte)

Vorzeitliche Bestimmung	*als Geschöpf (im sog. Urstand)* status integritatis	*unter der Sünde* status corruptionis	*angesichts der Versöhnung und Erlösung*	*im Blick auf Erlösung und Versöhnung*	status glorificationis
Vor aller Zeit:	In erschaffener ‚Natur'		← diese Umstellung ist zu beachten! →		
• erwählt oder • von Gott verworfen (supralapsari-sche Prädestination - v.a. in der reformierten Lehre)	Merkmale des Urstands: • rectitudo • immortabilitas, • impassibilitas, • scientia, • perfectum dominium (laut altprotestantischer Dogmatik)	Von den Reformatoren besonders betont: • CA II: Ein Leben „sine metu Dei, sine fiducia erga Deum", • FLACIUS: Die Sünde werde zur ‚forma substantialis' des Menschen (Widerspruch durch die FC).	Zum Beispiel BARTH: • Vorordnung der Versöhnung **als objektiven** Vorgangs in Christus als dem Ziel des Bundes (Röm 10,4). • Versöhnung ist **Geschehen zwischen Gott und der Menschheit** (und damit der Welt).	Zum Beispiel SCHLEIERMACHER: • Geschichte der sich durchsetzenden Herrschaft des Geistes – der zweite Adam repräsentiert die Vollendung der Schöpfung in Gott. • Erlösung ist Realisation des in Gottes Handeln begründeten **Existenzwandels**.	Status der Seligen bei Gott

Dogmatische Streitfragen:

a. Läßt sich eine bloße ‚**Natur**' von der ‚**Übernatur**' unterscheiden; ist natürliches Menschsein von der Gottesbeziehung zu abstrahieren? (**Katholische Dogmatik**)		
b. Läßt sich die biblische Auffassung von der Geschöpflichkeit des Menschen • **dichotomisch** (Leib und Seele) oder • **trichotomisch** (Leib, Seele, Geist) verstehen?	b. • Sofern das der Fall ist, dann kann die Sünde als Einbruch des leiblichen Begehrens in Wille und Vernunft interpretiert werden (z. B. AUGUSTIN: **Konkupiszenz** als Folge und neuer Anlaß der Sünde). • Wenn nicht, dann greift die Sünde den **ganzen Menschen** an (LUTHERs radikale Auffassung): c. **Totalität der Sünde** (s. LUTHER) – sie erlaubt die mittelalterliche Unterscheidung nicht.	→ LUTHER: **Gott** wirkt alles in uns, so macht er uns frei. Der Kampf gegen Erbsünde und Sünde muß täglich geführt werden.
c. Verbinden sich geschaffene Natur und Gnade im Ebenbild Gottes? - Ältere, v. a. *mittelalterliche Lehre* (Gen 1,27 unterlegt): • Die ‚**imago**' ist geschaffene Natur, • die ‚**similitudo**' ist ungeschuldete Urstandsgnade.	D Hingegen ist die *katholische Auffassung* eher **additiv**: • Die ‚imago' ist beschädigt. • Die ‚similitudo', die Urstandsgerechtigkeit, ist verloren.	→ *Katholische Auffassung*: Der Mensch kann das Angebot der erlösenden Gnade bejahen (semipelagianische Tendenzen: der Gnade entgegenarbeiten).
	e. Eine **Variante** findet sich bei BRUNNER: • Eine **formale** Bestimmung wie die Sprachfähigkeit blieb erhalten. • Das **materiale** Ebenbild ist zerstört.	→ SCHLEIERMACHER: Wir können um unsere Erlösungsbedürftigkeit wissen. BRUNNER: Wir müssen zum Scheitern kommen, um sie zu erkennen.

VII. JESUS CHRISTUS, DIE CHRISTOLOGIE

Da die Christologie ein umfangreiches Gebiet darstellt, ist es wichtig, sich die Hauptfragestellungen von der Spätantike bis zur Gegenwart einzuprägen und die besonderen Aussageformen einer Epoche, eines Theologen oder einer Schulrichtung in den größeren Zusammenhang einzuordnen. Wichtige Fragestellungen hält die folgende Übersicht fest:

<table>
<tr><th rowspan="2"></th><th rowspan="2">Funktion Christi</th><th colspan="2">Person Jesu Christi</th></tr>
<tr><th>Wirken bzw.Geschick Jesu Christi</th><th>Sein Jesu Christi</th></tr>
<tr><td>Ansatz der Christologie</td><td>– z.B. in einer auf Gott und Mensch ausgerichteten Versöhnungslehre (vgl. ANSELM VON CANTERBURY),
– oder in einer am Menschen orientierten Soteriologie (‚pro me‘ / Benefizien) (vgl. P. MELANCHTHON, R. BULTMANN)</td><td>– ‚pro me‘ / Benefizien
– Inkarnation, Kreuz und Auferstehung sowie ihre Zuordnung</td><td>– Zweinaturenlehre ⇩
– oder: Name Jesu Christi, Stellung vor / zu Gott (vgl. D. BONHOEFFER, K. BARTH).</td></tr>
<tr><td>Zusammensein Gottes und des Menschen Jesu von Nazareth</td><td>– zum Zwecke der Satisfaktion (satisfactio aut poena),
– Satisfaktion aktiv oder passiv.</td><td>– ...dank der Konstruktion eines Gottmenschen (vgl. Anselm).</td><td>Konstruktion eines Gottmenschen in den altkirchlichen Bekenntnissen (zwei Naturen); dazu: Lehre von den ‚status‘.</td></tr>
<tr><td>Sein Jesu Christi als ...</td><td>– Urbild (vgl. F. SCHLEIERMACHER)
– bzw. Vorbild.</td><td colspan="2"></td></tr>
<tr><td>Titel</td><td colspan="3">Urchristenheit: Messias, Herr usw.
Priester, König, Prophet</td></tr>
</table>

Person und Funktion Christi

Titel

1 Bestimmung und Präzisierung des Problems

1.1 Problemzusammenhang

1.1.1 Bekenntnisse der Kirche

Jesus Christus in den Bekenntnissen der Kirche

Die Kirche hat sich seit Beginn ihrer Existenz immer zu Jesus Christus bekannt

- in den *drei altkirchlichen Symbolen* (mit einem soteriologischen Interesse):

> „Credo ... in Jesum Christum, filium ejus unicum ...“ (Apostolicum);
> „Credo ... in unum Dominum Jesum Christum, filium Dei unigenitum et ex patre natum ante omnia saecula, Deum de Deo, lumen de lumine, Deum verum de Deo vero, genitum, non factum ...“ (Nicaenum);
> „Sed necessarium est ad aeternam salutem, ut incarnationem quoque Domini nostri Jesu Christi fideliter credat.“ (Athanasianum [BSLK 21-29]).

- in der *Confessio Augustana* und den *Schmalkaldischen Artikeln* (um die Übereinstimmung der Reformation mit der Alten Kirche zu erweisen):

Christus nach den Art.Smalc.

> „Von diesem Artikel kann man nichts weichen oder nachgeben, es falle Himmel und Erden oder was nicht bleiben will; denn es ist kein ander Name, dadurch wir konnen selig werden ... auf diesem Artikel stehet alles, das wir wider den Bapst, Teufel und Welt lehren und leben.“ (BSLK, S. 415 f.)

Dies bezieht sich jedoch nicht nur auf das Werk Christi selbst, sondern auch auf die Rechtfertigung, denn entscheidend für Luther ist die Frage, was Christi Tun und Sein für uns bedeutet. Die übrigen lutherischen Bekenntnisschriften sind ihm darin gefolgt; in der CA ist der Artikel IV (De iustificatione, BSLK, S. 56 f.) eng mit dem vorangehenden (Artikel III: De filio Dei, a.a.O., S. 54 f.) verknüpft. Auch in der Auslegung des 2. Artikels des *Kleinen Katechismus* kommt dies zum Ausdruck:

„Ich gläube, daß Jesus Christus, wahrhaftiger Gott vom Vater in Ewigkeit geborn und auch wahrhaftiger Mensch von der Jungfrau Maria geborn, sei mein HERR ..." (BSLK, S. 511)

Kleiner Katechismus Luthers: „sei mein HERR..."

Die christologischen Aussagen erläutern das eigentliche Bekenntnis: „Ich gläube, daß Jesus Christus ... sei mein Herr ..."
Die erste Frage des *Heidelberger Katechismus* lautet:

„Was ist dein *einziger* Trost im Leben und im Sterben?" In der Antwort dazu heißt es: „Daß ich mit Leib und Seel, beide im Leben und im Sterben, nicht mein, sondern meines getreuen Heilands Jesu Christi eigen bin ..." (Hervorhebung nicht im Text)

Heidelberger Katechismus: einiger Trost im Leben und Sterben

Dieser Gedanke klingt in der 1. These der Theologischen Erklärung von *Barmen* wieder an, wo es, nachdem Joh 14,6 und 10,1.9 zitiert worden sind, heißt:

„Jesus Christus, wie er uns in der Heiligen Schrift bezeugt wird, ist das *eine* Wort Gottes, das wir ... zu hören haben ..." (Hervorhebung nicht im Text)

Barmen: das eine Wort Gottes

In der Damnation wird jede andere Quelle kirchlicher Verkündigung als die Offenbarung Gottes verworfen. Jesus Christus ist allein Grund unseres Glaubens und die alleinige Norm der Theologie, oder anders ausgedrückt, Theologie ist im weitesten Sinne Christologie.

Der Weltrat der Kirchen ist der reformatorischen Lehre nicht gefolgt; die Basisformel betont wohl die *Heilsbedeutung Jesu Christi*, vermeidet jedoch die Zuspitzung auf die Rechtfertigungslehre, aber bleibt damit auch schriftgemäß, denn Jesus Christus ist die Mitte der Verkündigung in der Schrift, von der her alles andere zu beurteilen ist.

Weltrat der Kirchen

1.1.2 Sonstige Überlieferungen der Kirche

Auch die kirchliche *Lehre* hat sich stets mit Jesus Christus beschäftigt, zumeist ebenfalls mit einem soteriologischen Interesse. Sie hat das christologische Dogma entwickelt und als Kernpunkt der Christologie – bis zur Aufklärung und darüberhinaus – festgehalten. Mit der *Aufklärung* traten neue Tendenzen hervor; das Interesse an der Erforschung des historischen Jesus trat in den Vordergrund. In der Wort-Gottes-Theologie erhielt dann die Christologie erneut eine zentrale Stellung.

gottesdienstliche Akklamation, Doxologie

Der christliche *Gottesdienst* wurde und wird in dem Glauben gefeiert, daß Christus, der Herr, in Wort und Sakrament gegenwärtig ist; gemessen am Glauben der weltweiten Christenheit sind radikale Versuche der Entmythologisierung nur sporadische Erscheinungen. Trotz der für sie zentralen Bedeutung des Redens von Jesus Christus hatte es die Kirche in der Auseinandersetzung mit Nichtchristen immer schwer, gerade dieses Zeugnis weiterzugeben.

1.1.3 Aktuelle Diskussion

In der gegenwärtigen Diskussion werden v.a. folgende Problemfelder behandelt:
- die (historische) Frage nach dem vorösterlichen Jesus und ihre Bedeutung für den Glauben,
- die Bedeutung, ja Wirklichkeit von Kreuz und Auferstehung (leeres Grab, Erscheinungen),
- die Frage des Erkenntnisweges der Christologie und auch
- das seit der Alten Kirche virulente Problem der Zwei-Naturen-Lehre,
- schließlich die Frage, ob der Christusglaube das Gespräch mit anderen Religionen erschwert.

1.2 Eigene Zugänge

Fragen, die sich aus Schwierigkeiten mit den überlieferten Glaubensbekenntnissen ergeben (wenn diese nicht oder noch nicht als Formulierungen der eigenen Glaubensausprägung aufgenommen werden können), bieten oft grundlegende Zugangsmöglichkeiten, z.B.:
- Warum soll Gott an einem Menschen in überwältigend-besonderer Weise erkannt werden?
- Wie ist die Verbindung des Menschen Jesus zu Gott zu denken?
- Was macht Jesus zu mehr als einem herausragenden Menschen?

„Seiteneinstiege" über die Gottes- und Trinitätslehre und die erhoffte Erlösung oder Themen wie ‚Befreiung' sind natürlich ebenso möglich wie aufschlußreich.

1.3 Aktuelle Formulierung des Problems

Die gegenwärtige Diskussion kann in einem Satz paraphrasiert werden: Wie begegnet uns im Menschen Jesus von Nazareth Gott zu unserem Heil? (Und was heißt dann ‚Heil'? Wäre es vom ‚Wohl' zu unterscheiden?)

Wie begegnet uns in Jesus Gott zu unserem Heil?

2 Problembearbeitung

2.1 Biblischer Hintergrund

Heute besteht in der ntl. Forschung weitgehend Einigkeit darin, daß die Christologie im Wirken (Verkünden und Handeln) Jesu wurzelt (*implizite Christologie*). Die Entfaltung der Christologie (als *expliziter Christologie*) setzt die Ostererfahrung voraus. Sie hebt bereits im NT mit den christologischen Titeln an:

NT: zuerst implizite Christologie

a) *Menschensohn:* Dieser Titel ist der einzige, der vom vorösterlichen Jesus gebraucht worden sein könnte. Es ist aber umstritten, ob Jesus diesen Titel auf sich bezogen hat; der Jesus der synoptischen Evangelien spricht vom leidenden, vom gegenwärtig wirkenden sowie vom kommenden Menschensohn (den er möglicherweise als einen anderen als sich selbst angesehen hat; etwa

Menschensohn

- Mt 24,27 (wie der Blitz, so die Wiederkunft des Menschensohns); Mt 24, 37-39 parr. (...wie die Tage des Noah, so... die Wiederkunft...).
- Der leidende Menschensohn setzt eine Reflexion auf Weg und Geschick Jesu voraus (Mk 14,21.41b).
- Ob υἱὸς τοῦ ἀνθρώπου überhaupt immer ein christologischer Titel ist, ist nicht sicher (s. z.B. Mk 2,10.28 [Sohn des Menschen – Macht, Sünden zu vergeben; Herr über den Sabbat]).
- Weitere Menschensohnstellen: Lk 12,8ff.; Mk 8,38; Lk 14,27; Lk 17,26 außerhalb des NTs: Dan 7,13f.; 4.Esra 13,3; äth. Henoch 71.

Menschensohnworte

a) *Messias:* Dieser Titel alttestamentlich bezeugter Hoffnung steht in enger

Messias

Verbindung mit Tod und Auferstehung Jesu und wird in hellenistischer Umgebung sehr bald zu einem Eigennamen; eine politische Dimension scheint er im NT nicht zu haben. Im engeren Sinn stellt die gesamte Christologie eine Entfaltung der Lehre vom Messias dar, denn משיח heißt griechisch Χριστός.

- Der endzeitlich in seine Herrschaft eingesetzte Messias wird in 1.Kor 15, 3-5 bekannt (von Paulus vorgelegtes Bekenntnis zum Auferstandenen);
- der leidende Messias wird u.a. bezeugt in den Passionsgeschichten und durch die Kreuzesinschrift. Die palästinensische Tradition des *Davidssohns* findet sich vor allem im Lobgesang des Zacharias (Lk 1,68ff.).

Sohn Gottes

a) *Gottessohn:* Es dominieren Aussagen, denen zufolge Jesus seinem Ursprung und Wesen nach Gottes Sohn ist. Wenige Abschnitte lassen die frühe Vorstellung einer *Einsetzung* in die Gottessohnschaft erkennen:

- z.B. Röm 1,3 f.: Aus dem Davidssohn wird der endzeitliche Messias bzw. der Sohn Gottes: σπέρμα Δαυὶδ κατὰ σάρκα ⇨ υἱὸς θεοῦ κατὰ πνεῦμα = κύριος ἡμῶν). Die Abstammung aus dem Geschlecht Davids steht mit der Aussage von seiner göttlichen Zeugung durch den Geist in Spannung.
- Der „Gottessohn" nimmt u.a. auf Ps 2,7 (Inthronisation des Königs und Deklaration als Sohn Gottes) Bezug.

Kyrios

a) *Kyrios:* Vor allem die hellenistische Gemeinde hat im Gottesdienst den gegenwärtigen Herrn angerufen; dieser Titel verweist daher deutlich auf den Geist, der Gott gegenwärtig macht.

Jesus als Gott im NT

Es gibt im NT noch eine Reihe *weiterer Titel,* die nur selten vorkommen; besonders bemerkenswert ist, daß Jesus selbst zweimal (Röm 9,5 [ὁ ὢν ἐπὶ πάντων θεός] und Joh 20,28 [der ungläubige Thomas bekennt: ὁ θεός μου]) als *Gott* bezeichnet wird. Die christologischen Titel sind ein Weg, die *Heilsfunktion* Jesu und seine Bedeutung in der Geschichte Gottes mit den Menschen zu bekennen; vor allem *Paulus* richtet seine Theologie darauf aus, die Heilsbedeutung des Todes Jesu zu erfassen:

Paulus: Tod Jesu als Rettung; Auferstehung als Hoffnung für uns

Paulus kann ganz allgemein von der

- *Rettung* sprechen, die kurz bevorsteht (Röm 13,11f.) und derer die Christen schon jetzt gewiß sind, weil sie
- an *Christi Tod* (durch die Taufe) und hoffend an seiner Auferweckung teilhaben können (Röm 6,5 [das Futur beachten: τῆς ἀναστάσεως *ἐσόμεθα*]).

- Konkret wird dies, wenn Paulus von der *Befreiung von den Mächten,* besonders von der Macht der Sünde, spricht (Röm 6,14).
- Christus hat die Macht der Sünde gebrochen, indem er sich dem Tod ausgeliefert hat, wie er die Konsequenz der Herrschaft der Sünde war (Röm 5,12).
- Er ist *für unsere Sünden gestorben* (Röm 6,10a), obwohl er
- ohne Sünde war (2.Kor 5,21). Deshalb ist
- dieser Tod, durch den Gott seine Liebe gezeigt hat (Röm 5,8), nicht das letzte Wort.
- Vernichtet ist die *Macht der Sünde* noch nicht endgültig, denn sie kann ihre Herrschaft noch über die Leiber ausüben (Röm 6,12); aber
- die Christen sind ihr bereits abgestorben und aus ihrer Knechtschaft befreit (Röm 6,2.18).

„für unsere Sünden"

Im vierten Evangelium wird die Reflexion des christlichen Glaubens weiter als bei Paulus und den Synoptikern vorangetrieben. Erkennbar wird dies an der wichtigsten christologischen Prädikation bei *Johannes:*

Sohn und Vater im johanneischen Schriftenkreis

- der Sohn, der seinen Ausgang vom Vater nimmt (Joh 8,42),
- in dem der Vater vollkommen gegenwärtig ist (Joh 14,8) und
- der mit seinem Tod zum Vater zurückkehrt (Joh 16,5).
- Obwohl der *Tod* Jesu demnach bei Johannes zur *Sendung* des Sohnes gehört, begreift auch er ihn als ein *Sterben für die Seinen* (Joh 10,15) und als
- Ausdruck der *Liebe Gottes* (Joh 3,14-16),
- durch den er den Sieg über die Welt erringt (Joh 16,33), deren unheilvoller Zustand an Jesus Christus offenbar geworden ist (Joh 15,18).
- Die Christen haben *schon jetzt* Anteil an diesem Sieg (Joh 6,54; 1 Joh 5,4f.), auch wenn erst für die Zukunft die Vollendung des Heils zu erwarten ist (Joh 6,57).
- Gebunden ist diese Anteilhabe an den Glauben und die Erfüllung des Gebotes der Bruderliebe (Joh 13,34 f.), das darum ein *neues* Gebot ist, weil der Christ es nur auf Grund seines Glaubens erfüllen kann (Joh 7,38).

Tod und Sendung des Gottessohns nach Joh

Die wichtigsten Prädikationen Jesu Christi beziehen sich auf die *Hoffnung des AT*. Sie nehmen diese so auf, daß sie ihren ganzen Sinn vom Neuen, das sich mit und in Jesus ereignet, verstehen. Die jüdische Frage, warum in der Welt so wenig verändert worden ist, wenn der Messias bereits gekommen ist, kann nur die Antwort finden, daß rabbinisches Judentum wie frühes Christentum jeweils eine andere Messiashoffnung in ein weites, noch unausgeschöpftes Messiasverständnis eingesetzt haben.

Entfaltung der Christologie in der frühen Christenheit

Nachdem wichtige ntl. Stellen vordringlich nach systematischen Gesichtspunkten vorgestellt wurden, soll eine Art Zusammenfassung auf Stadien der Entwicklung und Entfaltung der Christologie in der ersten Christenheit hinweisen, ohne allen historisch-kritischen Mutmaßungen gerecht zu werden:

Jesus selbst	Osterereignisse	frühe Judenchristenheit	hellenistische Judenchristenheit	hellenistische Heidenchristenheit
Beanspruchte er ein – messianisches Selbstbewußtsein oder – einen seiner späteren Titel? Etwa den *Menschen-sohn*-Titel?	Bekenntnis zur – Person des Auferstandenen, – zum kommenden Menschensohn, – zum wiedererwarteten Herrn, – zum endzeitlich eingesetzten Messias.	– Hoffnung auf Wiederkehr, – „Menschensohn“ in das irdische Leben Jesu übertragen, – „Sohn“, – Wundertäter = Charismatiker, – Leiden entsprechend der Schrift, – Messias als Gekreuzigter, (Jes 53, Sühne)	– Erfahrung der Parusieverzögerung ⇨ Glaube an – die Erhöhung, – einen unpolitischen Messias, – einen endzeitlichen Messias – durch Adoption zum Gottessohn – sowie sein Erdenwirken als Davidssohn, – als θεῖος – ἀνήρ. – durch Jungfrauengeburt und als – irdischer Gottessohn	Sie bekennt – den Kyrios, – den Gottessohn (Joh) und – nach Phil 2 den Weg „Gott ⇨ Inkarnation ⇩ Erniedrigung ⇨ Tod ⇨ Auferstehung ⇧ Erhöhung“ – ‚*Christus*‘ wird zum Eigennamen; – ‚*Messias*‘ und ‚*Davidssohn*‘ verschwinden.

Diese und andere biblische Stellen beziehen sich auf die Aussagen zur christologischen Entwicklung in der frühen Christenheit:

Belege für die Entfaltung der frühen Christologie

– Lk 12,8ff. – Mk 8,38 – Lk 14,27 – Lk 17,26 (Menschensohn)	– 1. Kor 15,3-5	– leidender Menschensohn: Mk 14,41b; 14,21 – Übertragung des Messias-Titels auf den Irdischen: Mk 15,26 – Kreuzesinschrift – 1Kor 15,3-5 – Passionsaussage vom Messias – Davidssohn: Lk 1,68ff. (palästinensisch	– Mk 12,35-37a – Mt 7,22f: der Wiederkommende – „Maranatha“: 1Kor 16,22 – Zwei-Stufen-christologie: Röm 1,3: Davidssohn ⇨ Messias bzw. Sohn Gottes; – Gottessohn: Ps 2,7; Lk 1,32f.	– Phil 2 – ständiger Geistbesitz ⇨ physische Jungfrauengeburt: Lk 1,26ff. – Mk 12,1-9: Epiphanie bzw. Präexistenz
ferner: Dan 7,13f.; 4.Esra 13,3; äth. Henoch 71			ferner: Ps 110,1.	

2.2 Historischer Hintergrund

2.2.1 Alte Kirche und Mittelalter

Zum Folgenden ist die Übersicht zur Entwicklung der Christologie in der Alten Kirche heranzuziehen:

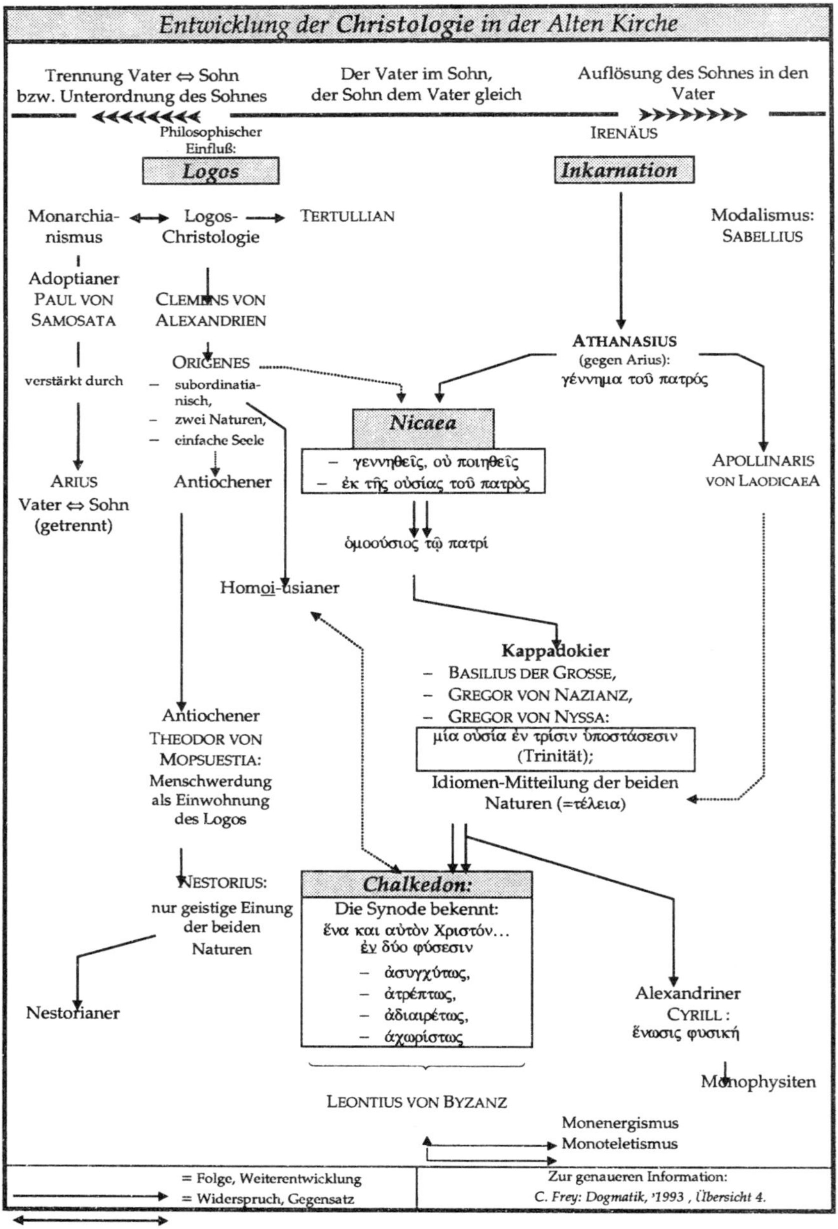
Entwicklung der Christologie in der Alten Kirche
Trennung Vater ⇔ Sohn bzw. Unterordnung des Sohnes
Der Vater im Sohn, der Sohn dem Vater gleich
Auflösung des Sohnes in den Vater
Philosophischer Einfluß:
Logos
IRENÄUS
Inkarnation
Monarchianismus
Logos-Christologie
TERTULLIAN
Modalismus: SABELLIUS
Adoptianer
PAUL VON SAMOSATA
CLEMENS VON ALEXANDRIEN
ATHANASIUS (gegen Arius): γέννημα τοῦ πατρός
ORIGENES
– subordinatianisch,
– zwei Naturen,
– einfache Seele
verstärkt durch
Nicaea
– γεννηθεῖς, οὐ ποιηθεῖς
– ἐκ τῆς οὐσίας τοῦ πατρὸς
ARIUS
Vater ⇔ Sohn (getrennt)
Antiochener
APOLLINARIS VON LAODICAEA
ὁμοούσιος τῷ πατρί
Homoi-usianer
Kappadokier
– BASILIUS DER GROSSE,
– GREGOR VON NAZIANZ,
– GREGOR VON NYSSA:
μία οὐσία ἐν τρίσιν ὑποστάσεσιν (Trinität);
Idiomen-Mitteilung der beiden Naturen (=τέλεια)
Antiochener
THEODOR VON MOPSUESTIA:
Menschwerdung als Einwohnung des Logos
NESTORIUS:
nur geistige Einung der beiden Naturen
Chalkedon:
Die Synode bekennt:
ἕνα και αὐτὸν Χριστόν…
ἐν δύο φύσεσιν
– ἀσυγχύτως,
– ἀτρέπτως,
– ἀδιαιρέτως,
– ἀχωρίστως
Nestorianer
Alexandriner
CYRILL:
ἕνωσις φυσική
Monophysiten
LEONTIUS VON BYZANZ
Monenergismus
Monoteletismus
= Folge, Weiterentwicklung
= Widerspruch, Gegensatz
Zur genaueren Information:
C. Frey: Dogmatik, ²1993, Übersicht 4.

Wesen und Funktion Christi in der Alten Kirche

Nicäa 325

Apollinaris von Laodicea: Logos-Sarx-Schema

In der alten Kirche war das besondere Interesse an der Funktion Christi weniger isoliert als manchmal in späteren Jahrhunderten; es verband sich mit einem Nachdenken über sein Wesen. Nachdem 325 auf dem *Konzil von Nicäa* festgestellt worden war, daß der Logos „eines Wesens" mit dem Vater ist, stellte sich die Aufgabe, das Verhältnis von Göttlichem und Menschlichem in Jesus Christus zu bedenken. Eine wichtige Station auf dem Weg zur Lösung dieses Problems markiert der Denkansatz des APOLLINARIS VON LAODICEA, der eine *Logos-Sarx-Christologie* entwickelte; er behauptete, der Logos trete an die Stelle des menschlichen Geistes; dabei ist ihm über der Betonung der Einheit von Gottheit und Menschheit in Jesus Christus die letztere aus dem Blick geraten, weil sie in seiner Konzeption unpersönlich wurde.

Antiochien: Logos-Anthropos-Schema

Um die Menschheit Jesu Christi herauszustellen, wurde in *Antiochien* die *Logos-Anthropos-Christologie* herausgebildet, in der die Einheit der Naturen als das Wohnen des Willens Gottes im Menschen Jesus (Maria als *Christusgebärerin)* gedacht wurde. Es gelang den Antiochenern jedoch nicht, damit die Einheit von Gottheit und Menschheit hinreichend zum Ausdruck zu bringen.

Alexandria (Cyrill): eine Physis

In Auseinandersetzung mit dieser Position hat CYRILL VON ALEXANDRIEN sein christologisches Denkmodell (μία φύσις) entwickelt, wonach die Menschheit von der Gottheit durchdrungen wird (Logos-Sarx-Schema). Auch Cyrill konnte die Menschheit Jesu Christi nicht wirklich festhalten (vgl. Maria als *Gottes*gebärerin).

Chalkedon

Entschieden wurde der Streit 451 auf dem *Konzil von Chalkedon* durch einen Kompromiß; danach hat die göttliche Natur die menschliche in sich aufgenommen, so daß sie nun eine Einheit bilden, ohne daß die Naturen miteinander verschmelzen (in [ἐν] zwei Naturen; gegen Alexandrien: *aus* [ἐκ] zwei Naturen). Ausgedrückt wird dies durch vier Attribute mit alpha privativum:

Integrität der Naturen:	*Einheit der Naturen:*
ἀσυγχύτως = unvermischt	ἀδιαιρέτως = ungetrennt
ἀτρέπτως = unverwandelt	ἀχωρίστως = ungesondert

In der Folgezeit beschränkte sich das Nachdenken über das Wesen Christi weitgehend darauf, die Formel des Chalcedonense zu entfalten, die letztlich soteriologisch motiviert war. Dazu wurde die Lehre von der communi-

Anhypostasie, Enhypostasie

catio idiomatum ausgebaut und die Vorstellung von der *Anhypostasie* (der personalen Unselbständigkeit) der menschlichen Natur entwickelt; die Anhypostasie wird allerdings durch die *Enhypostasie* (das Personsein in der Personalität des Logos) kompensiert. LEO VON ROM verwendete die Formeln: *una persona, duae naturae;* das Konzil von Konstantinopel (680) sprach von zwei Willen und zwei Energien (DS 553-560). Im Osten entwickelte JOHANNES DAMASCENSUS um 700 die Idee der Perichorese (περιχώρησις = Durchdringung [vgl. das Kap. IV zur Trinitätslehre]).

Perichorese

Literatur:

B. Lohse, Epochen der Dogmengeschichte, S. 77-104; W.-D. Hauschild, Lehrbuch der Kirchen- und Dogmengeschichte, Bd.1, 1996, S. 153-208.

Satisfaktionstheorie: Überlistung des Teufels

Bereits in der Alten Kirche war es zur Entwicklung einer Art von *Satisfaktionslehre* gekommen (TERTULLIAN, CYPRIAN, AMBROSIUS). Als Empfänger des Lösegeldes galt zumeist der Teufel, der durch die Sünde ein Anrecht auf die Menschen erhalten hatte; selten war die Vorstellung, daß Gott zur Abwendung seines Zornes Empfänger des Lösegeldes sei. Dieser Gedanke setzte sich erst im Gefolge ANSELMs VON CANTERBURY in der westlichen Kirche durch. Anselm betrachtete die Sünde als eine Verletzung der Majestät Gottes, die unbedingt wiederherzustellen sei. Zwei Wege kamen dazu für ihn in Betracht, die *Strafe,* die eine Vernichtung der Menschheit bedeutet hätte, oder die *Satisfaktion,* eine Ersatzleistung, die die Majestätsverletzung aufwiegt und zudem freiwillig und ungeschuldet sein muß (*satisfactio aut poena* – vgl.: Cur Deus homo?). Aufgrund des Schöpfungswillens, so folgerte Anselm, scheidet der erste Weg aus, den zweiten Weg aber kann nur Gott gehen, der dazu erst Mensch werden muß.

Anselm von Canterbury: satisfactio aut poena

Anselm betont die Leidensseite als Ursprung der Entschädigung (oboedientia passiva); ein aktiver Gehorsam kommt dafür nicht in Frage, weil jeder Mensch auch sonst von sich her aktiven Gehorsam schuldet. Die reformatorische Theologie verzichtete im allgemeinen auf diese Unterscheidung (A. QUENSTEDT als altprotestantischer Theologe wollte z.B. beide Seiten zusammendenken).

Versöhnung

Damit sind zwei Typen der *Versöhnungslehre* (nach G. Aulén, Die drei Haupttypen des christlichen Versöhnungsgedankens, in: ZSTh 8 (1931), S. 501-538) umrissen. Der dritte Typus fand bei einem Zeitgenossen Anselms, bei PETRUS ABAELARD, Ausdruck: Gott kann aus Liebe (ohne die quasi-rechtliche Entschädigungsleistung) den von ihm abgefallenen Men-

Einwände Abaelards

schen versöhnen. Dieser Typus fand besonders in der Neuzeit Resonanz (s.u. A. RITSCHLs Einwände gegen die Rede vom Zorn Gottes [vgl. Abschnitt 2.2.4.4]).

2.2.2 Reformation

Luther: Gott für uns

M. LUTHER hat das bestehende christologische Dogma in seine Christologie übernommen, ist aber nicht dabei stehengeblieben; sein Interesse galt vielmehr der Frage: *Was bedeutet das für uns?*

> „Ich weiß von keinem Gott ohne allein von dem einzigen, der da heißet Jesus Christus." (WA 31, I, S. 36)

personhafte Begegnung

Nicht die metaphysische Einheit der Naturen ist letztlich das Entscheidende, sondern die personhafte: *in der Person Jesu Christi begegnet die Person des Vaters.*

> „Wer da will heilsam über Gott denken oder spekulieren, der setze alles andre hintan gegen die Menschheit Christi." (Gutachten über Joh 6,37-40 an Spalatin, 12.11.1519, WA Br. I, Nr. 145)

Einheit in der Inkarnation

So wie Jesus Christus sich zu seinen Mitmenschen verhält, so verhält sich Gott zu uns, deshalb können wir an ihm – und nur an ihm – erkennen, was Gott mit uns vor hat, daß er unser Heil will. Eben darin unterscheidet sich für Luther wahrer Glaube von bloß historischem, der die Tatsachen hinnimmt, aber nicht auf sich selbst bezieht. Dieses vertiefte Verständnis bringt es mit sich, daß er an einigen Punkten die Dinge anders interpretiert als die Tradition. Er betont die völlige Einheit von Gottheit und Menschheit in Jesus Christus und ihre *völlige Teilhabe* aneinander, die er auch für die Majestätseigenschaften feststellt. Deshalb versteht er Entäußerung nicht als einen einmaligen Vorgang bei der Menschwerdung (so die Alte Kirche), sondern als Verzicht auf die göttliche Gestalt durch Rückgabe derselben an den Vater, um den Menschen gleich zu sein, um sich dem Sünder an die Seite zu stellen, und das immer wieder bis zur Vollendung der Inkarnation am Kreuz (theologia crucis).

Christus „exemplar", nicht „exemplum"

Im Anschluß an den spätmittelalterlichen Theologen WILHELM VON OCKHAM sah Luther die ewige Person des Sohnes die menschliche Natur annehmen (WA 39, II, S. 110). Darin begegnet Christus als Urbild (exemplar, nicht exemplum) für jeden Christen; Christi Entäußerung und sogar sein Kreuzeskampf soll sich in ihnen fortsetzen. An Luthers Christologie kann die Frage gerichtet werden, inwieweit Jesus Christus noch wahrer Mensch mit menschlichem Personzentrum ist. Luther bestimmt seine menschliche Seite v.a. vom Leiden und Mitleiden her.

Kreuz, Auferstehung

Wenn Luther über die Bedeutung von *Kreuz und Auferstehung* – für sich genommen – reflektiert, faßt er Leiden und Tod Jesu nicht als Genugtuung, sondern als Strafe (passiven Gehorsam) auf, die allen Menschen zugekommen wäre, wenn Christus sie nicht auf sich genommmen hätte. Luther nimmt in das Leiden Christi am Kreuz auch das Leiden jedes einzelnen Christen in der *Anfechtung* hinein (fides Christi), deshalb reicht es für ihn auch nicht aus festzustellen, daß Christus am Kreuz gestorben sei, Christus hat wirklich die volle Wucht des göttlichen Zorns zu spüren bekommen (vgl. Gal 3,13) und die Gottverlassenheit erfahren (Mk 15,34) – am Kreuze hängend fühlt er keine Göttlichkeit (WA 17, I, S. 72). Weil er dennoch bei Gott geblieben ist und ihn in der Tiefe des Todes noch „mein Gott" gerufen hat, hat er den Zorn Gottes überwunden.

Anfechtung und Gottverlassenheit

Sieg über die Mächte

Zudem hat Christus die *Mächte besiegt,* denen der Zorn Gottes freien Lauf ließ; sie werden allerdings in der Welt noch Bestand haben, bis sie endgültig beim Anbruch des Reiches Gottes vernichtet werden. Christen haben durch ihren Glauben Anteil an diesem Sieg, wenn Christus in ihnen wohnt und herrscht.

Menschlichkeit Gottes

Durch seine *Kreuzestheologie* stellt Luther zwar die klassische Zweinaturenlehre nicht in Frage, aber er radikalisiert die *Menschlichkeit Gottes:* Nicht nur göttliche Eigenschaften, sondern göttliches Leiden werden der menschlichen Natur mitgeteilt. Die Christologie füllt deshalb die Christus prädizierenden Begriffe neu:

> „Omnia vocabula in Christo novam significationem accipere in eadem re significata." (WA 39, II, S. 94)

Literatur:

M. Liénhard: Martin Luthers christologisches Zeugnis, Göttingen 1979.

P. MELANCHTHON tendiert dazu, das Paradox der Menschwerdung und damit Luthers Betonung der vollen Menschlichkeit in der Niedrigkeit Gottes zu relativieren. Das Evangelium verkündet die „promissio beneficii Christi" (CR 21, S. 733). Darum reduziert Melanchthon die Teilnahme der göttlichen Natur auf das, was für die Erlösung notwendig ist. Jede Natur bewahrt ihre Eigentümlichkeiten; die „communicatio idiomatum" gilt Melanchthon als eine Redeweise (forma loquendi) (CR 23, S. 368 ff.). Die Erlösungschristologie Luthers (Christus als „salvator seu redemptor" [BSLK, S. 652]) wird bei Melanchthon – im Sinne Anselms – wieder stärker in eine Versöhnungschristologie (Christus als „propitiator" und „mediator" [Versöhner und Vermittler; vgl. BSLK, S. 176]) umgewandelt. Melanchthon: beneficia Christi – Versöhnungs-christologie

Der *final* orientierte Sinn einer wenig spekulativen Christologie tritt auch im Augsburger Bekenntnis heraus; vgl. das *vierfache „ut"* im lateinischen Text von CA III: CA: finaler Sinn der Christologie

- ... zwei Naturen ... („... ut sint duae naturae ..."),
- ... uns den Vater versöhnte ... („... ut reconciliaret nobis patrem ..."),
- ... daß er sitze zu Rechten ... („... ut sedeat ad dexteram Patris ...") und
- ... daß er richte ... („... ut iudicet ...") (BSLK, S. 54).

J. CALVIN betont – anders als Luther – die *Gottheit des Mittlers* Christus, um sich von anderen Religionen abzusetzen: Calvin: Gottheit des Mittlers

> „Das sind die Hauptmerkmale, durch die sich unser Glaube vom Aberglauben der Heiden unterscheidet: nämlich daß er Christus als Mittler kennt und lehrt, daß die Menschen ihr Heil von ihm allein erwarten sollen ..." (Komm. zu Apg 17,18 [vgl. Inst. II, 13,7])

Christus ist *Gottes ewiges Wort,* vor aller Zeit vom Vater geboren, Schöpfungswort und *Haupt der Schöpfung;* er übt vor und nach dem Fall die Funktion eines Mittlers zwischen dem Schöpfer und seinen Geschöpfen aus:

> „... jener Gott, der zuvor der Welt den Erlöser verheißen hatte, ist Einer, aber in Christus wird die Einheit und Wahrheit der Gottheit gefunden werden. Denn darum ist Christus erniedrigt worden, daß er uns in die Höhe hebe." (Komm. zu Ev. Joh., 1553, zu Joh 17,3, CR 75, S. 376f.)

Christus wird also als umfassender kosmischer Mittler betrachtet. Zur Menschwerdung verbirgt sich der ewige Sohn so tief in die menschliche Natur, daß der Mittler den Kreuzestod sterben kann; dabei bleibt ihm grundsätzlich die Möglichkeit, seine Gottheit zur Geltung zu bringen. Die Erhöhung bedeutet für Calvin, daß die Gegenwart des Leibes in dieser Welt endet und der Geist an seine Stelle tritt. Die Einheit der Naturen in der Person Jesu Christi steht für Calvin außer Frage, aber er lehnt ihre Vermischung entschieden ab. Der ewige Sohn kann deshalb nicht gänzlich in der Menschheit aufgehen, weil er auch nach der Inkarnation nicht aufhören kann, seine Herrschaft über die Schöpfung auszuüben *(sog. Extra Calvinisticum)* (Die einzige Stelle mit einem „extra": Inst. IV, 17,13).

sog. „Extra Calvinisticum"

Das Werk des Mittlers beschreibt Calvin als *dreifaches Amt* (Inst. II, 15); voran steht (seit 1545) die Offenbarung Gottes in Christus (das *prophetische* Amt); das *königliche* Amt übt er durch sein Wort in seinem geistlichen Reich aus; das *priesterliche* Amt besteht darin, daß er durch seinen Gehorsam Zorn und Liebe Gottes miteinander versöhnt (hierin folgt auch Calvin dem Ansatz Anselms, ohne die Satisfaktion auf den menschlichen Willen zu beschränken, wie Anselm das wollte). An Calvins Lehre vom dreifachen Amt (nicht drei Ämtern!) knüpft auch die Föderaltheologie (s.o.) an, aber sie erliegt doch der Gefahr, daß drei Ämter in historischer Folge zur Darstellung kommen.

dreifaches Amt: König, Priester, Prophet

Biblische Belege für die Lehre vom dreifachen Amt werden im AT gesucht:

- für das *prophetische Amt* Dtn 18,15 („Einen Propheten wie mich wird dir der Herr, dein Gott, erstehen lassen ..."), Jes 40ff. (die Botschaft von der Erlösung aus dem Exil),
- für das *königliche Amt* 2.Sam 7 (Verheißung dauernden Beistands an das Haus Davids), Ps 110,1 („Setze dich zu meiner Rechten..."), Mi 2,13 („Der Durchbrecher zieht vor ihnen her ..."), Mi 5,3ff. („... weidet sie in der Kraft des Herrn ...") und
- für das *priesterliche Amt* Ps 110.

Chemnitz: Idiomenkommunikation

Im Bereich der Christologie ist M. CHEMNITZ das Bindeglied zwischen Luther und der altlutherischen Orthodoxie. Wie Luther betont auch Chemnitz die *Einheit der Person,* er ordnet die Aussagen der Schrift über Jesus Christus auf sie hin und gelangt so zur Aufteilung der *communicatio idiomatum* in drei Weisen *(genera),* die von der altprotestantischen Orthodoxie (s.u.) übernommen wurde (De duabus naturis in Christo, 1571).

Es ist eine Eigenart der Christologie Chemnitz', daß er es ablehnt, schriftwidrige Konsequenzen zu ziehen; deshalb betont er auch das Menschsein Jesu in besonderer Weise und lehnt mit Melanchthon bestimmte Konsequenzen der Ubiquitätslehre Luthers ab. Das Begrenztsein gehört für ihn zur menschlichen Natur Christi, die hernach *zur Rechten Gottes* erhoben und damit *multipräsent* wird. Mit der „assumptio carnis", der Verbindung Gottes mit dem Menschen, vollzieht sich eigentlich schon die Erlösung. Im Stande der Erniedrigung wohnt in Jesus zwar die Herrlichkeit, aber die menschliche Natur selbst besitzt sie nicht. Dies führt Chemnitz dazu, für diese Zeit ein Wirken des Logos ohne die menschliche Natur anzunehmen und sich dem Extra Calvinisticum anzunähern. Auch wenn man davon ausgeht, daß Multipräsenz wie im „genus maiestaticum" bereits in der Erniedrigung durch die „unio personalis" schon angelegt sind, bestehen doch zahlreiche Spannungen in Chemnitz' Christologie. Auf sie geht aber die spezifisch lutherische Lehre von der *Idiomenkommunikation* zurück (s.u.).

Multipräsenz

Literatur:

T. Mahlmann, Das neue Dogma der lutherischen Christologie, 1969.

2.2.3 Altprotestantische Orthodoxie

Der komplizierte Stoff wird in der Übersicht auf der folgenden Seite zusammengefaßt.

Die altprotestantische Orthodoxie entfaltet die Christologie, indem sie zunächst die Person Christi beschreibt, dann die Ständelehre behandelt und abschließend mit Hilfe der Lehre vom dreifachen Amt das Werk Christi darstellt.

Altprotestantismus: Person, Amt, Stand

Diese Trennung ist in neuerer theologischer Sicht als unglücklich zu betrachten, da die Gesichtspunkte miteinander in intensiver Beziehung stehen. Die Aspekte sollen hier der Übersichtlichkeit halber im folgenden dennoch in drei getrennten Abschnitten behandelt werden.

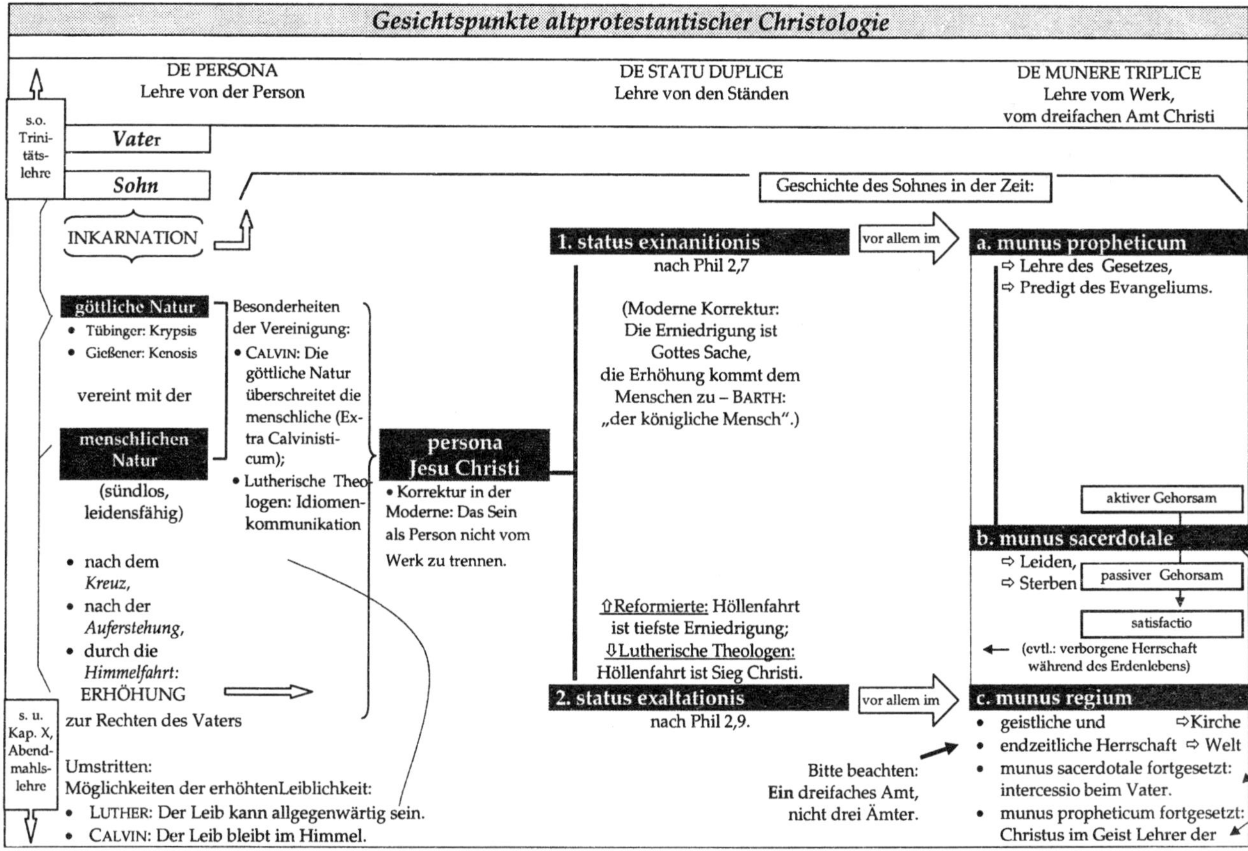
Gesichtspunkte altprotestantischer Christologie
DE PERSONA
Lehre von der Person
DE STATU DUPLICE
Lehre von den Ständen
DE MUNERE TRIPLICE
Lehre vom Werk, vom dreifachen Amt Christi
s.o. Trinitätslehre
Vater
Sohn
Geschichte des Sohnes in der Zeit:
INKARNATION
göttliche Natur
• Tübinger: Krypsis
• Gießener: Kenosis
vereint mit der
menschlichen Natur
(sündlos, leidensfähig)
Besonderheiten der Vereinigung:
• CALVIN: Die göttliche Natur überschreitet die menschliche (Extra Calvinisticum);
• Lutherische Theologen: Idiomenkommunikation
persona Jesu Christi
• Korrektur in der Moderne: Das Sein als Person nicht vom Werk zu trennen.
• nach dem Kreuz,
• nach der Auferstehung,
• durch die Himmelfahrt: ERHÖHUNG
zur Rechten des Vaters
Umstritten:
Möglichkeiten der erhöhtenLeiblichkeit:
• LUTHER: Der Leib kann allgegenwärtig sein.
• CALVIN: Der Leib bleibt im Himmel.
s. u. Kap. X, Abendmahlslehre
1. status exinanitionis
nach Phil 2,7
(Moderne Korrektur: Die Erniedrigung ist Gottes Sache, die Erhöhung kommt dem Menschen zu – BARTH: „der königliche Mensch".)
⇧Reformierte: Höllenfahrt ist tiefste Erniedrigung;
⇩Lutherische Theologen: Höllenfahrt ist Sieg Christi.
2. status exaltationis
nach Phil 2,9.
vor allem im
vor allem im
a. munus propheticum
⇨ Lehre des Gesetzes,
⇨ Predigt des Evangeliums.
aktiver Gehorsam
b. munus sacerdotale
⇨ Leiden,
⇨ Sterben
passiver Gehorsam
satisfactio
(evtl.: verborgene Herrschaft während des Erdenlebens)
c. munus regium
• geistliche und ⇨Kirche
• endzeitliche Herrschaft ⇨ Welt
• munus sacerdotale fortgesetzt: intercessio beim Vater.
• munus propheticum fortgesetzt: Christus im Geist Lehrer der
Bitte beachten:
Ein dreifaches Amt, nicht drei Ämter.

2.2.3.1 De persona Christi

Zuerst werden die Naturen Christi je für sich behandelt. Der *göttlichen Natur* werden alle Wesensbestimmungen zuerkannt, die auch der ersten Person der Trinität zu eigen sind, sie ist von Ewigkeit her vom Vater geboren. Die *menschliche Natur* teilt zwar die menschliche Leiblichkeit mit ihren Grenzen, aber ihr kommen Sondereigenschaften *(proprietates praerogativa)* zu:

göttliche und menschliche Natur

impeccabilitas:	Sündlosigkeit;
immortalitas:	auf Grund ihrer Sündlosigkeit war diese besondere menschliche Natur nicht dem Tode unterworfen, Christus hat den Tod freiwillig auf sich genommen;
extraordinaria conceptio:	Jungfrauengeburt;
impersonalitas oder anhypostasis:	die menschliche Natur ist ohne eigene Personalität, denn sie ist in die Person des Gottessohnes aufgenommen.

Daran schließt sich die Erörterung der Vereinigung und des Einsseins der beiden Naturen an. Die *unitio personalis* geschieht im Leibe der Maria, dort nimmt der Sohn Gottes die menschliche Natur in sich auf, ohne sich dabei zu verändern. Das so entstandene Einssein *(unio personalis)* der Naturen gilt den orthodoxen Dogmatikern als sonst nicht vorstellbar und unvergleichlich, es ist real, personal und unauflöslich. Beide Naturen durchdringen einander *(intima penetratio),* ohne sich zu vermischen, sie bilden eine *communio naturarum.*

Vereinigung der beiden Naturen

Auf dieser Gemeinschaft beruht die *communicatio idiomatum* (vgl. die FC [BSLK, S. 1026 ff.]), die wechselseitige Mitteilung der Eigenschaften, die von altlutherischen Theologen nach einer ihrer Naturen aufgegliedert wird in das *genus idiomaticum* (die Eigenschaften der beiden Naturen werden der ganzen Person beigelegt), das *genus majestaticum* (die menschliche Natur empfängt real Anteil an den Eigenschaften der göttlichen Natur) und das *genus apotelesmaticum* (jede der beiden Naturen ist an den besonderen Werken der anderen beteiligt). Das von den Reformierten bestrittene genus majestaticum gilt der Sicherung der leiblichen Gegenwart des erhöhten Herrn im Abendmahl.

Idiomenkommunikation

drei genera: genus
– idiomaticum,
– maiestaticum,
– apotelesmaticum

Nicht gelehrt wurde in der altprotestantischen Orthodoxie das *genus tapeinoticum*, also die Teilhabe der göttlichen Natur an den Leiden der menschlichen, weil das der Vorstellung von der Unveränderlichkeit der göttlichen Natur widersprach. Die Reformierten betonten stärker als die Lutheraner die Integrität der Naturen, deshalb verstanden sie die communicatio idomatum zwar nicht nur verbal, aber auch nicht gänzlich real, und sie lehnten das genus maiestaticum ab.

2.2.3.2 De statu Christi duplice

Stände bzw. status Christi

Die lutherischen Dogmatiker stellten sich vor allem die Aufgabe zu erklären, wie das Leiden Jesu Christi geschichtlich möglich wird; sie bewältigten dieses Problem mit Hilfe der Ständelehre; danach wird (im Anschluß an Phil 2,5 ff.) unterschieden zwischen dem *status exinanitionis* und dem *status exaltationis*. In der Zeit der Entäußerung verzichtet die menschliche Natur darauf, vom genus maiestaticum in vollem Umfang Gebrauch zu machen (D. HOLLAZ: der λόγος ἄσαρκος inkarniert sich, der λόγος ἔνσαρκος erniedrigt sich und verzichtet auf den Gebrauch göttlicher Eigenschaften; daran schließen die *Kenotiker* des 19. Jh.s an, die eine Entäußerung des logos incarnandus im Hinblick auf die relativen (G. THOMASIUS) bzw. auch auf die immanenten (W. F. GESS) Eigenschaften Gottes lehren).

lutherische Kenotiker

Die Erhöhung beginnt nach altlutherischem Verständnis mit der *Höllenfahrt* und führt über die Auferstehung und Himmelfahrt zum Sitzen zur Rechten Gottes.

Das reformierte Verständnis sieht anders aus: Die Höllenfahrt ist die tiefste Erniedrigung, der wirkliche Tod der gottmenschlichen Person und z.T. auch Grund für die Erhöhung. Diese vollendet die Offenbarung und Herrlichkeit des Vaters im Sohn, nicht jedoch die Erlösung, die Kreuz und Auferstehung herbeiführen. Mit der Himmelfahrt ist der Christus im Fleisch der Erde entzogen; im Abendmahl kann er „nur" im Geist gegenwärtig sein.

Kenosis oder Krypsis

Im 17. Jh. entzündete sich unter Lutheranern ein Streit über die Ständelehre: Die Theologen der Gießener Fakultät vertraten die Ansicht, daß Christus im Stande der Entäußerung zwar habe göttliche Majestätseigenschaften besitzen können, jedoch keinen Gebrauch von ihnen machte (Kenotiker). Dagegen behaupteten die Tübinger, Christus habe in dieser Zeit das genus maiestaticum verborgen ausgeübt (Kryptiker). 1624 wurde der

Streit durch die „Decisio saxonica“ beendet, eine Kompromißformel, die allerdings der Gießener Position näherstand.

Literatur:

E. Hirsch, Hilfsbuch zum Studium der Dogmatik, 1974 (Nachdruck), S. 333-336.

2.2.3.3 De munere Christi triplice

Unter dieser Überschrift wird in den altprotestantischen Dogmatiken im Anschluß an A. OSIANDER, v.a. jedoch an J. CALVIN das Werk Christi entfaltet. Als Prophet offenbart Christus den göttlichen Willen *(munus propheticum),* und zwar unmittelbar während seines irdischen Wirkens und mittelbar in der Verkündigung der Kirche (diese Unterscheidung wird nicht von allen gelehrt; sie wurde von Calvin nach altkirchlichen Ansätzen eingeführt, vgl. Heidelberger Katechismus, Fr. 31). Das priesterliche Amt übt Christus vor allem aus, indem er Genugtuung leistet – durch seine oboedentia activa (vollkommenen Gesetzesgehorsam) und seine oboedentia passiva (sein Leiden und Sterben). Außerdem gehört sein fürbittendes Eintreten für uns (intercessio) vor Gott zum *munus sacerdotale*. Das königliche Amt Christi besteht darin, die Frucht des Heilswerks zu vermitteln. Im Gefolge J. GERHARDS wird das *munus regium* aufgeteilt in das regnum potentiae (Teilhabe an der Macht über die Schöpfung), das regnum gratiae (ecclesia militans: die Regentschaft über die Kirche) und das regnum gloriae (ecclesia triumphans), die Herrschaft im Reiche Gottes.

Amt Christi

munus propheticum

munus sacerdotale

munus regium

Literatur:

D. Hollaz, Examen theologicum acroamaticum, 1707 / 1725.

2.2.4 Aufklärung und neuere Theologie

Die (gemäßigte theologische) Aufklärung kritisierte die Christologie in folgenden Punkten:

a) *Historische Kritik (Relativierung der Christologie):*

Die historische Forschung erkennt die zeitgeschichtlichen Bedingungen, die zur Bildung des Dogmas führten. Die *historisch-kritische Erforschung* des NTs fördert nun unterschiedliche Aussagen über Jesu Wirk-

Lessing: Vernunft vs. Geschichte

samkeit zu Tage. So drängt sich die Frage auf, wie zufällige Geschichtswahrheiten notwendige Vernunftwahrheiten sein können (G. E. LESSING).

Literatur:

G. E. Lessing, Über den Beweis des Geistes und der Kraft, in: SW, Bd. 13, S. 5, 7.

b) Erkenntnistheoretische Kritik:

Kant: Vorbild-Christologie

Das Ergebnis der Transzendentalphilosophie I. KANTS lautet: Wahre Erkenntnis ist nur hinsichtlich der sinnlich wahrnehmbaren Gegenstände der Welt möglich, da nur sie erfahrbar sind. Erkenntnisbestrebungen darüber hinaus verwickeln die Vernunft notwendig in Antinomien. Wie kann man daher von Gott reden bzw. – ungleich problematischer – wie kann man von der Menschwerdung Gottes reden? Die Christologie wird daher auf Aussagen über den historisch aufzufassenden Menschen Jesus reduziert (Vorbild-Christologie).

Literatur:

I. Kant, Die Religion innerhalb der Grenzen der bloßen Vernunft, 1793.

2.2.4.1 Rationalismus

Rationalismus: Christus als Lehrer

Der *Rationalismus* verschärft die Impulse der Neologie, der milden Aufklärung, und wendet sie auf die Christologie an. Die Vernunft wird zum ausschließlichen Erkenntnisprinzip; was sie selbst nicht wahrnehmen kann, wird nicht behandelt oder zurückgewiesen. Wo die Neologie noch umbildete, beseitigt der Rationalismus die alte Lehre und „... setzt eine schlichte, seiner sittlich vernünftigen Gesamtschau entsprechende neue Lehrform ein" (E. Hirsch, Geschichte der neueren evangelischen Theologie, Bd. 5, S. 26). So ist für J. A. L. WEGSCHEIDER Jesus das große *Vorbild*, der *Lehrer*, dessen Beispiel gilt, da es vom eigenen Bewußtsein bestätigt wird. Christus ist der „Prototyp des von wahrer Religion und Tugend erfüllten Menschen, dessen Beispiel wir mit höchstem Eifer folgen" (U. Gerber, Christologische Entwürfe, 1970, S. 125). Die göttliche Natur Jesu wird nicht metaphysisch, sondern als in der *moralischen Integrität* Jesu liegend begründet.

2.2.4.2 Die Urbildchristologie bei Schleiermacher

Neue (frühromantische) Impulse veranlaßten F. SCHLEIERMACHER zu einer *Religionstheorie,* die sich später mit den überlieferten dogmatischen Aussagen auseinandersetzt und zu einer „Glaubenslehre" ausgestaltet wird. Die spezifischen Anliegen der Christologie Schleiermachers in seiner Glaubenslehre sind,

Schleiermacher: Religion aus dem frommen Selbstbewußtsein

- daß er die metaphysische, aus der Trinitätslehre deduzierte Christologie der Orthodoxie durch den Ansatz beim *frommen Selbstbewußtsein* in jedem Menschen überwinden will; als christlich frommes Selbstbewußtsein ist es auf das geschichtliche Individuum Jesus bezogen;
- daß er die rationalistische Reduktion der Christologie auf den Lehrer und das Vorbild Jesus durch die Behauptung des *„ewigen Seins Gottes in Jesus"* als dem geschichtlichen Erlöser überwinden will. Jesus wird das *Urbild* der Existenz im Geist, die auch uns ergreifen und in den Strom der Geschichte des Geistes hineinnehmen soll (Glaubenslehre, [2]1830-1831, § 93).

ewiges Sein Gottes in Jesus

Nachdem Schleiermacher im ersten Teil der Glaubenslehre den Begriff des frommen Selbstbewußtseins überhaupt entfaltet hat, stellt er im zweiten Teil das fromme Selbstbewußtsein als durch jeweils einen spezifischen „Gegenstand" bestimmt dar:
- vom Bewußtsein der Sünde,
- vom Bewußtsein der Gnade (Christologie, Soteriologie, Ekklesiologie [s. o. in Kapitel 1die Übersicht „Theologische Systeme"])

Gemäß dem Ansatz Schleiermachers zielt in der Christologie alles auf die Heilszueignung an den einzelnen: Person und „Geschäft" Christi werden auf das fromme Selbstbewußtsein bezogen:
- *Von der Person Christi:* Die Würde Christi muß so gedacht werden, daß Christus allein die Erlösung wirken kann. Er ist daher als geschichtliches Einzelwesen zugleich *urbildlich;* Gottes Sein ist als innerste Grundkraft in seiner Natur als Inbegriff allen menschlichen Seins wirksam; das neue Gesamtleben wird in ihm als Urbild vollkommen geschichtlich. Das unterstreicht Jesu Exklusivität in Abgrenzung zum bloß moralischen Vorbild im Rationalismus.

  Den Erlöser zeichnet aus die „ungehemmte Kräftigkeit des Gottes bewußtseins" und die „schlechthin unsündliche Vollkommenheit und Seligkeit" (Glaubenslehre, [2]1830-1831, § 100). Die Kräftigkeit des Gottesbewußtseins des Erlösers kann von Schleiermacher als ein „eigentliches

Christus, der Erlöser

Gottesbewußtsein und Vollkommenheit des Erlösers

Sein Gottes in ihm" bezeichnet werden.

Die Lehren von der Auferstehung, Himmelfahrt etc. gehören nach Schleiermacher nicht unmittelbar zur Christologie, da die Jünger auch vor diesen Geschehnissen Jesus als den Sohn Gottes erkannt hätten. (Diese Erkenntnis ist daher auch je und je wieder möglich.)

Geschäft Christi = Aufnahme in seine erlösende Tätigkeit

– *Vom Geschäft Christi:* Vom Erlöser gehen durch die Wirkung seines Gottesbewußtseins auf unser Sündenbewußtsein Beseelung und Berufung aus. „Der Erlöser nimmt die Gläubigen in die Kräftigkeit seines Gottesbewußtseins auf und diese ist seine *erlösende* Tätigkeit" (ebd.). Das Sündenbewußtsein wird aufgehoben; statt dessen herrscht das Bewußtsein ungetrübter Seligkeit (vergleichbar der *unio mystica).* „Der Erlöser nimmt die Gläubigen auf in die Gemeinschaft seiner ungetrübten Seligkeit, und dies ist seine *versöhnende* Tätigkeit" (a.a.O., § 101).

Vermittlungstheologie, z.B. Dorner: Zentralindividuum

Auf Schleiermacher gehen vor allem *vermittlungstheologische Positionen* des 19. Jh.s zurück. Als Beispiel sei I. A. DORNER angeführt: Er lehnt es ab zu lehren, daß sich der Logos mit anhypostatischer-unpersönlicher Menschheit vereine; sondern er teile sich der menschlichen Natur im sündlosen Menschen Jesu mit. Dieses „Zentralindividuum" verifiziere die *Zentralidee der Gottmenschheit.*

2.2.4.3 Hegels spekulative Deutung der Christologie

Hegel: Religion und Vernunft

Eine geringere, dann aber christologiekritische Nachwirkung hatte der Versuch, die alte Christologie in neuen Begriffen zu retten, den ein Philosoph vorlegte: G. W. F. HEGEL kritisierte den Religionsbegriff F. SCHLEIERMACHERS: Es gelte, das bloße Gefühl in die Vorstellung und den Begriff zu erheben. Die Religion spekulativ-begrifflich durchdringend, verstand er sich auch als Verteidiger des christologischen Dogmas.

der absolute Geist in der Welt

Hegels Christologie ist in den Gesamtzusammenhang des spekulativen trinitarischen Vermittlungsgeschehens als Prinzip der Wirklichkeit überhaupt einzuordnen. Es gibt ihm zufolge ein trinitarisches Geschehen als sich vermittelnden Gegensatz: Der unendliche Gott geht in Jesus Christus in diese endliche Welt ein bis zu dessen Tod am Kreuz. Durch dieses Geschehen werden Endlichkeit und Unendlichkeit miteinander versöhnt. In Jesus Christus ist die *Idee der Einheit von absolutem Geist und Individuum* geschichtlich geworden. Da es Gott (der absolute Geist) selber ist, der den

Tod als Vernichtung der Endlichkeit auf sich nimmt, wird dieser Tod als *Aufhebung in die göttliche Unendlichkeit* erkannt.

Literatur:

G.W.F. Hegel, Glauben und Wissen ... (1802), in: Theorie-Werkausgabe, Bd. 1, S. 223-346.

2.2.4.4 Ritschl

Ritschl: Christologie ohne Metaphysik

Das 19. Jh. erlebte den Ansturm und die Durchsetzung der „exakten" Wissenschaften für ihre Weltinterpretation. Der Weltlauf in naturwissenschaftlicher Konstruktion bot der Theologie offensichtlich keinen Ansatz mehr, wohl aber glaubte man, ihn in Kants Frage nach der Integration des moralischen Menschen zu finden. Das gilt v.a. für A. RITSCHL, den Hauptvertreter des Kulturprotestantismus. Sein Verständnis der Christologie setzt eine strikte Ablehnung jeder natürlichen Theologie voraus (Ritschl rezipiert Kants Erkenntnistheorie). Ein metaphysischer Gott (an sich) ist durch die Vernunft nicht zu erkennen; jedoch wurde Gott als selbstlose Liebe in Jesus Christus offenbar. Die Gottheit Jesu kommt nicht in der metaphysischen Lehre von den zwei Naturen (Seinsurteil) zur Aussage, sondern in seinem *Berufsgehorsam* gegen das (an ihm offenbar gewordene) Reich Gottes sowie in seinem sittlichen Willen, der einem geschichtlichen Menschen gehört (Werturteil). Deshalb hält Ritschl auch die Rede vom Zorn Gottes im Rahmen der Satisfaktionslehre für falsch; Gottes Liebe ist unveränderlich und braucht keine Sühne. Hervorzuheben ist das soteriologische, am *Reich Gottes* orientierte Interesse Ritschls. Die Menschheit soll zum Reich Gottes (als in Jesus offenbar gewordenem Ziel der Schöpfung) verbunden werden. Sie hat dabei ihr Urbild in Jesus, in dessen Berufsgehorsam Gottes Liebe, Gnade und Treue offenbar sind.

Berufsgehorsam Jesu

sittlicher Wille

Reich Gottes als Ziel

Literatur:

A. Ritschl, Unterricht in der christlichen Religion, 1875, S. 35-47.

2.2.4.5 Herrmann

Herrmann: geschichtlicher Mensch Jesus

Auch W. HERRMANN lehnt wie sein Lehrer Ritschl das metaphysische Dogma ab. Im *geschichtlichen Menschen Jesus* ereignet sich die Offenbarung Gottes. Darin liegt auch die bleibende Bedeutung der *Person Jesu.* Diese Offenbarung wirkt noch heute durch den Eindruck, den das *„innere Leben Jesu"* auf den sittlich strebenden Menschen macht, niemals jedoch durch externen Einfluß. Sie kann deshalb nur *erlebt,* nicht aber erforscht werden. Im so verstandenen Leben Jesu besteht das „extra nos" des Glaubensgrundes nicht in historischen oder quasi-historischen Ereignissen wie Kreuz und Auferstehung (obwohl Herrmann zugesteht, daß erst das Kreuz der Gemeinde die Gewißheit verschafft, daß Jesus alles für die Menschen tun bzw. erleiden wollte, vgl. Dogmatik, 1925, S. 81). Personale Glaubensbegegnung des Menschen mit Gott ist nur auf diesem Glaubensgrund möglich. (Damit setzt sich Herrmann von Schleiermacher ab). Das „innere Leben Jesu" hat zwei Grundzüge: die sittliche Energie Jesu und seine Zuversicht zur Liebe Gottes. Die Vergegenwärtigung dieser Züge im Glauben schafft Vertrauen im sittlich kämpfenden, in der Geschichte zu wahrem Leben kommenden Menschen.

inneres Leben Jesu

Jesus = Glaubensgrund

Literatur:

W. Herrmann, Dogmatik, 1925, S. 71-90.

2.3 Aktuelle dogmatische Fachdiskussion

Die christologischen Entwürfe des 20. Jahrhunderts können folgendermaßen grob geordnet werden:

1. Reaktion auf die moralische Christologie des 19. Jahrhunderts: Wort Gottes statt frommes Subjekt als Ausgangspunkt, das Christusgeschehen als Mitte und Erkenntnisgrundlage: K. BARTH.

2. Fortsetzung der Vermittlungstheologie (s.o.), nunmehr auf die „Existenz" und ihre Fragen ausgerichtet: P. TILLICH.

3. Aufnahme der Folgen der historischen Kritik sowie der Fragen der Existenz: R. BULTMANN, G. EBELING.

4. Vermittlungstheologie, auf die Gesamtgeschichte, nicht die Existenzgeschichte ausgerichtet: W. PANNENBERG.

5. Finale Orientierung in der Menschheitsgeschichte und Evolution: J. MOLTMANN, K. RAHNER.

2.3.1 2.3.2 2.3.3 2.3.4 2.3.5 2.3.6 2.3.7

2.3.1 Barth

Barth: keine spekulative Christologie – nie vom Logos asarkos aus

Stand im Neuprotestantismus der Mensch Jesus im Vordergrund, so betont K. BARTH die Gottheit Gottes und denkt Versöhnung und Erlösung von Gott her – nicht ohne zu betonen, daß uns keine Spekulation über den λόγος ἄσαρκος ansteht (KD IV, 1, S. 54ff.). Weil Gott sich in Jesus Christus endgültig selbst offenbart hat, ist die Christologie *der* Zugang zur Erkenntnis Gottes und damit zur Theologie überhaupt.

„‚Jesus' als historische Bestimmung bedeutet die Bruchstelle zwischen der uns bekannten Welt und einer unbekannten. Zeit, Dinge und Menschen erheben sich an dieser Stelle der uns bekannten Welt an sich nicht über andere Zeiten, Dinge und Menschen, wohl aber, sofern sie jenen Punkt begrenzen, der die verborgene Schnittlinie von Zeit und Ewigkeit, Ding und Ursprung, Mensch und Gott sichtbar werden läßt." (Der Römerbrief, [8]1947, S. 5f.)

Von dieser Offenbarung schließt Barth auf Gottes Dreieinigkeit als deren ontischer Voraussetzung. Gott ist in seiner ewigen Liebe zum Gegenüber hingewandt – in der Schöpfung zur Kreatur, im Sohn zur Menschheit, die versöhnt werden soll.
Aufgrund dieser Schlüsselstellung begegnet die Christologie in der KD an verschiedenen Stellen:

die Christologie im Aufbau der KD

Prolegomena (KD I,1):	Lehre vom *Wort* Gottes – einschließlich des Erkenntnisweges der Dogmatik;
Gotteslehre (KD II,1+2):	Gott wird nur durch Gott erkannt, aber Jesus Christus ist *erwählender Gott und erwählter Mensch*;
Schöpfungslehre (KD III,1+2):	erst in Jesus Christus ist wahre Erkenntnis Gottes als Schöpfer möglich; und die Erkenntnis des Menschen geht theologisch vom Menschen Jesus aus.

Vor allem ist der Aufriß der *Versöhnungslehre* zu berücksichtigen (Schema aus KD IV,1, § 58):

Versöhnungslehre: Gott in der Niedrigkeit, Mensch in der Erhöhung

Thema: Jesus Christus als	der wahre, sich selbst erniedrigende und so versöhnende Gott,	der wahre, von Gott erhöhte und so versöhnte Mensch,	in Einheit beider: der Bürge und Zeuge unserer Versöhnung.
Stand:	Erniedrigung,	Erhöhung;	
Amt:	Priester,	König,	Prophet;
Sünde (im Kontrast):	Hochmut,	Trägheit,	Lüge des Menschen;
Geschehen der Versöhnung:	Rechtfertigung,	Heiligung,	Berufung des Menschen;
Aspekte der Kirche:	Versammlung,	Auferbauung,	Sendung der Gemeinde
Sein der Christen:	im Glauben,	in der Liebe,	in der Hoffnung.

Barth übernimmt dabei die Terminologie der dogmatischen Tradition, ist aber in der Ausgestaltung der Terminologie sehr eigenständig. Folgende Gesichtspunkte sind zu nennen:

- Verbindung der *Zweinaturenlehre* und der Lehre *de statu duplice:* Die Einheit der Person besteht nicht in einem ontischen Neben- oder Miteinander von Gott und Mensch; Barth sieht diese Einheit vielmehr in der Geschichte, die Gott im Menschen Jesus Christus mit den Menschen eingeht. Verbindung der Zweinaturenlehre und der Status
- Der Gedanke der *Erniedrigung:* Gott ist nicht unveränderlich; er erweist seine Majestät gerade dadurch, daß er sich im Kreuz erniedrigt (Erniedrigung und Erhöhung sind zwei Seiten eines Geschehens – vgl. KD IV, 1, S. 269ff., 335ff.). Gott in der Niedrigkeit
- Die Einheit von *Person und Werk:* Einen Christus an sich (Person vor dem Werk) kennt das NT nicht. Christus ist, was er ist, in seinem Verhältnis zu den Jüngern und der Welt. „Jesus Christus existiert in der Totalität seines Werkes als Versöhner." (KD IV,1, S. 136) Einheit von Person und Werk

2.3.2 Tillich

P. TILLICH gehört demgegenüber eher in die *Vermittlungstheologie* (s.o.). Erinnerungen an seinen Lehrer M. KÄHLER sind in seiner Christologie nur schwer zu erkennen. Tillich: Korrelation

> „Der wirkliche, das heißt der wirksame Christus, der durch die Geschichte der Völker schreitet, mit dem die Millionen Verkehr gehalten haben in kindlichem Glauben, mit dem die großen Glaubenszeugen ringend, nehmend, siegend und weitergebend Verkehr gehalten haben – *der wirkliche Christus ist der gepredigte Christus.* Der gepredigte Christus aber, das ist eben der geglaubte ..." (M. Kähler, Der sog. Historische Jesus und der geschichtlich biblische Christus, 1953 [Neudruck], S. 44)

Im Sinne der *Korrelations*methode ist Tillichs Theologie nicht reines Nachsprechen, sondern Vermittlung und Apologie. Es gilt daher, eine Vermittlung zur, eine Anknüpfung an die Situation des Menschen herzustellen. Eine Theologie, die nur die Botschaft in Formeln wiederholt, redet an der Zeit vorbei. Tillichs Christologie wird daher unter dem Titel „Die Existenz und der Christus" entfaltet. An die Stelle des herkömmlichen Gedankens *„wahrer Mensch – wahrer Gott"* setzt er die Gegenüberstellung *„wahrer Mensch – wirklicher Mensch"*. Christus ist nicht Gott selbst, son- wahrer Mensch – wirklicher Mensch

Mensch der Essenz in der entfremdeten Existenz

dern der mit seinem Grund (Gott) geeinte Mensch. In ihm ist die *Essenz* des Menschseins (wahrer Mensch) unter den Bedingungen der *Existenz* erschienen (wirklicher Mensch), damit ist Jesus Christus das qualitative Zentrum in der Geschichte. Entsprechend interpretiert Tillich den Sündenfall: Er ist der Übergang von der Essenz zur Existenz. Das Werk Christi als Erlösung von der Sünde besteht darin, daß in ihm der Weg des gefallenen Menschen nachvollzogen wird, die Essenz zur Existenz kommt. So bringt Christus den Menschen das Neue Sein als Überwindung der Entfremdung.

„Das Paradox der christlichen Botschaft besteht darin, daß in *einem personhaften Leben das Bild des wesenhaften Menschseins unter den Bedingungen der Existenz erschienen ist, ohne von ihnen überwältigt zu werden.*" (Systematische Theologie, Bd. 2, 1956-1966, S. 103f.)

Die Erlösung geschieht als
- Teilnahme am Neuen Sein (Wiedergeburt),
- Annahme des Neuen Seins (Rechtfertigung),
- Umwandlung durch das Neue Sein (Heiligung).

Der Logos vereint das Entfremdete und enthüllt das Geheimnis Gottes.

„Das Christentum erhebt den Anspruch, daß die Offenbarung in Jesus als dem Christus letztgültig sei ... Eine Offenbarung ist letztgültig und normgebend, wenn sie die Macht hat, sich selbst zu verneinen, ohne sich selbst zu verlieren. Dieses Paradox beruht auf der Tatsache, daß jede Offenbarung bedingt ist durch das Medium, in dem und durch das sie erscheint. Die Frage nach der letztgültigen Offenbarung ist die Frage nach dem Medium der Offenbarung, das seine eigenen endlichen Bedingungen überwindet, indem es sie und sich selbst mit ihnen opfert. Der Träger der letztgültigen Offenbarung muß seine Endlichkeit aufgeben - nicht nur sein Leben, sondern auch seine endliche Macht, seine Erkenntnis und Vollkommenheit." (Systematische Theologie, 1956-1966, Bd. 1, S. 159f.)

Literatur:

P. Tillich, Systematische Theologie, Bd. 2, 1956-1966, bes.: S. 35-52, 178-194.

2.3.3 Bultmann

R. BULTMANN geht vom *veränderten Welt- und Selbstverständnis des neuzeitlichen Menschen* aus, dem die Rede vom durch Wunder eingreifenden Gott nicht verständlich ist. Die mythische Rede ist jedoch nicht zu eliminieren, sondern hinsichtlich ihrer existentialen Bedeutsamkeit zu interpretieren.

Bultmann: Neues Selbst- und Weltverständnis

„... der Mythos objektiviert das Jenseits zum Diesseits und damit auch zum Verfügbaren." (Zum Problem der Entmythologisierung, in: GuV, Bd. 4, 1965, S. 128-137)

Interpretation des Mythos

„Das Verhältnis des Menschen zur Geschichte ist ein anderes als das zur Natur. ... Er kann also diesen Zusammenhang nicht einfach so als ein Vorhandenes betrachten wie die Natur, sondern er sagt mit jedem Wort über die Geschichte in gewisser Weise etwas über sich selbst. Es kann also nicht in *dem* Sinne objektive Geschichtsbetrachtung geben, wie es objektive Naturbetrachtung gibt." (Jesus, 1926, S.7f.)

Für den Glauben ist nach Bultmann allein der kerygmatische Christus entscheidend. Christus wurde einst als Offenbarer geglaubt; aber im Kern geht es um das mit ihm zu Verkündigende, weshalb sich seitdem Offenbarung in der *Verkündigung* (im Kerygma, im Zeugnis) ereignet. Ein Glaube, der nach nicht wortgebundener Vergewisserung suchte, etwa sich an die Taten Jesu halten wollte, wäre kein wahrer Glaube mehr; Glaube ist nach Bultmann *Wagnis,* da der Glaubende erst im Glauben die Bedeutsamkeit Jesu erfährt. Jesu „Gottheit" besteht nicht in seiner Natur, sondern spricht sich in der *Bedeutsamkeit* jeweils *pro me* aus (vgl. Melanchthon, s.o.). Der jüdische Jesus von Nazareth ist nur durch seinen Entscheidungsruf mit dem Christus des Kerygmas verbunden. Das je neue Sein der Christen beschreibt Bultmann in den Termini der Existenzphilosophie: Möglichkeit zur Eigentlichkeit, Offenheit für die Zukunft, nicht aus dem „Welthaften" leben. Diese neue Existenz ist jedoch keine Möglichkeit des Menschen, sondern wird allein durch das Kerygma von Christus realisiert.

Kerygma

pro me

Entscheidungsruf

Literatur:

R. Bultmann, Neues Testament und Mythologie, in: Kerygma und Mythos, Bd. 1, [4]1960, S. 15-48, 53; ders.: Das Verhältnis von urchristlicher Christusbotschaft zum historischen Jesus, in: Exegetica, 1967, S. 445-469.

2.3.4 Ebeling

Die für den christlichen Glauben entscheidende Beziehung des Glaubens und der Geschichte verdichtete sich in entscheidender Weise in der Christologie (Theologie und Verkündigung, 1963, S. 20). G. EBELINGs Christologie verbindet Hauptthemen der Theologie auf folgende Weise (Dogmatik des christlichen Glaubens, Bd. 2, 1979, S. 46ff.):

Christologische Hauptdaten:	Anthropologische Beziehung:	Attribute Gottes:	Soteriologie:
– Menschwerdung,	– Menschsein überhaupt,	– Liebe Gottes,	– Menschwerdung des Menschen,
– Tod,	– Sterben,	– Heiligkeit Gottes,	– Versöhntwerden,
– Auferstehung.	– Leben.	– ‚doxa' Gottes.	– Berufung zum ewigen Leben.

Nach Ebeling bedingt die absolute Sonderstellung der Person Christi die Absolutheit des Christentums. Mit Herrmann bedarf der Glaube geschichtlicher Tatsachen. Die doppelte Beziehung zu Gott und zur Welt kommt in dem zum Ausdruck, was Jesus für den Glauben ist. Jesus wird „Grund des Glaubens" (a.a.O., S. 64, 384, 500, 520).

2.3.5 Pannenberg

Pannenberg: Universalgeschichte,

Christologie „von unten"

W. PANNENBERG protestiert gegen die existentiale Engführung („Geschichtlichkeit") und will stattdessen von der Geschichte als zunehmend universale Verkettung und Vernetzung von Ereignissen und Sinnzusammenhängen ausgehen. Deshalb will er (noetisch) nicht die Gottheit Jesu voraussetzen (Christologie „von oben"), sondern am geschichtlichen Jesus dessen Gottheit aufweisen (Christologie „von unten"). Seine Christologie ist im Zusammenhang eines *universalgeschichtlichen* Entwurfs zu sehen („Offenbarung als Geschichte").

Einheit von Gott und Mensch als Prozeß des Lebens und der Auferstehung Jesu

Das Ereignis der Auferstehung hat zentrale Bedeutung: Sie ist Prolepse des Endes der Geschichte. In diesem historischen Ereignis (sogar historisch verifizierbar!) wird das Ziel der Geschichte offenbar. Zugleich beginnt mit der Auferstehung die *Einheit von Gott und Mensch* in Jesus Christus. Diese Einheit war zwar schon vorher für den überzeitlichen Gott gegenwärtig, nicht aber für die Menschen und für den Menschen Jesus. Gerade der Gehorsam Jesu bis zum Kreuz ist als letzte Bewährung der Hingabe an den Vater zu verstehen. Durch die Auferstehung setzt Gott dann die Einheit von Vater und Sohn – auch rückwirkend – in Kraft. Das Inkarnationsgeschehen verifiziert sich somit erst von der Auferstehung her.

Neuerdings hat Pannenberg seine alte These einer „Christologie von unten" korrigiert (Systematische Theologie, Bd. 2, 1991, S. 327). Der Logos ist Prinzip der Selbstun–terscheidung Gottes, die bereits die Schöpfung trägt und sie final ausrichtet – bis hin zum Auftreten intelligenter Wesen und zum Geist, der die Vernunft übersteigt und integriert. Die Messiasvorstellung wird entschränkt und auf ein Leben ohne Tod ausgerichtet (a.a.O., v.a. 38, 80, 100ff., 165, 186, 209ff., 311, 327, 362, 366, 410ff., 429, 435).

Literatur:

W. Pannenberg, Grundzüge der Christologie, 1964; ders., Systematische Theologie, Bd. 2, 1991, S. 315-511.

2.3.6 Moltmann

Moltmann: Jesus Christus als der Messias

J. MOLTMANNs Christologie will den „Weg Jesu Christi" als den Weg messianischer Hoffnung gehen; durch die eschatologische Auferstehung *wird* der Messias zu dem, was er vorher nicht war. Juden warten auf diesen Messias, Christen erkennen ihn als schon gekommen. Die seit spätestens Calvin bekannten „Ämter" (besser: dreifaches Amt!) Christi ziehen folgende Gesichtspunkte an:

- das prophetische Amt: die messianische Sendung bis hin nach Golgatha,
- das priesterliche Amt: das apokalyptisch-solidarische Leiden des Sohns,
- das königliche Amt: die eschatologisch-kosmologische Auferstehung Jesu Christi.

Dieser Christus sei der Messias Israels – Israel zuzuerkennen, was von ihm her kam, bedeutet in diesem Fall auch, seine messianischen Hoffnungen unter die des Messias Jesus zu subsumieren.

Literatur:

J. Moltmann, Der Weg Jesu Christi, München 1989.

2.3.7 Katholische Theologie: Rahner

Rahner: evolutionäre Weltauffassung

In K. RAHNERS Christologie finden sich im Unterschied zu evangelischen Ansätzen der Gegenwart (mit Ausnahme von Tillich und Pannenberg) viel ungebrochener metaphysische und kosmologische Gesichtspunkte wieder. Rahner entfaltet seine Christologie „innerhalb einer evolutiven Weltanschauung"; d.h.: Sein (Materie und Geist) entwickelt sich in einer fortschreitenden Vergeistigung (auf Gott hin). Dieser in bezug auf den Menschen als *Hominisation* (nicht Humanisierung!) begriffene Prozeß ist vom unveränderlichen Gott, der sich am anderen verändert (so Rahners Formel) selbst (effektiv) in Bewegung gesetzt und (formal) getragen. Diese Selbstmitteilung Gottes hat ungeschuldet und unüberbietbar in Jesus Christus ihr Zentrum: Gott selbst kommt in ihm zur Sprache, zugleich vollzieht sich menschliche Wirklichkeit in seinem Leben, Sterben und seiner Auferstehung in höchstem Maße. Als Vollendung des menschlichen Wesens ist Jesus Christus (von Gott) der absolute Heilsbringer für alle Menschen.

Christologie „von unten"

Aufgrund dieser engen Verbindung von Anthropologie und Theologie in der Christologie bezeichnet Rahner seinen Ansatz unterschiedlich als „Christologie von unten", „existentielle Christologie", „induktive Christologie" oder „implizite Christologie". Aufgrund seines *Ansatzes bei der Anthropologie* treffen diesen Entwurf all die kritischen Fragen, die von einer Offenbarungstheologie (Barth) an Vermittlungstheologien erhoben werden müssen.

Literatur:

K. Rahner, Grundkurs des Glaubens, 1991, S. 180-312.

2.3.6 Neue ökumenische Christologien

Mit dem Aufkommen eigenständiger wissenschaftlicher Theologie außerhalb des Abendlandes sind durch eine neue ökumenische Perspektive neue christologische Ansätze zur Sprache gekommen. Die meisten dieser Christologien versuchen, einheimische religiöse Spezifika mit christlichem Dogma in einer genuinen Synthese zu verbinden.

Fast alle „Dritte-Welt-Christologien" gehen von einer Kritik an der mit dem Kolonialismus verbundenen abendländischen Theologie aus und entwickeln so ein Konzept von Christus als dem „Befreier der Armen" (südamerikanische und asiatische Befreiungstheologien; z.B. L. BOFF, der aber dann in katholisch-konservativem Gestus die gesamte abendländische Tradition wieder einbezieht). Aus dem südost- und ostasiatischen Raum liegen von einheimischer Tradition beeinflußte christologische Entwürfe vor (z.B. K. KITAMORI, der an das japanische Drama anknüpft [Theologie des Schmerzes Gottes, 1962]).

Befreier der Armen

Schmerz Gottes

4 Eigene Stellungnahme

Eine eigene Besinnung kommt sachgerecht nur in Gang, wenn wir vom zu engen „pro me" abgehen und überlegen, welche Grundlage unser theologisches Denken überhaupt haben soll: Moralische Evidenzen (Aufklärungstheologie), Existenzstrukturen (R. BULTMANN), Glaube als nicht zu hintergehende Lebensausrichtung (G. EBELING), klassische Ontologie (paradox angewendet in der Zweinaturenlehre) oder Reaktionengefüge (aus der Beziehung Gottes zum künstlichen Menschen, zu einem, zu vielen).

Literatur zur Vertiefung:

G. Aulén, Die drei Haupttypen des christlichen Versöhnungsgedankens, in: ZSTh 8 (1931), S. 501-538; H. Dembowski, Einführung in die Christologie, 1976; C. Frey, Dogmatik, [3]1993, Teil 3 (und Übersichten); A. Gilg, Weg und Bedeutung der altkirchlichen Christologie, 1955; W. Härle, S. 303-356; W. Joest, Dogmatik, [3]1989, S. 186-273; H. Kessler, Sucht den Lebenden nicht bei den Toten, 1997; Diskussion um Kreuz und Auferstehung, hg. v. B. Klappert, [4]1971; O. Weber, Grundlagen der Dogmatik, Bd. 2, 1962, S. 148-236.

Mögliche Klausurthemen:

1) Vorösterlicher Jesus oder kerygmatischer Christus? Welche theologischen Gründe beeinflussen die neuere Diskussion um den sog. historischen Jesus?
2) Wie sind die Gehalte der Lehre vom dreifachen Amt Jesu Christi in die kirchliche Praxis (etwa die Frömmigkeit) eingegangen?
3) Die Christologie der Reformatoren – Umrisse, Zielsetzungen, Akzente.
4) Was bedeutet die Unterscheidung einer „Christologie von unten“ und einer „Christologie von oben“?
5) Kann die dogmatische Lehre vom Gottmenschen die Personhaftigkeit Jesu Christi bewahren?

Die wichtigsten Fragestellungen werden in der folgenden Übersicht unter den beiden Gesichtspunkten

– *Wer ist* Jesus Christus? und
– *Was tut* Jesus Christus?

zusammengefaßt.

Zum Ansatz der Christologie

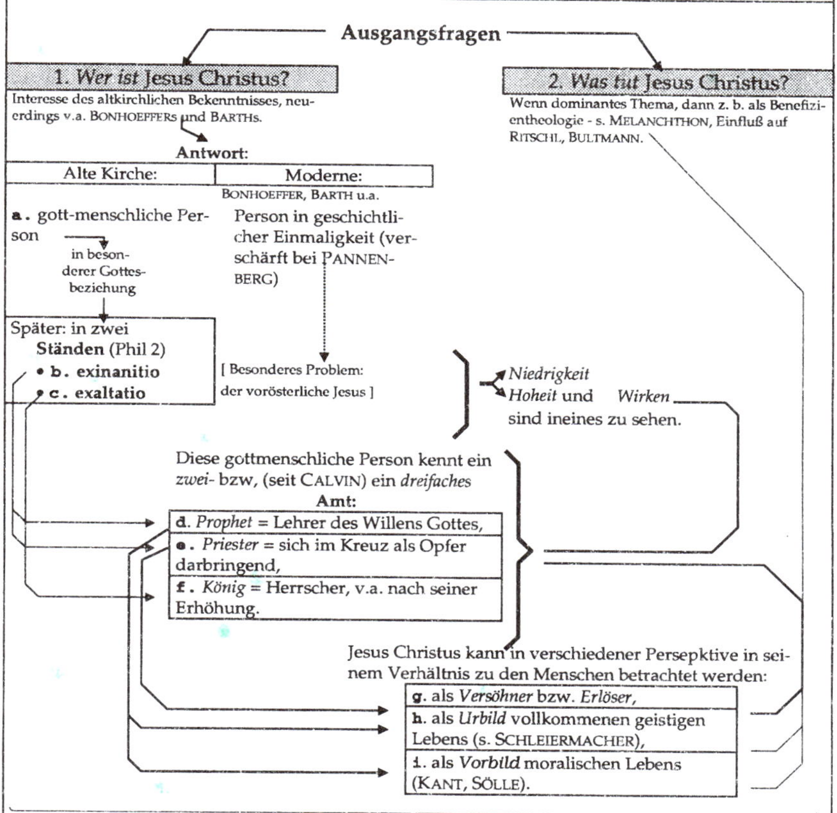

Durch die Kombination verschiedener Gesichtspunkte (vgl. a → i) ergeben sich verschiedene

Typen der Christologie:

1. eine *supranaturalistische* Konzeption:	Sie betont die Gottheit ⇒ c und sieht Gott in ⇒ b verborgen;
2. eine *sakramental* ausgerichtete Christologie:	Sie hebt ⇒ b, ⇒ c und ⇒ e hervor.
als *lutherische* Christologie:	Idiomenkommunikation in ⇒ a von ⇒ c her - in ⇒ b: der menschliche Leib kann überall sein.
3. ein bezug auf die *„Religion" Christi*:	Ansatz bei ⇒ d, reduziert ⇒ a (LESSING).
4. eine *moralische* Christologie:	Besonders hervorgehoben der Mensch Jesus (⇒ b ?) um der Aufgabe des Lehrers (⇒ d) willen.
5. Besondere *Probleme*:	• >Extra Calvinisticum<: der göttliche Logos geht nicht im Menschen Jesus auf; • Christologie >von unten< /. >von oben< (b und ⇒ c).

Exkurs 12: Zur Diskussion um den historischen Jesus

Die Frage nach dem Bild des Lebens Jesu ohne dogmatischen „Goldgrund“ kommt erst in der Aufklärung auf; vorher werden historischer Jesus und dogmatischer Christus nicht differenziert. Erst die historisch-kritische Forschung fragt hinter den dogmatischen Christus zurück: Wer war Jesus, und wo liegen im NT authentische Überlieferungen aus seinem Leben vor. Die Forschungsgeschichte läßt sich in ungefähr fünf Etappen einteilen:

12.1 19. Jahrhundert

Reimarus: Betrugstheorie

Auf H. S. REIMARUS geht die Erkenntnis zurück, daß die Verkündigung Jesu und der Christusglaube der Apostel zu unterscheiden seien. Er erklärte diese Diskrepanz mit einer objektiven Betrugstheorie: Die Jünger Jesu hätten nach seinem Tod den Leichnam Jesu gestohlen und nach 50 Tagen seine Auferstehung verkündet. Auf ähnliche Weise versuchten rationalistische Exegeten, die wunderhaften Züge der Evangelien vernunftgemäß zu erklären.

Strauß: mythische Deutung

Gegen diese Auffassung wandte sich D. F. STRAUSS. Seiner Meinung nach werden weder eine suprarationalistische noch eine rationalistische Deutung den Evangelien gerecht. Vielmehr sei das Leben Jesu, in dem sich die Idee der Gottmenschlichkeit realisiert habe, von den ersten Christen absichtslos mit den Mitteln des Mythos interpretiert worden.

Aufklärung und liberale Theologie: Vorbild und Persönlichkeit Jesu

Allgemein läßt sich sagen, daß im 18. Und 19. Jh. die Forscher in Jesus all diejenigen Werte verkörpert fanden, die ihnen selbst in der eigenen Zeit wichtig waren. So hoben die Philosophen der *Aufklärung* wie G. E. LESSING und I. KANT die moralische Vorbildlichkeit Jesu hervor. Vertreter der *liberalen Theologie* wie H. J. HOLTZMANN oder W. HERRMANN versuchten, Jesu Persönlichkeit zu rekonstruieren. Nach Herrmann muß der Glaube sich auf eine Tatsache berufen können, die allerdings nicht von der historischen Forschung sichergestellt werden kann: Das „innere Leben“ Jesu ist „Grund des Glaubens“.

12.2 Schweitzer, Weiß, Kähler

J. WEISS erkannte (anders als A. RITSCHL), daß Jesus nicht einem innerweltlichen moralischen Reich Gottes verbunden, sondern von der Apokalyptik beeinflußt war.

Dem folgte die sog. Religionsgeschichtliche Schule. A. SCHWEITZER deckte den projektiven Charakter der Leben-Jesu-Darstellungen auf und machte so deutlich, daß die Frage nach dem Selbstbewußtsein des vorösterlichen Jesus scheitern mußte (Geschichte der Leben-Jesu-Forschung, ²1913).

Schweitzer: Leben-Jesu-Forschung

„Als ein Unbekannter und Namenloser kommt er zu uns, wie er am Gestade des Sees an jene Männer, die nicht wußten, wer er war, herantrat. Er sagt dasselbe Wort: Du aber folge mir nach! und stellt uns vor die Aufgaben, die er in unserer Zeit lösen muß. Er gebietet. Und denjenigen, welche ihm gehorchen, Weisen und Unweisen, wird er sich offenbaren in dem, was sie in seiner Gemeinschaft an Frieden, Wirken, Kämpfen und Leiden erleben dürfen, und als ein unaussprechliches Geheimnis werden sie erfahren, wer er ist.“ (a.a.O., S. 642)

Aus eher konservativen Gründen hatte M. KÄHLER bereits vorher festgestellt, daß die Evangelien Zeugnischarakter haben und nicht historische Berichte sein wollen; deshalb könne man hinter das Kerygma nicht zurückfragen. Als historisch wahrscheinlich erkannten viele Forscher die eschatologische Predigt Jesu und seine Liebesethik an.

Kähler: Zeugnischarakter der Evangelien

12.3 Dibelius, Bultmann

Aufgrund der Ergebnisse der formgeschichtlichen Schule (u.a. M. DIBELIUS) wurde die Frage nach dem historischen Jesus überhaupt in Zweifel gezogen.

Formgeschichte

R. BULTMANN sah historische Ergebnisse grundsätzlich als für den Glauben irrelevant an. Schon für die Urgemeinde sei „Jesu Gekommensein selbst“ (das „Daß“ seines Gekommenseins) das entscheidende Ereignis gewesen (Theologie des Neuen Testaments, ²1984, S. 45). Der Christus dem Fleische nach habe uns nicht zu interessieren (2.Kor 5,16).

Bultmann: „Daß“ des Gekommenseins

„... die Gedanken (sc. Jesu) sind als das zu verstehen, was sie in der konkreten Situation eines in der Zeit lebenden Menschen sind: als die Auslegung der eigenen, in der Bewegung, in der Ungesichertheit, in der Entscheidung befindlichen Existenz; als der Ausdruck für eine Möglichkeit, diese Existenz zu erfassen; als der Versuch, über die Möglichkeiten und Notwendigkeiten des eigenen Daseins klar zu werden." (Jesus, 1967, S. 14)

12.4 Die sog. „neue Frage nach dem historischen Jesus"

„neue Frage nach dem historischen Jesus"

Durch E. KÄSEMANN wurde zu Beginn der fünfziger Jahre die Frage nach dem *historischen Jesus* erneut aufgeworfen:

„Die Frage nach dem historischen Jesus ist legitim die Frage nach der Kontinuität des Evangeliums in der Diskontinuität der Zeiten und in der Variation des Kerygmas." (Das Problem des historischen Jesus, in: Exegetische Versuche und Besinnungen, Bd. 1, 1960, S. 187-214, hier S. 213)

„Der historische Jesus begegnet uns im Neuen Testament, der einzigen wirklichen Urkunde über ihn, eben nicht, wie er an und für sich gewesen ist, sondern als der Herr der an ihn glaubenden Gemeinde. Nur insofern er das von vornherein sein konnte und gewesen ist, spielt seine Historie in unseren Evangelien überhaupt eine Rolle. Was es sonst um ihn war, wird völlig abgeblendet, ..." (a.a.O. S. 123)

antidoketische Absicht

implizite Christologie

Im einzelnen kamen die Forscher zu verschiedenen Ergebnissen; aber alle wollten der Gefahr des *Doketismus* wehren. In Jesu Verhalten und Verkündigung wurde eine *implizite Christologie* entdeckt, die aufgrund der Identität von irdischem und auferstandenem Jesus zum Grund der *expliziten* Christologie wurde. Somit legen die biblischen Texte eine Korrelation von historischem Jesus und kerygmatischem Christus nahe. Heutige Interpreten dürfen daher weder vom historischen Jesus noch vom kerygmatischen Christus allein ausgehen; zu fragen ist vielmehr: Wie nimmt der vorösterliche Jesus das Christus-Kerygma vorweg? (Eine gemäßigte Position vertrat G. BORNKAMM, eine radikale H. BRAUN.)

Dieser Sachverhalt wurde von G. EBELING auf die Zusammengehörigkeit von Jesus und *Glauben* zugespitzt: Daß beide zusammengehören, begründet die Kontinuität vom historischen Jesus zum Christus des Glaubens (Wort und Glaube [WuG] Bd. 1, ²1962, S. 300 ff.). Ebeling hatte Einfluß auf die Arbeiten von E. FUCHS. Ebeling: Jesus, Zeuge des Glaubens

In eine ähnliche Richtung zielte E. JÜNGEL: Das Ereignis der Identität von Eschaton und Geschichte mache Jesus zum Grund des Glaubens:

> „In der Identifikation des Eschatons mit Jesus im Ereignis seines Todes und seiner Auferstehung ist die eschatologische Identität des historischen Jesus mit dem geglaubten und gepredigten Christus begründet. In der Identität des historischen Jesus mit dem geglaubten Christus aber geht es um nichts anderes als um das Ereignis der Identität von Geschichte und Eschaton." (Paulus und Jesus, ²1962, S. 282f.)

12.5 Die sog. „third quest for the historical Jesus"

Dadurch daß die Bultmannschule die Verkündigung des Urchristentums vor allem in dem besonderen Anspruch des historischen Jesus angelegt sah, lief sie Gefahr, christliche Identität durch Abgrenzung gegenüber dem Judentum zu begründen. Dagegen heben neuerdings vor allem angloamerikanische – darunter auch jüdische – Forscher (D. FLUSSER, G. VERMES, J. D. CROSSAN, E. P. SANDERS, G. THEISSEN) Jesu Beziehungen zu seiner Umwelt hervor.

Literatur:

G. Theissen / A. Merz, Der historische Jesus, 1996; W. Joest, Dogmatik, Bd. 1, ³1989, S. 194-202.

Exkurs 13: Zur Frage der Bedeutung des Kreuzes und zur Versöhnungslehre

13.1 Christi Tod im NT

Sühnopfer, nicht als Theorie, sondern als Metapher

Bereits erste Niederschläge neutestamentlicher Verkündigung versuchen, die Bedeutung des Todes Christi zu bestimmen: 1.Petr 1,18f. spricht vom *Sühneopfer* bzw. vom Loskauf; ähnlich auch Hebr 2,17 (Sühne); Mt 20,28 und Joh 10,11 stellen den Tod Christi als *Selbstdargabe* an Gott dar (vgl. die atl. Opfer: Selbstdargabe an Gott *durch* die Gabe). Gott wird durch das Opfer Christi *versöhnt* (1.Kor 15,20ff.; 2.Kor 5,18ff.).

13.2 Alte Kirche: Christi Tod als Lösegeld für Sünde und Teufel

Versöhnung als Loslösung vom Teufel

Die Reflexion über Jesu Tod nahm mit der Entfaltung christlicher Theologie zu. Die Alte Kirche sah Christi Tod als *Freikauf* der Menschen von Sünde, Tod und Teufel an. Das Blut des Unschuldigen sei als notwendiges Lösegeld an diese Mächte zu zahlen. In diesem Zusammenhang kommt auch die Vorstellung vom *Teufelsbetrug* auf: Der Teufel wußte nicht, daß Christus unschuldig war und daß er daher kein Recht auf ihn hatte. Durch diesen Irrtum hat der Teufel sein Anrecht auf den Menschen verloren (klassischer dramatischer Versöhnungstypus).
Die Alte Kirche begriff die Versöhnung vor allem als Auseinandersetzung mit dem Satan: GREGOR VON NYSSA sah die göttliche Natur in Christus als Angelhaken, an den der Satan anbeißt; GREGOR VON NAZIANZ meinte, das Lösegeld sei nicht dem Teufel, sondern Gott bezahlt worden.

Literatur:

G. Aulén, Die drei Haupttypen des christlichen Versöhnungsgedankens, in: ZSTh 8 (1931), S. 501-538.

13.3 Anselm: Die Satisfaktionstheorie

lateinische Satisfaktionstheorie

ANSELM VON CANTERBURYS Satisfaktionslehre (nach Aulén der lateinische Versöhnungstypus) stellt weniger das menschliche Drama als die geschädigte Ehre Gottes heraus (vgl. Abschnitt 2.1.2.2).

13.4 Luther: Das Strafleiden Jesu

M. LUTHER identifiziert das Kreuz Jesu mit Gottes Leiden und nimmt das unsere in dieses hinein – vgl. oben 2.1.3.1. Er unterscheidet Versöhnung und Erlösung der Tendenz nach so: Versöhnung heißt, daß Christus an unsere Statt tritt, für uns Opfer wird (WA 40, I, S. 50 [„Christus unser Leben, unsere Gerechtigkeit"], 297f.), Erlösung hingegen meint den Kampf Christi mit den gottfeindlichen Mächten (WA 40, I, S. 279, 458-440).

Reformation: Betonung des Leidens Jesu

13.5 Deutungen seit der Aufklärung

Bereits die *Sozinianer* lehnen die Satisfaktionslehre als der Güte Gottes widersprechend ab. Schuld und Strafe seien ad personam zu denken.

rationalistische und moralische Einwände gegen die Sühnopfertheorie und die Stellvertretung

F. SCHLEIERMACHER kennt *keine objektive Versöhnung*, sondern findet die Erlösung vieler einzelner in ihrer Aufnahme in die Kräftigkeit des Gottesbewußtseins Christi (Glaubenslehre, ^{2}1830-1831, § 100).

Auch A. RITSCHL denkt Gott ausschließlich als Liebe und versöhnende Macht; die Vorstellung vom zornigen Gott ist Produkt des sündigen Menschen, der Gott mißtraut. Aus diesem Mißtrauen wird der Mensch durch die Offenbarung göttlicher Liebe in Jesu Verkündigung herausgeführt. Gott ist Subjekt der Versöhnung (Rechtfertigung in Versöhnung).

K. BARTH betont den Gedanken der *Erniedrigung*. Der Herr wird Knecht; Gott selbst nimmt Leiden und Tod auf sich. Gott selbst ist der Versöhnende. In Jesus Christus wird dem Menschen Recht: exklusiv, indem der Sohn Gottes allein die Folgen des Bruchs des Bundes trägt (Gott denkt sich selbst die Verwerfung zu), inklusiv, indem uns allen in ihm der Freispruch zukommt.

Barth: inklusives und exklusives Leiden Christi

Für R. BULTMANN ist die Rede vom stellvertretenden Tod Jesu mythologisch. Die Satisfaktionslehre beschreibt eine äußere Amnestie, ohne daß dabei die innere Bedeutsamkeit des Kreuzesgeschehens für den einzelnen in seiner Existenz zur Sprache kommt. Diese Bedeutsamkeit schlägt sich hingegen in der Verkündigung und vor allem im Wort vom Kreuz (nicht im historischen Faktum) nieder (Theologie des Neuen Testaments, ^{9}1984).

Bultmann: Wort vom Kreuz

D. SÖLLE interpretiert den Gedanken der Stellvertretung neu. Der Gott des Theismus ist tot; was einmal ‚Gott' genannt wurde, geschieht heute im menschlichen Miteinander der Liebe. Jesus hat in seinem Sterben vorläufig und stellvertretend gezeigt und uns vorgelebt, was menschliche Hingabe

Sölle: Stellvertretung, nicht Ersatz

heißt. Dieser vorläufigen *Stellvertretung* hat unser Eintreten für die Welt zu folgen (Stellvertretung, 1965).

Moltmann: Gott leidet mit

J. MOLTMANN hebt hervor, daß Gott den Leidenden nahe ist, da er im Kreuz das *Leid* auf sich genommen hat. Gott ist nicht leiden(schaft)slos, nicht apathisch, sondern kämpft um die leidende Welt, indem er in sich auseinandertritt und sich mit dem Gekreuzigten identifiziert (Der gekreuzigte Gott, 1972). Der Gedanke, daß Gott sich für die Menschen identifiziert, indem er ihre Erwartungen von Gott durchkreuzt, findet sich auch bei E. JÜNGEL.

Exkurs 14: Zur Bedeutung und Wirklichkeit der Auferstehung

Die neuerliche Frage nach der Auferstehung Jesu hat durch die *Entmythologisierungsdebatte* ihre entscheidenden Impulse erhalten. Besonders folgende Aspekte werden gegenwärtig diskutiert:

14.1 Pannenberg, von Campenhausen: Auferstehung als historisches Ereignis

Historizität der Auferstehung

Die Überlieferung der Erscheinungen sei historisch gut fundiert. Da Auferstehung eines einzelnen religionsgeschichtlich singulär sei, müsse die subjektive Visionshypothese als höchst unwahrscheinlich gelten. An der Tatsache des leeren Grabes sei festzuhalten.

Faktizität des leeren Grabes

- Nach H. VON CAMPENHAUSEN kann der Historiker auf die *Faktizität des leeren Grabes* verweisen. Die Verbindung von leerem Grab und Auferstehung stelle jedoch der Glaube her; die historische Ebene werde dabei überschritten (Der Ablauf der Osterereignisse und das leere Grab, 1952, in: Tradition und Leben, 1960, S. 48-113).)
- Anders W. PANNENBERG: Nach ihm ist Auferstehung in ihrer Wirklichkeit und Bedeutung nicht nur dem Glaubenden zugänglich, sondern „jedem, der Augen hat zu sehen" (Offenbarung als Geschichte, 1970, S. 98). Die Auferstehung bringe Gottes Gegenwart in der Person Jesu zur Vollendung und lasse einen neuen Äon anbrechen; als historisches, als *wirkliches Ereignis* sollte sie aber sogar vom Profanhistoriker festzustellen sein (Grundzüge der Christologie, 1964, v.a. S. 96f.).

Anläßlich der Thesen von G. LÜDEMANN, der die Auferstehung mit Hilfe einer subjektiven Visionshypothese interpretiert und plakativ feststellt, Jesu Leichnam sei im Grab verwest (Die Auferstehung Jesu, 1994), wird der Streit um die historische Verifizierbarkeit des Osterereignisses in den letzten Jahren wieder verstärkt in der breiten Öffentlichkeit geführt.

14.2 Barth: Auferstehung als soteriologisches Ereignis

Die Auferstehung ist das Urteil des Vaters, das den Gekreuzigten bestätigt und die Versöhnung in Kraft setzt. Sie ist aber nicht als ein Aspekt des Kreuzes zu verstehen, sondern steht ihm gegenüber als *neue* Tat Gottes, die aber das Gericht des Kreuzes voraussetzt. Im Kreuz geht es um unsere Sünden, in der Auferstehung um unsere Rechtfertigung (Röm 4,25; Gottes Nein, Gottes Ja). Damit hält K. BARTH an einer anderen Christologie als der historischer Ereignisse fest: Es geht ihm um die notwendigen, Leben stiftenden und legitimierenden Beziehungen, die sich an alttestamentliches Rechtsdenken anlehnen.

Barth: Gottes neue Tat, Gottes Ja zum Gekreuzigten

„Er, der Gekreuzigte und Auferstandene *erschien*, die Grenze der Geschichte und des Menschen, das Ende und der Anfang in einem. Alle Vorstellungen über die Art des *Sehens* dieser Erscheinung sind unvollziehbar, sie können alle nur auf eine Leugnung des ... „Erschienen“ hinauslaufen ... Nur das Erschienen, das was *Er* tat, ist jedenfalls Inhalt der Botschaft ... dieses ... Erschienen, durch das ... Jesus Christus ... als Gottes errettendes und lebendigmachendes Wort, in den Gesichtskreis dieser Menschen trat, dieses ... Erscheinen nur ist ja der direkte Gegenstand des christlichen ... Zeugnisses ... *Darauf* will Paulus die Korinther aufmerksam machen ...: Christus lebt! das in *keiner* Weise ... in Kontinuität zu menschlichen Erfahrungen, Erlebnissen, Einsichten höherer oder höchster Art, sondern eben innerhalb der Gemeinde Christi nur als Zeugnis von Gottes Offenbarung ...“ (Die Auferstehung der Toten, [4]1957, S. 80f. [zu 1.Kor 15, 3-7])

Literatur:

K. Barth, KD IV, 1 , S. 269ff.

14.3 Bultmann: Auferstehung als Ausdruck der Bedeutsamkeit des Kreuzes

Bultmann: Jesus ist in das Kerygma auferstanden

Auf die Grundlage des kerygmatischen des (Wort-)Geschehens geht hingegen R. BULTMANN zurück: Die Osterereignisse sind ohne die Oster*verkündigung* irrelevant; Ostern begegnet gegenwärtig allein im verkündigten Wort. Bultmann kann die Aussage riskieren, daß Jesus in das Kerygma auferstanden sei. Im Kerygma von der Auferstehung wird die *Bedeutsamkeit des Kreuzes* ausgesagt: Der Kreuzestod Jesu ist nicht irgendein menschliches Sterben, sondern das Gericht über die Welt. Der Glaubende wird „entweltlicht".

Literatur:

R. Bultmann, Theologie des Neuen Testaments, 1958, S. 50f.

14.4 Ebeling: Auferstehung als Begründung des Glaubens

Ebeling. Jesus wird zum Grund des Glaubens

Die existentiale Interpretation bzw. existentiale Aneignung wird von G. EBELING zur Thematik des Glaubens erweitert. Jesus ist Zeuge des Glaubens (wobei Ebeling unter ‚Glauben' eine Weise der Existenz versteht: Ganzheit des Seins, Existenz in Gewißheit, Offenheit für die Zukunft); in Jesu Glauben ist Gott gegenwärtig. Das Kreuz bedeutet das vollendete Durchhalten dieses Glaubens, die Auferstehung hingegen, daß der Zeuge des Glaubens zum *Grund des Glaubens* (eine Formel W. HERRMANNS) wird. Die Ostererscheinungen und der Beginn des Glaubens fallen für alle von Ostern Betroffenen zusammen.

> „Es ist ein verhängnisvoller Irrtum, wenn man sich durch historische Forschung den Grund des Glaubens feststellen lassen will. Der Grund des Glaubens soll fest sein, die Resultate historischer Arbeit sind in beständigem Fluß. Den Grund des Glaubens soll der Gelehrte wie der Ungelehrte in derselben Weise selbständig erfassen. Wie sich uns auch die Überlieferung darbieten mag, ob historisch-kritisch erarbeitet oder nicht, es soll und kann immer das gleiche stattfinden, daß wir in ihr das innere Leben Jesu sehen lernen." (W. Herrmann, Der Verkehr des Christen mit Gott im Anschluß an Luther dargestellt, ^{7}1921, S. 60)

Literatur:

G. Ebeling, Das Wesen des christlichen Glaubens, 1959, S. 66ff.

Exkurs 15: Christologie „von oben" oder „von unten"?

Diese plakative Unterscheidung – in jüngerer Zeit v.a. von W. PANNENBERG ins Gespräch gebracht – versucht, die christologischen Entwürfe seit der Aufklärung in ihrem Ansatz zu kennzeichnen:

Die sog. *Christologie „von oben"* (die z.B. K. BARTH nachgesagt wird) läßt (angeblich) die Christologie in der Trinität ansetzen. Gott sende den Sohn, der die menschliche Natur annehme. Die Gottheit des Sohnes werde vorausgesetzt und damit das Wunder der Menschwerdung betont. Einzuwenden ist gegen diese Nomenklatur, daß Gott schon immer zum Gegenüber hin ist (Barth jedoch verbietet es sich, beim λόγος ἄσαρκος einzusetzen; jede Christologie fange beim λόγος ἔνσαρκος an und *re*-flektiere dann auf die Trinität [KD IV,1, S. 54ff.]). Christologie „von oben"

Die sog. *Christologie „von unten"* (z.B. bei F. SCHLEIERMACHER, P. TILLICH, W. PANNENBERG) besagt: Mit dem Verlust der Evidenz des Gottesgedankens wird der Ansatz bei der Trinität problematisch. Die Christologie setzt nun beim Menschsein Jesu ein, um von dort zu den Aussagen des christologischen Dogmas zu gelangen. Aber im Stillen wird doch Gott vorausgesetzt. Christologie „von unten"

Begriffe wie ‚oben' und ‚unten' sind wenig geeignet, theologische Zusammenhänge und ontologische Probleme der Christologie zu präzisieren.

Exkurs 16: Zwischenüberlegung zum Thema des Heiligen Geistes

16.1 Problemstellung

Wie die Übersicht beweist, gehen viele dogmatische Entwürfe nach der Christologie bzw. dem Locus „De Christo“ nicht so offenkundig in eine Lehre vom Heiligen Geist über. Weil diese Lehre aber vor allem die Wirkung Gottes heute bzw. das subjektive Wirklichwerden der Offenbarung enthalten muß, kommt das Thema des *Heiligen Geistes* mittelbar – in der Lehre von der dem Menschen zugeeigneten Gnade bzw. der Heilsaneignung – zur Sprache. Hier zeigt sich auch ein Unterschied vieler lutherischer und reformierter Dogmatiken. Lutherische Dogmatiken neigen dazu, nach der Christologie die Heilsmittel und damit die Zueignung der in Christus erworbenen Gnade zu behandeln, während reformierte Dogmatiken das Zentralthema der Reformation, die Rechtfertigung, der Lehre vom Heiligen Geist nachschalten können (z.B. O. WEBER).

Ein eigenständiger Locus „De spiritu sancto“ muß hier nicht vorgestellt werden. Über die dritte ‚Person‘ des dreieinen Gottes ist bereits im Kapitel zur Trinitätslehre Wichtiges gesagt worden. Deshalb seien hier nur wichtige Themen notiert, die z.T. in den folgenden Kapiteln zur Sprache kommen.

Im folgenden soll u.a. deutlich werden,

- daß seit dem MA das Thema des Heiligen Geistes v.a. unter dem Stichwort der ‚Gnade‘ verhandelt wurde, die nach Liebe ruft;
- daß die Reformatoren das Kommen des Geistes an das Wort banden (der Grund lag auch in der Furcht vor der Willkür, die ein nicht wortgebundener Anspruch auf den Geist Gottes hervorbringen konnte);
- daß mittelalterliche Theologie und Altprotestantismus – aber in unterscheidlicher Weise – das Heil („Heiliger“ Geist!) in das Zentrum ihrer Erörterungen stellten;
- daß der Neuprotestantismus das Thema des Geistes nicht nur an diese alten Topoi, sondern an den Topos der Subjektivität und der Vernunft (Logos) in der Geschichte band, so daß die Gefahr einer Vermischung aufkam;
- daß die Entwürfe des 20. Jh. theologische Prinzipienfragen zur Leitschnur der Erörterungen machen, die mit dem dritten Artikel verbunden sind.

16.2 Biblisches Zeugnis

u.a. ‚Geist' im NT

Im *NT* ist an folgenden Stellen vom ‚Geist' die Rede:
- Gott selbst wird als Geist erkannt und bezeichnet (Joh 4,24).
- Gottes Geist vergegenwärtigt das Christusgeschehen (Röm 8,11).
- Er wirkt und kräftigt den Glauben (Gal 3,5).
- Er erneuert das Ich des Glaubenden (neuer Mensch!) (Röm 8,1 ff., v.a. V.9).
- Er wirkt besondere Gnadengaben (Charismen) und stößt damit neues Handeln an (Röm 8,3 ff.).
- Er läßt uns die vergehende Welt und ihre Zeit angesichts der verheißenen Zukunft Gottes bestehen (Röm 8,18 ff.) und lehrt uns beten (Röm 8,22ff.).

16.3 Positionen

Wahrnehmung des Geistes

Deshalb schwankt die Wahrnehmung des Heiligen Geistes in der *Theologiegeschichte* zwischen
- einer *substanzhaften Sicht* (im allerweitesten Sinn: Gott *ist* Geist), z.B. ORIGENES, Kappadokier (der Geist als unpersönliches Gemeinsames von Vater und Sohn),
- einer *dynamischen Sicht* (Gottes Wirken in der Welt), z.B. AUGUSTIN (Heilsökonomie) und
- einer *subjektivitätsorientierten Sicht* (Gott spricht zu uns in unserem Personsein, in unserem Ich je für sich), z.B. F. SCHLEIERMACHER (Gemeingeist in jedem einzelnen individuell).

Damit ist das reformatorische Spektrum noch nicht erfaßt, demzufolge das *Wort Gottes untrennbar mit der Gabe des Geistes Gottes verbunden* ist.

> „Äußerlich handelt er (sc. Gott) mit und durchs mündliche Wort des Evangelii und durch leibliche Zeichen ... Innerlich handelt er mit uns durch den heiligen Geist ... Aber das alles der Maßen und der Ordnung, daß die äußerlichen Stücke ... müssen vorhergehen und die innerlichen hernach und durch die äußerlichen kommen. ... Denn er will niemand den Geist noch Glauben geben ohn das äußerliche Wort und Zeichen, so er dazu eingesetzt

hat." (M. Luther, Wider die himmlischen Propheten, 2. Teil, 1525, WA 18, S. 136)

Die *lutherischen Bekenntnisschriften* des 16. Jh.s betonen folgende Wirkungen des Heiligen Geistes:
- die Gaben zum geheiligten Leben,
- Strafe und Tröstung, Kampf gegen die Sünde und Erneuerung des Lebens,
- seine ausschließliche Bindung an das Wort;
- er wird im Glauben empfangen
- und stößt die Freiwilligkeit des Tuns an (vgl. das Sachregister der BSLK).

Auch das dritte Buch der „Institutio" J. CALVINs kann dem Apostolicum nicht recht folgen; im Kapitel „De modo percipiendae gratiae" (Inst. III) werden behandelt: Glaube, Buße, Leben des Christen, Rechtfertigung, Christliche Freiheit, Erwählung und letzte Auferstehung. O. WEBERs Dogmatik versucht, die stärkere Selbständigkeit des Geistthemas in der reformierten Lehre in einem „munus triplex" aufzuzeigen:
- Der Geist beglaubigt das *Zeugnis* des Sohnes,
- er verwirklicht die *Versöhnungstat* Jesu Christi heute und
- er richtet das (eschatologische) geistliche *Reich* Christi auf (ein Thema, bei dem sich lutherische Dogmatiker zurückhielten).

Im übrigen bildet das Gebet das längste Kapitel in Calvins „Institutio" (Inst. III,20).

16.4 Einige Hinweise zu expliziten Pneumatologien

neuere Pneumatologien

Leben und Geist, Geschichte und Reich Gottes sind die tragenden Themen des dritten Bandes der „Systematischen Theologie" P. TILLICHs. Das Leben strebt zur Selbstintegration, sucht ein personhaftes Selbst und will dabei die Gegenwart des göttlichen Geistes erfahren, der gegen die Entfremdung kämpft. Das Reich Gottes zeigt sich darin sowie in der Ausrichtung auf eine letzte Erfüllung. Diese Geschichte kommt in der Manifestation des Neuen Seins (Christologie!) zur Erfüllung, weil in ihr das Ewige im Zeitlichen gegenwärtig wird und die Subjekt-Objekt-Spaltung überwindet (Systematische Theologie, Bd. 3, 1958-1966).

G. EBELING bezieht seine Lehre vom Geist (Gottes) sowohl auf das personale Leben wie auf die universale Dimension, auf die jetzt zu erfahrende Lebensfülle und die eschatologische Einlösung dereinst. Die Geschichte des Geistes nimmt den einzelnen in die Universalität des Christusgeschehens hinein. (Dogmatik des christlichen Glaubens, Bd. 3, 1979, S. 19, 53, 73).

J. MOLTMANNS Pneumatologie versucht, die enge Verbindung von Wort und Geist aufzunehmen und dann doch aufzubrechen, indem der Geist zum Subjekt des Wortes erklärt und das Wortgeschehen mit dem selbsttranszendierenden Subjekt und vor allem einer Erfahrung, die über das Bewußte hinausgehen soll, verbunden wird. Damit kann Moltmann einen euphorischen Lebensbegriff der antirationalen Tradition v.a. des 19. Jahrhunderts aufnehmen und mit holistischen Klischees aufladen, die der Tendenz nach die Unterscheidung von Gott und Mensch aufheben (Der Geist des Lebens, 1991).

„In der Geisterfahrung ist Gott ursprüngliche, allumfassende Gegenwart und kein distanziertes Gegenüber. In der charismatischen Geisterfahrung wird die wechselseitige Perichoresis von Gott und uns selbst erfahren." (S. 209)

Literatur:

M. Welker, Gottes Geist, 1992; W. Härle, Dogmatik, 1995, S. 357-383; O. Weber, Grundlagen der Dogmatik, Bd. 2, S. 260ff.

Die Probleme des Übergangs vom zweiten zum dritten Artikel des Glaubensbekenntnisses werden in zwei Übersichten erweitert und zugleich zusammengefaßt:

Zum Problem des Übergangs von der Christologie zu den Gegenständen des dritten Artikels:

Grundrisse der Soteriologie

Richtung, Autor	Christologische Voraussetzung	Heiliger Geist	in seinen Wirkungen	am Menschen
a. PETRUS LOMBARDUS, THOMAS VON AQUIN:		Die *Gnade* des Heiligen Geistes (institutionell vermittelt durch die Kirche)	wird als *Liebe* zum (Gottes Liebe, ausgegossen = gratia increata)	*Habitus* des Menschen. (Menschliche Liebe = gratia creata).
			Maria ist Ausdruck dieser Empfänglichkeit.	
b. *Reformatoren:*				
• LUTHER:	Das *Wort Gottes*	weckt in der Kraft des Heiligen Geistes (der Geist ist an das Wort gebunden)		den *Glauben* des Menschen ⇨ der Mensch wird „wortförmig". (vgl. OSIANDERS Problem!).
• CALVIN: (Institutio III: De modo percipiendae gratiae)	Das von Christus Bezeugte	kommt durch das verborgene Wirken des Geistes	uns zugute	und führt zu: Glauben, Wiedergeburt, Leben als Christ, Rechtfertigung usw.
c. *Lutherische Bekenntnisschriften, Altprotestantische Dogmatik:*	das *principium salutis* (Werk Christi) auf.	Der Heilige Geist als Geber *göttlicher Gaben* (FC Epit. II,6 / FC SD III, 30f.) nimmt	Durch die *media salutis* (Kirche, Wort, Sakramente)	entfaltet sich die Gabe des Heiligen Geistes im *ordo salutis:* • Berufung, • Erleuchtung, • Bekehrung, • Wiedergeburt, • Rechtfertigung, • mystische Einung (mit Christus), • Erneuerung, • Erhaltung, • Verherrlichung. (seit QUENSTEDT).

d. SCHLEIERMACHER:	Der von Christus ausgehende *Geist*		formt den *Logos* der menschlichen (geschichtlichen) Vernunft neu	und bewirkt am Menschen die Lust an schlechthinniger Abhängigkeit und entfaltet ein neues Gesamtleben (⇨ Kirche als gesinnungsbildende Gemeinschaft).
e. *Neuere lutherische Dogmatiken:*				
• ELERT:	Das doppelte Wort Gottes (Gesetz und Evangelium) im Vollzug der Rechtfertigung		führt zur Wende als *Erlösung* und	zum *Existenzwandel.*
• EBELING:	Die Erfahrung des Menschen unter *Gesetz und Evangelium* führt zur		Ausrichtung des Lebens an	personaler Lebensfülle und auf ein universales Eschaton hin (der Mensch *in* Christus, im Glauben).
f. *Neuere Dogmatiken in reformierter Tradition:*				
• BARTH:	Die *Versöhnung* Gottes in Christus	ist in Jesus Christus Geschichte geworden (⇨ Jesu Christi irdisch-geschichtliche Existenzform)	und realisiert sich *eschatologisch* als *Erlösung:* Der Heilige Geist als subjektive Wirklichkeit der Offenbarung verwirklicht das in Christus Geschehene an uns.	
• O. WEBER:		Der *Heilige Geist*	macht die	*Rechtfertigung* an uns wirklich, erwählt und sammelt die *Gemeinde* usw.

Zum Problem des Übergangs von der Christologie zu den Gegenständen des dritten Artikels:

Wort und Geist

Ausgangspunkt:

das Bekenntnis zum
dreieinigen Gott

Vater
⇩
AT: Gott ist ruach

Sohn
⇩
- NT: Verheißung des Parakleten (Joh 4,16)
- Christi Gegenwart im Geist

Heiliger Geist
⇩
Gottes Gegenwart auch heute, entfaltet anhand folgender Themen:

1. Gottes Werk am Menschen heute: die ***Rechtfertigung*** des Sünders:

(zentral in der) ***Reformation:***
- Rechtfertigung durch Gottes *verbum externum;*
- forensisch verstanden

Nach FC, SD III, 36-39:
- *absque operibus*
- *sine lege*
- *gratis*
- *non ex operibus*

(nicht zentral im) *Mittelalter:*
- Der Heilige Geist in Gestalt eingegossener Liebe (PETRUS LOMBARDUS)
- oder als eingegossene Gnade (THOMAS VON AQUIN) – *gratia create* gegenüber der *gratia increata, gratia praeveniens* und *gratia subsequens*

apologetische Reaktion auf dem Konzil zu Trient:

Das *Tridentinum* knüpft
- an menschliche Voraussetzungen an und
- setzt Zustimmungsfähigkeit des Menschen voraus:
  - translatio
  - incrementum iustitiae

2. Deshalb ist das ***Wort*** zentral:

Es wirkt den *Glauben* an das *Evangelium*, verbunden mit dem *Geist* (nach CA V).

3. Es ist zu unterscheiden nach

Gesetz und ***Evangelium***

Gesetz geistlich im
- usus theologicus,
- evtl. im tertius usus

Evangelium dessen *Verkündigung* der Kirche aufgegeben ist.

4. Ihr dient das ***Amt:***
laut Art. Smalc.
- durch das Wort,
- in der Taufe,
- mit dem Sakrament des Altars,
- im Amt der Schlüssel.

5. Wichtige Frage:
Die Zuordnung von
Wort und Sakrament:

Lutherisch:
Wort ⊃ Sakrament

Reformiert:
Wort > Versiegelung im Sakrament

Römisch-katholisch:
Sakrament > Wort

(Lutherisch und Reformiert →) Promissio Dei

VIII. GNADE UND RECHTFERTIGUNG

Dieses Kapitel ist für die Orientierung über das Gottesverhältnis des Menschen und seine Bestimmung zwischen reformatorischen Kirchen und römischer Kirche entscheidend: Was tut Gott am Menschen, was tut der Mensch aus eigener Kraft? Oder ist er ganz und gar Sünder, dem erst die Freiheit geschenkt werden muß? Ist der von Gott begnadigte Mensch dialektisch – ganz Sünder, ganz gerechtfertigt – zu bestimmen; oder zeigt sich an seinem Leben eine gewisse Abfolge von Bestimmungen, die einen Zustand überwiegen läßt?
Den Zusammenhang mit dem Vorhergehenden und dem Nachfolgenden mag folgende Übersicht andeuten:

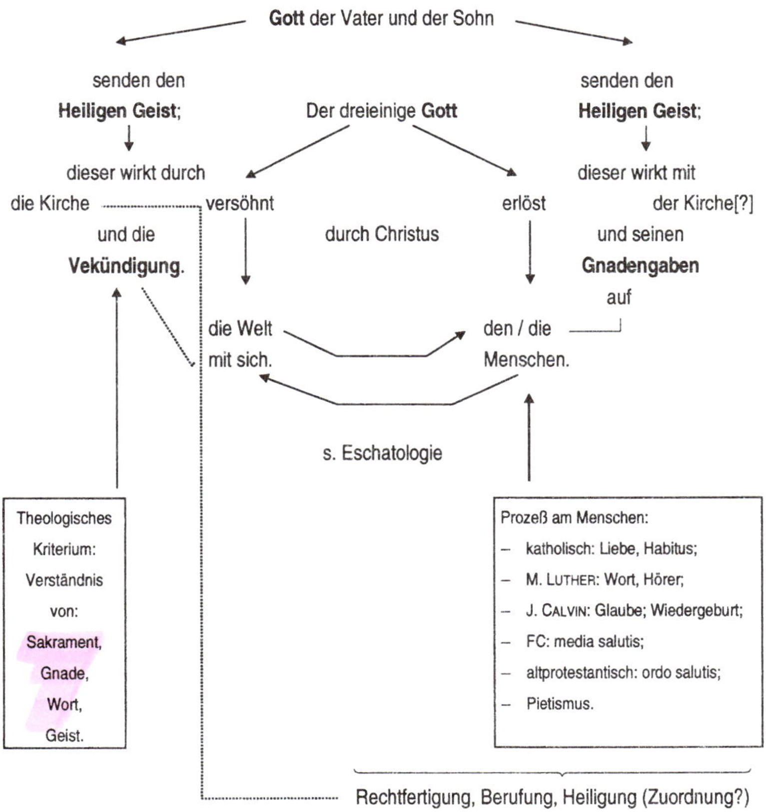

Die damit angesprochenen Fragen sind in folgenden Bereichen besonders genau zu verfolgen:

- Heilige Schrift: anderes Gerechtigkeitsverständnis als in der Antike;
- Alte Kirche: Streit um Pelagius;
- Reformation: Besonderheiten des Gerechtigkeits- und Rechtfertigungsverständnisses;
- reformierte und nachreformatorische Auffassungen vom Sein der Wiedergeborenen;
- Interesse des Neuprotestantismus am innerlichen Sein des Christen;
- Wiederkehr der Kategorie des Wortes Gottes und deren Bedeutung für das Gottesverhältnis und das Selbstverhältnis des Menschen.

1 Bestimmung und Präzisierung des Problems

1.1 Problemzusammenhang

1.1.1 Bekenntnisse der Kirche

Die Frage nach Gnade, Rechtfertigung, Glaube und nach dem Zusammenhang von Glaube und Werken stellt einen zentralen Punkt kirchlicher Bekenntnisse dar. Für die altprotestantische Theologie war sie oft so wichtig, daß sie darüber eine eigenständige Abhandlung zum Heiligen Geist zurückstellte und stattdessen sein Werk, die Zuteilung der Gnade, verdeutlichte.

- CA IV-V („*propter* Christum" wird und vergeben – „*per* fidem" werden wir gerechtfertigt:

propter Christum – per fidem

> „Weiter wird gelehrt, daß wir Vergebung der Sunde und Gerechtigkeit vor Gott nicht erlangen mogen durch unser Verdienst, Werk und Genugtun, sonder daß wir Vergebung der Sunde bekommen und vor Gott gerecht werden aus Gnaden umb Christus willen durch den Glauben ..." („... gratis iustificentur propter Christum per fidem ...") (BSLK, S. 56, 58)

Glaube und Werke

- CA VI (Werke sind Früchte des Glaubens´):

> „Auch wird gelehrt, daß solcher Glaube gute Frucht und gute Werk bringen soll, und daß man müsse gute Werk tun, allerlei, so Gott geboten hat, um Gottes willen..." (a.a.O., S. 60):

- CA XX (nicht die Werke, sondern der Glaube versöhnt mit Gott und erlangt Gnade [a.a.O., S. 76]).
- Vgl. auch im Großen und Kleinen Katechismus die Auslegung des 3. Artikels.
- Art.Smalc. XIII:

„... daß wir ‚durch den Glauben' ... ein ander neu, rein Herz kriegen und Gott umb Christi willen, unsers Mittlers, uns fur ganz gerecht und heilig halten will und hält." (a.a.O., S. 460)

im Glauben ganz gerecht

- FC Epit. II („Vom freien Willen" [a.a.O., S. 776-781]) und III („Von der Gerechtigkeit des Glaubens" [a.a.O., S. 781-786]).

freier Wille

- Heidelberger Katechismus: Fr. 21 (Glaube), Fr. 59-61 (Rechtfertigung durch den Glauben), 62-64 (Glaube und Werke), 86 ff. (gute Werke aus Dankbarkeit).
- Barmen II (Jesus Christus ist Zuspruch und Anspruch Gottes. Rechtfertigung ist „frohe Befreiung aus den gottlosen Bindungen dieser Welt zu freiem, dankbarem Dienst an seinen Geschöpfen".)

Zuspruch – Anspruch (Barmen II)

1.1.2 Sonstige Überlieferungen der Kirche

Vor der Reformation wurden diese dogmatischen Probleme im Rahmen der Gnadenlehre verhandelt. Bei M. Chemnitz wird sie in die Reihe ‚Rechtfertigung, gute Werke, Kirche, Sakrament' eingebunden. J. Calvin behandelt die Gnadenlehre unter „De modo percipiendae Christi gratiae" (Inst. III). Immer aber stellt die Rechtfertigung das Kriterium des rechten Verständnisses der Gnade dar. Erst seit A. Calov gehört die Rechtfertigung zum „ordo salutis" (s.u.).

Gnade und Rechtfertigung

1.2 Aktuelle Formulierung des Problems

Die Rechtfertigung galt als der entscheidende Kontroverspunkt zwischen der römischen Kirche und den evangelischen Kirchen. Die alten Lehrverurteilungen werden heute in Frage gestellt.

katholisch-evangelische Kontroverse

Literatur:
Lehrverurteilungen – kirchentrennend? hg. v. K. Lehmann und W. Pannenberg, 1986 (dagegen das Gutachten der Göttinger Fakultät: Überholte Verurteilungen?, hg. v. D. Lange, 1991).

Rechtfertigung in der Neuzeit

Neuere liberale lutherische Theologen deuten die Rechtfertigung als Grundbestimmung des Menschen: *Wir verdanken unser Leben zuletzt nicht uns selbst.*

Literatur:
Rechtfertigung im neuzeitlichen Lebenszusammenhang, hg. v. W. Lohff u.a., 1974.

2 Problembearbeitung

2.1 Biblischer Hintergrund

AT: Gerechtigkeit als Beziehungsbegriff – „Gemeinschaftstreue"

Die Begriffe צדקה (meist: Gerechtigkeit; vgl. צדק / צדיק) und חסד (meist: Gnade / Treue) im *AT* qualifizieren ein Verhältnis, eine Beziehung. Dabei ist das „Gemeinschaftsverhältnis, in dem sich der Handelnde vorfindet, ... gewissermaßen selbst die Norm" (G. von Rad, Theologie des Alten Testaments, Bd. 1, 1957, S. 383), an der sich menschliches Verhalten orientieren soll. Der Begriff schließt auch die Folgen solchen gemeinschaftsmäßigen Verhaltens mit ein.

Gerechtigkeit als Heil und Errettung

– Auf das Verhältnis von Gott und Mensch bezogen weist die göttliche Gerechtigkeit auf seine „Heilstaten" als Mitteilung hin (vgl. Ps 71, 72; 119), durch die Gott seinen Willen zur Gemeinschaft mit Israel offenbart hat.

„Errette mich nach deiner Gerechtigkeit und befreie mich…" (Ps 71,2; die Zuordnung von Errettung und Gerechtigkeit in diesem Vers ließ den jungen Luther einen Schritt zu seiner reformatorischen Entdeckung tun)

„Die Berge mögen dem Volke Heil tragen und die Hügel Gerechtigkeit." (Ps 72,3)

„Du bist gerecht, o Herr, und untadelig sind deine Gerichte. Du hast deine Vorschriften gegeben in großer Gerechtigkeit und Treue“ (Ps 119,137f.).

- Der Mensch bleibt „in“ dieser Gerechtigkeit, wenn er sich durch das Halten der Gebote wiederum als gemeinschaftsfähig erweist (Ps 15; 24 [Torliturgien]). Die Gemeinschaft mit Gott bringt Heil, Leben und Gedeihen (der Gerechten) mit sich.

der Mensch und die Gerechtigkeit

Vermittelt wird das Wissen um diese *Heilstaten Jahwes* je nach sozialgeschichtlichem Standort im Kult (Ps) oder in den Spr durch Weisheitslehrer. Bei den *Propheten* wird die Gerechtigkeit Gottes als künftig hereinbrechender Schlußpunkt einer neuen Heilsgeschichte verstanden. Sie ist also geschichtlich vermittelt.

Im *NT* sind zu unterscheiden:

- *die Verkündigung Jesu:* Jesus verwendet den Begriff der ‚Gerechtigkeit Gottes‘ offenkundig nicht. Er bezeugt Gott aber im Rahmen der Ankündigung seines Reiches als den, der die Verlorenen sucht (Lk 15,11-32), der die Sünder annimmt und die aus sich selbst (vermeintlich) Gerechten verwirft (Lk 18,9-14; Mt 21,31). In dieser *Zuwendung Gottes* ist die Begründung seiner Forderung zu Gerechtigkeit und Mitmenschlichkeit zu suchen (Mt 5,20). Unvergebbare Sünde ist nur die Lästerung des Heiligen Geistes (Mk 3,28f.).

Jesu Wendung zu den Sündern

- *die Formeln der vorpaulinischen Christenheit:* In *Kreuz und Auferstehung Christi* sind Sündenvergebung und Rechtfertigung für uns erworben (Röm 4,25 [ἠγέρθη διὰ τὴν δικαίωσιν ἡμῶν]). Nach 1.Kor 6,11 werden durch die *Abwaschung* (der Taufe) die Sünden vergeben, hat Gott sich durch die Heiligung eine Gemeinde zum *Eigentum* bestimmt und ihre Glieder durch seinen Zuspruch der Gerechtigkeit in das rechte Verhältnis zu sich gesetzt. Die öffentliche Herausstellung Christi als *Sühnopfer* ist Erweis der Gerechtigkeit Gottes. Hierdurch ist die durch die Sünden aufgehäufte Schuld getilgt (Röm 3,24-26):

Rechtfertigung und Sühne in der vorpaulinischen Christenheit

δικαιούμενοι ... διὰ τῆς ἀπολυτρώσεως τῆς ἐν Χριστῷ 'Ιησοῦ ... ὃν προέθετο ὁ θεὸς ἱλαστήριον ... (Röm 3,24f. in Ausschnitten).

Kernwort Luthers

- *die Theologie des Paulus:* Gottes Gerechtigkeit ist sein *endgültiges (eschatologisches) Urteil über Welt und Mensch,* das bereits jetzt im Glauben angenommen werden kann. Zugleich ist es Gegenstand der Hoffnung der Christen (Gal 5,5 [Hoffnung auf Gerechtigkei]; Röm 3,21f. [„Jetzt aber ist ohne Zutun des Gesetzes die Gerechtigkeit Gottes offenbart…"]). Dieses Urteil wird offenbar in Christi Kreuz und Auferstehung. Es bedeutet Freispruch von der Herrschaft der Sünde (Röm 6,7) und von der Gerechtigkeit des Gesetzes (Gal 2,17; Röm 10,4 [τέλος γὰρ νόμου Χριστὸς εἰς δικαιοσύνην παντὶ τῷ πιστεύοντι]). Die Gerechtigkeit Gottes muß jedoch in der πίστις angenommen werden (Röm 3,28), *der Mensch muß das Urteil Gottes über sich und die Welt bejahen und sich ihm unterordnen* (Röm 10,3). Tut er dies, ist er seinerseits befreit zum Dienst an der Gerechtigkeit (Röm 6,18 [der Gerechtigkeit dienstbar geworden]; 8,4 [Gerechtigkeit erfüllt im Wandel nach dem Geiste]).

Christus = Ende des Gesetzes

- *die Theologie des Johannes:* Das Johannesevangelium stimmt in dieser Frage fast völlig mit Paulus überein, wenn dort auch nicht ausdrücklich von Gottes Gerechtigkeit geredet wird. Bei Joh ist ebenfalls Christus der einzige Weg zu Gott, dem Vater (Joh 14,6). In ihm ist Gottes Gnade und Wahrheit zu den Menschen gekommen (Joh 1,17); sie richtet und bestimmt ihn letztgültig. Im Unterschied zu Paulus spricht Joh von der erneuernden Zuwendung Gottes mit Worten, die eher der Erfahrung des Lebens als der gerichtlichen Sphäre entstammen: aus dem Tode ins Leben kommen, aus Gottes πνεῦμα neu geboren werden (Joh 3,3-5 [Nikodemus]). Die Jünger bleiben so durch die Liebe mit Jesus verbunden (Joh 13,34 [ein neues Gebot: einander lieben]).

Joh: Christologie der Menschen zugewendeten Gnade

2.2 Historischer Hintergrund

2.2.1 Alte Kirche und Mittelalter

Die Alte Kirche war durchaus nicht immer in der Lage, die radikale Gerechtigkeit Gottes für den Menschen festzuhalten.

Pelagius: freier Wille kann auch die Sünde überwinden

Für PELAGIUS war nach hellenistischer Popularphilosophie die Gerechtigkeit eine Art von *Vergeltung,* die einem jeden zuweist, was ihm gebührt. *Gott ist gut,* und als sein Geschöpf ist *auch der Mensch gut,* wenigstens soweit er einen *freien Willen* besitzt, der sich dem Guten zuneigen und vom Bösen abwenden kann. Folglich kommt die Sünde aus der Entscheidung des Menschen und somit aus seinem freien Willen. Der Mensch *kann* also sündlos leben; tut er dies nicht, wird er von Gott im Gericht entsprechend verurteilt.

Die *Gnade* Christi stellt nur eine *Hilfe* dar, sie bildet keine notwendige Voraussetzung für den Erwerb des Heils. *Gnade* war für die Pelagianer das, was Gott jedem Menschen zukommen läßt: *Vernunft und freier Wille*. Christus kommt nur als *Lehrer der Wahrheit* und als Vorbild zur moralisch-asketischen Lebensweise in Betracht. Von Versöhnung und Erlösung als einseitigem Geschehen wird nicht gesprochen. Die Gnade *wird nicht umsonst gegeben,* sie ist auch keine wirkende Kraft, sondern alles konzentriert sich auf das Tun des Menschen und das in ihm liegende Vermögen. Gnade nur Hilfe

AUGUSTIN ging während seiner antipelagianischen Phase in seiner Bestimmung des Menschen nicht von dessen Vernunft, sondern von der zerstörerischen Faktizität der Sünde aus. Durch den Sündenfall Adams ist dem Menschen das *posse non peccare* (nicht sündigen können) genommen und zu einem *non posse non peccare* (nicht nicht sündigen können) geworden. Nur durch Gottes Erbarmen ist Rettung möglich. Gott sendet Christus als Erlöser, durch den seine Gnade von neuem wirksam wird. *Sie wird voraussetzungslos* gewährt, ist *gratia gratis data* und bewirkt am Menschen, daß der den neuen Weg nicht verläßt, Gutes wirklich tut und merita (Verdienste) erwirbt. *Gute Werke sind stets als Folge der Gnade zu verstehen.* Doch wird die Gnade *nur dem Auserwählten* zuteil (weil sie „gratia irresistibilis"ist). Kein Mensch kann sicher sein, zu den Auserwählten zu gehören; persönliche Heilsgewißheit ist ausgeschlossen. So wird sich der Glaubende verstärkt um jenes Gute bemühen, das im Gericht Gottes als *meritum* anerkannt wird. Augustin und seine Nachfolger halten am Verdienstbegriff trotz der anders gemeinten biblischen „iustitia Dei" fest, wenn auch unter dem Gesichtspunkt, daß alle merita Wirkungen der Gnade sind. Nach Augustin, vor allem aber im MA, zeigten sich immer wieder *semipelagianische Tendenzen,* weil die kirchliche Lehre den Anschein einer Willkürbestimmung durch Gott vermeiden wollte. Zur Annahme der Gnade sollte der Mensch wenigstens frei sein.

Augustin: posse non peccare – non posse non peccare

gratia irresistibilis

meritum

Literatur:

O.H. Pesch / A. Peters, Einführung in die Lehre von Gnade und Rechtfertigung, 1981, S. 15-34.

Anselm von Canterbury: Rechtsordnung der geschuldeten Gerechtigkeit

ANSELM VON CANTERBURY ging von der *Vereinbarkeit von Vernunft und Glauben* aus. Er wollte die Vernünftigkeit des Glaubens nachweisen („fides quaerens intellectum"), so auch des Glaubens an die Rechtfertigung, die im Mittelpunkt seiner Theologie stand. Seine Leitfrage lautete: „Cur deus homo?". Eine vernünftige Theologie kann hierauf Antwort geben: Das *Geschöpf schuldet dem Schöpfer Gerechtigkeit,* die der Mensch wegen Adams Fall jedoch nicht erbringen kann. Die zerstörte Rechtsordnung muß wiederhergestellt werden, was nur durch *Bestrafung* des Sünders oder durch eine ersatzweise geleistete Genugtuung *(satisfactio)* möglich ist. Weil Gott sein kostbarstes Geschöpf nicht verdammen, der Sünder aber auch von sich aus Satisfaktion nicht leisten kann, mußte Gott Mensch werden, um durch die Hingabe seines Lebens eine Genugtuung von unendlichem Wert zu schaffen. Die Satisfaktion wird zu *einem innergöttlichen Vorgang:* Allein durch sie ist Rechtfertigung möglich, menschliche Selbstbefreiung ist also ausgeschlossen. Für dieses Geschehen ist allein der Tod des Gottmenschen von Bedeutung. Für die mittelalterliche Theologie bedeutete die Versöhnung aber die Sündenvergebung und Straffreiheit, die Erlösung eher das neue, positive Leben.

satisfactio

Thomas von Aquin: Gnade als göttliche Kraft, in den Menschen gegossen

THOMAS VON AQUIN betonte, daß die Rechtfertigung insofern allein das Werk der Gnade Gottes sei, als die „erste" bzw. „zuvorkommende" Gnade, aufgrund derer der Sünder mit Gott in heilvolle Verbindung trete, vom Menschen durch nichts verdient werden könne. Entscheidend ist, daß die *Gnade* nicht nur als *Haltung* Gottes gegenüber dem Menschen verstanden wird, sondern als *göttliche Kraft,* die dem Menschen durch die *Sakramente* real zuteil wird. Diese eingegossene Gnade *(gratia infusa)* versetzt den Menschen in die Lage *(habitus),* Gott und den Nächsten zu lieben und damit vor Gott Verdienste zu erwerben (als „meritum de condigno", das dem Gnadenstand des Gerechtfertigten entspricht, und als „meritum de congruo", dem Billigkeitsverdienst, das Gott in seiner Freigebigkeit belohnt, weil die Tat zwar nicht aus dem Gnadenstand kommt, aber in dessen Vorbereitung geschieht). Die Rechtfertigung gehört nach Thomas zu einem durch Gottes Gnade ermöglichten Veränderungsprozeß, der den Menschen vor Gott gerecht macht und ihm Anteil am ewigen Leben verheißt.

habitus

Spätscholastik: facere quod in se est

In der Spätscholastik (Nominalismus) betonte besonders WILHELM VON OCKHAM im Gefolge seines Lehrers DUNS SCOTUS den Anteil des Menschen an diesem Prozeß stärker als Thomas. Ockham vertrat die Überzeugung, daß der Mensch durch den Anstoß der Gnade Gottes gute Werke vollbringen könne, wenn er tue, was in seinen Kräften stehe *(facere quod in se est),* wies also eine semipelagianische Tendenz auf: Der Mensch kann sogar die theologischen Tugenden Glaube, Hoffnung und Liebe aus eigener Kraft in sich selbst befestigen. Der Anteil Gottes am Rechtfertigungsgeschehen erstreckt sich auf die Nichtanrechnung der Sündenstrafe und die gratia infusa, die durch die Sakramente eingegeben wird. Die göttliche Hilfe – das „auxilium gratiae" – droht dabei ihre zentrale Bedeutung für die Rechtfertigung zu verlieren; an ihre Stelle kann ein *verdienstliches Tun* des Menschen rücken, das die *Eingießung der Gnade* ermöglicht.

verdienstliches Tun ermöglicht Gnadeneingießung

Literatur:
W.-D. Hauschild, Lehrbuch der Kirchen- und Dogmengeschichte, Bd. 1, 1996, S. 225-236, 243-245, 584-587; O.H. Pesch / A. Peters, Einführung in die Lehre von Gnade und Rechtfertigung, S. 42-118 (speziell zu Thomas S. 64-107).

2.2.2 Reformation

Der reformatorischen Rechtfertigungslehre ist es zentrales Anliegen, die *Alleinwirksamkeit Gottes zum Heil der Menschen* zu betonen.

So geht M. LUTHER von der Erkenntnis aus, daß die *Grundsünde des Menschen* nicht moralischer Art, sondern *die Nichtanerkennung der Gottheit Gottes* ist (Verstoß gegen das erste Gebot [vgl. WA I, 225]). Dies zeigt sich in des Menschen Bestreben, durch eigene Beiträge vor Gott Gerechtigkeit zu erlangen. Das *Gesetz* Gottes im usus theologicus bzw. elenchticus entlarvt dieses Tun als Sünde und führt den Menschen zu der Erkenntnis, daß er die erstrebte Eigengerechtigkeit nicht erlangen kann. *Sündenerkenntnis* ist also im strengen Sinn bereits mit der *Glaubenserkenntnis* verbunden. Es steht zuletzt auch nicht in des Menschen Willkürfreiheit, die Gnade Gottes anzunehmen oder abzulehnen (vgl. Luthers Schrift „De servo arbitrio"); seine menschliche Freiheit umfaßt nur die irdischen Dinge (inferiora) (WA 18, S. 672). Gottes Gerechtigkeit wird vielmehr nur dem Sünder als *iustitia Dei passiva* in der Predigt des Evangeliums *zugesprochen.* Gott rechtfertigt den Menschen, indem er ihm seine Sünden nicht anrechnet und die *durch Christus erworbene fremde Gerechtigkeit* (aliena iustitia) zurechnet (*imputativ-forensische Rechtfertigung* [vgl. Gal 2,19-21]). Luther spricht auch von einer *externa iustitia,* die extra nos (Ursprung des Ausdrucks in der Mystik) gestiftet wurde (gegen die Scholastik [vgl. WA 39, I, S. 83]).

Luther: Vertieftes Sündenverständnis

Sündenerkenntnis durch das Gesetz

Glaube, der Jesus Christus annimmt

„So halten wir nun dafür, daß der Mensch gerecht werde (iustificari) ohne des Gesetzes Werke, allein durch den Glauben (Röm 3,28) ... 1. Unter Glaube muß hier der wahre und jene Gabe des heiligen Geistes verstanden werden ... 12. Das ist aber, wie wir ihn nennen, der Glaube, welcher Christus ergreift (fides apprehensiva Christi), ihn, der für unsere Sünden stirbt und für unsere Gerechtigkeit aufersteht ... 34. Wir gestehen, daß die guten Werke dem Glauben folgen sollen, vielmehr nicht folgen sollen, sondern von selber folgen, gleich wie ein guter Baum nicht gute Früchte bringen soll, sondern von selber bringt." (Erste Disputation über Röm 3,28, WA 39,I, S. 44ff.)

vier sola- bzw. solus-Formeln: sola fide, sola scriptura, sola gratia, solus Christus

Die Rechtfertigung geschieht *sola gratia* – allein aus geschenkter Gnade ohne Verdienst des Menschen – und *per fidem*, allein aus dem Glauben (WA 56, S. 169-173), der durch den Heiligen Geist gewirkt ist, Christus ergreift (fides apprehensiva Christi) und seine *Heilsgewißheit* allein aus Christi Heilswerk schöpft (beachte die vier Formeln: sola fide, sola scriptura, sola gratia, solus Christus). Allerdings geschieht sie immer zum Menschen hingewandt. Der Rechtfertigungsglaube ist dabei wesenhaft nicht „fides historica", intellektuelle Zustimmung, sondern *fiducia*, sich ganz einlassen auf Gott und seine Barmherzigkeit. Vgl. die Auslegung des ersten Gebots im Großen Katechismus:

Glaube als Vertrauen: fiducia

„Also daß ein Gott haben nichts anders ist, denn ihm von Herzen trauen und gläuben, wie ich oft gesagt habe, daß alleine das Trauen und Gläuben des Herzens machet beide Gott und Abegott." (BSLK, S. 560)

solus Christus und „pro me"

Der Glaube erneuert die ganze Person. Das „solus Christus" (Christus allein führt unsere Gerechtigkeit herauf) spaltet noch im 20. Jh. sogar evangelische Theologie, weil bestimmte lutherische Theologen die iustitia externa nur zu einem Existenzgeschehen stilisieren und dabei *das unaufhebbare Gegenüber* Christi in einer Grundorientierung nahezu im „pro me" auflösen können.

simul iustus – simul peccator

Die Rechtfertigung führt jedoch *nicht zu einer Aufhebung der Sünde*. Luther beschreibt den gerechtfertigten Menschen mit der paradoxen Formel *„simul iustus et peccator"*:

> „Nunquid ergo perfecte iustus? Non, sed simul peccator et iustus; peccator re vera, sed iustus ex reputatione et promissione Dei certa ...“ (Ist er – der Mensch – nunmehr vollkommen gerecht? Nein, sondern er ist zugleich Sünder und gerecht; Sünder entsprechend dem tatsächlichen Befund, hingegen gerecht aufgrund der gewissen Anrechnung und Verheißung durch Gott ...) (Corollarium zu Röm 4,7f. in der Römerbriefvorlesung 1515-1516, WA 56, S. 272)

Hierbei handelt es sich *nicht* um einen *ontologischen* Befund, sondern um eine Bestimmung des Gerechtfertigten in seinen Relationen: dank Jesu Christi Sterben ist der ganze Mensch von Gott her gerechtfertigt, ohne Christus und aufgrund der eigenen Lebensbilanz bleibt er ganz Sünder. Gleichzeitig wird im ‚simul‘ der *eschatologische Aspekt* der Rechtfertigung deutlich: Nur in der Hoffnung auf Gottes völlige Befreiung des Menschen von der Sündenmacht glaubt sich der Sünder als Gerechter („peccator in re, iustus in spe“). Aus der bleibenden Bedeutung der Sünde ergibt sich weiter, daß die Rechtfertigung kein einmal abgeschlossener Vorgang ist, sondern ein *fortwährendes Geschehen* im christlichen Leben. Immer wieder entlarvt das Gesetz den Gerechtfertigten als Sünder und treibt ihn dazu, Christi fremde Gerechtigkeit im Glauben zu ergreifen.

peccator in re – iustus in spe

> „Evangelium und Gesetz sind wesentlich (proprie) darin unterschieden, daß das Gesetz predigt, was zu tun und zu lassen sei, nein, was schon begangen und unterlassen ist, und was unmöglich getan und gelassen werden kann (darum verschafft es allein die Erkenntnis der Sünden), das Evangelium aber, daß die Sünden vergeben und alles schon erfüllt und getan sei.“ (Kleiner Galaterkommentar, 1519 [zu Gal 1,11f], WA 2, S. 466)

Gesetz und Evangelium, bezogen auf die Rechtfertigung

Luther spricht jedoch auch davon, daß im Menschen, der ganz Sünder und Gerechter ist, die Herrschaft der Sünde immer mehr abnimmt und die Gerechtigkeit immer mehr zunimmt. Hierunter ist aber nicht der Aufstieg des Menschen zu immer größerer ethischer Vollkommenheit zu verstehen, sondern vielmehr „das Kommen des Christus zu uns herein“ (W. Joest, Gesetz und Freiheit bei Luther, [3]1951, S. 98 [*Partialaspekt des Progressus* gegenüber dem *Totalaspekt des Transitus* in der simul-Formel]). Trotz des forensischen Aspektes der Rechtfertigungslehre hat Luther auch das *Tun*

partim iustus – partim peccator (in der Klammer des „simul“)

des Menschen im Blick. Nach Luther folgen die guten Werke dem Glauben:

Glaube und Werk

„O es ist ein lebendig, schefftig, thettig, mechtig ding umb den glauben, das unmüglich ist, das er nicht on unterlas sollte guts wircken. Er fraget auch nicht, ob gut werck zu thun sind, sondern *ehe man fraget,* hat er sie gethan und ist imer im thun." (WADB 7, S. 11)

Wenn dies nicht geschieht, ist der Glaube tot, ohne lebendige Zuversicht und höchstens dem „erworbenen Glauben" der mittelalterlichen Lehre gleich. Das handelnde Subjekt in den Werken der Liebe ist nicht das sündige Selbst des Menschen, sondern Christus. Das liegt darin begründet, daß der Glaube nicht als „Werk" des Menschen, sondern als Werk Gottes im Menschen verstanden wird, ohne des Menschen Selbst auszuschließen.

iustitia passiva

„Die christliche Gerechtigkeit ist das reine Widerspiel: eine passive, die wir lediglich empfangen. Da wirken wir nichts, sondern erleiden (patimur) einen andern, der in uns wirkt, nämlich Gott. Das wird von der Welt nicht verstanden: die ‚heimlich verborgene Weisheit Gottes' (1.Kor 2,7)." (Einleitungsstunde zur großen Galatervorlesung, 3.7.1531, WA 40, I, S. 41)

Melanchthon: forensischer Aspekt der Rechtfertigung

P. Melanchthon steht grundsätzlich auf der Basis von Luthers Rechtfertigungslehre und bekräftigt daher die Feststellung der Ohnmacht des Menschen sowie dessen Angewiesenheit auf Gottes Gnade. Im Unterschied zu Luther betont vor allem der spätere Melanchthon stark den *unanschaulich-forensischen* (statt des effektiven, den Menschen verändernden) Charakter der Rechtfertigung:

Rechtfertigung forensisch

„Rechtfertigung (iustificatio) bedeutet die Vergebung der Sünden und die Versöhnung (reconciliationem) oder das Angenommensein (acceptationem) der Person zum ewigen Leben. Denn den Hebräern ist rechtfertigen (iustificare) ein gerichtliches Wort (forense verbum) ... Obwohl aber ... Gott, wo er die Sünden vergibt, zugleich den Heiligen Geist schenkt, der die neuen Tugenden anfängt, so trachtet dennoch der erschreckte Geist zuerst nach der Vergebung der Sünden und Versöhnung." (Loci theologici 1559, CR 21, S. 742)

Die *sanctificatio* (Heiligung) als Eingießung des Geistes folgt zwar unmittelbar auf die iustificatio, ist jedoch deutlich von ihr zu unterscheiden. Durch die Rechtfertigung wird die schöpfungsmäßige Freiheit des menschlichen Willens wiederhergestellt und sittliches Handeln ermöglicht. (Die spätere Auslegung nennt das ein „synthetisches Urteil". A. OSIANDER hingegen sah Christus im Gerechtfertigten Platz ergreifen – ein analytisches Urteil, das von Melanchthon und Calvin heftig bekämpft wurde, weil sie darin eine Annäherung an die mittelalterliche Habituslehre befürchten mußten.)

Rechtfertigung und Heiligung

synthetisches Urteil

A. OSIANDER begriff die Rechtfertigung als innere Erneuerung. Dabei berief er sich auf Jer 23,6; 33,16 („Der Herr ist unser Heil") und formulierte: „Iustificare ... significat ex impio iustum facere et mortuum ad vitam revocare ... propter iustitiam Christi per fidem in nobis inhabitantis" (Disp. de just. th. 3.4).

Die effektive Rechtfertigung vollzieht sich bei Melanchthon also verbunden mit dem von ihm eingeführten *tertius usus legis (in renatis)*, der den Gerechtfertigten zum Tun des Guten anleitet: Auch der Wiedergeborene braucht das Gesetz als Wegweisung, denn er ist mit Schwachheit behaftet und kommt leicht zu Fall. Das pädagogische Interesse hinter dieser Konzeption will aufweisen, wie sich die Rechtfertigung im Lebensvollzug äußert – als *nova oboedientia,* neuer Gehorsam.

tertius usus legis

nova oboedientia

„Das *dritte* Amt des Gesetzes (sc. neben dem usus civilis und dem usus elenchticus) ist in denen, die durch den Glauben gerecht sind, daß es sie von guten Werken lehre, welche Werke wohl Gott gefallen und bestimmte Werke gebiete, in denen sie Gehorsam gegen Gott üben sollen. Denn wiewohl wir, soviel die Rechtfertigung anlangt, frei sind vom Gesetze, so bleibt doch das Gesetz, soviel den Gehorsam anlangt. Denn wer gerechtfertigt ist, muß Gott gehorchen. Und zwar beginnen sie, zu einem Teil das Gesetz zu tun. Und solcher angefangene Gehorsam (inchoata oboedientia) gefällt um des willen, daß die Personen gefallen um Christi willen." (Loci communes 1535, CR 21, S. 405).

Melanchthon begründet die Notwendigkeit der guten Werke dreifach:

> „... weil es befohlen ist, daß wir Gott gehorchen ... weil der Glaube nicht bestehen kann in denen, welche nicht Buße tun, sondern den Begierden die Zügel frei geben ... weil der Glaube ausgelöscht wird, wenn er nicht geübt wird in der Anrufung, in den Trübsalen und in den guten Werken." (Catechesis puerilis 1558, CR 23, 181)

Die *FC* nimmt den Gedanken des „tertius usus" auf: Die Wiedergeborenen, denen noch das „Fleisch" anhängt, brauchen eine Regel (FC VI, BSLK, S. 962).

Streit um gute Werke

In der zweiten Generation streiten sich dann die reformatorischen Theologen: Gute Werke helfen, das Heil festzuhalten („... ad retinendam salutem" [so G. MAJOR, ein Melanchthon-Schüler]). Oder: Sie sind schädlich zur Seligkeit (N. AMSDORF).

Calvin: Einbettung der Rechtfertigung in den Gesamtzusammenhang der Erwählung

J. CALVIN betont zwar mit Luther den imputativ-forensischen Aspekt der Rechtfertigung, hebt jedoch stärker die *Heiligung* als *Ziel* der Rechtfertigung hervor. Glaube und Wort Gottes bilden eine feste Relation, verbum, fides et promissio einen Zusammenhang (Calvin, Inst. III,2,6). Der Glaube umfaßt nach Calvin „cognitio" und „fiducia" (a.a.O. III,2,7).

Er ist „insertio in Christum" (a.a.O. III,11,5f.). Durch das Wirken des Heiligen Geistes bleibt der Glaube nicht ohne Frucht, die wiederum belohnt wird. Aufgrund der Calvins Theologie bestimmenden Lehre von der *doppelten Prädestination* (ad bonum – ad malum), die in der „Institutio" von 1559 nach (!) der Rechtfertigungslehre steht, erhält die Frage nach der Heilsgewißheit als Frage nach der *Erwählungsgewißheit* große Bedeutung. Diese Gewißheit läßt sich im Blick auf die dem Willen Gottes entsprechenden guten Werke erlangen, wobei betont werden muß, daß hier – wie bei Luther – Christi Heilswerk als Ermöglichungsgrund solcher guten Werke gesehen wird. Die Erkenntnis aus Werken geschieht nur innerhalb des Glaubens (Inst. III, 14,18 ff.; deshalb gilt kein eigentlicher *syllogismus practicus* [vgl. ferner Fr. 86 im Heidelberger Katechismus]).

tertius usus = praecipuus usus

Entsprechend der Bedeutung der guten Werke erhält der tertius usus legis auch bei Calvin das Schwergewicht und wird bei ihm zum „praecipuus usus legis". Das Leben eines Christenmenschen besteht vor allem in der Selbstverleugnung, denn – so begründet es Calvin – wir gehören uns nicht selbst, sondern dem Herrn („non nostri sumus, sed Domini" [Inst. III,7,1]).

„Die *dritte* Anwendung des Gesetzes ist nun die wichtigste und bezieht sich näher auf seinen eigentlichen Zweck: Sie geschieht an den *Gläubigen*, in deren Herz Gottes Geist bereits zu Wirkung und Herrschaft gelangt ist.“ (Inst. II,7,12)

Literatur:
A. Peters, Rechtfertigung, 1984, S. 27-106.

Tridentinum: Beschränkte Kooperation (Zustimmung zur Gnadengabe)

Die *römische Lehre von der Rechtfertigung* wird erst als Antwort auf die reformatorische Rechtfertigungslehre vom Konzil in Trient (Tridentinum 1545-1563) entfaltet. Die in Sessio VI (1547) des Konzils formulierte Rechtfertigungslehre ist bis heute gültige katholische Lehrmeinung. Sie geht davon aus, daß *der Sünder nur aufgrund der von Christus erworbenen Verdienste gerechtfertigt werden kann.* Die vom Ruf Christi ausgehende vorauslaufende Gnade erweckt den Menschen, so daß er sich der Rechtfertigung „zustimmend und mitwirkend“ (DS 1525) zuwenden kann, indem er sich von der Sünde abkehrt, die Taufe begehrt und sich vornimmt, ein neues Leben zu führen. Dies betrifft also den erwachsenen Menschen. Auf diese Vorbereitung erfolgt in der Taufe die Rechtfertigung selbst, durch die der Mensch „aus einem Ungerechten zu einem Gerechten“ wird (DS 1528ff.). Die Rechtfertigung bewirkt also nicht nur eine neue Geltung vor Gott, sondern ein *neues Sein*, das seinen Grund in der dem Menschen *in der Taufe eingegossenen Rechtfertigungsgnade* hat. Den dadurch verliehenen Gnadenstand gilt es durch gute Werke zu mehren (DS 1535ff.). Dabei können die Gerechtfertigten immer wieder in peccata venalia (läßliche Sünden) fallen, ohne aufzuhören, Gerechtfertigte zu sein (DS 1542). Durch Todsünden fällt der Mensch allerdings aus der Rechtfertigungsgnade, jedoch nicht aus dem Glauben heraus (DS 1545). Die so Gefallenen bedürfen der erneuerten Rechtfertigung im Sakrament, besonders dem der *Buße*. Nach römisch-katholischem Verständnis wirken Gott und seine stets vorangehende und ermöglichende Gnade und der Mensch durch seine nachfolgenden Werke zusammen. Darum wird der Fiduzialglaube (vgl. Luthers Verständnis des Glaubens) verworfen:

neues Sein durch die Taufe

Verwerfung des Fiduzialglaubens

„... vana haec et ab omni pietate remota fiducia ...“ (... leer ist dieses Vertrauen und von aller Frömmigkeit entfernt ...) (DS 1533).

„Si quis dixerit, fidem iustificantem nihil aliud esse quam fiduciam divinae misericordiae peccata remittentis propter Christum, vel eam fiduciam solam esse, qua iustificamur: an(athema) s(it)." (Sofern jemand behauptet, der rechtfertigende Glaube sei nichts anderes als das Vertrauen auf die göttliche Barmherzigkeit, die uns um Christi willen die Sünden vergibt, oder dieser Glaube sei ausschließlich Vertrauen, durch das wir gerechtfertigt werden, der sei verdammt.) (Sess. VI, Can 12 [DS 1562])

Literatur:
DS 1520-1583.

Das Gesetz und seine usus: Während die Zusammenfassung der unterschiedlichen Auffassungen von Gnadengaben, Glaube und Tun der Menschen in einer Übersicht am Ende dieses Kapitels erfolgt, soll hier bereits das unterschiedliche Verständnis des Gesetzes in einer Übersicht näher bestimmt werden. Was die Reformatoren dachten, blieb bis in die gegenwärtige Theologie hinein folgenreich.

Das Gesetz und seine ‚usus'

	duplex usus		
LUTHER Die zweite Disputation gegen die Antinomer (WA 39,I, 478f.)	***grammatice / civiliter*** • *coercere delicta = carnalis paedagogia* (im Sinne weltlicher Gerechtigkeit) • Dekalog – von Anfang an jedem Menschenherzen eingemeißelt (a.a.O., S. 441).	***theologica / spiritualiter*** • *ostendere delicta* im geistlichen Sinn *(coram Deo),* • das Gesetz verdammt die äußere Gerechtigkeit.	Der sog. *tertius usus* in LUTHERs Schriften ist Verfälschung. Der Sache nach sagt LUTHER stattdessen: • Den Wiedergeborenen ist nicht die *lex implenda,* sondern die *lex impleta* (Christus) zu predigen. • Der gesamte Dekalog wird durch Glauben (daher mit dem ersten Gebot) erfüllt.

	primus usus	***praecipuus (sec.) usus***	***tertius usus***
MELANCHTHON Loci praecipui theologici, StA II, 1, 321f.	Gott will alle Menschen in ihrem Verhalten durch *disciplina* steuern: • aufgrund seines Gebots, • zur Vermeidung von Strafe, • um öffentlichen Friedens willen und • hin zur *paedagogia in Christum.*	(MELANCHTHON findet ihn hauptsächlich bei PAULUS).Er soll • Irrtümer menschlicher Urteile beseitigen, • *ostendere peccatum, accusare* (das Gesetz soll alle Menschen anklagen und angesichts der Verderbnis ihrer Natur erschrecken.	Er soll • die prinzipiell vom Gesetz Befreiten nun auch vom Fluch des Gesetzes befreien, • die Überreste der Sünde aufdecken und • bestimmte Werke empfehlen.

vgl.

	primum officium (6-9):	***secundum officium (10-11):***	***praecipuus usus***
CALVIN Institutio (1559) II, 7, 1ff. [Grundsätzlich: Das Gesetz wurde 430 Jahre nach der Abrahamsverheißung gegeben. Christus ist im gesamten levitischen Gesetz. Uns aber gilt das moralische Gesetz.]	• Die Gerechtigkeit Gottes aufweisen, Sünder anklagen und der Selbstliebe überführen, • einen Spiegel vorhalten, • die Gottlosen ins Verderben stürzen, • die Kinder Gottes erziehen *(erudire)* - bis hin zur Verzweiflung und zum Ruf nach Gnade.	• die Menschen in Zaum halten, • (entsprechend dem *primum officium)* als paedagogus ad Christum (Gal 3,24), ⇩ a. Menschen, die auf eigene Gerechtigkeit vertrauen, zur Demut erziehen (⇦), b. Menschen angesichts der Lüste ihres Fleisches einen Zaum anlegen.	= tertius usus (12ff.): • durch den Geist Gottes im Herzen Gehorsam lernen, stärken, den Willen des Herrn erkennen; • das Gesetz als Lebensregel befolgen, denn auch mit Jesu Kommen ist – laut Mt 5, 17 – der Beobachtung des Gesetzes nichts entzogen. • Meditatio vitae futurae

Vgl. mit dem *usus civilis:* THOMAS VON AQUIN und die Herleitung des *Naturrechts* (STh I-II[ae] q 90ff. – *tractatus de lege*):

lex aeterna = ratio divinae sapientiae
- **lex naturalis** = ratio iuris — **ius naturale** = ipsa res iusta (vgl. *suum cuique*) — **leges humanae**
- **lex divina** aufgrund göttlicher Offenbarung, zum Übernatürlichen leitend.

2.2.3 Altprotestantische Orthodoxie

lutherische Orthodoxie zur Rechtfertigung

ordo salutis

In der *lutherischen Orthodoxie* blieb das sola gratia der reformatorischen Rechtfertigungslehre erhalten. Die Versuche zur Differenzierung und Klärung des Rechtfertigungsverständnisses führten (in moderner Perspektive) zu einer Art Psychologisierung des Geschehens am Menschen und wurden in dem sog. *ordo salutis* entfaltet (seit A. CALOV). Das verschob die von Luther gesetzten Schwerpunkte. Wesentliche Aspekte hierbei waren:

peccatum originale – peccata actualia

- Die Differenzierung von *peccatum originale* und *peccata actualia* führte zu einer Entschärfung von Luthers Sündenverständnis, das sich wesentlich auf das Gottesverhältnis bezog und den fundamentalen Konflikt von Gott und Mensch hervorhob.

Glaube als
- notitia,
- assensus,
- fiducia

- Der Glaubensbegriff wurde – im Anschluß an Melanchthon – differenziert in *notitia* (Wissen von Gottes Heil in Christus), *assensus* (willentliche Zustimmung zum Heilsangebot), *fiducia* (im Evangelium begründete vertrauensvolle Heilsgewißheit) und die Unterscheidung des Wirkens des Heiligen Geistes im Menschen (nach dem „ordo salutis" von A. QUENSTEDT [vgl. die Übersicht zur Soteriologie]).
- Dieser „ordo salutis" wurde zu einem Stufenmodell ausgearbeitet, das hier in einer Spätform – nach D. HOLLAZ (Examen theologicum acroamaticum, 1707 / 1725, Teil III, Kap. 1 und 2) – präsentiert werden soll:

ordo salutis (nach Hollaz)

1. *Berufung* (vocatio), an alle Menschen ergehend;
2. *Erleuchtung* (illuminatio) von Vernunft und Willen, damit der Sünder zur Kirche finde und die Predigt aufgrund von Gesetz und Evangelium erfahre;
3. *Bekehrung* (conversio) durch den Geist Gottes, die von der Reue ausgeht und zum Glauben führt;
4. *Wiedergeburt* (regeneratio) zu heilbringendem Glauben;
5. *Rechtfertigung* (iustificatio) – dem wiedergeborenen Sünder wird die Gerechtigkeit Christi zugewendet;
6. *mystische Vereinigung (mit Christus)* (unio mystica) – die Gaben des dreieinigen Gottes kommen zum Menschen – vor allem mit den Sakramenten, damit er heilig werde;
7. *Erneuerung oder Heiligung* (renovatio seu sanctificatio) als ständiger Neubeginn;
8. *Erhaltung* (conservatio) der Gläubigen durch Wort und Sakrament im Blick auf das ewige Heil;
9. *ewige Seligkeit* (glorificatio).

Der „ordo salutis“ nach A. QUENSTEDT umfaßt hingegen folgende Schritte (der „gratia applicatrix“): vocatio, regeneratio, conversio, iustificatio, poenitentia und confessio, unio mystica, renovatio und sanctificatio (vgl. W. Gass, Geschichte der protestantischen Dogmatik, Bd. 1, 1854, S. 363f.)

Durch diese Differenzierung wurde die Blickrichtung vom Handeln Gottes fort auf das Geschehen im Gerechtfertigten verlagert (vgl. das Problem des tertius usus legis: das Gesetz ist auch Norm für die Wiedergeborenen [FC Epit. VI , BSLK S. 793ff.])

Der Altprotestantismus konnte drei Gestalten und vier ‚usus‘ des Gesetzes annehmen:

1. die lex universalis, die sich durchhält und die moralischen Akte steuert;
2. die lex particularis, die Israel gegeben wird;
3. die lex moralis im engeren Sinn als Gesetz des Sinai, das auch allen Menschen gilt.

Als ‚usus legis‘ galten:

1. usus politicus,
2. usus elenchticus,
3. usus paedagogicus,
4. usus didacticus

(vgl. D. HOLLAZ, Examen theologicum acromaticum, 1707 / 1725, III, II, 1, Q 39, Q 40ff.).

Literatur:

G. Müller, Die Rechtfertigungslehre. Geschichte und Probleme, 1977. S. 64-69.

Pietismus: Interesse an der Heiligung

P. J. SPENER und die meisten anderen Theologen des *Pietismus* hielten zwar an der forensischen Interpretation der Rechtfertigungslehre fest; aber sie suchten die gelebte Konsequenz der Rechtfertigung: Von entscheidender Bedeutung war nun die *Wiedergeburt.* Sie wurde als das Heilsgewißheit schenkende Ereignis oder Erlebnis verstanden, das die ganze Persönlichkeit umwandelt und endlich zur *Wiederherstellung des status integritatis* führt. Untrennbar mit der Wiedergeburt verbunden ist die *Heiligung.* Trotz der Rechtfertigung ist selbst der wiedergeborene Christ nicht im Zustand vollkommener Gerechtigkeit; denn sie wird erst in der Ewigkeit erreicht. In diesem Leben gilt es bereits, sich der von Gott gewollten Gerechtigkeit so weit wie möglich anzunähern. Die sittliche Erneuerung muß dabei die Sünde bei weitem überwiegen, da sonst auch der Glaube tot ist.

Literatur:
Das Zeitalter des Pietismus, hg. v. M. Schmidt und W. Jannasch, 1965.

2.2.4 Aufklärung und neuere Theologie

Aufklärung: der moralisch gute Mensch ist gerecht

Alle Versuche der *Aufklärungstheologen*, Motive der Rechtfertigungslehre aufzunehmen, verbanden die Ablehnung der augustinischen Erbsündenlehre mit der Betonung der Kräfte des natürlichen Menschen. Die Rechtfertigung verlor dabei ihre Rolle als Schlüssel zur Theologie. Maßstab der eigenen Lehre wurden nun die natürliche Religion und das Licht der (moralisch- praktischen) Vernunft, die die Freiheit des Menschen erkennen lassen. Von der Rechtfertigung des Sünders kann so nicht mehr gesprochen werden: *Gerechtsprechung kann nur den betreffen, der auch gerecht gehandelt hat.* Die gleiche Bedingung ist an die Schenkung der göttlichen Gnade geknüpft. Christus wird dabei zum Vorbild und Lehrer einer moralischen Religion. Der Christ wird in seinem Nacheifern der „wirklich gute Mensch" (W.A. TELLER). Prinzipiell ist die Möglichkeit einer sittlichen Lebensführung aber genauso den Heiden möglich. J.J. SPALDING etwa hat die traditionellen Begriffe der Rechtfertigungslehre aufgegriffen und

Spalding

uminterpretiert: ‚Erlösung' wurde nun der beispielhafte Weg des Heils und der Moral, den Jesus vorgelebt hatte, genannt; „sola gratia" bedeutet nur noch, daß die Umkehr des Menschen von Gott in seiner Gnade angenommen wird (semipelagianische Interpretation).

Schleiermacher: Erlösung und Wiedergeburt überwiegen die Rechtfertigung

Von der Rechtfertigung spricht F. SCHLEIERMACHER in erster Linie aus traditionellen Gründen. Dagegen sind die Ausdrücke ‚Erlösung' und ‚Wiedergeburt' für ihn von entscheidender Bedeutung. Die „erfahrungsmäßige Tatsache" der Sünde (der „Unlust" zum Gottesbewußtsein) ist Ausgangspunkt in Schleiermachers Erlösungslehre. Dieses *Sündenbewußtsein* muß der *Erlösung* vorausgehen, da sich ohne dieses niemand nach ihr sehne. Die Erlösung als das „Geschäft" Christi wird als Prozeß verstanden: Der Erlöser stärkt das *Gottesbewußtsein* der Glaubenden und befreit sie damit von der Macht des Sündenbewußtseins.

Das Erlösungsgeschehen differenziert sich nach Schleiermacher folgendermaßen (Der christliche Glaube, ^{2}1830-1831, §§ 109ff.):

Erlösung nach Schleiermacher

Buße und *Glaube* ⇨ *Rechtfertigung* und *Bekehrung* ⇨ *Wiedergeburt* ⇧ *Heiligung*

Literatur:
O.H. Pesch / A. Peters, Einführung in die Lehre von Gnade und Rechtfertigung, S. 222-305.

2.3 Aktuelle dogmatische Fachdiskussion

Konzeptionen der Rechtfertigung im 19. und 20. Jahrhundert

Die modernen Positionen im Protestantismus setzen die Akzente unterschiedlich; diese können der Orientierung halber in folgende Übersicht gebracht werden:

a	b	c	d
Rechtfertigung als Geschehen ohne uns		Rechtfertigung als Geschehen an uns	
als forensischer Akt – extra nos:	als synthetisches Urteil der Versöhnung:	als Materialprinzip:	als Gottes Recht für uns:
W. ELERT P. ALTHAUS	A. RITSCHL	M. KÄHLER P. TILLICH	K. BARTH ⇦ W. JOEST
Gesetz und Evangelium werden getrennt	bzw. deutlich unterschieden G. EBELING		Evangelium und Gesetz werden aufeinander bezogen

Die Positionen a und b lassen die Folgen (Heiligung, moralisches Leben) nach der Rechtfertigung aktuell werden, die Positionen c und d begreifen sie ein.

2.3.1 Ritschl, Kähler

Ritschl: Rechtfertigung und Versöhnung

„Rechtfertigung und Versöhnung" bilden für A. RITSCHL die „Centrallehre des evangelischen Christentums" (Rechtfertigung und Versöhnung, Bd. 3, 1870-1874, S. III). Unter dem einen Vorgang der Rechtfertigung des Sünders faßt Ritschl den gesamten Heilsweg zusammen und betont, daß es sich um ein „synthetisches Urteil" Gottes handele; wir sind gerechtgesprochen trotz unserer Sünde und ohne unser Verdienst. Wo die Rechtfertigung geschieht, ist das Reich Gottes. Der Glaubende gehört dem Reich Gottes an, das in der Kirche als der Gemeinde der Gerechtfertigten und der Liebe bereits jetzt in Bewegung ist. (Die Begriffe ‚Rechtfertigung' und ‚Versöhnung' werden von Ritschl synonym gebraucht.) *Gott* ist darum nicht Objekt der Versöhnung (wie Anselm es meinte), sondern *Subjekt* (vgl. 2.Kor 5,19). Wie Gott rechtfertigt, so versöhnt er auch. Eine Gewißheit der Versöhnung entsteht allein durch sittliches Handeln, das von Ritschl als Beitrag zum *Bau des Reiches Gottes* verstanden wird. Dabei ist die Heiligung aber nicht direkte Folge der Rechtfertigung. Da Ritschl den Zorn Gottes nicht kennt – Gott ist Liebe –, bleibt die Forderung nach sittlichem Handeln kaum mehr als ein moralischer Appell.

Gott nicht zornig

Literatur:

A. Ritschl, Die christliche Lehre von der Rechtfertigung und Versöhnung, 3 Bde., 1870-1874.

Kähler: Rechtfertigung als Materialprinzip

Der nicht mit Kulturprotestantismus und liberaler Theologie übereinstimmende M. KÄHLER verstand die Rechtfertigung als das *Materialprinzip* (d.h. inhaltliches Prinzip), die Schriftlehre als das *Formalprinzip* der evangelischen Dogmatik.

Literatur:

M. Kähler, Die Wissenschaft der christlichen Lehre, 1884.

Gesetz und Evangelium als Profil des Luthertums

Die *Lutherrenaissance* nach dem 1. Weltkrieg – auch ein Versuch, sich mit dem Kulturprotestantismus auseinanderzusetzen – führte dazu, daß nun das Verhältnis von *„Gesetz und Evangelium"* neu bedacht wurde. Der Schwerpunkt der Diskussion um die Rechtfertigungslehre verlagerte sich hierauf. Dabei geriet das Thema leicht auch in die Nähe des Nationalsozialismus (K. HOLL und seine Schule). Während die Schule Holls das Gewissen hervorhob, suchten andere eine religiöse Evidenz in Ordnungen: Das Gesetz wurde als *„Volksnomos"* interpretiert (W. STAPEL, ähnlich auch F. GOGARTEN).

Volksnomos

2.3.2 Elert

Der wohl profilierteste neulutherischer Theologe war W. ELERT. Er trat gegen die enge Beziehung von Gesetz und Evangelium (und damit gegen Barths Position) ein. Gesetz und Evangelium werden entweder mit dem *Zorn* oder mit der *Gnade Gottes* in Verbindung gebracht. Alle Menschen stehen unter dem Zorn, weil sie Sünder sind. Das Gesetz ruft ein Übermaß von Sünde hervor, so aber nötigt es uns zum Glauben. Die Offenbarung Gottes ist in sich zwiespältig, ist Gesetz und Evangelium; Zorn und Gnade widerstreiten einander als *zwei* gegensätzliche *Worte* des einen Gottes.

Elert: zwei Worte Gottes – Gesetz oder Evangelium

Unter der Chiffre ‚Gesetz' kommt im Grunde wieder eine *(negative) natürliche Theologie* zur Sprache. Die Rechtfertigung als Begriff aus der Rechtssprache ist doppeldeutig (wie das dialektische Offenbarungsverständnis Elerts): Sie wird wie ein rechtliches Todesurteil – aber an Jesus Christus – vollzogen und gilt allein als Freispruch dem, der sich versöhnen läßt.

negative natürliche Theologie

Die Gerechtsprechung durch Gott ist zweitens auch ein Begnadigungsakt; Gnade ergeht vor Recht für die Menschen, denen zugute Christus starb. In der Rechtfertigung wird dem alten Menschen sein Recht zuteil, indem er stirbt, dem glaubenden Sünder wird die Auferstehung geschenkt: Das sind *zwei Worte Gottes* – nicht nur im einmaligen Gericht am Kreuz, sondern als ständig gelebter Widerspruch: Der neue Mensch muß sich mit dem alten identisch wissen. Christsein ereignet sich immer neu; aber als Gerechtfertigter lebt der Christ nicht mehr unter der Todesordnung des Gesetzes, sondern lebt von der Gnade in (allerdings wenig konkreter) Freiheit.

Rechtfertigung doppelt: Gericht, dann Gnade

zwei Worte Gottes

Literatur:

W. Elert, Der christliche Glaube, [3]1960, S. 453-494.

2.3.3 Althaus

P. ALTHAUS folgte nicht mit derselben Radikalität dem dezidierten Gesetzesverständnis, das Elert an den Tag legte. Althaus unterschied zwischen *Gesetz* und *Gebot:*

Althaus gemäßigter

Gebot – Gesetz – Evangelium – Gebot als heilsgeschichtliches Epochenschema

Im Urstand begegnete dem Menschen die Liebe Gottes als „promissio" und zugleich als Gebot zum Leben. Durch den Fall aber wurde das Gebot zum *Gesetz*. In ihm äußert sich weiterhin der Wille Gottes, aber er dient nicht mehr zum ursprünglichen Leben, sondern hilft einerseits zur Aufrichtung einer bürgerlichen Gerechtigkeit, andererseits bringt er jenem, der das Gesetz als Heilmittel benutzen will, den Tod. So treibt es das „fremde Werk Gottes". Auch weiß der Mensch vor der Christusbegegnung um den Zwiespalt im eigenen Gewissen. An des Menschen Stellung zum Evangelium, zu Christus, entscheidet sich nun, ob ihm Gottes Wille Gesetz bleibt oder – jetzt neu – zum Gebot wird. Das Gesetz kommt immer *vor* dem Evangelium. In Althaus' Sicht ebnet Barth den Unterschied zwischen Gesetz und Gebot ein. Das Gesetz steht streng gegen das Evangelium, das Gebot ist dem Glaubenden ein Moment des Evangeliums. Gerecht gesprochen wird der einzelne, den das Gesetz in die tiefste Krise vor Gott treibt.

Literatur:

P. Althaus, Die christliche Wahrheit, [6]1962, S. 596-607.

Ansbacher Ratschlag: Ordnungen

Im *Ansbacher Ratschlag* wandten sich Elert und Althaus 1934 gegen die von Barth geprägte Barmer Theologische Erklärung (Christus als das *eine* Wort Gottes). In ihm wird eine Theologie des Gesetzes und der Ordnungen entwickelt, die zu einer Bejahung der NS-Staatsordnung führen konnte (und sollte):

2.3.4 Tillich

Tillich: Einordnung der Rechtfertigung zwischen Wiedergeburt und Heiligung

P. TILLICH kam von Kähler her und konnte beim sog. Materialprinzip der Dogmatik anknüpfen. Er ordnete die *Rechtfertigungslehre* zwischen die *Wiedergeburt* und *Heiligung* ein. Das Erneuerungsgeschehen beginnt mit der Wiedergeburt als dem Ergriffenwerden von der Dynamik des „Neuen Seins", und die Heiligung steht für den Prozeß einer tatsächlichen Umwandlung. Alle drei sprechen jeweils nur einen Aspekt jenes Gesamtgeschehens an, das Tillich mit dem Begriff *‚Erlösung'* beschreibt: „Das Wort Erlösung deckt als der umfassende Begriff Worte wie Rettung, Heilung, Mittlerschaft, Loskauf." (Systematische Theologie, Bd. 2, 1958-1966, S. 181). Erlösung heilt die Entfremdung des Menschen. Die universale Bedeutung des Seins des Christus überwindet den Seinswiderspruch des Menschen.

Die Chiffre „Rechtfertigung durch Gnade im Glauben“ sollte aber in Predigt und Unterweisung besser *„Annahme“* genannt werden, geht es ihr doch um göttliche Annahme des entfremdeten Menschen (dessen Befindlichkeit Tillich indirekt sowohl durch die Psychoanalyse als auch durch den Marxismus bestätigt sieht). Die Annahme der unbedingt göttlichen Vergebung und des Sieges über die Hybris bezeichnet Tillich als das grundlegende *protestantische Prinzip* mit prophetischem Charakter (Der Protestantismus als Kritik und Gestaltung, 1966, S. 171f. [vgl. Kähler]). Die Sinnfrage – Wie werde ich vom radikalen Zweifel befreit? – ist mit der Erfahrung des „Neuen Seins“ (Heiligung) verbunden (Systematische Theologie, Bd. 3, 1956-1966, S. 257 ff.). Der Versöhnungsprozeß geht von Gott aus und hebt die Trennung zwischen Gott und Mensch auf. Das Kreuz ist die Manifestation dessen, daß Gott die Folgen der *Schuld* übernimmt (a.a.O., Bd. 2, 1958-1966, S.183 ff.).

Annahme des eigentlich Unannehmbaren

2.3.5 Barth

K. BARTH nahm die zentrale Stellung der Rechtfertigungslehre in seiner KD zurück; er bettete sie in die Versöhnungslehre ein, aber er fragte auch nach den Folgen des Zuspruchs der Rechtfertigung im menschlichen Leben. Sein Vortrag *„Evangelium und Gesetz“* (1935) eröffnete eine neue Phase der Diskussion. Er betonte, daß Evangelium und Gesetz das *eine* Wort Gottes seien (anders u.a. Elert). Das Wort aber ist Gnade, die Jesus Christus heißt. Das Evangelium muß also Priorität vor dem Gesetz haben: Unser Menschsein ist in Christus gerechtfertigt. Erst im Evangelium begegnet uns das wahre Gesetz Gottes. Es ist die notwendige „Form“ (später: Gestalt) des Evangeliums, es offenbart den Willen Gottes. Das Gesetz ist uns zum Leben gegeben: „Ihr werdet sein!“ statt „Ihr sollt tun!“.

Barth: Evangelium vor Gesetz

Der Mensch aber will das ihm *zum Leben gegebene Gesetz* zu seiner Selbstrechtfertigung mißbrauchen. Es wird ihm zum „Du sollst!“ und ist damit jeder Verfälschung ausgesetzt (z.B. als „Volksnomos“). Mit dem Gesetz werden die Gnade und das Evangelium abgewiesen, es selbst wird so zum „Gesetz der Sünde“, zum tötenden Buchstaben. Jedoch soll sich niemand vor Gott rühmen können. Die Gnade Gottes siegt dennoch. Indem sie gerade das *Gericht* zu unserer *Rechtfertigung* macht, befreit sie uns vom Gesetz des Todes und richtet so das Evangelium in Zuspruch und Anspruch wieder auf.

Gesetz in den Händen der Sünder und so pervertiert

Erwählung und Versöhnung Gottes als Grund des in Christus zu identifizierenden Evangeliums

Dieses Verständnis von Evangelium und Gesetz hat Barth sowohl in seiner Erwählungslehre (KD II,2) als auch in seiner Versöhnungslehre (KD IV) verankert: Jesus Christus ist erwählender Gott und erwählter Mensch; in ihm ist auch die Menschheit erwählt. Doch ist die Bestimmtheit aus Gottes Erwählung das letzte Geheimnis jedes Menschenlebens (KD II,2, S. 45 ff.). Gott wählt für sich selbst die Verwerfung (das Kreuz), für die Menschen aber das Leben (KD IV,1, S. 219 ff.); Gottes Wort ist für sie allein Gnade. (Dies hindert Barth nicht daran, auch vom *Zorn Gottes* zu reden; Gott aber hat sein Zornesgericht Christus treffen lassen.)

Gottes Recht und Rechtfertigung

Rechtfertigung heißt deshalb nach Barth zunächst, daß Gott in Christus sein *Recht* aufrichtet, seine Gottheit erweist, dies aber gerade, indem er sich *erniedrigt* und den Menschen erhöht. Wenn in diesem Geschehen die menschliche Seite in den Blick kommt, so denkt Barth zuerst an die *Gemeinde Gottes* als den Ort sich mächtig erweisender Versöhnung. Dann folgt erst die Rechtfertigung des einzelnen. In der Auferstehung Jesu Christi offenbart sich das Urteil Gottes, und das Recht des Menschen wird wiederhergestellt (KD IV,1, S. 573ff.). Jeder Ansatz von Synergismus ist ausgeschaltet: *Christus ist Richter und Gerichteter zugleich*, er ist der Verworfene. Der Unglaube des Menschen kann nur sein zum Scheitern verurteilter Versuch sein, als Verworfener zu leben. Die Konsequenz der Allversöhnung zieht Barth dennoch nicht (KD II,2, S. 466). Wir – die vor Christi Wiederkunft glauben und Theologie denken – können sie weder lehren noch ausschließen. Der *Glaube* ist dann das Erkennen dieses Versöhnungsgeschehens in Christus. Er ist aber nicht allein ein Zur-Kenntnis-Nehmen, sondern Beschlagnahmung des ganzen Menschen. Rechtfertigung und Heiligung sind de iure schon in Christus an allen Menschen vollzogen. Die Rechtfertigung ist im übrigen *nicht ohne Heiligung* zu denken, d.h. nicht ohne ihren Vollzug, die Heiligung nicht ohne die Rechtfertigung, weil sie das Ziel des Prozesses angibt (eine teleologische Deutung). Beidem gilt es in Glauben und Gehorsam zu entsprechen. Zwar bleibt der freigesprochene, der befreite Mensch noch Sünder, aber er wird in eine Bewegung zur Zukunft hin versetzt. Der Nachdruck liegt auf der *Erneuerung* des Menschen.

Rechtfertigung und Heiligung

Rechtfertigung als ein Aspekt der Versöhnung

Die Rechtfertigungslehre steht damit nicht im Mittelpunkt des christlichen Glaubens, sondern das Christusereignis selbst. Die Rechtfertigung ist neben der Heiligung und der Berufung *ein* Aspekt, in dem sich das Versöhnungsgeschehen für den Menschen aktualisiert. Dieser weitgespannte Horizont macht das Gespräch mit der gegenwärtigen katholischen Theologie leichter.

Literatur:

H. Küng, Rechtfertigung. Die Lehre Karl Barths und eine katholische Besinnung, 1957.

2.3.6 Joest

Joest: Rechtfertigung und Glaube

W. JOEST vermittelt zwischen Barths Theologie und Luthers Erbe. Deshalb tritt die Rechtfertigungslehre selbständiger hervor. Joest entfaltet sie nach CA IV: *Sola gratia* bedeutet, daß die Verantwortung für die Rechtfertigung ausschließlich bei Gott liegt; der Mensch bleibt immer nur Empfangender. *Propter Christum* heißt, daß Gott das Subjekt der Versöhnung ist, die sich in Christus vollzogen hat. Dies Geschehen wird aktuelle Gegenwart und wirkt damit lebensverändernd. *Per fidem* besagt, daß ohne Glauben keine Rechtfertigung geschieht. Der Glaube ist und bleibt Gabe Gottes. Die Wirkung am Menschen ist das „Leben im Glauben", dessen Merkmale die Liebe (entgegen der Gleichgültigkeit angesichts des Nächsten) in Spontaneität und Gratuität, das Gebot (Konstante der Liebe) und die Umkehr (ständige Auseinandersetzung mit der Selbstrechtfertigung) sind. Joest läßt die Rechtfertigung damit nicht enden, sondern findet ihre Folge im Leben, das Gott antwortet.

Literatur:

W. Joest, Dogmatik, Bd. 2, ^{3}1989, S. 454–472.

2.3.7 Ebeling

G. EBELING verwendet „Gesetz und Evangelium" als *fundamentaltheologische Kategorie* (s.o. Kapitel III, Abschnitt 2.3.4):

- Das Gesetz geht dem Evangelium voran (Dogmatik des christlichen Glaubens, Bd. 2, 1979, S. 6).
- Das Evangelium ist nicht an die Stelle des Gesetzes zu stellen (a.a.O., S. 189).
- Der anthropologische Begriff für die Ortsbestimmung des Glaubens ist das Gewissen (a.a.O., Bd. 1, 1979, S. 107).

Die Lehre von der Gnad

	Voraussetzungen	*Prinzip*	*Prozeß* ⇨	⇨
Hoch- bzw. spätmittelalterliche Gnadenlehre idealtypisch	Der Mensch als Geschöpf – nach Gen 1,27 – IMAGO | SIMILITUDO • iustitia originalis, • donum superadditum = gratia creata durch den Fall beschädigt – verloren	GOTT • durch das kirchliche *Amt* • *Gnade* vermittelnd, • durch den Heiligen *Geist* • *Liebe* in den Menschen eingießend.	**1.** **gratia gratis data** Thomisten weckt… – Franziskaner kooperiert **2.** Restregungen des ***freien Willens*** in: • der fides acquisita (Zustimmung), • der attritio (Galgenreue), • im timor servilis. **3.** *Disposition* im Menschen (nur Franziskaner: se congruo disponens)	**4.** **gratia gratum faciens** = gratia praeveniens Der unveränderliche Gott verändert den Menschen:
Luther: Rechtfertigung	Völlige Korruption durch die ERBSÜNDE, aber von GOTT her bleibt die Bestimmung zum EBENBILD GOTTES bestehen.	Das lebendig machende WORT in CHRISTUS • verkündigt, • im Sakrament angeboten. • ***sola gratia,*** • ***solus Christus*** (iustificat).	Deshalb ist im Verhältnis zu Gott ***kein freier Wille*** vorauszusetzen - freier Wille nur „in inferioribus".	
Altprotestantische Orthodoxie	Auf der Grundlage reformatorischer Fundamentalentscheidungen, aber in einer Art Fahrplan: (ordo salutis)		VOCATIO → ILLUMINATIO →	CONVERSIC
Tridentinum (DS 1520-1583)	⇧ Siehe oben: Fundamentalentscheidungen des Mittelalters!	causa meritoria: VERDIENST CHRISTI; causa efficiens: BARMHERZIGKEIT GOTTES.	• dispositio und • praeparatio (DS 1526f.)	• fides ex auditu, • Einsicht in die Sündhaftigkeit, • anfängliche Gottesliebe.

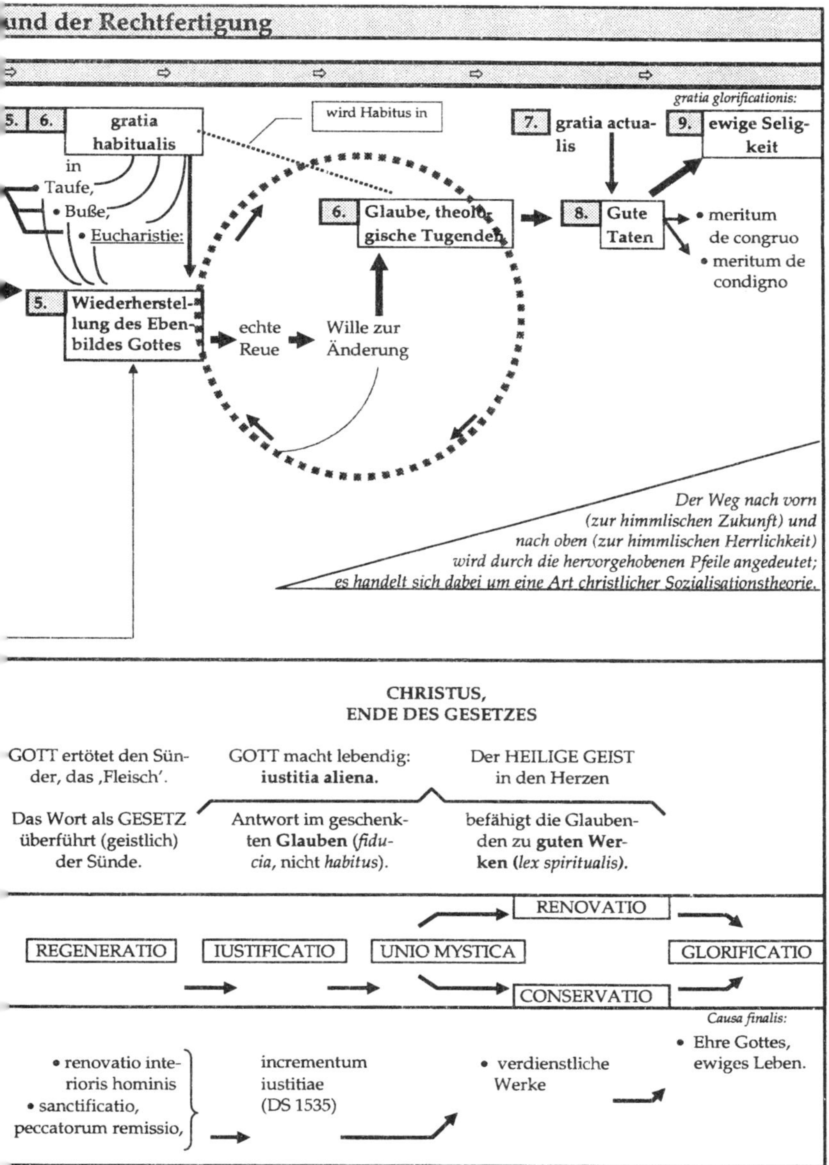
und der Rechtfertigung
gratia glorificationis:
5. 6. gratia habitualis
wird Habitus in
7. gratia actualis
9. ewige Seligkeit
in
Taufe,
• Buße,
• Eucharistie:
6. Glaube, theologische Tugenden
8. Gute Taten
• meritum de congruo
• meritum de condigno
5. Wiederherstellung des Ebenbildes Gottes
echte Reue
Wille zur Änderung
Der Weg nach vorn (zur himmlischen Zukunft) und nach oben (zur himmlischen Herrlichkeit) wird durch die hervorgehobenen Pfeile angedeutet; es handelt sich dabei um eine Art christlicher Sozialisationstheorie.
CHRISTUS, ENDE DES GESETZES
GOTT ertötet den Sünder, das ‚Fleisch'.
GOTT macht lebendig: iustitia aliena.
Der HEILIGE GEIST in den Herzen
Das Wort als GESETZ überführt (geistlich) der Sünde.
Antwort im geschenkten Glauben (fiducia, nicht habitus).
befähigt die Glaubenden zu guten Werken (lex spiritualis).
RENOVATIO
REGENERATIO
IUSTIFICATIO
UNIO MYSTICA
GLORIFICATIO
CONSERVATIO
Causa finalis:
• Ehre Gottes, ewiges Leben.
• renovatio interioris hominis
• sanctificatio, peccatorum remissio,
incrementum iustitiae (DS 1535)
• verdienstliche Werke

Die Zusammenfassung in der vorangegangenen Übersicht (S. 272f.) überblickt nicht das gesamte Kapitel, sondern fragt nach den Auswirkungen der Gnade im Leben der Christen. Sie geht davon aus, daß zumindest implizit eine Art Sozialisation durch das Verhältnis von Gottes Handeln, kirchlicher „Vermittlung" und Wirkung am Menschen – auch durch ihn – eingeschlossen ist. Die Übersicht nimmt ihren Ausgang vom spätmittelalterlichen Modell, das Luther in tiefe Verzweiflung stieß.

3 Problemorientierung

Rechtfertigung und die Konsequenzen für die Ethik

Die Rechtfertigungslehre stellt auch eine Brücke zwischen Dogmatik und Ethik dar. An ihr kann die Frage aufbrechen, wie sich empfangen(d)er Glaube und tätige Liebe zueinander verhalten. Ist der sündige Mensch (vgl. das Kapitel VI) von vornherein entsündigt? Liegt das Gewicht auf dem „pro me" oder dem „pro nobis", d.h. begegnet das Heil in der Predigt zunächst *je mir* (pro me) und hat dadurch Konsequenzen für mein Handeln in der Welt, oder gilt das Heilshandeln Gottes in Jesus Christus zunächst allen Menschen, wird die Gemeinde von der Versöhnung betroffen und dann auch das Ich?

4. Eigene Stellungnahme

Bei der Bewährung eines eigenen Urteils sollen zwei Gesichtspunkte berücksichtigt werden:

- das volkstümliche Urteil, Glaube sei eine quasi-empirische Feststellung über nicht-feststellbare Tatsachen, also höchst willkürlich, und die Pastoren bzw. Pastorinnen müßten stellvertretend (weil andere das kaum noch tun) einfach an widersinnigen Aussagen festhalten;
- die Herausforderung auf der Versammlung des Lutherischen Weltbunds 1963, die Frage des gnädigen Gottes rühre niemanden mehr an, wohl aber die nach uns gewogenen und offenen Mitmenschen.

Mögliche Klausurthemen:

1) Was bedeutete die Lehre von der Rechtfertigung im 16. Jahrhundert, und wie könnte sie im 20. Jahrhundert ausgelegt werden?
2) Rechtfertigung und Heiligung – ihr Verhältnis zueinander und dessen Bedeutung für die Ethik.

3) Versöhnung und Erlösung – ihre Bedeutung in der Dogmatik und im Blick auf den Lebensvollzug des Christen.
4) Das Werk des Heiligen Geistes.

Exkurs 17: Zum Thema des Glaubens

17.1 Problemstellung

Während ein erster Exkurs etwas zum Glauben als Grundlage dogmatischer Erkenntnis sagte (s.o. Exkurs 1) soll es hier um seinen Grundvollzug im Dasein des Menschen gehen: Zwischen *Glauben und Rechtfertigung* besteht ein enger Zusammenhang (vgl. auch Kap. V. zur Schöpfung). Das auf Abraham bezogene אמן (Gen 15,6) bedeutet ‚glauben' im Sinne von ‚*sich verlassen*' (vgl. M. Buber, Zwei Glaubensweisen, in: Werke, Bd. 1, 1962, S. 651-782). Der im NT gebrauchte Ausdruck πιστεύω (vgl. πίστις) hat etwa dieselbe Bedeutung; zweideutig sind Formeln wie πίστις Ἰησοῦ Χριστοῦ (z.B. Röm 3,22; Gal 2,16 – entweder genitivus subjectivus [„Die Treue Christi"] oder genitivus objectivus [„Der Glaube an Jesus Christus"?]).

Glaube als Grundvollzug im Dasein

17.2 Positionen

17.2.1 Mittelalter

Im MA werden *fides informis* (die bloße Zustimmung zur Gnade) und *fides caritate formata* (der durch Eingießung der Gnade bzw. des Geistes geformte Habitus) unterschieden. THOMAS VON AQUIN siedelt den Glauben zwischen der Meinung (opinio) und der Erkenntnis (cognitio) an (STh II a II ae q 1 a, 2 c). Er ist „firma assensio" (ebd. 9, 2 a, 1 c).

fides informis – fides caritate formata

17.2.2 Reformation

M. LUTHER sieht Gnade und Glaube als einzige Gründe der Rechtfertigung und erweist die *fides* vor allem als *fiducia* (s.o. 2.2.2). Die Katechismen der Reformationszeit wollen eine elementare Rechenschaft vom Glauben und

Luther: Glaube als Grundvertrauen

seinen Inhalten sein und zum je eigenen Glaubensvollzug ermutigen. Gegen die fides implicita (den eigenen unausgeprägten Glauben in den Glauben der Kirche hineinzustellen) wendet sich Luther mit berühmten Formeln (hier der Auslegung des Ersten Gebots im Großen Katechismus:

> „Worauf du nu ... dein Herz hängst und verlässest, das ist eigentlich dein Gott." (BSLK, S. 560f.)

In dieser Absicht nehmen die *Katechismen* verschiedene Traditionsstücke auf (die Gebote, den „Glauben" [das Symbol] und das Herrengebet).
Seit M. CHEMNITZ werden *notitia, assensus* und *fiducia* als Aspekte des Glaubens unterschieden.

17.2.3 20. Jahrhundert

Tridentinum gegen den Fiduzialglauben

Seit dem *Tridentinum* hängt der evangelischen Theologie der Verdacht an, sie wolle die kognitiven Aspekte des Glaubens und seine Auswirkung auf die Lebensführung zurückstellen, indem sie den reinen Fiduzialglauben betont. Das kann der Fall sein, wo der Gegensatz zur (auch material bestimmten) Vernunft übertrieben wird, so daß der Glaube auf Akte existentieller Dezisionen schrumpft.

Ebeling: Jesus als Grund und Zeuge des Glaubens

In gewisser Weise trifft das auf G. EBELING zu: Ebeling sieht die *Person Jesu* und den *Glauben, von dem Jesus spricht*, zusammengehörig. Dessen Reden und Tun fordern zum Glauben heraus (WuG, Bd. 1, ^{2}1962, S. 242). Der Glaube entspringt einer Zusage, er hat etwas zu sagen. Der Glaubende kann sich nicht vertreten lassen. Der Glaube kann nicht zu einer allgemeinen religionsgeschichtlichen Kategorie entwertet werden (Dogmatik des christlichen Glaubens, Bd. 1, 1979, S. 80ff.).

Im 20. Jahrhundert schreibt P. TILLICH über den Glauben:

> „Vernunft ist die Voraussetzung für den Glauben, und Glaube erfüllt die Vernunft. Zweifel und Partizipation gehören zusammen." (Wesen und Wandel des Glaubens, 1961, S. 91)

Literatur zur Vertiefung:

P. Althaus, Die Theologie Martin Luthers, [4]1945, S. 128-144, 195-218; W. Härle, Dogmatik, 1995, S. 493-532; W. Joest, Dogmatik, 2 Bde., 1984-86, S. 274-316, 431-518; A. Peters, Rechtfertigung, 1984; Chr. Schütz, Einführung in die Pneumatologie, 1985; O. Weber, Grundlagen der Dogmatik, Bd. 2, 1962, S. 317-354; Art. ‚Glaube' I-VI, in: TRE, Bd. 13, S. 275-365.

Vorbemerkung zu den Kapiteln IX-XI:

Das Thema der Kirche wird im Zeitalter der Ökumene immer wichtiger: Wo findet sich die *eine* Kirche? Können Menschen die vielen Kirchen überhaupt noch verstehen? Wenn die Kirche nicht nur ein beliebiger Religionsverein ist, dann muß sie sich im Blick auf ihre Aufgaben prüfen: Was tut Gott durch sie, was tut sie selbst, was tun die in ihr versammelten Menschen? Darum wird zu prüfen sein, ob sie Gottes Gnade „verwaltet", ob ihre Amtsträger von Amts wegen zwischen Gott und den Menschen stehen, was ‚Wort' und ‚Sakrament' bedeuten und wie sie sich auf die Institution auswirken.

Diese Fragestellungen werden in einer nachfolgenden Übersicht (S. 302) skizziert, die sich auf die Kirche als „creatura verbi" bzw. als Heilsanstalt, auf Wort und Sakrament konzentriert und damit die wichtigsten Fragen der folgenden Kapitel anreißt.

IX. Die Kirche und das kirchliche Amt

Bei der Erarbeitung dieses Kapitels sind folgende Schwerpunkte zu beachten:

- der neutestamentliche Hintergrund: Warum ist von der ἐκκλησία die Rede, welche Beziehungen bestehen zum Bund Gottes mit Israel?
- Wie gestaltet sich das Verhältnis von Gemeinde und Amt seit neutestamentlicher Zeit?
- Wie wurde die Kirche zu einer exklusiven Institution? Siehe das „Extra ecclesiam nulla salus"!
- die Unterscheidungen setzenden ‚notae' v.a. der Reformationszeit: Was ist *wahre* Kirche?
- Geist und Institution in der neuzeitlichen Ekklesiologie, v.a. angesichts des frommen Subjekts: Entsteht die Kirche durch das Zusammentreten von Individuen, oder geht sie den einzelnen voraus bzw. gilt beides auf seine Weise?
- die neutestamentlichen Bilder vom Leib Christi und vom Volk Gottes in der Bestimmung römisch-katholischer und evangelischer Ekklesiologie im 20. Jahrhundert: Welche Beziehungen hat Christus zu seiner Kirche?
- anstaltliche Kirche, Persongemeinschaft und Volkskirche im 20. Jahrhundert.

1. Bestimmung und Präzisierung des Problems

1.1 Problemzusammenhang

die eine Kirche – die Vielzahl der Kirchen

Die theologische Bestimmung des Kirchenbegriffs trat in der Geschichte der Kirchen zumindest immer dann besonders hervor, wenn es um die Rechenschaft über die eigene Institution und ihre Lehre anderen Kirchen oder Religionen gegenüber ging. Erst in neuerer Zeit verstärkt sich der Druck, darüber nachzudenken, wie angesichts der großen Zahl christlicher Kirchen von „der Kirche" bzw. der *„einen"* Kirche in den Kirchen und Gemeinden geredet werden kann. Dazu gehört auch die Frage, warum es in der Menschheit und ihrer Geschichte überhaupt eine Kirche geben muß. Je nach ihrer Ausrichtung hängt die Ekklesiologie eng mit verschiedenen dogmatischen Topoi zusammen: mit der Christologie, Soteriologie, Sakramentenlehre, Pneumatologie, Gotteslehre etc. Jeweils die jüngeren Generationen haben besondere Schwierigkeiten, sich mit dem Sinn der Institution der Kirche auseinanderzusetzen. Das schließt die Frage des kirchlichen Amtes ein. Wer darüber am wenigsten nachdenkt, wird später am leichtesten Opfer eines bestimmten Amtshabitus.

1.1.1 Bekenntnisse der Kirche

Schon in den ersten festeren Bekenntnissen der Christenheit wird die Kirche einbezogen. Nach einigen Vorstadien sagt das *Apostolicum*:

altkirchliche Bekenntnisse: Die Kirche als Glaubensgegenstand

> „Credo in spiritum sanctum, sanctam ecclesiam catholicam, sanctorum communionem ..." (BSLK, S. 21)

In der historischen (dogmengeschichtlichen) Forschung ist umstritten, um was es sich beim Letzteren ursprünglich handelte: um die sancti, die Heiligen, oder die sancta, die Sakramente. Die Zeugnisse der Alten Kirche deuten mehrheitlich auf eine Gemeinschaft im Glauben (ecclesia catholica), die mit den Heiligen und Märtyrern verbindet.

Das *Nicaenum* bekennt:

> „... et unam, sanctam, catholicam et apostolicam ecclesiam ..." (BSLK, S. 27)

CA VII sagt in einer viel diskutierten Formulierung:

> „Es wird auch gelehret, daß alle Zeit musse ein heilige christliche Kirche sein und bleiben, welche ist die Versammlung aller Glaubigen, bei welchen das Evangelium rein gepredigt und die heiligen Sakrament lauts des Evangelii gereicht werden." (BSLK, S. 61)

notae der Kirche nach CA VII

Reichen die beiden „notae" – reine Evangeliumspredigt und rechte Verwaltung der Sakramente – aus?
Die *Apologie der CA* sagt unter AC VII:

> „Aber die christliche Kirche stehet nicht allein in Gesellschaft äußerlicher Zeichen, sondern stehet furnehmlich in Gemeinschaft inwendig der ewigen Güter im Herzen, als des heiligen Geistes, des Glaubens, der Furcht und Liebe Gottes. Und dieselbige Kirche hat doch auch äußerliche Zeichen, dabei man sie kennet, nämlich wo Gottes Wort rein gehet, wo die Sakrament demselbigen gemäß gereicht werden, da ist gewiß die Kirche, da sein

AC VII: innerliche und äußerliche notae

> Christen und dieselbige Kirche wird allein genennet in der Schrift Christus Leib ..." (BSLK, S. 234 f.)

Vgl. auch den Heidelberger Katechismus, Fr. 54 und die lutherischen Katechismen, sowie *Barmen III*:

Barmen III: Gemeinde von Brüdern

> „Die christliche Kirche ist die Gemeinde von Brüdern, in der Jesus Christus in Wort und Sakrament durch den Heiligen Geist als der Herr gegenwärtig handelt."

1.1.2 Sonstige Überlieferungen der Kirche

Zu sonstigen Überlieferungen der Kirche s.u. Abschnitt 2.2.

1.1.3 Aktuelle Diskussion

Spannung zwischen religionssoziologischer und pneumatologischer Betrachtung

In der neueren Diskussion wird verstärkt die soziale Wirklichkeit in Anfragen an die Ekklesiologie einbezogen (Was bedeutet die säkulare Welt für die Existenz der Kirche?). Die Religionssoziologie fragt sowohl nach der Kirche wie der Gemeinde in ihrer sozialen Verfaßtheit als auch nach den religiösen Bedürfnissen und deren Manifestationen bei Mitgliedern und bei anderen. Zudem läßt sich eine stärkere Betonung des pneumatologischen Aspektes der Ekklesiologie erkennen (Wie verhält sich ihr Sendungsauftrag zu ihrer inneren und äußeren Struktur?).

1.2 Eigene Zugänge

- Was ist „die" Kirche?
- Wie kann z.B. eine Landeskirche die Kirche Jesu Christi darstellen?
- Was verbindet mich mit den anderen Christen, gerade solchen anderer Konfession, oder gar mit Gläubigen anderer Religionen (vgl. hierzu auch die Pneumatologie, besonders bei P. TILLICH [s.u. 2.3.9])?
- Wie verhalten sich demokratische Ansprüche und kirchliches Amt?

1.3 Aktuelle Formulierung des Problems

Wie kann die Kirche in einer enger zusammenrückenden Welt eine Kirche werden oder sein? Wie kann sie eigenständig und genuin bleiben, ohne durch Betonung ihrer Ausschließlichkeit (als alleiniger Wahrheit) den Dialog mit anderen abzubrechen? Und nicht zuletzt: Zerstört nicht die Kirchenaustrittsbewegung die Kirche? Ist die Kirche Jesu Christi eher an der umgreifenden Institution oder an der einzelnen Gemeinde zu erkennen? Zu den aktuellen Problemen gehört auch das Amtsverständnis.

2. Problembearbeitung

2.1 Biblischer Hintergrund

- Der Begriff ἐκκλησία bezeichnet ursprünglich eher allgemein eine Versammlung – so auch im NT (vgl. Apg 19,32.39 f.). Erst durch Zusätze wird der Begriff spezifiziert: Apg 20,28; 1.Kor 1,2 (ἐκκλησία τοῦ θεοῦ u.ö., aber auch Mt 16,18 [Jesus spricht zu Petrus und sagt, daß er seine Kirche auf ihn bauen wolle: μου τὴν ἐκκλησίαν]). Die älteste Christenheit hat nicht an den Begriff der συναγωγή (קהל) angeknüpft, sondern sich als „herausgerufen“ betrachtet (Versammlung um das Evangelium, nicht um die Tora). Ekklesia
- Nach der Auffassung des *Lukas* gibt der Geist Anteil an der Kirche (vgl. Apg 2 [Pfingsten]). Eine regelrechte Ekklesiologie entwickelt jedoch erst Paulus: Der Geist ruft zur Gemeinde und bildet sie (Röm 8,14-17: πνεῦμα υἱοθεσίας), und Christus ist der Geist (2.Kor 3,17). Pneuma
- Die Kirche ist *Leib Christi* (1.Kor 10,17 [ἓν σῶμα οἱ πολλοί ἐσμεν]; 12,27 [ihr aber seid Christi Leib und – als Teile betrachtet – Glieder] u.ö.), dem die Glieder durch Taufe und Abendmahl angegliedert werden (1.Kor 12,13; 10,16 f.). So sind die Christen die Heiligen (1.Kor 1,2). Leib Christi
- Andere neutestamentliche Bilder sprechen von der Kirche als dem „Haus Gottes“ (Hebr 10,21), dem „wandernden Gottesvolk“ (Käsemann nach Hebr 3,7-4,11) der „Herde Gottes“ (vgl. Joh 10,1-18) und der „Braut Christi“ (vgl. 2.Kor 11,2). Haus Gottes, Volk Gottes
- Auch die Gemeinschaft (κοινωνία [Apg 2,42 u.ö.]) und die Einheit der Kirche (vgl. 1.Kor 3 u. 12; Eph 4,4-16.) werden bereits im NT betont. Während die Ämter zunächst hinter den Gaben (den Charismen) zum Gemeinschaft und Amt

gegenseitigen Dienst zurücktreten (Röm 12,3-8; 1.Kor 12) und alle Glieder Zeugen im Dienst der Versöhnung sind (2.Kor 5,20), beweisen die Pastoralbriefe, daß besondere Ämter in der sich verfestigenden „frühkatholischen" Kirche hervortreten, v.a. das des ‚Bischofs' (1.Tim 3,1.7). Die katholische Lehre vom Amt interessiert sich besonders für das Bild von *Haupt* und Leib (Eph 5,23.30; Kol 1,18).

2.2. Historischer Hintergrund

2.2.1 Alte Kirche und Mittelalter

Irenäus: Kirche und Geist Gottes

In den Kämpfen der ersten Jahrhunderte um Lehre, Gemeinschaft und Absonderung stellt IRENÄUS fest:

> „Ubi enim ecclesia, ibi spiritus Dei; et ubi spiritus Dei, illic ecclesia et omnis gratia: Spiritus autem veritas." (Wo nämlich die Kirche ist, dort ist Gottes Geist, dort ist die Kirche und alle Gnade: Der Geist aber ist die Wahrheit.) (Adv. haer. III,24,1)

Die *eine* Kirche ist im 2. Jh. schon längst nicht mehr nur eine Ortsgemeinde, sondern sie konstituiert sich aus vielen; so existiert sie als Einheit in der Vielzahl. Jede Ortsgemeinde (mit ihrem Bischof) aber ist Kirche im Vollsinn.

Cyprian: Außerhalb der Kirche kein Heil

CYPRIAN stellt apodiktisch fest:

> *„Salus extra ecclesiam non est."* (Heil gibt es nicht außerhalb der Kirche.) (Ep. 73, 21).

Autoritäten:
- Kanon,
- regula fidei,
- Bischöfe

Die Kirche hat die Aufgabe, die Wahrheit zu bewahren, sie ist an Christus gebunden. Dabei hat sie drei Autoritäten:
- den *Kanon*,
- die *regula fidei* (Glaubensregel) und
- die *bischöfliche Verfassung*.

Das *Nicaeno-Constantinopolitanum* (vgl. Abschnitt 1.1.1) bekennt die *Einheit, Heiligkeit, Katholizität* (im Sinne von nach Vollendung strebender Allumfassendheit) und Apostolizität (Sukzession); dies sind die *attributa* der Kirche (nicht mit den *notae* zu verwechseln!).

Attribute der Kirche: una sancta, catholica

Da die Kirche angesichts ihrer Verflechtung mit der „Welt" keine Heiligkeit zu gewährleisten schien, wollten Montanisten, Novatianer und Donatisten mittels der Kirchenzucht eine bessere Kirche schaffen.

AMBROSIUS nennt die Kirche Braut Christi, Mutter der Gläubigen, Leib Christi und Gottesvolk:

Ambrosius

„Mit ihm (Christus) vermählte sich die Kirche, die, vom Samen des Wortes und vom Geist Gottes erfüllt, den Leib *Christi* hervorbrachte, nämlich das christliche Volk" (In Luc III, 38).

AUGUSTIN dagegen unterschied zwischen eigentlichen und uneigentlichen Gliedern der Kirche bzw. der wahren und gemischten Kirche (*„domini corpus verum atque permixtum"* ([De doctr. chr. 3, 32]); die Heiligkeit der wirklichen Kirche ist somit *werdend*, aber verborgen. Die Erlangung des Heils hängt von der Zugehörigkeit zur einzig wahren Kirche ab. Die Kirche ist Genossenschaft der Heiligen auf dem Wege zum vollendeten Gottesstaat.

Augustin: corpus verum, corpus permixtum

Bald bildet sich in der alten Christenheit das aus der Gemeinde herausgehobene *Amt* heraus. Es wird an besondere Bedingungen gebunden: Männlichkeit, eine bestimmte Lebensführung, eine besondere Amtsgnade und die Anbindung an den Zusammenhang mit dem apostolischen Amt.

Die Ekklesiologie des *MA* ist wesentlich von der Vorstellung geprägt, eine an der augustinischen Idee der *civitas Dei* angelehnte Gesellschaft zu realisieren. Dabei zeigte sowohl im Handeln wie in dieses begleitenden theoretischen Konzeptionen der das MA prägende machtpolitische Gegensatz von *sacerdotium* und *imperium* seine Wirkungen. Durch eine lange Geschichte vom Eigenkirchenwesen, über karolingische und ottonische Reichskirche, über den *Investiturstreit* bis hin zur hochmittelalterlichen *Papstkirche* gewann teils die weltliche, teils die geistliche Macht die Oberhand. Bevor im Laufe des 14. Jh. der ökumenische (Macht-)Anspruch des Papstes von den sich organisierenden Territorialstaaten und oppositionellen Denkern (DANTE ALIGHIERI; MARSILIUS VON PADUA; WILHELM VON OCKHAM) bestritten wurde, bekräftigte Papst BONIFATIUS VIII. in der Bulle „Unam sanctam" nicht nur die o.g. Auffassung des Irenäus, sondern einen

MA: sacerdotium – imperium

den politischen Verhältnissen nicht mehr angemessenen schroffen *Führungsanspruch des Papstes in Kirche und Welt.*

Schisma mit der Ostkirche

Das *Schisma mit der Ostkirche* (1054) war die erste Kirchenspaltung wirklich tiefgreifenden und großen Ausmaßes. Im Anschluß an die „Politik" des Aristoteles bildete das Hochmittelalter die Lehre von der *societas perfecta* für die Kirche aus: Tiere (z.T.) und Menschen leben notwendig sozial; vollkommen ist aber die geistig strukturierte Form der Vergemeinschaftung. Wirklich neue Formulierungen des Kirchenbegriffs seitens römisch-katholischer Theologen entstehen aber erst nach der zweiten großen Spaltung (wenn man von jenen aufgrund der Spannung zwischen Papalismus und Konziliarismus seit dem 13. / 14. Jh. entstandenen absieht).

societas perfecta

Im MA wird die *Weihe* (Verleihung der spezifischen Amtsgnade) als Sakrament festgestellt. Damit wird die spezifische Mitwirkung des Priesters an der Gnadenvermittlung herausgehoben und institutionalisiert. Die Weihe verleiht einen „character indelibilis" und begründet den Status des Priesters dank göttlichen Rechts (vgl. Kapitel X, Abschnitt 2.2.1 zu Petrus Lombardus, S. 183).

Literatur:
W.-D. Hauschild: Lehrbuch der Kirchen- und Dogmengeschichte, 1996, Bd.1.

2.2.2 Reformation

Luther: wahre Kirche – ihre notae

Die Reformatoren bestreiten vor allem den Anspruch der Papstkirche, allein wahre Kirche zu sein, sowie deren priesterlichen Amtsbegriff. Nach M. LUTHER ist die Kirche aber das im (und vom) Heiligen Geist versammelte Volk Gottes. Die wahre Kirche ist auch unter der falschen verborgen, aber an ihrem rechten Hören und Handeln erkennbar. Ihre Kennzeichen *(notae)* sind nach der Schrift „Von den Konziliis und Kirchen" (WA 50, S. 628ff.): Wort Gottes und Predigt, Sakrament der Taufe, Sakrament des Altars, öffentlicher und nichtöffentlicher Gebrauch der „Schlüssel", Einrichtung kirchlicher Ämter, Gebet und öffentliches Lob Gottes sowie das Heiltum des Kreuzes.

verschiedene „Wahrzeichen" der Kirche

Darüber hinaus hält Luther in „Wider Hans Worst" (WA 51, S. 478 ff.) als *„Wahrzeichen"* fest: das Apostolische Glaubensbekenntnis, das Vaterunser und die Psalmen, die Ehrerbietung gegenüber der weltlichen Herrschaft, die Anerkennung des Ehestands, Duldsamkeit, Ermahnung, Fürbitten gegenüber Feinden sowie das Fasten. Luther lehnt seine Bestimmung der Kirche an den Gedanken der Inkarnation an:

> „Est et apparet in carne
> et tamen non est caro;
> est et cernitur in mundo
> et tamen non est mundus."
> (WA 39, II, S. 149).

Aber der Gedanke des Volkes Gottes ist damit nicht abgeschlossen:

> „... Gottes Wort kan nicht on Gottes Volck sein, widerumb Gottes Volck kan nicht on Gottes wort sein ..." (Von den Konziliis und Kirchen, 1539, WA 50, S. 629).

P. MELANCHTHON war mit der Neuordnung der Kirche (durch Visitationen) besonders befaßt. Er sagt: Melanchthon: coetus vocatorum

> „Jedesmal, wenn wir an die Kirche denken, sollen wir schauen auf die Versammlung der Berufenen (coetum vocatorum), welche ist die sichtbare Kirche, und sollen nicht davon träumen, daß irgendwelche Erwählten anderwo seien außer in eben dieser sichtbaren Versammlung." (Loci theologici 1559, CR 21, S. 825f.)

Die Stimme des Evangeliums ist Amt des Evangeliums; der lehrenden Kirche schenkt der Heilige Geist die Gabe der Interpretation.

Die berühmte Formel in CA VII („in qua evangelium pure docetur et recte administrantur sacramenta" [BSLK, S. 61]) wird heute im Blick auf ihre Vollständigkeit diskutiert (Lutherische Theologen sagen, daß die beiden notae genügen; Theologen aus der Tradition der Bekennenden Kirche entgegnen: Die Sendung gehört dazu). Diese notae sind Unterscheidungsmerkmale innerhalb jener Kirchen, die sich auf die altkirchlichen attributae berufen. Vollständigkeit von CA VII?

J. CALVIN definiert die Kirche u.a. im Genfer Katechismus 1542 als die unsichtbare Gemeinschaft der in Christus Erwählten („electorum turba" [Genfer Katechismus 1542, Fr. 100]). Zeichen der sichtbaren Kirche sind die reine Wortverkündigung und die einsetzungsgemäße Sakramentenverwaltung. Inst. IV, 10, 27-32; 12 stellen die Kirchenzucht heraus; um der Calvin: Erwählte in der wahren Kirche Kirchenzucht

Heiligung willen kann das einzelne Glied Disziplinarmaßnahmen (Ausschluß vom Abendmahl) unterworfen werden. Inst. IV, 20, 9 gebietet dem Staat, für beide Tafeln des Gesetzes, also auch für den rechten Gottesdienst, Sorge zu tragen.

Amt und Dienst: vier Ämter nach Bucer und Calvin

Da das Weihesakrament entfiel, konnte die Berufung in das Amt bzw. den Dienst der Wortverkündigung zur Sache der *Gemeinde* werden (vgl. M. Luther, Daß eine christliche Versammlung oder Gemeine ..., WA 11, S. 408 ff.). Die Visitationen prüften nur die Voraussetzungen für den Dienst der Wortverkündigung. Tatsächlich ging durch den *landesherrlichen Notepiskopat* viel Macht, die eigentlich der Gemeinde zugestanden hätte, an das weltliche Regiment. Calvin kennt (wie M. BUCER) vier Ämter: die Hirten (pasteurs mit einer dreifachen potestas: der potestas ministerii, der potestas ordinis und der potestas disciplinae), Lehrer (docteurs), Älteste (seigneurs) und Diakone (diacres) (Inst. IV, 3.4).

2.2.3 Altprotestantische Orthodoxie

Die Orthodoxie gliedert den Kirchenbegriff – ihren Wissenschaftsstandards entsprechend – weiter:

Altprotestantismus: sichtbare Kirche: ecclesia vera / falsa

- Die *ecclesia visibilis* ist der „coetus vocatorum", die Gesamtheit der durch die Taufe und Teilnahme am Gottesdienst zum Glauben Gerufenen. Für sie gelten die notae nach CA VII (BSLK, S. 61). Überraschenderweise tritt auch in lutherischen Dogmatiken die Glaubenszucht hinzu. In Vertretung der Herrschaft Christi will das kirchliche Amt durch sie die Glieder zur Gnade zurückbringen. Weil alle Glieder zum priesterlichen Volk gehören, ist dieses Amt ein Dienst (innerhalb der dreifachen potestas ministerii, ordinis, disciplinae). Zur sichtbaren Kirche gehört die *ecclesia vera,* deren öffentlich geltende Lehre dem Wort Gottes entspricht, und die *ecclesia falsa,* deren öffentlicher Lehre Irrlehre beigemischt ist. Die lutherische Spätorthodoxie (z.B. D. HOLLAZ) führt obendrein die begriffliche Unterscheidung in ecclesia repraesentativa (die Gesamtheit der Lehrenden und Amtsträger) und ecclesia synthetica (Amtsträger und Gemeinde) ein.

Ecclesia militans / triumphans

- Die *ecclesia invisibilis* bildet die Gemeinschaft derer, die durch wahren Glauben mit Christus lebendig verbunden sind. (In der reformierten Theologie ist sie die Gemeinschaft der Erwählten und *darum* auch der zu wahrem Glauben Gerufenen und Erweckten). Sie umfaßt die *ecclesia militans,* die inmitten von Anfechtungen lebende Gemeinde der Glaubenden auf Erden und die *ecclesia triumphans,* die Gemeinschaft der Vollendeten mit Christus im Reich Gottes. Für die ecclesia invisibilis gelten die *attributa* des Nicaeno-Constantinopolitanums; sie ist *una et sancta,* weil sie durch Christus und seinen Geist geeint und geheiligt ist; sie ist *apostolica,* weil sie in ihrer Schriftbindung dem apostolischen Zeugnis nachfolgt; sie ist *catholica,* weil sie in dem einen, wahren, durch Gottes Wort für alle begründeten Glauben lebt.

Kirchenrecht: Episkopalismus, Territorialismus, Kollegialismus

Vom 16. bis zum 18. Jh. entfalteten sich im Protestantismus verschiedene kirchenrechtliche Theorien zur Amtsgewalt in der Kirche:
Das ius in sacra stand dem geistlichen, das ius circa sacra dem weltlichen Regiment zu.
Der *Episkopalismus* ging von weiterer Gültigkeit des kanonischen Rechts aus, der *Territorialismus* sprach dem Landesherrn das oberste Amt zu, der *Kollegialismus* sah die gesamte Kirche als Kollegium an, das seine Ämter bestimmt.

2.2.4. Aufklärung und neuere Theologie

Kant: Herzensvereinigung vs. Institution

Obwohl die Lehre der altprotestantischen Orthodoxie bis heute wichtige Gesichtspunkte entfaltet, traten diese in der Aufklärung mit ihrer *Subjektivierung des Glaubens* zurück. I. KANT unterscheidet in seiner Schrift „Die Religion innerhalb der Grenzen der bloßen Vernunft" (1793) zwischen einer „allgemeinen Republik nach Tugendgesetzen" (a.a.O., A 128) als freiwilliger, allgemeiner und fortdauernder Herzensvereinigung und der sichtbaren Institution Kirche mit ihren satzungs- und ordnungsgemäßen Gesetzen und ebensolchem dogmatischen Kirchenglauben. Die Kirche gilt ihm nun als statutarisch und gesetzlich (vgl. a.a.O., A 131-133).
F. SCHLEIERMACHER hingegen sieht die äußere Kirche dem *Geistigen* in ihr selbst positiv und organisch zugeordnet. Das Geistige ist das spezifisch Religiöse (Gottesbewußtsein) und hat im Menschen seinen Ort im Gefühl als „Gefühl der schlechthinnigen Abhängigkeit" (vgl. seine „Glaubenslehre") oder als „Gefühl des Unendlichen" und „Anschauung des Universums" (vgl. seine „Reden"). Dieses Gottesbewußtsein ist einzigartig in Jesus Christus ausgebildet. Die Kirche wird in der Form der Gemeinde dadurch gegründet, daß der „Erlöser ... die Gläubigen in die Kräftigkeit seines Gottesbewußtseins aufnimmt" (Der christliche Glaube, ^{2}1830-1831, § 100). Die damit Wiedergeborenen treten „gesellig" zusammen. Erst dies

begründet die institutionelle Gestalt der Kirche. In der Kirche finden sich bereits Wiedergeborene, die eine *innere Gemeinschaft* bilden, und andere, auf die nur vorbereitende Gnadenwirkungen ausgehen; sie bilden die *äußere Gemeinschaft* der Kirche. Zu diesem inneren Prozeß im einzelnen, in der Familie und in der Hausgemeinde tritt ein äußerer: Die Kirche wird zum *kulturellen Faktor* und ist deshalb auf das Ziel gerichtet, alles Weltliche, Kulturelle in den Zusammenhang des „höchsten Guts" zu bringen. Daraus entspringt die kulturprotestantische Kirchenidee; das urbildliche Sein des Erlösers will die ganze Menschheit bestimmen, wobei sein Geist die innere Wirkung zur Selbstbestimmung ist (a.a.O., § 123).

Kirche und Kultur

Hegel: allgemeines Bewußtsein im Kultus

G. W. F. HEGEL sieht die Bestimmung des christlichen Gottesbewußtseins und seines Ethos in der Durchdringung des allgemeinen Kulturbewußtseins, so daß die Kirche als besondere Institution zum Schluß zurücktreten könnte, weil sie vom christlichen Staat bzw. von der christlichen Kultur im Ausmaß der Allgemeinheit und Vernünftigkeit überboten wird (Philosophie der Religion. III. Teil: Die absolute Religion, in: Theorie-Werkausgabe, Bd. 17, S. 185-344).

Die *neuprotestantische Theologie* sieht eine deutliche Alternative beim Verhältnis der Kirche zum einzelnen und umgekehrt:

> „Der Protestantismus macht das Verhältnis des einzelnen zur Kirche abhängig von seinem Verhältnis zu Christo, der Katholizismus das Verhältnis des einzelnen zu Christo von seinem Verhältnis zur Kirche" (F. Schleiermacher, Der christliche Glaube, ^{2}1830-1831, § 24).

Rothe: Vergesellschaftung der Kirche – Verkirchlichung der Gesellschaft

Diese These wirkt sich auf den Vermittlungstheologen R. ROTHE aus; für ihn ist der Staat die sittliche Gemeinschaft, die Kirche dagegen die Gemeinschaft der Frömmigkeit. Da die Sittlichkeit das Moment der Frömmigkeit enthalten soll, ist es Zweck der Kirche, im Staat immer mehr aufzugehen, je stärker dieser der Vollendung entgegenstrebt (Theologische Ethik, ^{2}1869-1871).

2.3 Aktuelle dogmatische Fachdiskussion

Das Folgende läßt sich nur in einen Zusammenhang stellen, wenn deutlich wird, wie stark die theologischen bzw. ekklesiologischen Motive streuen. Eine Übersicht kann fundamentale Orientierungen verdeutlichen, denen die Positionen so zuzuordnen sind:

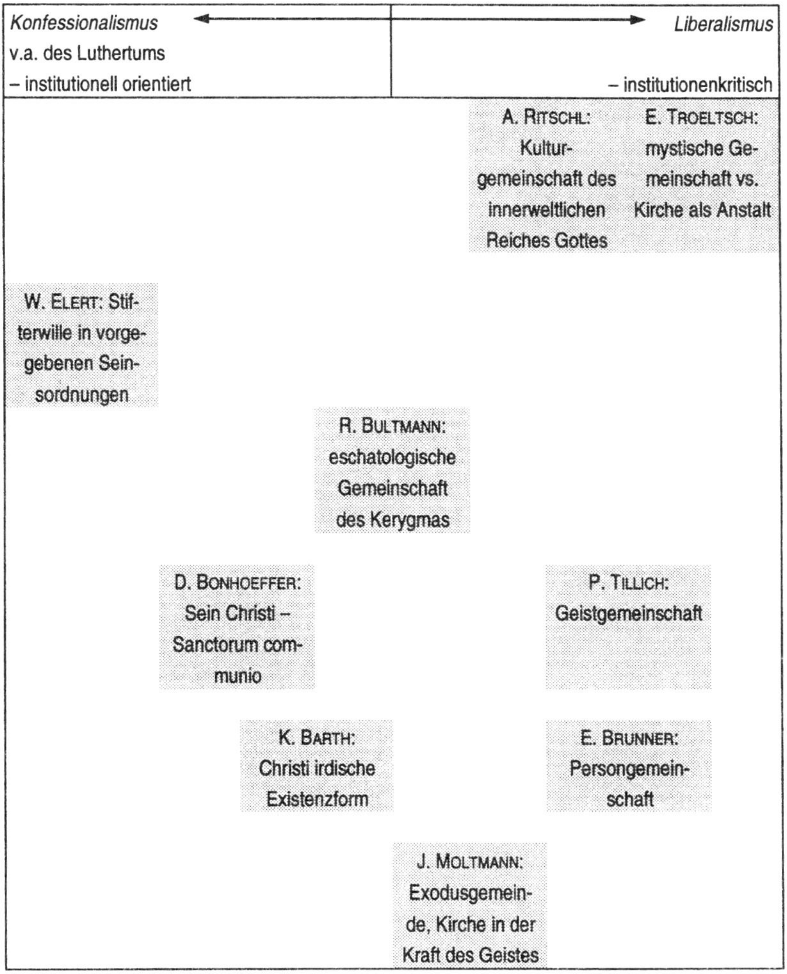

Konfessionalismus, Liberalismus des 19. Jh.

Das 19. Jh. kennt sowohl einen neuen Konfessionalismus mit manchmal hochkirchlich-lutherischen Tendenzen (A.F.C. VILMAR, W. LÖHE, C. UND L. HARMS, PETRI usw.) als auch die Schleiermacher-Schule und den Liberalismus, der als Kulturprotestantismus dem gesellschaftlichen Bewußtsein des deutschen protestantischen Bürgertums besonders entgegenkommt.

2.3.1 Ritschl

Ritschl: Endzweck des Reiches Gottes

Unter den Vertretern des letzteren ragt A. RITSCHL heraus. Mit ihrem sittlichen Endzweck, dem Reich Gottes, weist die Kirche über sich selbst hinaus (Einfluß der praktischen Philosophie Kants). Die liberale Theologie zeigt ein vorrangiges Interesse am *Christentum* als einer geistigen und sozialen Bewegung in der Geschichte (der Kultur).

Literatur:
A. Ritschl, Unterricht in der christlichen Religion, ^{2}1881.

2.3.2 Troeltsch

Troeltsch: psychologisch begründeter Kult – mystische Gemeinschaft vs. anstaltliche Kirche

E. TROELTSCH überschreitet auch diesen Standpunkt von soziologischen und psychologischen Gesichtspunkten her. Er versteht das Christentum als eine geschichtliche Ausprägung der religiösen Bedürfnisse, eines religiösen Apriori der Menschen, wobei Jesus das sozial-psychologisch unentbehrliche religiöse Kultsymbol ist. Für dieses Christentum ist die *Volkskirche* die angemessene Organisationsform. Den Intellektuellen der Neuzeit ist jedoch die *Mystik* und die zwanglose Versammlung angemessener.

Literatur:
E. Troeltsch, Glaubenslehre, 1925, S. 368ff.; ders., Die Soziallehren der christlichen Kirchen und Gruppen, ^{3}1923.

Trennung von Kirche und Staat

Nach dem Ersten Weltkrieg erfolgte die (hinkende) Trennung von Staat und Kirche in Deutschland. Der Notepiskopat der Landesherren über die jeweiligen Landeskirchen fiel damit hin. Das Ideal der Volkskirche (der Begriff stammt von Schleiermacher) trat nun hervor, allerdings nicht ohne Kritik, soweit es um die Anpassung an völkische Ideologien oder volkskirchliche Unterstützung von Kriegsbegeisterung ging.

2.3.3 Dibelius

O. DIBELIUS verstand die Volkskirche als Kirche *für* das Volk. Die Kirche hat den Auftrag, letzte und höchste Werte wie Sitte und Ordnung, Volk und Nation, Gemüt und Herz, Persönlichkeit und Familiensinn zu stützen und zu bewahren. Dibelius: Kirche für das Volk

Literatur:
O. Dibelius, Das Jahrhundert der Kirche, 1926.

2.3.4 Elert

W. ELERT hob die Eigenständigkeit und den die Gemeinde als Versammlung überschreitenden Charakter der Kirche hervor. Er unterschied zwischen der menschlichen Kirchenordnung (als „ius humanum" in Gebet und Gehorsam) und der in den Evangelien bezeugten und von Gott gestifteten kirchlichen Ordnung, die als Seinsgefüge zu verstehen ist. Ihr kommt die Verkündigung des Evangeliums und die Sakramentsverwaltung zu. Der Wille des Stifters zur Gemeinschaft bleibt – durch Verleihung der Schlüsselgewalt, Befehl zur Taufe und zum Abendmahl – in allen Epochen rechtlich verbindlich („ius divinum"). Elert: Ordnung Gottes, Stiftung Christi

Literatur:
W. Elert, Der christliche Glaube, ^{2}1941, S. 483-537.

2.3.5 Bultmann

R. BULTMANN unterschied zwischen der Kirche als historisch, soziologisch und psychologisch gewachsener Größe und der *eschatologischen* Gemeinde. Diese steht unter der Herrschaft des Geistes. Jesus Christus ist in das *„Kerygma"* auferstanden: durch dieses wird die Kirche konstituiert. Umgekehrt wird das gepredigte Wort durch die Kirche gewährleistet, da es nicht durch seinen zeitlosen Sinngehalt, sondern nur als autorisierte, in der Tradition weitergegebene Predigt wirkt. Bultmann: durch das Kerygma konstituierte eschatologische Gemeinde

Literatur:
R. Bultmann, Kirche und Lehre im NT, in: ZZ 7 (1929), S. 36ff.

2.3.6 Bonhoeffer

Bonhoeffer: Christus als Gemeinde exisiteriend

Einen neuen Weg erschloß D. BONHOEFFER durch seine Dissertation „Sanctorum Communio“ (1930). Er weckte das Interesse an der Kirche, als die ökumenische Bewegung ebenfalls neue Anstöße suchte.

> „Nicht alle Einzelnen, sondern sie als Ganzheit ist in Christus, ist der ‚Leib Christi‘; sie ist ‚Christus als Gemeinde existierend‘.“ (Sanctorum Communio, 1930, S. 127)

> „Geglaubt wird die Kirche als *una* (eine), denn sie ist „Christus als Gemeinde existierend“ und *Christus ist der eine Herr* über die, die alle einer sind in ihm, *sancta (heilige)*, denn der *heilige Geist* ist in ihr wirksam, als *catholica* (allgemeine), denn sie hat als *Kirche Gottes* einen Ruf über die ganze Welt, und wo Wort Gottes in der Welt gepredigt wird, ist sie da. Das unterscheidet christliches Denken von allen idealistischen Gemeinschaftstheorien, daß christliche Gemeinschaft in jedem geschichtlichen Augenblick Gemeinde Gottes ist ...“ (a.a.O., S. 207f.)

> „Es ist also nicht so, daß die Kirche ihren Raum über den Raum der Welt ausdehnen wollte oder müßte, sie begehrt nicht mehr Raum als sie braucht, um der Welt Zeugnis von Jesus Christus und von ihrer Versöhnung mit Gott durch ihn zu dienen. Die Kirche kann ihren eigenen Raum auch nur dadurch verteidigen, daß sie nicht um ihn, sondern um das Heil der Welt kämpft.“ (Ethik, 1949, S. 65f.)

Literatur:

D. Bonhoeffer, Sanctorum Communio, 1930 (Neuausgabe 1986).

2.3.7 Barth

Barth: christologische Begründung

Die christologische Vertiefung setzte sich in K. BARTHS „Kirchlicher Dogmatik“ fort. Barth variierte Bonhoeffers an Hegel anschließende Formel: Die Kirche ist „Jesu Christi eigene irdisch-geschichtliche Existenzform“ (KD IV, 1, S. 738; IV, 2, S. 739; IV, 3, S. 867).

Sie hört auf, Kirche zu sein, sie wird zur bloßen Religionsgesellschaft, wenn die lebendige Beziehung zwischen dem Haupt und den Gliedern abgebrochen ist, wenn das Leben der Kirche nicht mehr vom Haupt her gelenkt und erfüllt wird. Barth als Hauptverfasser der Barmer Thesen betont: Jesus Christus ist das *eine* Wort Gottes; dieses wird durch das Wort der Heiligen Schrift bezeugt und aufgrund dieses Zeugnisses hier und jetzt verkündigt. Diese Verkündigung wird durch die von Jesus Christus angeordneten Handlungen der Taufe und des Abendmahls besiegelt. Die Kirche ist die Gemeinschaft der begnadigten Sünder in der Welt, aber nicht von der Welt, der sie zu dienen hat. Die KD kennt in IV, 3, S. 991ff. zwei Reihen von Kennzeichen der Kirche:
- im *Sprechen:* Lob Gottes, Predigt, Unterricht, Evangelisation, Mission, Theologie;
- im *Handeln:* Gebet, Seelsorge, Vorbilder des Seins bzw. Tuns, Diakonie, prophetisches Handeln, Gemeinschaft (vgl. auch Abschnitt 3.2.1).

2.3.8 Brunner

Brunner: Die Kirche – ein Mißverständnis statt Institution: Personengemeinschaft

E. BRUNNER folgte trotz dialektischer Theologie eher einem Subjektivismus des 19. Jahrhunderts. Er sprach von der Kirche als von persönlicher, nicht (durch Institutionalisierung) objektivierbarer Christusgemeinschaft, die als Ekklesia des NT, nämlich als reine, unkultische und unsakramentale *Personengemeinschaft* (Das Mißverständnis der Kirche, 1951, S. 84) von der institutionalisierten Kirche abzuheben sei. In der Geschichte der Kirche sah er eine Abfallsbewegung von der Ekklesia zur Kirche.

Sohm: geistliche vs. äußere Gemeinschaft

In seinem Urteil über die Ferne der neutestamentlichen Kirche vom Recht irrte Brunner, wie das viele Studien (z.B. von E. KÄSEMANN zu Sätzen heiligen Rechts) beweisen. Er wiederholte damit die Unterscheidung des Kirchenrechtlers R. SOHM, der geistliche und äußerliche Kirche (die letzte unter staatlicher Verwaltung) unterschied.

2.3.9 Tillich

Tillich: Geistgemeinschaft

P. TILLICH knüpfte stärker an idealistische Traditionen des 19. Jahrhunderts an. In seiner „Systematischen Theologie“ ist der Begriff der „*Geistgemeinschaft*“ zentral. Deren Kennzeichen sind Glaube und Liebe, sie ist

> „die Gemeinschaft derer, die vom göttlichen Geist ergriffen und durch ihn in unzweideutiger, wenn auch fragmentarischer Weise bestimmt sind" (Systematische Theologie, Bd. 3, 1958-1966, S. 250).

Er unterscheidet zwischen manifester und latenter Geistgemeinschaft. Die Geistgemeinschaft ist *manifest*, wo es zur ausdrücklichen Begegnung mit Jesus Christus gekommen ist. Vor der zentralen Manifestation des Neuen Seins in Christus gab es also keine manifeste Geistgemeinschaft (a.a.O., Bd. 2, S. 129 ff.). *Latente* Geistgemeinschaft gibt es aber auch, wenn das ausdrückliche Bekenntnis zu Jesus Christus fehlt. Im übrigen ist die Gnade an keine endliche Form gebunden, ein positiver Bezug zur Profanität ist ihr offen (Auf der Grenze, 1964, S. 83f.). Gnade unter der Profanität könnte sogar in betont antichristlichen Gruppen wirken, etwa in politischen oder künstlerischen Gruppierungen. Der göttliche Geist ist „in aller Geschichte" gegenwärtig. Tillichs Nähe zu *kulturprotestantischen Traditionen* zeigt sich daran, daß er die Kirchen die Welt durchdringen und kritisch beurteilen läßt. Dennoch warnt er davor, daß die Kirche der Gefahr der Profanisierung des Geistes unterliege, wenn sie – wie schon in der frühen Kirche – das „Charisma" durch das „Amt" verdränge (Systematische Theologie, Bd. 3, 1958-1966, S. 134ff.; zur Institutionalisierung des Charismas in der Geschichte vgl. auch M. Weber, Wirtschaft und Gesellschaft, S. 140-147, 654-726).

Geistgemeinschaft und Kultur

2.3.10 Zweites Vaticanum

katholisch: corpus Christi mysticum

Die römisch-katholische Ekklesiologie hatte sich bis tief ins 20. Jh. vor allem mit der Idee des *mystischen Leibes Christi,* der Gabe übernatürlicher Gnade durch Vermittlung des Amtes und der hierarchischen Ordnung von Haupt und Gliedern beschäftigt. Diese Ekklesiologie wurde nicht aufgegeben, sondern im *2. Vaticanum* um eine weitere Gedankenreihe *erweitert.* In ihm fallen zwei Gesichtspunkte ins Gewicht:

- „Extra ecclesiam nulla salus" wird so verstanden, daß diejenigen, die in anderen Kirchen als der römisch-katholischen geboren bzw. getauft sind und in ihnen den Glauben an Christus erlangen, als zwar von der Trennung betroffen und doch als Brüder in der Verehrung Gottes und im

Dienst der Liebe betrachtet werden können (bzw. als „Menschen guten Willens"). Sie stehen in einer (wenn auch unvollkommenen) Gemeinschaft mit der römisch-katholischen Kirche. Das Konzil gestand das Wirken gewisser Gnadengaben auch außerhalb der sichtbaren Grenzen der römisch-katholischen Kirche zu, so u.a. des geschriebenen Wortes und des Heiligen Geistes (vgl. das sog. Ökumenismusdekret „Unitatis Redintegratio").

- Der zweite zentrale Aspekt der Ekklesiologie des Zweiten Vatikanums ist die sakramentale Kirchenauffassung: die Kirche ist *Grundsakrament,* Jesus Christus das *Ursakrament* (vgl. die dogmatische Konstitution über die Kirche „Lumen Gentium"). Hieraus leiten sich alle anderen Sakramente ab, aber auch die Heiligkeit der Kirche (samt ihrer heilsvermittelnden Funktion durch Weihegewalt, Jurisdiktionsgewalt und Lehrgewalt).

Kirche = Grundsakrament

Die Metapher *„Volk Gottes"* stellt die Gesamtgeschichte und den umfassenden Charakter der Kirche heraus; sie grenzt die Dominanz des organologisch-hierarchischen Denkens ein.

Literatur:
LThK², Bd. 12 (Ergänzungsband).

2.3.11 „Fries-Rahner-Plan"

Rahner und Fries zur Einigung der Kirchen

Einen aufsehenerregenden ekklesiologischen Vorstoß wagten anläßlich des Lutherjahres 1983 die beiden namhaften katholischen Theologen K. RAHNER und H. FRIES. Im sogenannten ‚Fries-Rahner-Plan' unterbreiteten sie in acht Thesen konkrete Vorschläge zur „Einigung der Kirchen". Das Hauptgewicht ihrer Erörterungen liegt dabei a) auf der Frage nach der gegenseitigen Anerkennung der Bekenntnistraditionen der jeweils anderen Konfessionen, sowie b) auf der schwierigen Ämterproblematik (inklusive Papstamt). Für den ersten Themenkomplex fordern sie als Glaubensgrundlage das verpflichtende Bekenntnis auf Schrift, Apostolicum und Nicaeno-Konstantinopolitanum (These I). Aufsehen erregt hat ihre These II: „In keiner Teilkirche darf dezidiert und bekenntnismäßig ein Satz verworfen werden, der in einer anderen Teilkirche ein verpflichtendes Dogma ist." Dieses Prinzip wurde von evangelischen wie katholischen Theologen als nivellierend abgelehnt, obwohl in der Ausführung der These bewußt darauf hingewiesen wird, daß hierunter nicht Bekenntnisaussagen fallen, die den ‚status confessionis' betreffen; diese seien bereits in den unter These I genannten Grunddoku-

menten des Glaubens verhandelt worden: Rahner und Fries teilen den Optimismus der Autoren der Dokumentation „Lehrverurteilungen-kirchentrennend?“, daß die Zeit des absoluten Dissenses in den zentralen Glaubensfragen abgelaufen ist.
In der Ämterfrage setzen sich die beiden Theologen für den Beibehalt des Papstamtes als „konkreten Garanten der Einheit der Kirche in Wahrheit und Liebe“ (These IVa) ein. Dieser Vorschlag kann evangelischerweise wohl nur so gewürdigt werden, daß er als kategorischer Imperativ an den Inhaber des Papstamtes verstanden wird, seiner in seinem Selbstverständnis fußenden Aufgabe, die Einheit der Kirche(n) zu verwirklichen, gerecht zu werden.

Literatur:
H. Fries / K. Rahner, Einigung der Kirchen – reale Möglichkeit, 1983. Mit einer Bilanz „Zustimmung und Kritik“ v. H. Fries, 1985.

2.4 Empirische Faktoren

Stabilität der Volkskirche?

Trotz der ekklesiologischen Vertiefung der letzten Jahrzehnte bleiben die Kirchen in ihrer Existenz angefochten, sind kirchliche Amtsträger alarmiert. In der BRD bejaht zwar der größere Teil der Bevölkerung grundsätzlich die Existenz von „so etwas wie einer Kirche“. Zur sog. Kerngemeinde zählen jedoch nur 1-10 % der Kirchenmitglieder. Die Mehrzahl der Mitglieder ist also als distanziert-volkskirchlich anzusehen (vgl. T. Rendtorff, Christentum außerhalb der Kirche, 1969). Die Kirche wird von vielen als Dienstleistungsbetrieb angesehen; bei Bedarf wird der Pfarrer um eine religiöse Handlung gebeten. Für viele Kirchenmitglieder repräsentiert er die Kirche. Zu deren gewünschten Aufgaben zählen in der Hauptsache die Seelsorge im Sinne persönlicher Zuwendung zum einzelnen Menschen, die Kasualdienste, karitative Diakonie und religiöse Erziehung („Vermittlung von Werten“).

Literatur:
Wie stabil ist die Kirche?, hg. v. H. Hild, 1974; Was wird aus der Kirche?, hg. v. J. Hanselmann 1984; Was glauben die Deutschen?, in: Der Spiegel 46 (1992) Nr. 25, S. 36-57; Fremde Heimat Kirche, hg. v. K. Engelhardt, 1997.

3 Problemorientierung

Angesichts der kirchlichen Realität, vor allem der „Mitglieder"-Verluste (schon im Begriff zeigt sich der mittlerweile auch kirchlicherseits verbreitete Mangel an theologischer Reflexion!) ist die Frage „Was ist die Kirche?" bzw. „Was wird aus der Kirche?" von zeitgemäßer Wichtigkeit. Daß die Einheit der Kirche oft gerade durch Uneinigkeit im Kirchenverständnis zerstört wurde, beweist, wie nahe die Ekklesiologie am Zentrum des christlichen Glaubens liegt.

3.1 Gewichtung des dogmatischen Problems II – anhand der verpflichtenden Bekenntnisse der Kirchen und der ökumenischen Bekenntnisbildung

3.1.1 Barmen

Im Blick auf die Kirche stellt die im wesentlichen von K. BARTH gestaltete *Barmer Theologische Erklärung* vom 31.5.1934 folgende Grundentscheidungen und Anstöße vor:

Sie konzentriert sich auf den Auftrag zum Zeugnis (These III) und zur Sendung (Kirche als besondere Gestalt der Herrschaft Christi in der Zwischenzeit bis zur Wiederkunft – These VI) und sucht ihren *Grund in Jesus Christus* (These I). So wehrt sie die mögliche Fremdbestimmung ab. Zugleich macht sie deutlich, daß sie mit dem Reich Gottes rechnet; sie richtet sich so gegen einen Absolutheitsanspruch eines Staates. In gleicher Weise wird die Auseinandersetzung von *wahrer Kirche und Scheinkirche* bestimmt (These V). Es handelt sich um konfessorische Aussagen, die in die Praxis der Gemeinden hinein entschlüsselt werden müssen: Soll die religiöse Bedürfnisbefriedigung nur kritisch aufgreifen oder als Vehikel zur Verkündigung Jesu Christi benutzen? Auch eine freie, nicht mehr volkskirchliche Gemeinde kennt Kern und Rand, ist von institutionellen Problemen betroffen, die Sorge um das notwendige Geld kann viel Zeit und Kraft absorbieren. In den Thesen III und IV verdeutlicht die Erklärung die Beziehung zwischen der Kirche Christi, die eine herrschaftsfreie *„Gemeinde von Brüdern"* ist (These III), und der Institution, die verschiedene *Ämter* ausgebildet hat (These IV). Das Recht der Kirche soll deshalb Ausdruck der Christusgemeinschaft sein (vgl. K. Barth, Recht-

Barmen III-VI

Christus = Grund

Kampf um die wahre Kirche

fertigung und Recht, 1938). Das Verhältnis von Sendung, Institution und Amt wird dauernder Arbeit bedürfen.

3.1.2 Welche Volkskirche können wir noch dogmatisch vertreten?

Volkskirche als Kirche
– durch,
– hin,
– für,
– als
– usw.
das Volk

Im Anschluß an W. HUBER lassen sich fünf verschiedene Weisen der Volkskirche unterscheiden, die auf ihre Weise die Katholizität im beschränkten Rahmen eines Volkes zur Geltung bringen wollen:

a) Kirche durch das Volk, frei, „bruderschaftlich" (Barmen III);
b) Kirche für das Volk, diakonisch, Kirche umfassender Versorgung (H. WICHERN);
c) Kirche hin zum Volk - im Sinne einer Sozialtheokratie;
d) Kirche als Volk bzw. Kirche eines Volkes (Nationalkirche) (A. VON HASE);
e) Kirche als Gesellschaftskirche (Funktion der Integration in die Gesellschaft) (T. RENDTORFF).

Die unter a) vermerkte Sicht entspricht wohl am deutlichsten den Kriterien des „Herausgerufenseins" (ἐκ- κλησία) sowie dem Gedanken des Leibes Christi.

Literatur:

W. Huber: Welche Volkskirche meinen wir?, in: Folgen christlicher Freiheit, 1984, S.131ff.

3.1.3 Anstöße aus der Ökumene

Ökumene: Ansätze der Kircheneinheit

Zwei Bewegungen schlossen sich 1948 zum Ökumenischen Rat der Kirchen zusammen. Deren eine blieb bis heute als eine besondere Abteilung bestehen; sie heißt gewiß nicht zufällig „Faith and Order" (deutsch: „Glaube und Kirchenverfassung"). Seit ihrem Beginn strebt die ökumenische Bewegung danach, eine von allen anerkannte Ekklesiologie zu erarbeiten, Lehrverurteilungen aufzuheben und die Kirchen auf allen Ebenen einander auch dogmatisch näher zu bringen. Zur Zeit richtet sich die verbreitetste Gestalt *ökumenischer Ekklesiologie* an der *Pneumatologie* aus. Allerdings sind die mit diesem Ansatz verbundenen Probleme noch nicht gelöst. Von P. TILLICHs Gedanken sind Ekklesiologien inspiriert, die so weit ausgreifen, daß sie die Definition eines christlichen Kirchenbegriffs unmöglich erscheinen lassen – und das manchmal bewußt. Andere – wie J. ZIZIOULAS (Being as Communion, 1985) – betonen die Sakramentstheologie als Grundlage der Einheit der Ortsgemeinden untereinander. Unter der Voraussetzung gemeinsamer und umfassender Anerkennung der Ämter scheint dieser Ansatz am ehesten neue Perspektiven zu eröffnen und auf eine gemeinsame Zukunft der Kirche hinzuarbeiten. Zwischen den *reformatorischen* Kirchen und der *römischen* Kirche steht latent die Frage, ob die Gnadenmittel der Kirche vorausgehen (weil Christus selbst sich durch Wort und Sakrament gibt und die Kirche „creatura verbi" ist) oder ob die Kirche ihnen als Ursakrament voranzustellen ist (und als Heilsanstalt anzusehen ist [römisch-katholische Ekklesiologie]).

Literatur zur Vertiefung:

W. Huber, Kirche, 1979; E. Hübner, Theologie und Empirie der Kirche, 1985; W. Härle, Dogmatik, 1995, S. 569-599; W. Joest, Dogmatik, 2 Bde., 1984-86, S. 521-564; Art. ‚Kirche' I-IX, in: TRE, Bd. 18 (1989), S. 198-344; Kirche als Gemeinde von Brüdern. Barmen III, hg. v. A. Burgsmüller, Bd. 2, 1981; U. Kühn, Kirche, 1980 (HSTh 10); W.-D. Marsch, Institution im Übergang, 1970; O. Weber, Grundlagen der Dogmatik II, 1962, S. 564-715.

Mögliche Klausurthemen:

1) Geist und Institution in der Kirche.
2) Welche zentralen Fragen unterscheiden eine römisch-katholische Auffassung von einer reformatorischen?
3) Die Bedeutung der Barmer Theologischen Erklärung für das Verständnis der Kirche.
4) Nehmen Sie Stellung zum Satz Cyprians: „Extra ecclesiam nulla salus."

Zur Zusammenfassung der wichtigen dogmatischen Fragestellungen und Themen im Bereich der Ekklesiologie folgt eine Übersicht, die allerdings nicht die theologiegeschichtliche Entwicklung in den Vordergrund stellt:

Themen der Ekklesiologie im Überblick

Neutestamentliche Bezüge	*Dogmatische Aussagen*	*Neuere Konzeptionen*
	GRUNDLAGE DER KIRCHE:	
• Sein in Christus, z.B. 2.Kor 5,17ff. • Christusleib: 1.Kor 12 usw.: paulinisch: **alle** Glieder, deuteropaulinisch: Haupt und Glieder (.B. Eph 5,22).	• Christus und sein Wort: Kirche ist ***creatura verbi*** (Reformatoren!) oder. • Jesus Christus beruft Petrus (Mt 16,18) (Konstitution 'De Ecclesia' des 2. Vaticanums: *principium et fundamentum unitatis fidei et communionis.*	BONHOEFFER: Christus als Gemeinde existierend; BARTH: Jesu Christi irdisch-geschichtliche Existenz form.
	VERHÄLTNIS VON GEIST UND INSTITUTION	
• Sein und Einheit im Geist des Herrn, z.B. 1.Kor 3,17.	• **Reformation**: *societas fidei et spiritus sancti in cordibus tamen habet externas notas* (BSLK 234f.). Solche *notae* sind nach CA VII: *evangelium, administratio sacramentorum.* • 19.-20. Jahrhundert: R. SOHM trennt Liebesgemeinschaft und Institution. • 20. Jahrhundert: Die **Barmer Theologische Erklärung** bezieht Recht und Ordnung der Kirche auf deren Sendung.	ELERT: Existenzwandel, derschaft; E. BRUNNER: Ekklesia als Persongemeinschaft vs. Kirche; O. WEBER: pneumatologischer Ansatz; KÄSEMANN: charismatische Gemeinde; 2. VATICANUM: Mysterium des Christusleibes.
	ESCHATOLOGISCHE AUSRICHTUNG	
• Israel Gottes, z.B. Gal 6,16; • Neuer Bund, z.B. 2.Kor 3,6ff. • wanderndes Gottesvolk (Hebr).	• **Wahre Kirche** und Scheinkirche (bis zum jüngsten Tag) ⇒ altprotestantisch: *ecclesia vera / falsa; ecclesia stricte dicta / synthetica.* • **Eschatologische** Qualifikation der Kirche: - Beziehung auf das Reich Gottes (AUGUSTIN: civitates-Lehre); - Unterscheidung Kirche ⇔ Welt; - Sendung in die Welt.	RAHNER: Die Kirche wird über ihre sichtbare Gestalt hinaus erweitert; sie schließt tendenziell alle Menschen als anonyme Christen ein. Das zweite Vaticanum korrigiert die statisch-hierachische Vision des *corpus Christi mysticum* durch das *Gottesvolk.*
	KIRCHE UND AMT	
• Überlieferungen von Aufbau und Leitung der ersten Gemeinde (z.B. Apg) (indirekt in der Fiktion der 12 Apostel).	• **Römisch-katholisch:** Ämtergefüge; • **Lutherisch:** Amt der Kirche begründet im Evangelium (Alternative im 19. Jahrhundert: Pfarramt unmittelbar von Christus her [VILMAR, LÖHE]; Pfarramt von der ganzen Kirche [Gemeinde] eingerichtet [HÖFLING, TH. HARNACK]); • **CALVIN, Genfer Kirchenordnung** 1561: 1. pasteurs, 2.docteurs, 3. seigneurs, 4. diacres.	Ökumenische Diskussion, z.B. das sogenannte Accra- oder das Lima-Papier.

Exkurs 18: Zum Verständnis des Amtes

Im Amtsverständnis überschneiden sich ekklesiologische und kirchenrechtliche Fragen besonders deutlich.

Hinweise zur Entwicklung des Amtsverständnisses finden sich in den vorangehenden Abschnitten. Die gegenwärtige Debatte wird besonders an *ökumenischen Dokumenten* deutlich (vgl. etwa die Äußerungen der Konferenzen von Accra und Lima). Folgende Topoi sind dabei zu berücksichtigen:

a) die *Wirklichkeit*, aus der das Amt hergeleitet wird: Gott als Geber des Amtes
  - Gott gibt sich den Menschen und sendet die Glaubenden in die Welt (missio Dei);
  - Gottes Geist realisiert Gottes Gegenwart in seiner Gemeinde, im Volk Gottes;
  - die Gemeinde hört Gottes Wort und weiß deshalb die Stimmen zu unterscheiden.

b) der *Auftrag* des Amtes: Auftrag
  - Verkündigung des Reiches Gottes, Zeugnis der Liebe Gottes;
  - Vermittlung der Gnadengaben durch Wort und Sakrament.

c) die *Begründung* des Amtes Begründung
  - im Amt der Apostel (?), (siehe die Apostolizität und die Frage der apostolischen Sukzession),
  - ihr folgend die Ordination
  - und die Einbettung des Amtes in das Priestertum aller Gläubigen.

d) *Formen* und *Träger* dieses Amtes: Formen und Träger
  - Bischöfe, Presbyter, Diakone usw.;
  - Männer, aber auch Frauen (vgl. die Diskussionen in Kirchen, die eine deutlichere Affinität zur Ostkirche und zur römischen Kirche suchen, z.B. der anglikanischen).

e) das Verhältnis von Amt und *Gemeinde* Amt und Gemeinde
  - als Verhältnis der Charismen,
  - innerhalb des Priestertums aller Gläubigen.

f) die gegenseitige *Anerkennung* zwischen den verschiedenen Kirchen. Anerkennung

Literatur:

J. Roloff u.a., Art. ‚Amt / Ämter / Amtsverständnis IV-VIII‘, in: TRE, Bd. 2, S. 533-622.

Die Kirche und die Gnadenmittel

Zur Einführung in das Folgende

Alternative:

Die **Gnadenmittel** tragen die Kirche	Die **Kirche** teilt die Gnadnemittel aus.
Die Kirche ist ***creatura verbi***, in ihr vergegenwärtigt sich Jesus Christus (durch Wort und Geist).	Die Kirche ist **Heilsanstalt** bzw. Ursakrament (röm.-kath.), ihr sakramentales Handeln vergegenwärtigt Jesus Christus.

Darin ist umstritten: Verhältnis von

WORT und SAKRAMENT

Einzelfragen:

1. Das **Wort Gottes** ist nach reformatorischer Auffassung das Definiens der Sakramente als
   - Gesetz*,
   - Evangelium (s.u. promissio).

   * Anm.: Gerichtscharakter kann das Wort im Sakrament nur annehmen, wenn der Unglaube den dargebotenen Leib des Herrn verkennt.

2. Das Verhältnis von **Wort und Sakrament** im allgemeinen:
   AUGUSTIN: accedit verbum ad elementum et fit sacramentum.
   LUTHER: accedat...

3. **Konfessionelle Besonderheiten:**
   - Römisch-katholisch: Heilsgnade *ex opere operato;*
   - Lutherisch: *promissio,* gebunden im Sakrament;
   - Reformiert: Sakrament als Siegel der Verheißung (ZWINGLI: Bekenntnis der Gemeinde).

4. Die **Zweizahl** ist im Befehl Jesu Christi begründet bzw. die **Siebenzahl** ist mit der Tradition geworden: Taufe, Eucharistie, Firmung, Buße, Ehe bzw. Priesterweihe, letzte Ölung.

5. **Taufe:**
   - Römisch-katholisch: Tilgung der Erbsünde.
   - LUTHER: Grundvollzug der Rechtfetigung.
   - CALVIN: Bestätigung der Erwählung.

6. **Abendmahl** (Stichworte):
   - Römisch-katholisch: *materia terrestris* und *materia coelestis, manducatio oralis,* Transsubstantiation, Konkomitanz (s.u.).
   - LUTHER: Konsubstantiation (in, mit und unter), Gegenwart des erhöhten Leibes.
   - ZWINGLI: "bedeutet"; CALVIN: Erhebung zum Erhöhten.

X. Die Gnadenmittel, insbesondere die Sakramente

Dieses Kapitel steht an einer problematischen Stelle. Ältere lutherische Dogmatiken rücken es näher an die Christologie: Christus wirkt durch sein Wort (als Gnadenmittel) die Rechtfertigung des Sünders. Im Zusammenhang dieses Repetitoriums ist aber die Frage nach der Gegenwart des in Christus begegnenden Gottes heute durch den Geist angesprochen worden. Dann ist zuerst die Gemeinde bzw. die Kirche und dann Gottes besonderes Handeln in ihr zu bedenken. Diese Abfolge ist in der reformierten Tradition deutlicher (vgl. etwa den Aufriß bei O. Weber, Dogmatik, Bd. 2, 1962, S. 260 ff.).

Stellung der Sakramentenlehre

Im Folgenden sind besonders zu beachten:

1. Die allmähliche Herausbildung eines *allgemeinen Sakramentsbegriffs*:

besondere Fragestellungen

- signum – res bei Augustin,
- Siebenzahl bei Petrus Lombardus,
- worthafter Sakramentsrealismus bei M. Luther,
- Bundes- und Siegelgedanke bei J. Calvin,
- Symbolgedanke bei P. Tillich,
- „rites de passage“ als religionspsychologische Gegebenheit.

2. Biblische Motive, die sowohl bei der Taufe wie beim Abendmahl hervortreten:

biblische Motive

- die eschatologische Komponente, die vielfach in der Geschichte der Kirche verdrängt wurde,
- die Bedeutung für die gemeindliche Praxis,
- die Verbindung mit der endzeitlichen Geistgabe,
- die Vereinigung mit dem gekreuzigten und auferstandenen Christus sowie
- der erneuerte Mensch und die Einheit der Gemeinde *in* einem Christus.

3. Die Verbindung der Gnadengabe mit Amt und Institution der Kirche.

Das Kapitel XI vereint folgende drei Gesichtspunkte, die es jeweils durch Großbuchstaben kenntlich macht:

- [S] Sakrament im allgemeinen,
- [T] Taufe,
- [A] Abendmahl.

1. Bestimmung und Präzisierung des Problems

1.1 Problemzusammenhang

1.1.1 Bekenntnisse der Kirche

[S]:
– *CA XIII* stellt fest:

Sakramentnach der CA: signum, testimonium

„Vom Brauch der Sakrament wird gelehrt, daß die Sakrament eingesetzt sind nicht allein darum, daß sie Zeichen seien, dabei man äußerlich die Christen kennen muge, sondern daß es Zeichen und Zeugnus seien gottlichs Willens gegen uns (signa et testimonia voluntatis Dei erga nos), unseren Glauben dadurch zu erwecken und zu stärken ..." (BSLK, S. 68)

– Die *Apologie* hält ihre Wirksamkeit fest, auch wenn sie durch schlechte (heuchlerische) Amtsdiener „gereicht" werden (AC VIII, BSLK, S. 246).
– Die *reformierte Lehre* unterscheidet deutlicher zwischen „äußerlich" und „innerlich":

reformiert: äußerlich vs. innerlich

„Lehrer: Was ist ein Sakrament?
Schüler: Eine äußere Bezeugung der göttlichen Gnade gegen uns, welche unter einem sichtbaren Zeichen geistliche Gnaden abbildet (französisch: represente), um unserm Herzen die Verheißungen Gottes zu versiegeln, auf daß ihre Wahrheit desto besser bekräftigt werde." (Genfer Katechismus 1545, 310, zitiert nach Bekenntnisschriften, hg. v. W. Niesel, 1945, S. 35)

– Vgl. ferner: *Barmen VI.*

[T]:
– Das *Nicaenum* greift die Taufe an seinem Ende auf:

„Confiteor unum baptisma in remissionem peccatorum..." (BSLK, S. 27).

– Vgl. in den *lutherischen Bekenntnisschriften* AC IX (BSLK, S. 246f. [die Heilsverheißung gilt auch den Kindern]); Art.Smalc. (BSLK, S. 449f. [Gottes Wort im Wasser]); Kleiner Katechismus (BSLK, S. 515-517: [„...Wasser, in Gottes Gebot gefasset und mit Gottes Wort verbunden“]); Großer Katechismus (a.a.O., S. 691-707); dagegen findet sich kein eigenständiger Abschnitt in der FC. Taufe = Wort und Wasser (Luther)

– Der *Heidelberger Katechismus* behandelt die Taufe in den Fragen 69-74 (äußerliches Wasserbad und Abwaschung der Sünden).

– Der *Genfer Katechismus* sagt deutlich: Heidelberger und Genfer Katechismus: Abwaschung der Sünden

„Lehrer: ... Was ist die Bedeutung (significatio) der Taufe?
Schüler: Diese Bedeutung hat zwei Stücke. Denn da wird die Vergebung der Sünden und ferner die geistliche Wiedergeburt abgebildet [figuratur] ...“ (Genfer Katechismus 1545, 324, zitiert nach Niesel, a.a.O., S. 36)

[A]:

– *CA X* sagt: CA X zum Abendmahl: Leib und Blut wahrhaftig gegenwärtig

„Von dem Abendmahl des Herren wird also gelehrt, daß wahrer Leib und Blut Christi wahrhaftiglich unter der Gestalt des Brots und Weins im Abendmahl gegenwärtig sei ...“ (BSLK, S. 64f.)

– *AC X* präzisiert:

„... quod in coena Domini vere et substantialiter adsint corpus et sanguis Christi et vere exhibeantur cum illis rebus, quae videntur, pane et vino, his qui sacramentum accipiunt.“ (... daß im Mahl des Herrn wahrhaft und ihrem Sein nach Leib und Blut Christi gegenwärtig sind und jenen, die das Sakrament annehmen, mit den sichtbaren Dingen, Brot und Wein, dargereicht werden.) (BSLK, S. 247f.)

– Vgl. auch Art.Smalc. (BLSK, S. 450-452 [das Abendmahl werde auch von bösen Christen empfangen]); Kleiner Katechismus (BSLK, S. 519-521[„...der wahre Leib und Blut unsers Herrn Jesu Christi, unter dem Brot und Wein uns Christen zu essen und zu trinken von Christo selb eingesetzt“]); Großer Katechismus (BSLK, S. 707-725, [„...*in und unter* Art.Smalc.: Empfang auch der Unwürdigen

dem Brot und Wein durch Christus' Wort uns Christen befohlen zu essen und zu trinken"]); FC SD VII (BSLK, S. 970-1016).

– *FC Epitome VII* (BSLK, S. 796-803) formuliert:

FC: übernatürliche Vereinigung

„Wir glauben, lehren und bekennen, daß der Leib und Blut Christi nicht allein geistlich, sonder auch mündlich ... auf ... übernatürliche, himmlische Weise um der sakramentlichen Voreinigung willen mit dem Brot und Wein empfangen werde ..." (BSLK, S. 799)

– Der *Heidelberger Katechismus* (Fr. 75-85) stellt fest:

Heidelberger Katechismus: zeitliche Nahrung – ewige Nahrung

„Christus ... will lehren, daß gleichwie Brot und Wein das zeitliche Leben erhalten, also sei auch sein gekreuzigter Leib und vergossenes Blut die wahre Speise und Trank unserer Seelen zum ewigen Leben ..." (zitiert nach Niesel, a.a.O., S. 168)

– Der *Genfer Katechismus* fragt:

Genfer Katechismus: Blick zum Himmel zu Christus

„Lehrer: Mithin wähnst du nicht, daß der Leib im Brot, das Blut im Kelche eingeschlossen sei? Schüler: Keineswegs. Ja, vielmehr, ich meine so: wir müssen, um die Wahrheit der Zeichen zu ergreifen, den Sinn gen Himmel richten, wo Christus ist, und woher wir ihn als Richter und Erlöser erwarten ..." (Fr. 355, zitiert nach Niesel, a.a.O., S. 40)

1.3 Aktuelle Formulierung des Problems

Kern: Zueignung des Heils

Der Lehre von den *Gnadenmitteln* geht es um die besondere Zuwendung des Wortes Gottes durch die Predigt und die Sakramente. Der Lehre von den *Sakramenten* geht es um die *Zueignung des göttlichen Heils für die Menschen.* Geschieht das nur geistig-zeichenhaft oder auch sinnlich-anschaubar und in welcher Form? Geschieht es nur für die Gläubigen?

2. Problembearbeitung

2.1. Biblischer Hintergrund

Gottes Zuwendung zum Menschen ist nach der Heiligen Schrift nicht auf das Wort beschränkt, sondern geschieht auch durch Geschichtstaten und Rechtsetzen, Aufrichten seines Bundes, Zeichenhandlungen derer, die ihn verkündigen, vor allem aber durch das Sein und Wirken Jesu Christi. Zwei besondere Handlungen, die Taufe und das Abendmahl, sollen hier im Vordergrund stehen: Das reformatorische Verständnis des *Wortes,* zumal dasjenige Luthers, ist aber so weit gefaßt, daß es sowohl das gepredigte wie das durch Sakramente verleiblichte bzw. versinnlichte Wort einschließt.

Kriterium: das „Wort"

2.1.1 Altes Testament

Die alttestamentliche Tradition spielt vor allem bei den Reformierten eine Rolle, weil sie den Gedanken des Bundes fortsetzt und in ihm auch die Sakramente verstehen möchte:

AT: Präfigurationen in der Beschneidung und im Passah

[T] Nur unter dem Gesichtspunkt der Aufnahme in einen Bund mit Gott kann die Taufe mit der *Beschneidung* verglichen werden. In Ex 12,43ff. und Jos 5,2ff. gibt es eine Tradition, die herausstellt, daß die Beschneidung Voraussetzung zur Teilnahme am Passahmahl ist. Zur rituellen *Reinigung mit Wasser* vgl. Num 19.

[A] Mit einiger Wahrscheinlichkeit hängt das Abendmahl mit der Tradition des *Passahmahls* (Ex 12) zusammen. Neben diesem gibt es als weitere gottesdienstliche Mahlfeiern noch das Bundesmahl (u.a. Gen 31,51ff.) und Opfermahlzeiten (Essen vor JHWH, z.B. Ex 18,12).

2.1.2 Neues Testament

[T]:

- In den *synoptischen Evangelien* wird die Taufe Jesu in Mk 1,9-11 parr. erzählt. Der Befehl Jesu, alle Völker zu taufen, ist Gemeindebildung, denn er zeigt eine triadische Form (Mt 28,19) oder gehört zum sekundären Schluß des Markusevangeliums (Mk 16,15).

NT: Taufe Jesu

- In der *Apostelgeschichte* geschieht die Taufe im Namen Jesu (Apg 2,38). Immer besteht ein *Zusammenhang zwischen dem Hören des*

Taufpraxis der Urgemeinde

Wortes Gottes, dem Glauben, dem Heiligen Geist und der Taufe (z.B. 8,26-40 [der Kämmerer aus Äthiopien]; 9; 10-19 [Taufe des Paulus]; 16,30-34; 18,8).

Tauftradition nach Joh

– Das *Johannesevangelium* hebt bei der Erzählung der Taufe Jesu (1,29-34) hervor, daß die *Geisttaufe durch Jesus die Wassertaufe durch Johannes überbietet.* Ein Taufbefehl findet sich dort nicht; aber nach Joh 3,22.26 hat Jesus auch getauft (dagegen Joh. 4,2).

Tauftradition nach Paulus

– Nach *Paulus* werden die Täuflinge mit dem *Tod Christi* in Verbindung gebracht, haben sie Anteil an seinem Begräbnis und – vorläufig nur in Hoffnung – an seiner Auferstehung; so vollziehen sie eine Kehrtwendung zum neuen Leben (Röm 6, 1-11 [durch die Taufe auf seinen Tod mit ihm begraben; Hoffnung, mit ihm auferweckt zu werden]) und ziehen Christus an (Gal 3,27). Sie empfangen den Heiligen Geist (1.Kor 12,13 [... ἐν ἑνὶ πνεύματι ... εἰς ἓν σῶμα ἐβαπτίσθημεν]); was Menschen trennt, wird überwunden:

ὅσοι γὰρ εἰς Χριστὸν ἐβαπτίσθητε, Χριστὸν ἐνεδύσασθε.
οὐκ ἔνι Ἰουδαῖος οὐδὲ Ἕλλην,
οὐκ ἔνι δοῦλος οὐδὲ ἐλεύθερος,
οὐκ ἔνι ἄρσεν καὶ θῆλυ,
πάντες γὰρ ὑμεῖς εἷς ἐστε ἐν Χριστῷ.
(Gal 3,27f.)

– In der Urchristenheit läßt sich folgender *Ritus* vermuten: Unterricht, Glaubensbekenntnis, Tauchbad, Tauffragen, Taufformel.

[A]:

Abendmahl = Herrenmahl

Die älteste Bezeichnung ist vermutlich κυριακὸν δεῖπνον. Der Begriff εὐχαριστία taucht erst später auf (vgl. Didache 9,1.5). (Im NT steht er nur in 1.Kor 10,16 als Variante einer Prädikation des Kelchs.)

Abendmahl und Passah: Kultmahl der hellenistischen Gemeinde?

In den *synoptischen Evangelien* (Mk 14,12-25 parr) wird das Abendmahl im Zusammenhang mit dem Passahfest eingeführt. Ob es allerdings als solches Festmahl gehalten worden ist, bleibt umstritten:

– H. LIETZMANN (Messe und Herrenmahl, 1926) verweist darauf, daß wir es zunächst mit zwei voneinander unabhängigen Überlieferungssträngen zu tun haben – einem hellenistischen Kultmahl, bezogen auf Jesu Sterben (1.Kor 11,26), und einem Jerusalemer Freudenmahl, das die Mahlgemeinschaft mit Jesus fortsetzte.

- Als Passahmahl sieht es J. JEREMIAS (Die Abendmahlsworte Jesu, [4]1958, S. 285). Erst das Herrenmahl der hellenistischen Urchristenheit wird – Mysterienkulten analog – auf den κύριος als Stifter zurückgeführt (1.Kor 11,23-25 hingegen bringe zum richtigen Verständnis zurück).
- *Johannes* läßt das letzte Mahl Jesu *vor* dem Passahfest stattfinden (am Tag der Schlachtung der Passahlämmer). Einsetzungsworte finden sich nicht. Allerdings ist die Brotrede Joh 6,22ff. zu beachten: Ewiges Leben wird dem verheißen, der Jesu Fleisch ißt und sein Blut trinkt (V. 52ff.). Eine kultische Handlung ist hingegen die Fußwaschung (Joh 13,1-20).

Johannes: Letztes Mahl Jesu vor dem Passah

- *Paulus* beruft sich ausdrücklich auf eine Überlieferung (1.Kor 11,23). Dabei geht es ihm offensichtlich nicht nur um ein Gedächtnis-, sondern auch um ein Gemeinschaftsmahl (1.Kor 11,21f., 24f.). Wenn an eine Realpräsenz Jesu Christi zu denken ist, dann nur im Zusammenhang mit dem Leib der Gemeinde (1.Kor 10,17).

Paulus: Leib Christi – Leib der Gemeinde

Paulus (1.Kor 11, 23-25) und Lukas (Lk 22, 14-20) scheinen auf eine gemeinsame Tradition zurückzugehen („neuer Bund im Blut"), Markus (Mk 14, 17-25) und Matthäus (Mt 26, 20-29) auf eine andere („für viele vergossenes Blut"). Die Gedanken des Bundes und der Hingabe unterstreichen eine Bindung an alttestamentliche Verheißungen, zugleich aber den eschatologischen Charakter: Sie sind „Geschehensereignisse der Reich-Gottes-Botschaft" (H. MERKLEIN).

zwei Traditionen hinter den Texten?

2.2 Historischer Hintergrund

2.2.1 Alte Kirche und Mittelalter

[S]:

Die Taufe wird für die Kirche so überaus wichtig, weil sie in die Kirche eingliedert und Rechtsfolgen hat. Das Abendmahl (bzw. die *Eucharistie,* denn dieser Begriff gewinnt allmählich die Oberhand) wird zur Mitte des christlichen Gottesdienstes; von ihm her versteht sich die Gemeinde wie das besondere Amt in ihr.

Begriff der Eucharistie

[T]:

TERTULLIAN: Die Taufgnade stellt die Gottesebenbildlichkeit wieder her; man soll sie sich verdienen und nach der Taufe für vorher begangene Sün-

Tertullian: Taufaufschub wegen drohenden Verlusts der Taufgnade

den Buße tun. Da die *Taufgnade einmalig* ist, kann sie bei Verlust durch Sünden nur durch Beten, Fasten, Almosen und gute Werke wiedergewonnen werden. Auch den bei der Taufe empfangenen Heiligen Geist verliert man bei Sünde wieder (aufgrund dieser Lehre entwickelte sich das Bußsakrament und die Sitte des *Taufaufschubs,* die bis ins 4. Jh. bestand). Tertullian lehnt die *Kindertaufe* ab; jedoch kam sie zu seiner Zeit langsam auf. Erstmals werden für sie auch Taufpaten bezeugt (vgl. Tertullian: De baptismo).

Origenes: Reinigung durch den Logos

ORIGENES: Die Taufe ist σύμβολον der vollkommenen Reinigung durch den Logos. Der Grad der Reinigung hängt vom Empfänger ab (Joh.-Komm. VI, 33). Die Taufe ist Inkorporation in Christus (vgl. Paulus). Die *Kindertaufe* befürwortet er, weil er die präexistente Seele als durch Zeugung und Geburt befleckt ansieht.

Cyprian: Glaube von Spender und Empfänger

CYPRIAN: Für die Taufe ist der *Glaube* des Spenders und des Empfängers *notwendig.* Sie ist nur in der Kirche wirksam. Im *Ketzertaufstreit* (255-257) vertrat STEPHAN I., Bischof von Rom, eine andere Position im Hinblick auf die Gültigkeit der Taufe, die von Häretikern gespendet wird.

Pelagius: Kindertaufe nicht notwendig

PELAGIUS: *Kleine Kinder* können, müssen aber nicht getauft werden, weil sie *keine Sünde* haben. Sollten sie sterben, gewinnen sie auch ohne die Taufe ewiges Leben.

AUGUSTIN war der erste, der eine Definition des Sakramentsbegriffs gegeben hat:

Augustin: verbum accedit ad elementum

> „... accedit verbum ad elementum et fit sacramentum, etiam ipsum tamquam *visibile verbum.*" (Dadurch, daß das Wort zum Element hinzukommt, entsteht ein Sakrament, nämlich das sichtbare Wort.) (In Jo.Ev. 80,3).

signum et res

Er *unterscheidet* beim Sakrament *Zeichen* (signum) *und Sache* (res) und versteht die Sakramente (im neuplatonisch-realistischen Sinne) *symbolisch,* als Abbild letzter, geistlicher Wirklichkeit. Ferner unterscheidet er zwischen *Gebrauch und Wirkung* eines Sakraments.

keine Wiedertaufe

Die Taufe kann auch ohne Glauben und außerhalb der Kirche vollzogen werden. *Heilswirkung* hat sie aber nur, wenn man sie gläubig *im Namen der Trinität in der Kirche* empfängt; die Taufe mit der trinitarischen Formel durch einen Häretiker hat erst Heilswirkung, wenn man zur katholischen Kirche übertritt. Augustin lehnt deshalb die *Wiedertaufe* eines Konvertiten ab. Die Wirkung hängt also nicht von der Würdigkeit und Heiligkeit des Spenders ab, wie die *Donatisten* lehrten (Donatismusstreit), sondern vom Glauben der Empfänger (De baptismo III, 15, 20). Die *Taufe* versöhnt mit Gott durch Tilgung der Schuld und Sünde kraft der Eingießung der Liebe durch den Geist und der Eingliederung in die Kirche. Nach der Taufe ist der Mensch aber nicht völlig sündlos, denn er ist, solange er lebt, der Sünde verfallen. Weil die *Taufe heilsnotwendig* ist, müssen *Säuglinge* getauft werden; den Glauben bekennt stellvertretend die Kirche und nicht nur Eltern und Paten.

Glaube des Empfängers entscheidend

Im *5.-6. Jh.* setzt sich die *Kindertaufe* durch, weil nach allgemeiner Ansicht Ungetaufte nach Joh 3,5 nicht in das Reich Gottes kommen. Die mittelalterliche Lehre von der Taufe der Kinder zeigt zwei Tendenzen:

Kindertaufe

a) Die Taufe der Kinder wirkt nur die Sündenvergebung (PETRUS LOMBARDUS).
b) Sie wirkt die Sündenvergebung und gibt den Heiligen Geist (THOMAS VON AQUIN).

In Vienne 1311 neigte man zur zweiten Position als der „opinio probabilior“: „virtutes et gratia informans quoad habitum, non pro illo tempore quoad usum“. (Tugenden und formierende Gnade im Blick auf einen Habitus, aber im gegebenen Zeitpunkt nicht zum Gebrauch).

Die *Taufgnade* macht nach Thomas den Täufling Gott wohlgefällig und zu allen Tugenden fähig *(habitus virtutum).* Sie rüstet den Menschen zu eigenem Streben nach dem Heil aus und läßt ihn gut sein und Gutes tun. *Die übrigen Sakramente erneuern und erweitern die Taufgnade nur.* Thomas unterscheidet bei den Sakramenten *Materie* (z.B. Wasser) und *Form* (Formel) (Einfluß des Aristotelismus) (STh III qq 66-71).

Literatur:

W.-D. Hauschild, Lehrbuch der Kirchen- und Dogmengeschichte, Bd. 1, 1996, S. 89-98, 76-583.

[A]:

IGNATIUS VON ANTIOCHIEN: Die Eucharistie ist Fleisch Christi und Arznei der Unsterblichkeit (φάρμακον ἀθανασίας [IgnEph 20,29]).

Ignatius: Unsterblichkeitsmedizin

Justin, Irenäus: Elemente als Opfer

JUSTIN und IRENÄUS: Für beide ist das Abendmahl keine gewöhnliche Speise, sondern *Leib und Blut Christi.* Justin (Dial. 41, 1-3) vergleicht die Verwandlung des Brots bzw. des Weins mit der Fleischwerdung des Logos. Beide sind der Ansicht, daß die *Elemente Gott als Opfer dargebracht* werden. Dies kann nur durch den Priester geschehen. Ihre *Abendmahlsauffassung* kann als *realistisch* bezeichnet werden (dasselbe gilt für AMBROSIUS).

Augustin: signum et res = Realsymbol

AUGUSTIN: In seiner Abendmahlslehre kommt – wie in der Tauflehre – ein symbolisches Verständnis zum Tragen. Er sieht in Brot und Wein *„Zeichen“*[signa] *für den Leib Christi* (im Sinne von Realsymbolen). Auch unterscheidet er das Sakrament von der Wirkung des Sakraments (Tract. in Joh 26). Zur *Wirkung* gehören 1. das Bleiben in Christus und 2. die Verbundenheit mit der Kirche. Im Gegensatz zur Taufe verleiht das Abendmahl *keinen „character“* (aufgeprägte und unverlierbare Qualifikation). Es kann gültig nur in der Kirche empfangen werden, sonst ißt man es sich zum Gericht. Das Abendmahl wiederholt zwar nicht das Opfer Christi am Kreuz, aber es bleibt ein *Opfer, bestimmt zum Gedächtnis an Christi einmalige Tat.*

In der *germanischen Welt* verstand man die Realität im Abbild nicht, sondern sah in ihnen „nur“ Bilder. Deshalb kam es zu Streitigkeiten:

erster Abendmahlsstreit: Symbolismus vs. Realismus (Radbertus, Ratramnus)

– *9. Jh. (erster Abendmahlsstreit):* Die Theologie orientierte sich zunächst an der *symbolischen* Auffassung Augustins, die kirchliche Praxis dagegen am *Realismus,* der durch den Opfergedanken und Wunderglauben verstärkt wurde. Bald glaubte man allgemein an eine Wandlung der Elemente durch die priesterliche Konsekration. Hierauf konzentrierte sich PASCHASIUS RADBERTUS: Die Wandlung von Brot und Wein in den irdischen Leib Christi sei ein Schöpfungsakt, der durch die Einsetzungsworte von Gott vollbracht werde. Sein Gegner, RATRAMNUS, vertrat hingegen die Auffassung, daß *Brot und Wein mystisch und sakramental Leib und Blut Christi* würden. Unter der Hülle von Brot und Wein verbürgen sich Christi geistlicher Leib und geistliches Blut. Die realistische Auffassung des Radbertus gewann allgemeine Anerkennung.

zweiter Abendmahlsstreit: Symbolismus gegen Christozentrik (Berengar, Lanfranc)

– *11. Jh. (zweiter Abendmahlsstreit):* BERENGAR vertrat einen *antirealistischen Symbolismus.* Er lehrte, daß die Heilskraft des Todes Christi und seine geistliche Gegenwart vom Himmel her zu den Elementen hinzutrete. Er kritisierte die Wandlungslehre des Radbertus als vernunftwidrig. 1050 wurde seine Lehre verdammt. Seine Gegner waren LANFRANC und Kardinal HUMBERT, dessen *Christozentrik* sich in der Abendmahlslehre durchgesetzt hat; sie ist darin begründet, daß allein Christus für uns gestorben ist.

Ergebnis des zweiten Abendmahlsstreites war: Die *Wandlungslehre* setzt sich zunächst ohne den Begriff der *Transsubstantiation* durch (Die Transsubstantiationslehre wird im 4. Laterankonzil 1215 dogmatisiert, Konsubstantiations- und Annihilationslehre ausgeschieden [DS 802]). Christus soll in jeder Hostie gegenwärtig sein; die Ubiquitätslehre ermöglicht die Anbetung der Hostie außerhalb der Feier des Abendmahls. Alle, auch Ungläubige, empfangen Leib und Blut Christi. Der *Opfercharakter* des Abendmahls verstärkt sich.

Transsubstantiation

Opfercharakter

‚*Transsubstantiation*' besagt, daß sich die Substanz hinter den sinnfälligen Akzidentien wandelt: Was äußerlich wie Brot aussieht und schmeckt, ist in sich und wesenhaft der Leib Christi.

Substanz und Akzidentien

PETRUS LOMBARDUS: Ein Sakrament ist das wirksame Zeichen und die Gestalt der unsichtbaren Gnade Gottes. Er legte die *Zahl der Sakramente auf sieben* (Taufe, Firmung, Abendmahl, Buße, letzte Ölung, Priesterweihe, Ehe) fest. Die Zahl und jeweilige Eigenart wurden auf dem Konzil zu Florenz 1439 bestätigt. Allgemein wurde gelehrt, daß die *Sakramente heilsnotwendig* seien und durch ihren bloßen Vollzug (*ex opere operato)* wirkten, sofern sie einsetzungsgemäß vollzogen würden und der Empfänger keine Todsünde begangen habe. Um des ‚ex opere operato' willen seien die Sakramente ontisch an die Priesterweihe gebunden.

Lombardus: Siebenzahl der Sakramente

Sakramente heilsnotwendig, Heilswirkung ex opere operato

Die spätmittelalterliche *Lehre von der Konkomitanz* (der Verbindung von Leib und Blut) rechtfertigte die Kelchentziehung (vgl. Thomas von Aquin, STh III, q 76 a 2).

Konkomitanz

2.2.2 Reformatorische Tradition

Die priesterliche Gnadenadministration und vor allem der Kelchentzug bereiteten den Reformatoren die größten Schwierigkeiten. Wie kann in den Sakramenten Gottes rechtfertigendes Wort zum Ausdruck kommen?

[S] Für M. LUTHER gehört zum Sakrament sowohl das *Element* als auch besonders das *Wort,* d.h. die Einsetzung durch Christus. Er fand dies nur bei Taufe und Abendmahl (anfangs gehörten für ihn auch Beichte bzw. Buße dazu). Die Sakramente „enthalten" nicht die Gnade Gottes, sondern sie haben eine *Verheißung* (z.B. De captivitate Babylonica, WA 6, 531ff.);

Luther: Wort und Element

Verheißung der Gnade

dieser kann nur der Glaube entsprechen; es genügt nicht, daß wir dem Sakrament keinen Widerstand entgegensetzen. Damit steht Luthers Auffassung zwischen einem Sakramentsrealismus der römischen Tradition und einer gewissen Vergleichgültigung durch die Schwärmer.

leibliche Zeichen

> „So nu Gott seyn heyliges Euangelion hat auslassen gehen, handelt er mit uns auff zweyerley weyse. Eyn mal eusserlich, das ander Mal ynnerlich. Eusserlich handelt er mit uns durchs mündliche wort des Euangelii und durch leypliche zeychen, alls do ist Tauffe und Sacrament. Ynnerlich handelt er mit uns durch den heyligen geyst und glauben sampt andern gaben." (Wider die himmlischen Propheten, 2. Teil, 1525, WA 18, S. 136)

Gott selbst der Täufer

[T] LUTHER lehrt im *Großen Katechismus,* daß die *Taufe nach Gottes Gebot und in Gottes Namen erfolge*, ja, Gott selbst taufe. Das Wasser, „in Gottes Wort und Gepot gefasset" (BSLK, S. 693), sei nicht „äußerlich Ding" (a.a.O., S. 692). Die Taufe bewirke die Aufnahme in die Christenheit und mache selig.

Taufe vollendet Rechtfertigung

> „Significat itaque baptismus duo, mortem et resurrectionem, hoc est, plenariam consumatamque iustificationem." (Daher bedeutet die Taufe zweierlei: Tod und Auferstehung, das heißt, völlige und vollendete Rechtfertigung.) (De captivitate Babylonica, 1520, WA 6, S. 534)

Wort und Element – Verheißung

In der Taufe sind Wort und Wasser untrennbar, das jedoch aufgrund göttlicher Verheißung und nicht menschlichen Tuns (deshalb formuliert Luther in der Form des Konjunktiv:

> „Acced*at* verbum ad elementum et fit sacramentum." (BSLK, S. 694)

Zum Verhältnis von Glaube und Taufe schreibt er:

> „... der Glaube macht die Person allein wirdig das heilsame, göttliche Wasser nützlich zu empfahen" (BSLK, S. 697). „... wenn das Wort bei dem Wasser ist, so ist die Taufe recht, obschon der Glaube nicht dazu kömmpt ..." (a.a.O., S. 701)

Von der *Kindertaufe* lehrt Luther in den Schmalkaldischen Artikeln

Luther zur Kindertaufe

„... daß man die Kinder taufen solle; denn sie gehoren auch zu der verheißenen Erlosung, durch Christum geschehen, ...“ (a.a.O., S. 450)

Er tritt für die Kindertaufe ein, weil er das Handeln *Gottes* in der Taufe betont. Die Säuglingstaufe geschieht auf das Wort hin in Hoffnung auf den zukünftigen Glauben.

Die Verheißung Gottes schließt auch einen lebenslangen Verwandlungsprozeß mit ein; vgl. auch den Kleinen Katechismus:

Taufe lebenslang

„Es bedeut, daß der alte Adam in uns durch tägliche Reu und Buße soll ersäuft werden ...“ (BSLK, S. 516)

P. MELANCHTHON hebt wie Luther hervor, daß die Taufe (die er für heilsnotwendig hält) den Menschen der Verheißung Gottes teilhaftig macht, weshalb auch er die Kindertaufe befürwortet.

Melanchthon: Taufe heilsnotwendig

H. ZWINGLI kann sich nicht vorstellen, daß sich der geistig verstandene Gott mit dem Taufwasser verbindet. Die *Taufe* ist für ihn ein *Zeichen,* das zum Leben nach Christi Geboten verpflichtet. Deshalb sollte man nur die taufen, die das verstehen können; d.h., frühestens heranwachsende Kinder, die im Glauben unterrichtet worden sind, können getauft werden. (Es besteht eine *necessitas praecepti,* keine *necessitas absoluta;* deshalb ist auch keine Nottaufe erforderlich.) Erst in der Auseinandersetzung mit den Täufern ist Zwingli entschieden für die Säuglingstaufe eingetreten.

Zwingli: necessitas praecepti

Für J. CALVIN ist die *Taufe ein Siegel und Unterpfand für den Gnadenempfang,* der aber nicht an die Taufe gebunden sein muß. Sie vergewissert der Vergebung und dokumentiert unsere Wiedergeburt (Genfer Katechismus, Fr. 324; Heidelberger Katechismus, Fr. 70 und 73). Deshalb ist die Taufe auch nicht *heilsnotwendig* (es besteht eine necessitas praecepti, keine necessitas absoluta), Kinder gehören dem Gnadenbund ohnehin durch ihre christlichen Eltern an; deshalb ist keine Nottaufe erforderlich.

Calvin: Siegel und Unterpfand der Gnade

Die *Täufer* (z.B. K. GREBEL) denken viel stärker vom einzelnen, selbstverantwortlichen Subjekt her. Die Taufe setzt Unterricht, Glauben, Wiedergeburt und den Entschluß, ein christliches Leben zu führen, voraus. Auf diese Weise wollen auch sie das sola fide betonen. Die Taufe ist ein Zeichen, mit dem der Täufling seinen Glauben bekundet, die Gemeinde seinen Gna-

Täufer: Kindertaufe schriftwidrig

denstand bekräftigt und ihn aufnimmt. Die *Säuglingstaufe* wird als *schriftwidrig* abgelehnt.

Luther: Abendmahl

[A] M. LUTHER betont, daß Christus selbst das Abendmahl eingesetzt habe und es Christus nach seiner menschlichen Natur vergegenwärtige.

der „wahre Leib..."

> „Es ist der wahre Leib und Blut des HERRN Christi, in und unter dem Brot und Wein durch Christus' Wort uns Christen befohlen zu essen und zu trinken." (BSLK, S. 709)

Wort und Element aufgrund der Zusage Christi verbunden

Wie in der Taufe Wasser und Wort *zusammengehören,* so im Abendmahl *Brot, Wein und Wort* (auch hier gilt: „Accedat verbum ad elementum et fit sacramentum" [s.o.]). Weil Christus gesagt hat „Das ist mein Leib" bzw. „Das ist das Neue Testament in meinem Blut" und Christus nicht lügt, ist es auch so. Es ändert sich nichts am Sakrament, wenn es ein Unwürdiger austeilt oder empfängt (BSLK, S. 708 f.). Unwürdige sollen aber davon abgehalten werden, weil es ihnen Schaden und Verdammnis bringt. Die Gläubigen sollen häufig zum Abendmahl gehen; denn trotz der Taufe bleibt die „alte Haut", der bedrohte Mensch bedarf der täglichen Weide und Fütterung. Aber keiner kann zur Teilnahme gezwungen werden. Auch aus seelsorgerlichen Gründen betont Luther, daß man nicht auf Grund eigener Würdigkeit zum Abendmahl geht, sondern *wegen des Willens Christi* (BSLK, S. 718ff.). Der *Nutzen des Abendmahls* ist *Sündenvergebung* und *Stärkung des Glaubens.* Luther verbindet den Wortgottesdienst mit der Abendmahlsfeier (vgl. die „Deutsche Messe", 1526). Luther sieht im Abendmahl die *Inkarnation* bestätigt: „... wo du mir Gott hinsetzest, da mustu mir die menscheit mit hin setzen ..." (WA 26, S. 333). Es geht ihm um die Kondeszendenz Gottes.

Zwingli: ‚est' = ‚bedeutet'

Bis 1524 hat H. ZWINGLI eine der lutherischen Lehre ähnliche Abendmahlsauffassung vertreten. Dann las er einen Brief des Humanisten C. H. HOEN, der das ‚ist' der Einsetzungsworte als ‚bedeutet' interpretierte. Zwingli ließ sich hiervon überzeugen und lehrte, das Abendmahl sei ein *Gedächtnismahl* zur Erinnerung an Jesu Leiden und Sterben, gleichzeitig ein *Bekenntnismahl,* mit dem sich die Gemeinde zu Christus stelle. Er meinte, daß Joh 6,63 gegen die leibliche Anwesenheit Christi spreche. (Luther bestritt, daß es in Joh 6 um das Abendmahl gehe. Außerdem könne Leibliches geistlichen Nutzen haben, wenn es vom Heiligen Geist komme.)

Gedächtnis und Bekenntnis der Gemeinde

Zwingli wollte damit die Geistigkeit des Glaubens bewahren und den erhöhten Leib Christi im Himmel lassen (dagegen: Luthers *Ubiquitätslehre*). 1529 fand das *Marburger Religionsgespräch* zwischen Luther und Zwingli (und anderen Vertretern der Reformation) statt. Zwingli gestand zu, daß das Abendmahl ein Sakrament des wahren Leibes und Blutes Jesu Christi sei. Luther gestand zwar zu, daß das Abendmahl zur geistlichen Nießung anleite, bestand aber auf dem „est" („hoc est enim corpus meum ..." – die Kopula solle die Realpräsenz anzeigen).

Marburger Religionsgespräch

P. MELANCHTHON lehrte zunächst die *Realpräsenz* und verdammte alle, die anders lehrten (CA und AC X, vor allem gegen Zwingli und die Schwärmer gerichtet). Später näherte er sich den Oberdeutschen (M. BUCER) und den Schweizern an, was Ursache für die Streitigkeiten zwischen *Gnesiolutheranern* und *Philippisten* war. So inspirierte er die reformatorische Mittelgruppe, die sich auf das „cum pane" beschränkte, während Luther das „in, mit und unter" festhielt.

Melanchthon: Wandel seiner Auffassung zum „cum pane"

> „Von dem Abendmahl des Herren wird also gelehrt, daß Leib und Blut Christi mit dem Brot und Wein (cum pane et vino) wahrhaftiglich im Abendmahl dargeboten und genommen werde." (CA Variata, BSLK 247f.)

Für J. CALVIN ist im Abendmahl der *geistige Christus* gegenwärtig; die Seele steigt zu Christus in den Himmel auf. Im Genfer Katechismus 1537 betont Calvin, daß unter Brot und Wein die wahre Kommunikation mit dem Herrn stattfinde, allerdings geht er nicht von einer Anwesenheit des irdischen Leibes aus (Inst. IV, 17,30). Dennoch entbehrt die geistliche Wirklichkeit nicht einer Wirksamkeit. Das Abendmahl gilt ihm als *Unterpfand und Siegel der Erwählung Gottes* (Inst. IV,17). (Im Consensus Tigurinus – 1549 zwischen Calvin und den Zürchern abgeschlossen – wird das Sakrament als Gabe an die „eclecti" angesehen.)

Calvin: Siegel und Unterpfand der Erwählung

Zwischen den Reformatoren bleiben
- die *christologische Begründung* (Ubiquität oder Extra Calvinisticum),
- der *Modus der Gegenwart Christi* (persönlich, leiblich, geistig) sowie
- das theologische Anliegen *(Kondeszendenz oder Transzendenz Gottes)* strittig.

Streitpunkte der Reformatoren

Zwischen den Reformatoren und der katholischen Theologie bleibt umstritten:
- die Konstitution der Gegenwart Christi *(Transsubstantiation),*

Streitpunkte mit Rom

– das *Verhältnis von Leib und Blut* in den Elementen und
– der *Opfercharakter* des Abendmahls.

2.2.3 Altprotestantische Orthodoxie

[A & S] Die Anliegen M. LUTHERs finden nur teilweise Berücksichtigung.

FC: vere et substantialiter

– Die *lutherischen Theologen* sowie die Konkordienformel halten an der Gegenwart des (erhöhten) menschlichen Leibes Jesu Christi in den Elementen fest (vgl. FC Epit. VII, 6, BSLK, S. 797: „... corpus et sanguis Christi vere et substantialiter ..."; SD VII, BSLK, S. 983: „... unter dem Brot, mit dem Brot, in dem Brot ...").

Idiomenkommunikation

– Die Christologie der lutherischen Theologen des 16. Jahrhunderts entfaltet deshalb – seit M. CHEMNITZ – die Lehre von der *Idiomenkommunikation* und spitzt sie auf das „genus majestaticum" zu (s.o. Kapitel VII., Abschnitt 2.2.3).

Reformierte: necessitas praecepti

– Die *reformierte Theologie* hält hingegen daran fest, daß die Sakramente zur Versiegelung des göttlichen Gnadenbunds gegeben seien. Deshalb gelten sie nicht als absolut notwendig, sondern nur der Gemeinde (dank einer „necessitas praecepti") als geboten. Sie mahnen die Glaubenden zur Pflichterfüllung gegenüber Gott und zum Eintritt in den Gnadenbund.

2.2.4 Aufklärung und neuere Theologie

Aufklärungstheologie und Sakramente

[S] Seit der *Aufklärung* wurden die Sakramente häufig vernachlässigt. Die Taufe wurde zum Ritus am Lebensbeginn, die Abendmahlsfeier wurde aus dem sonntäglichen Gottesdienst verdrängt. Die eigentliche Religion wurde zur Privatreligion (J. S. SEMLER), die institutionelle Religionsausübung trat in den Hintergrund. Die konfessionelle Theologie des 19. Jh.s entdeckte zum Teil die Sakramente (zugleich mit der Kirche) neu.

Schleiermacher: Handeln der Kirche – kein magisches Verständnis

[T] F. SCHLEIERMACHER behandelt das Sakramentsthema nur am Rande, aber er untersucht nach dem „Lehrstück" „Vom Dienst am göttlichen Wort" die Taufe; er sieht sie nicht aus der Perspektive des Gebers der Gabe, sondern des Handelns der Kirche (Eingliederung des einzelnen in die Gemeinschaft). Die äußere Handlung (Jesus könnte eine andere angeordnet haben) verleiht Bürgerrecht in der Kirche und Seligkeit im Blick auf die göttliche Gnade in der Wiedergeburt, die eigentlich Voraussetzung sein sollte; sonst könnte die Taufe magisch verstanden werden. Glaube, Wiedergeburt und Rechtfertigung sowie Taufe bedingen einander reziprok.

[A] Im Abendmahl erfahren Christen nach Schleiermacher eine „eigentümliche Stärkung des geistlichen Lebens" gegenüber der „hemmenden Einwirkung der Welt". Die Gemeinschaft mit Christus und die der Gemeinde untereinander wird verschränkt. Die evangelische Kirche handelt im Zwischenraum von Transsubstantiation und schwärmerischer Nivellierung; Calvins Ansatz findet Sympathie gegenüber der Begünstigung abergläubischer Meinungen durch lutherische Auffassungen oder überverständiger Dürftigkeit Zwinglis. Abendmahl als Stärkung des geistlichen Lebens

Literatur:

F. Schleiermacher: Der christliche Glaube, ^{2}1830-1831, §§ 136-142.

2.3 Aktuelle dogmatische Fachdiskussion

[S, vor allem A] In der gegenwärtigen Diskussion um die Sakramente überkreuzen sich – oft unbeschadet der Konfessionsgrenzen – recht verschiedene Interessen und Motive. Sie können folgendermaßen in einen Überblick gebracht werden: Gesichtspunkte gegenwärtiger Diskussion

a) Die Neuinterpretation der römisch-katholischen Auffassung meint: Substanz und Akzidenz im Tridentinum seien nicht das Hauptanliegen, sondern die Realpräsenz Christi (K. Rahner). *Nicht* das Opfer Jesu Christi am Kreuz werde unblutig in der Messe wiederholt, sondern dieses Opfer wirkkräftig erinnert (O. Casel, G. Söhngen: Selbstvergegenwärtigung Christi im Geist). Realpräsenz, memoria Christi

a) Diese Interpretation des Herrenmahls schließt an die Tradition des wirksamen Zeichens an, eines Zeichens, das sich im Bezeichnen und damit im Sakrament allgemein verwirklicht. Ist das Leitkriterium dieses Zeichens das „Wort", die „promissio" Gottes, dann ist ein Ansatz für einen lutherisch-römisch-katholischen Dialog gefunden. wirksames Zeichen

a) Damit wird die Frage aufgeworfen, wer im Sakrament handle: Christus durch seinen Geist oder die Gemeinde oder ein Amtsträger oder gar das religiöse Subjekt? Subjekt sakramentalen handelns: Christus,
   - Christus als „Subjekt" ist im wesentlichen unumstritten, es sei denn, er wird auf den „Christus in uns" reduziert, während der Hauptstrom der dogmatischen Aussagen vom erhöhten Herrn ausgeht, der uns Heil gewährt.
   - Vor allem mit der Tradition des christlichen Ostens hat die Ökumene die Epiklese, die Herabrufung des Geistes auf die Gaben des Mahls, aufgenommen: Christus vergegenwärtigt sich im Geist. Geist Gottes

Gemeinde

- Die Gegenwart Christi bezieht sich auf die gesamte Mahlfeier und bezieht die ganze Gemeinde ein (Leib Christi im Doppelsinn – Leib des Erhöhten in den Gaben, Leib der Gemeinde).

sekundär: der einzelne

- Innerhalb dieser Gemeinde kann dem einzelnen sekundäre Handlungskompetenz zugewiesen werden – sei es, daß er Amtsträger ist oder als Angesprochener mit der Zeichenhandlung des Sakraments antwortet.

sakramentale Wirklichkeit

a) Die Wirklichkeit der Gegenwart des Herrn ist nicht am materialen oder wesenhaften Dasein („Substanz") orientiert, sondern – auch neuere Sprachphilosophie berücksichtigend – am Wortgeschehen oder – weitergehend – an möglichen Urformen von Erfahrung.

Diese Gesichtspunkte werden mit den im weiteren Verlauf zu behandelnden dogmatischen Positionen nicht restlos abgedeckt. Diese stellen nur eine enge Auswahl dar, die exemplarisch auf Probleme hinweisen soll:

2.3.1 [S] Sakramente

Allgemeine Auskünfte über das Verständnis des Sakraments im 20. Jahrhunderts lassen sich am leichtesten bei konfessionellen und bei Vermittlungstheologen suchen:

2.3.1.1 Elert

Elert: Sakramente = Riten auf Gottes Befehl

Nach W. ELERT darf die Lehre von den Sakramenten nicht mit dem Kerygma der Kirche im Widerspruch stehen. Die Sakramente sind Riten, die nach der Apologie (AC) Gottes Befehl und Verheißung hinter sich haben und Empfangshandlungen darstellen. Sie rufen den Menschen aus seinem Mittelpunktdasein heraus. Sakramente sind also nicht aus allgemeinen Gesichtspunkten herzuleiten, sondern entsprechen dem geschichtlich gewordenen Stifterwillen (vgl. dagegen P. TILLICH, s.u. Abschnitt 2.3.1.2). So folgt Elert der altlutherischen Lehre von den „media salutis".

Literatur:

W. Elert: Der christliche Glaube, Berlin 1940, § 62.

2.3.1.2 Tillich

Tillich: Symbole auch für das Unbewußte

In Wort und Sakrament teilt sich nach P. TILLICH der göttliche Geist den Menschen mit. Wer am Menschen Intellekt und Willen herausstellt, legt den Schwerpunkt der Verkündigung in das Wort; die Sakramente hingegen sprechen auch das Unbewußte an. Wird dieser Sinn der Sakramente verkannt, können sie zu magischen Handlungen verkommen. Aber Gott will beide Seiten im Menschen ergreifen, die intellektuelle durch das Wort und die unbewußte im Sakrament.

„Das sakramentale Material ist kein Zeichen, sondern ein Symbol.“ (Systematische Theologie, Bd. 3, 1956-1966, S. 147)

Vielfalt des sakramentalen Materials

Es ist wesenhaft auf das bezogen, was es ausdrückt. Die Materialien der Natur werden von Gottes Geist durchdrungen und wollen auf den menschlichen Geist einwirken – als Sakramente. Daher lehnt Tillich sowohl die Lehre von der Transsubstantiation als auch das rein zeichenhafte Verständnis der Sakramente ab. Sein überaus weiter Sakramentsbegriff erlaubt es, jedes natürliche Material zum sakramentalen Material werden zu lassen. Christen müssen aber am zentralen Offenbarungsereignis ermessen, was als Sakrament gelten kann. Die Begründung, etwas sei Sakrament, weil Christus es eingesetzt habe, lehnt Tillich ausdrücklich ab; denn *Christus* (der des Gesetzes Ende ist) *habe keine neuen rituellen Gesetze gegeben.*

Geist – Wort – Sakrament

Neben den Sakramenten ist besonders das menschliche Wort Mittler des Geistes Gottes; es wird Gottes Wort, wenn es den menschlichen Geist ergreift. Somit gibt es kein beziehungsloses Wort Gottes. Der menschliche Geist ist dann von einem Wort ergriffen, wenn „... es in ihm die Frage nach *dem, was uns unbedingt angeht,* erweckt“ (a.a.O., S. 149). So kann jedes menschliche Wort Gottes Wort sein, außer es widerspricht dem Glauben und der Liebe, die das Werk des Geistes sind und das Neue Sein konstituieren, das in Jesus als dem Christus Wirklichkeit geworden ist (a.a.O., S. 144-150).

2.3.1.3 Pannenberg

Pannenberg: wirksames Zeichen

W. PANNENBERG stellt sich in die Tradition des *wirksamen Zeichens,* was in gewisser Weise an Augustin anknüpft, aber auch den Gedanken von Zeichenhandlungen aufnimmt. Mit Luther hält er fest, daß nicht das Sakrament selbst, sondern das darin Bezeichnete rechtfertigt.

Literatur:
W. Pannenberg: Systematische Theologie, Bd. 3, 1993, S. 267ff.

2.3.2 [T] Die Taufe

Die Taufe ist als solche wenig umstritten – mit Ausnahme eines Themas, der Kindertaufe:

2.3.2.1 Barth

Barth zur Kindertaufe

bewußte Antwort

Wichtig ist die Stellungnahme K. BARTHS seit 1943 bzw. 1967. Sie geht auf die Antwort des einzelnen Christen zu und will die urchristlich-missionarische Folge ‚erst Glaube, dann Taufe' ernstnehmen, nicht eine reziproke Bedingung. Die Taufe ist so einmalig wie Jesu Person und Tat; mit ihr beginnt das Christsein. Das erfordert eine bewußte *Antwort* des Christen. Deshalb *lehnt Barth später die Kindertaufe ab* (KD IV,4, Fragment). Der *Kirche* ist nur die *Wassertaufe* gegeben, die *Taufe mit dem Heiligen Geist* bleibt *Christus* vorbehalten.

„Es geht in der Taufe um das einmalige, bewußte und im Zeichen der Reinigung sichtbare Hineintreten und Hineinnehmen eines einzelnen Menschen in die Zugehörigkeit zu dem Volke der von Gott in freier Gnade zu seinen Zeugen Berufenen, zur Beteiligung am Werk seines Zeugnisses." (KD IV,3, S. 1033)

Literatur:
K. Barth: KD IV,4, Fragment

2.3.2.2 Tillich

Tillich: Neues Sein geht voraus – deshalb Kindertaufe

Nach P. TILLICH tritt der einzelne in die Kirche ein, die immer schon da ist:

„... die Gegenwart des Neuen Seins in der Kirche geht allem voraus, was er ist und weiß. Das ist *die theologische Berechtigung der Kindertaufe.* Sie ist ein Hinweis auf die Tatsache, daß es im Leben des Menschen keinen bestimmten Augenblick gibt, in dem der Stand religiöser Reife mit Sicherheit festgesetzt werden kann." Der Glaube „... ist immer im Werden, immer im Wandel begriffen, ständig im Schwinden und Wiedererscheinen." (Systematische Theologie, Bd. 3, 1956-1966, S. 252)

2.3.2.3 Pannenberg

Die reziproke Bedingung hält W. PANNENBERG fest: Das urchristliche Verhältnis von Glaube und Taufe wird durch die Praxis der Kindertaufe – Taufe, dann Glaube – abgelöst. Die Taufe bedürfe der Aneignung durch den Glauben, der Glaube bedürfe der Taufe als wirksamen Zeichens.

Pannenberg: Glaube und Taufe in reziprokem Verhältnis

Literatur:

W. Pannenberg: Systematische Theologie, Bd. 3, Göttingen 1993, S. 268ff.

2.3.3 Abendmahl [A]

In der dogmatischen Diskussion des 20. Jahrhunderts ist eine deutliche Verschiebung von der Konzentration auf die Realität des Leibes Christi „in, mit und unter" den Elementen auf die Person Jesu Christi festzustellen.

Konzentration auf die personale Gegenwart Christi

2.3.3.1 Elert

W. ELERT bleibt der alten Frage v.a. Luthers am nächsten, wenn er am „manducare" auch der Unwürdigen festhält, weil das die Probe auf die Inkarnation sei. Nicht der wunderbare Charakter, sondern die Tatsächlichkeit stünde hier in Frage. Aber läßt sich unter dem Leibe Christi im Abendmahl überhaupt etwas vorstellen, lautete der Einwand von seiten der Calvinisten; sie wandten ein,

Elert: unableitbare Tatsächlichkeit

„sie könnten sich unter dem Leibe Christi im Abendmahl ganz und gar ‚nichts vorstellen'. Wir auch nicht! Wir können uns unter dem, was jenseits des Todes ist, insgesamt ‚nichts vorstellen', weil wir keine Anschauung davon haben." (Der christliche Glaube, 1940, S. 472)

2.3.3.2 Althaus

Althaus: Gegenwart Christi in Person

P. ALTHAUS sieht die reformatorische Kontroverse über das Verhältnis der verklärten Leiblichkeit zu den Elementen ohne Grundlage, denn Christus *selbst* (als *Person*) eignet sich uns zu (Die christliche Wahrheit, [6]1962, S. 588-595). Die Persongegenwart des Erhöhten wird zu einer der gewichtigsten Aussagen im 20. Jahrhundert zum Abendmahl.

2.3.3.3 Barth

Barth: Christus gab und gibt sich den Seinen hin

Auch K. BARTH steht diesen Argumenten nicht fern: Christus hat sich den Seinen vollkommen hingegeben. Diese Gemeinschaft des Volkes Gottes mit seinem Herrn wird verkündigt und bestätigt; bloßes Essen und Trinken erschöpfen den Sinn des Abendmahls nicht.

Vergegenwärtigung im Geist

> Der Heilige Geist bewirkt im Abendmahl, „daß in und mit der in dem gemeinsamen Verteilen und Empfangen von irdischem Brot und Wein realisierten menschlichen Gemeinschaft deren Einheit mit ihrem himmlischen Herrn, die Mitteilung und der Empfang seines Leibes und Blutes Ereignis wird“ (KD IV,3, S. 871). „Und es geht im Abendmahl um das je und je zu wiederholende bewußte und im Zeichen des gemeinsamen Essens und Trinkens sichtbare Einswerden dieses Volkes im neuen Begehren und Empfangen der freien Gnade, deren es im Werk seines Zeugnisses fort und fort bedürftig ist, aber auch teilhaftig werden darf“ (a.a.O., S. 1033).

2.3.3.4 Pannenberg

Pannenberg: Personalpräsenz, Solidarität Christi mit den Seinen

W. PANNENBERG entfaltet die Personalpräsenz Christi, indem er von der Zeichenhandlung der Mahlzeiten Jesu mit den Seinen ausgeht und darin die *Solidarität Jesu* mit den Seinen fortgesetzt findet. Der Geist vermittelt die Gegenwart Christi. Das Brot werde verzehrt, die Gegenwart Christi bleibe. Pannenberg stimmt mit der *Konvergenzerklärung von Lima* darin überein, daß Christus mit allem gegenwärtig sei, was er für uns und die Schöpfung tue. Auch der Gedanke des Opfers in der gegenwärtigen Mahlfeier kann so verstanden werden: Die Gemeinde gedenkt und geht ein in die Hingabe Christi.

Literatur:
W. Pannenberg: Systematische Theologie, Bd. 3, 1993, S. 314ff.

2.3.4 Ebeling, Moltmann

Erfahrung und Sakrament

[S] Im Blick auf den Gesichtspunkt d) der Einleitung zu diesem Abschnitt ist ernüchternd, daß zwei profiliert von *Erfahrung* redende Theologen wie G. EBELING und J. MOLTMANN mit den Sakramenten nur wenig anzufangen wissen. Das mag beim ersten an einem existenztheologischen Glaubensverständnis, beim zweiten an einem im Zeichen des New Age sehr undeutlichen Erfahrungsbegriff liegen. Ebeling vermerkt, daß Sakramente einen uneinholbaren Vorsprung vor der Reflexion hätten.

Literatur:
G. Ebeling, Dogmatik des christlichen Glaubens, Bd. 3, 1979, S. 301ff.; J. Moltmann, Kirche in der Kraft des Geistes, 1970; ders., Der Geist des Lebens, 1991.

2.4 Empirisches Material

[A] Nach einer schriftlichen Umfrage unter Jugendlichen beider Konfessionen zwischen 15 und 19 Jahren im Religionsunterricht und an 20-24jährigen Studierenden der Theologie für das Lehramt gibt es bei *Jugendlichen* tendenziell folgende *Einstellung zum Abendmahl:* Nur die Theologiestudierenden denken an Schuld und Vergebung; die kognitiv-symbolische Dimension ist bei den Schüler und Schülerinnen entweder uninteressant oder unproblematisch. „Salopp gesagt: Ideologie ist unerheblich. Erlebnis zählt" (Heinz Schmidt, Jugend und Abendmahl, in: ZThK 84 [1987], S. 228). Grundform und Gehalt des Abendmahls werden positiver empfunden als der übrige Gottesdienst. Motive für die Teilnahme am Abendmahl sind die „Suche nach einer intensiven inneren Beziehung zu Gott und der Wunsch, in lebendiger Gemeinschaft zu feiern" (ebd.). Schüler wie Studierende wünschen sich mehr Gemeinschaftlichkeit, persönliche Zuwendung, Spontaneität und Fröhlichkeit (a.a.O., S. 215-231).

3. Problemorientierung

3.2 Gewichtung des dogmatischen Problems II – anhand der verpflichtenden Bekenntnisse der Kirchen und der ökumenischen Bekenntnisbildung

3.2.1 Arnoldshainer Thesen 1957

Arnoldshain:
– Gedächtnis,
– Bekenntnis,
– Hoffnung

[A] Nach dem Zweiten Weltkrieg versuchte eine Theologenkommission (im Auftrag der EKD), um der Einheit der Evangelischen Kirche willen vom NT her die innerprotestantischen Differenzen zu überwinden. Das *Abendmahl* wird als *Gedächtnis-, Bekenntnis-* und *Hoffnungsmahl* verstanden. Bedeutsam ist die 4. These; sie besagt, daß der gekreuzigte und

Geber und Gabe zugleich

auferstandene *Herr im Abendmahl Geber und Gabe zugleich ist.* Die Realpräsenz wird als Personalpräsenz verstanden: Wir empfangen nicht Leib und Blut Christi, sondern Christus selbst und das durch ihn gewirkte Heil. Er gibt sich „durch sein verheißendes Wort mit Brot und Wein." *Die Einsetzungsworte sind performative Zusageworte.* Die Lutheraner verzichteten auf die manducatio oralis (die leibliche Nießung – allenfalls ein Anklang). Die Reformierten verzichteten auf die Lokalisierung des erhöhten Leibes Christi zur Rechten Gottes und auf den Glauben als Bedingung zum Emp-

Leuenberger Konkordie

fang des Abendmahls. Die Arnoldshainer Gesichtspunkte kehren in der *Leuenberger Konkordie* der europäischen reformatorischen Kirchen wieder, die die Abendmahls- und Kanzelgemeinschaft herstellte.

Literatur:

Lehrgespräch über das Heilige Abendmahl. Stimmen und Studien zu den Arnoldshainer Thesen, hg. v. G. Niemeyer, 1961.

3.2.2 Konvergenzerklärungen von Lima zu „Taufe, Eucharistie und Amt" (1982 den Mitgliedskirchen des ÖRK zur Stellungnahme vorgelegt)

Lima zur Taufe

[T] In der exegetischen Begründung und im Verständnis der Taufe (als Eingliederung in Christus und daher Befreiung von Sünde durch Teilhabe an seinem Tod und seiner Auferstehung; mit Wirkung des Heiligen Geistes vor, bei und nach der Taufe und als Eingliederung in die Gemeinschaft der

Christen untereinander) sind sich die Kirchen einig. Das *Verhältnis von Taufe und Glauben* wird so bestimmt:

> „Die Notwendigkeit des Glaubens für den Empfang des Heils, wie es in der Taufe verkörpert und dargestellt ist, wird von allen Kirchen anerkannt“ (Taufe, These 8).

Als notwendige Voraussetzung der Taufe wird er allerdings nicht gesehen. Trotzdem gibt es noch *Schwierigkeiten in der Anerkennung der jeweiligen Taufpraxis.* Einig ist man sich aber darin, daß *getaufte Kinder christlich erzogen werden* müssen, so daß sie die *persönliche Antwort* zu einem späteren Zeitpunkt geben können. Deshalb wird darauf hingewiesen, daß christliche Unterweisung ihrem Wesen nach nie abgeschlossen ist. Die *Taufliturgie* soll mindestens folgendes enthalten: Verkündigung der Heiligen Schrift, Anrufung des Heiligen Geistes, Absagen an das Böse, Bekenntnis des Glaubens, Verwendung von Wasser und eine Erklärung, daß die Getauften Kinder Gottes, Glieder der Kirche und Zeugen des Evangeliums sind (Taufe, These 20).

Mindestbedingungen der Taufliturgie

[A] Über die biblische Begründung ist man sich einig: Die Eucharistie ist von Christus eingesetzt. Zentraler Gedanke der Eucharistie ist die *Anamnese Christi.*

Lima zur Eucharistie

> „Die Kirche bekennt Christi reale, lebendige und handelnde Gegenwart in der Eucharistie. Obwohl Christi wirkliche Gegenwart in der Eucharistie nicht vom Glauben des Einzelnen abhängt, stimmen doch alle darin überein, daß der Glaube erforderlich ist, um Leib und Blut Christi unterscheiden (sc. von bloßem Brot und Wein) zu können.“ (Eucharistie, These 13).

Das lebendige Wort Christi und der Heilige Geist machen „für den Zweck der Kommunion“ Brot und Wein zu sakramentalen Zeichen (Eucharistie, These 15). Die Eucharistie bewirkt Gemeinschaft der Gläubigen aller Zeiten und aller Orten (Katholizität!), die durch die Taufe bereits dem Leib Christi eingegliedert sind. Sie bewirkt vor allem Gemeinschaft mit Christus und ist ein Vorgeschmack auf das Reich Gottes. Daraus ergeben sich drei Fragen:

Wirkung des Heiligen Geistes

1. Darf man getaufte Kinder ausschließen?

2. Welche Konsequenz hat die besondere Gemeinschaft für das politische und wirtschaftliche Leben?
3. Wird dieser Gedanke nicht durch die Beschränkung der Abendmahlsgemeinschaft geschwächt (vereint im Bekenntnis, getrennt am Tisch des Herrn)?

Vergegenwärtigung des einmaligen Opfers Christi

Spannungen mit der katholischen Lehre werden geringer, wenn diese (wie die Lima-Erklärung) die Eucharistie als *Vergegenwärtigung des einmaligen* Opfers Christi betrachtet. Deutlich wird jedoch festgestellt: Alle Ereignisse, die Gott zum Heil der Welt vollbracht hat, „sind einmalig und können weder wiederholt noch ausgedehnt werden" (Eucharistie, These 8). Deshalb ist die Eucharistie ein Lobopfer. Sie soll nur von ordinierten Geistlichen ausgeteilt werden, um zu verdeutlichen, daß Christus der Feier vorsteht. Weil sie den Glauben vertieft, soll sie häufig, wenigstens jeden Sonntag, gefeiert werden (Eucharistie, These 31).

Epiklese

Die „Lima-Liturgie" schließt als Novum zwei *Epiklesen* mit ein. Die Anrufung des Heiligen Geistes wird im Anschluß an *orthodoxe Theologie* für unverzichtbar gehalten. Die Diskussion um „Taufe, Eucharistie und Amt" ist nicht abgeschlossen. Die Kirchen waren und sind aufgefordert, Stellung zu beziehen.

Literatur:
Taufe, Eucharistie und Amt. Konvergenzerklärung der Kommission für Glauben und Kirchenverfassung des ÖRK, 1982.

3.3 Beurteilung anhand des Schriftzeugnisses

Kraft des Wortes Gottes vergegenwärtigen beide Sakramente das Zentrum der ntl. Verkündigung (Gottes Bund mit den Menschen, in Jesus Christus lebendige Gestalt geworden). Zu prüfen ist, ob man den im ntl. Zeugnis begründeten Verkündigungshandlungen gerecht wird, wenn man ihre sinnenfällige Seite *ontologisch* interpretiert. Der materiale Aspekt, die Handlung, ihre miteinander geteilte Bedeutung und die niemals zu entbehrende Gemeinschaft deuten darauf hin, daß die Sakramente neue *Relationen* stiften wollen: zwischen Gott und Mensch, zwischen Mensch und Mensch, zwischen Menschen und den Gaben der Schöpfung. Deshalb verweisen die Sakramente nicht auf ein geheimnisvolles Sein, das substanzhaft unter anderem, lebensweltlich erfahrenem Sein (wie reinigendem Wasser oder

Nahrung) liegt, sondern auf jene tragenden Beziehungen, die erst heilvolles gemeinsames Leben ermöglichen.

Literatur zur Vertiefung:
H. Feld, Das Verständnis des Abendmahls, 1976 (EdF, Bd. 50); W. Härle, Dogmatik, 1995, S. 532-569; W. Joest, Dogmatik, 2 Bde., 1984-86, S. 565-592; F. Mildenberger, Grundwissen der Dogmatik, 1982, Abschnitt 9; O. Weber, Grundlagen der Dogmatik, Bd. 2, 1962, S. 656-715.

Mögliche Klausurthemen:
1) Welche theologischen Gesichtspunkte sind mit dem Sakrament des Abendmahls verbunden?
2) Kindertaufe oder Erwachsenentaufe? Erörtern Sie die theologischen Begründungen für deren jeweilige Praxis.
3) Das Verhältnis von Wort und Sakrament.

Angesichts der beiden umfangreichen Themen folgen zur Zusammenfassung und zum Überblick zwei Übersichten – je eine zur Taufe und zum Abendmahl:

DIE TAUFE - ÜBERSICHT WICHTIGER FRAGESTELLUNGEN

Typologische Bindung an die Bundesgeschichte Gottes mit Israel: – Beschneidung, – Rotes Meer.	**Religionsgeschichtliche Analogien:** – Reinigungsriten, – Buße, – Umkehr, – Rettung am Ende.	**Historischer Ansatz:** – Johannestaufe, – Jesu Taufe am Jordan (Mk 1,9-15).	**Theologie der Urgemeinde:** „Eintauchen“ in die erlösende Christuswirklichkeit.	Dazu: **Institutionelle Gesichtspunkte:** Eintritt in die Gemeinde.
Vgl. Kol 2,11-12.	Verbunden mit eschatologischer Verheißung: – Sündenvergebung (Apg 2,38); – ἀπολύτρωσις (Eph 1,7).	Wasser- und Geistritus	Rettung, Erlösung, Gegenwart des Eschaton – Taufe in die Christusrealität hinein: – εἰς ... (Apg 2,38), – ἐν ... (Apg 10,48 – bezogen auf den Namen).	Einmaliges rituelles Geschehen, Wiedergeburt, Taufbefehl (Mt 28,19).

Damit verbundene Probleme:

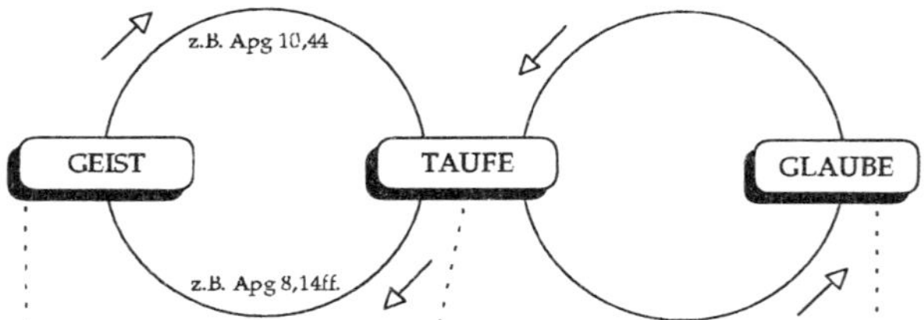

Was geht voran?
Wie kommen Menschen in diesen Zirkel?

Beachte:
Das NT erlaubt nicht,
auf eine Praxis der Kindertaufe
zu schließen
(Streit um die οἶκος-Formel –
etwa Apg 16,15. 33; 18,8;
1.Kor 1,16
[ALAND gegen JEREMIAS]).

Objektive Seite:

z.B. JUSTIN: Wiedergeburt, Vergebung der vor der Taufe begangenen Sünden (Apol I,61).

ORIGENES: Reinigung der Seele (In Joh VI,17).

TERTULLIAN: remissio, absolutio mortis, regeneratio, consecutio, spiritus sancti (Adv. Marc. I,28) – Absage an den Teufel (De cor 3).

Subjektive Seite:

z.B. HIERONYMUS: Ohne Glaube bloßes Wasser (Enarr. in ps. 77).

Dogmatisch begründete Möglichkeit der Kindertaufe:

vgl. IRENÄUS, TERTULLIAN (De bapt. 12), ORIGENES (Rom):
- Die Taufe ist **aus sich heraus heilswirksam.**
- Mit der trinitarischen Formel Getaufte dürfen **nicht wiedergetauft** werden (römische Tradition vs. CYPRIAN im Streit um die Donatisten; AUGUSTIN, De bapt. contra Donat. I, 28f.).

Problem der **Kinder**taufe

- Entweder Verzicht auf die Kindertaufe
- oder unter Voraussetzung des stellvertretenden Glaubens bzw.
- zukünftigen Glaubens.
- Später wird Mk 10,13-16 angeführt (Kindersegnung).

Dogmatische Entfaltung

Vorwiegend objektive Seite **vorwiegend subjektive Seite**

Mittelalter

- *materia:* Wasser;
- *forma:* Taufformel;
- *effectus: renovatio,* Tilgung der Erbschuld.

PETRUS LOMBARDUS: Ohne Glaube kein rechter Empfang - *Kinder* empfangen nur die Sündenvergebung.

THOMAS VON AQUINO: *Kinder* empfangen die Sündenvergebung und den *Heiligen Geist.*

Vienne (1311): Sie empfangen *Tugenden (virtutes)* und die sie umgestaltende *Gnade (gratia informans)* → zur Bildung eines *Habitus,* aber noch nicht zum *Gebrauch.*

---

dagegen: **Reformation** **LUTHER:**

- *Exhibitives Verständnis:* Gottes *Wort,* ins Wasser *gefasset* (BSLK 515, 693f.);
- wäre der Glaube vorausgesetzt, wäre sie *Werk* (WA 26,154) ; → s. das Thema der *Rechtfertigung;*
- der *Täufer* ist *Gott selbst* (BSLK 692);
- *Nutz:* Vergebung der Sünden, Erlösung von Tod und Teufel, ewige Seligkeit (BSLK 695 usw.);
- Konsequenz: *lebenslang Fortsetzung (tägliches Ersäufen des alten Adam)* (BSLK 516).

zeitweise:

- *Kinder* sind Exempel des Empfangens (BSLK 700);
- Kindern wird der Heilige Geist gegeben (BSLK 700);
- Kindertaufe erfolgt auf späteren Glauben hin (Bitte um diesen Gl. [BSLK 702]) - und trotzdem:
- Meinung, daß bereits die Kinder glauben (BSLK 702).

In gewissem Gegensatz dazu: **ZWINGLI**

- *Zeichen* und Zeugnis des Glaubens: *signum invisibile gratiae* (vgl. die *fidei ratio).*

CALVIN

CONSENSUS TIGURINUS: Im Glauben geschieht innerlich, was äußerlich zugewendet wird (BULLINGER und CALVIN).

- Die Taufe reinigt von der Sünde (für das ganze Leben) (Inst IV,15,1-3).
- Sie ist ein *Bekenntniszeichen* (IV,15,13), aber nicht von der Würdigkeit des Täufers abhängig (iv, 15,16).
- Die Taufe der *Kinder* geschieht auf deren Zukunft hin (IV,16,21). - Sie ist nicht in dem Sinne notwendig, daß Menschen ohne Taufe ei ipso verloren gingen (IV,16,26).

HEIDELBERGER KATECHISMUS: Bad der Wiedergeburt - innerer und äußerer Akt treffen zusammen (Frage 73).

Altprotestantische Orthodoxie — Lutherische Theologen unterscheiden:

materia terrestris und *materia coelestis:*
- Wort,
- Heiliger Geist,
- Trinität.

→ Die Wirkung:
- *absolutio,*
- *imputatio iustitiae Christi,*
- *regeneratio,*
- *renovatio.*

Einspruch gegen die Kindertaufe

1. **In der Reformationszeit:** Sog. *Täufer;*
seit dem 17. Jahrhundert: Baptisten.

2. Neuere Kritik an der Kindertaufe als unordentlicher Praxis:
K. Barth, v.a. in KD IV,4 Fragment.

Wandel in der Grundlegung seiner Dogmatik:

Exklusives **Wort Gottes** uns gegenüber: → **Wort Gottes** und von ihm her wahre Worte bei den Angesprochenen.

1932	1943	1967
KD I,1, 251: *praedicatio verbi divini* – allem Glauben voraus.	– Die Taufe ist **Abbild,** aber *opus operatum Christi;* – Christus ist seiner Kirche zugeordnet, die Taufe ist **kognitives** Geschehen (vgl. Röm 6,5: ὁμοίωμα). – Die Taufe verherrlicht Gott, aber verlangt die **verantwortliche** Willigkeit des Täuflings. – Vgl. KD IV,1,325f.: **Christus ist das Sakrament;** Christus ist realpräsent im Glauben (KD IV,3, 242).	KD IV,4 Fragment: Da Gott **nicht alleinwirksam** (jedoch allwirksam) ist, gelten in der Taufe **zwei Subjekte:** **Gott selbst in Christus** – der **Mensch in Christus.** **GEIST-TAUFE** – **WASSER-TAUFE** In der **Geschichte Jesu Christi** ist jedes Menschen Geschichte auf dem Plan: Jesu Gehorsam in der Taufe – des Menschen Antwort.

Die Lehre vom Abendmahl in ihrer Entwicklung

NT

- Das Abendmahl vielleicht aus der **Tradition** des Passamahls,
- bedeutet die Wiederherstellung der Mahlgemeinschaft durch den Gekreuzigten und Auferstandenen (vgl. die Emmaus-Erzählung); es schließt
- folgende **Motive** ein:

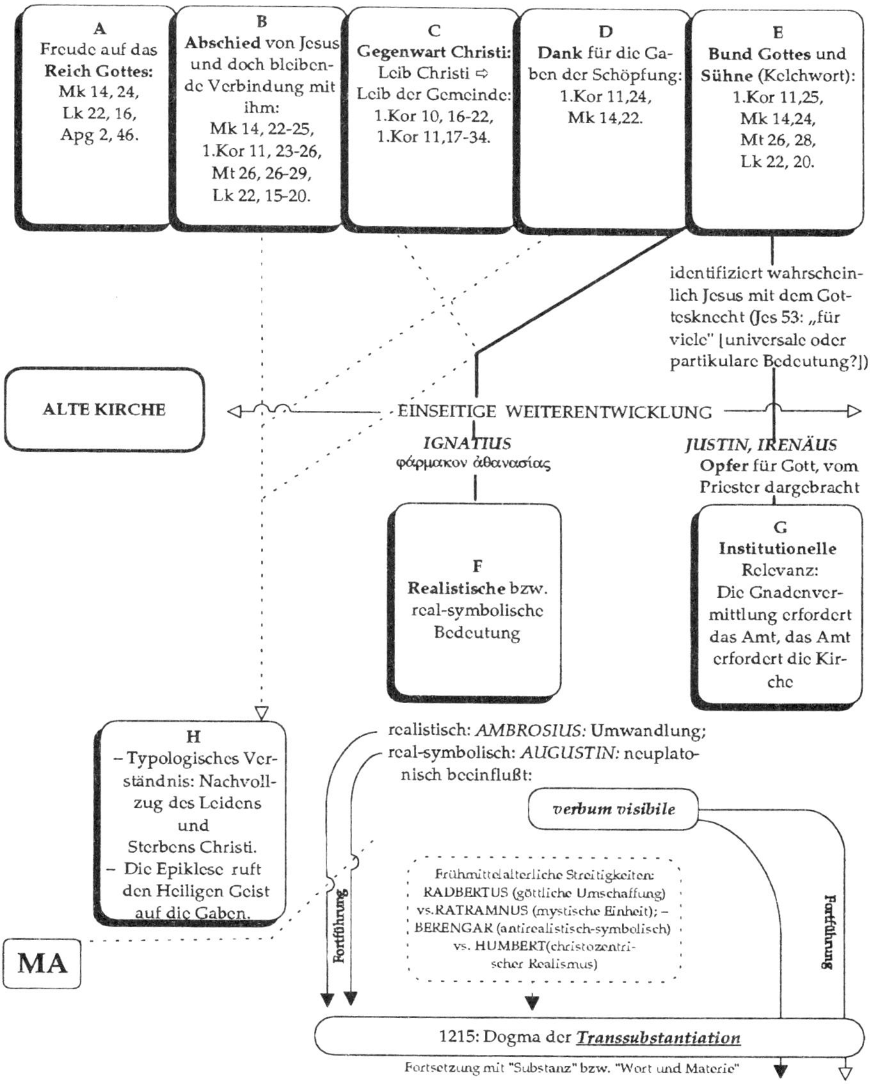

Die Lehre vom Abendmahl, Fortsetzung

MA

1215: Dogma der ***Transsubstantiation***

Die **Substanz** unter den sichtbaren **Akzidentien** wird verwandelt in Leib und Blut Christi.

Wort und **Materie** spielen wie *forma* und *materia* im aristotelischen Sinn zusammen.

THOMAS VON AQUINO: Das einmalige Opfer Jesu Christi erhält ein sakramentales **Abbild**.
Ferner: **Konkomitanz** – das Blut ist im Leib, deshalb: Kommunion nur unter einer Gestalt.

augustinischer Einfluß.

REFORMATION

LUTHER: 1519: Abendmahlssermone: Das glaubensschaffende **Wort** ist Gnadenmittel: Kritik an der Kelchverweigerung.
1523: Gegen ein bloß signifikatives Verständnis der Einsetzungsworte (gegen *KARLSTADT* und dessen allegorische Auslegung).

ZWINGLI:
1525: *est* = „bedeutet" –
Joh 6,63: „Das Fleisch nützt nichts."
1527: „Amica exegesis".

Konflikt

J
1528: „Großes Bekenntnis": Christologische Auslegung – das Abbild trägt das Urbild in sich (*Synekdoche*).
Christus selbst ist gegenwärtig.

Versuche der **Vermittlung:**
1529: Marburg
1536 Wittenberg: *MELANCHTHON: cum pane et vino, vere et substantialiter adesse.*

OBERDEUTSCHE, z.B. BUCER: cum pane et sanguine.

LUTHERs Lehre: Auch Unwürdige essen den Leib Christi: *manducatio oralis, manduc. impiorum.*

Ein weiterer Versuch der Vermittlung:

K
CALVIN (Institutio IV,17:
– *siginificatio:* Verheißungen Gottes, im Sakrament versiegelt;
– *substantia:* Christus und sein Tod;
– *effectus:* Erlösung, Gerechtigkeit, Heiligung.

Einigung Zürich und Genf: **Consensus Tigurinus.**

Geistliche Wahrheit unter **sichtbaren** Zeichen bewirkt Verbindung zum **himmlischen** Herrn im Geist.

dagegen

LUTHER: Christi erhöhter Leib auf der Erde.

Tridentinum

Das Tridentinum hält dagegen fest an:
– Transsubstantiation (s.o.),
– Konkomitanz (s.o.),
– Meßopfer: – *memoria* (als Geschehen),
– *repraesentatio passionis.*

Erst in neuerer Zeit werden Einigungsversuche über die Konfessionsgrenzen hinweg unternommen.

Die Lehre vom Abendmahl, Fortsetzung

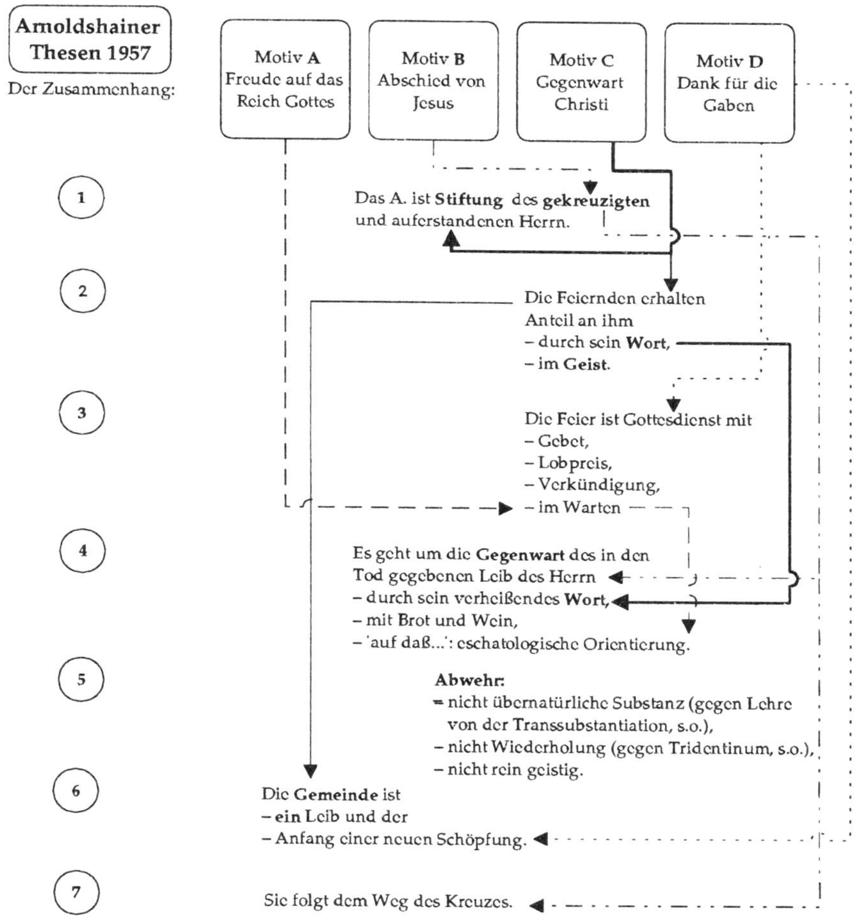

XI. ESCHATOLOGIE

Eschatologie überall in der Dogmatik

Die Eschatologie ist keineswegs ein vernachlässigtes Kapitel der Dogmatik gewesen, wie J. MOLTMANN in seiner „Theologie der Hoffnung" (1964) behauptet. Ihre Themen waren allerdings nicht immer im jeweils letzten Kapitel der Dogmatiken zu finden. Darum sollen zur Einführung Fragestellungen benannt werden, die überall in der Dogmatik zur Sprache kommen können und doch das Kapitel der Eschatologie besonders erschließen können:

a) Die Erfahrung der *Zeit* in ihren Modi

Die Modi der Zeit, v.a. die Zukunft

Vergangenheit — Gegenwart — Zukunft

←

Fließt die Zeit, indem sie in die Vergangenheit verfließt?
Oder:

→

Fließt die Zeit zur Zukunft hin? Z. B. als Zeit der Verheißung auf ...

Teleologie, Eschatologie

Theologisch:

Ist sie primär von Gott her? „Archäologie" — oder — Ist sie primär zu Gott hin? „Teleologie" bzw. Eschatologie

Erfahrung der Geschichte

b) Die Erfahrung der *Geschichte*
- entweder als Strom (mit Brechungen?) nach vorn, etwa von den naturalen Anfängen der Menschheit zu ihrer intelligiblen Vollendung oder zur Vollkommenheit des Sinns (s. TEILHARD DE CHARDIN oder W. PANNENBERG);
- oder als Überlagerung mehrerer Geschichten, deren Ausgang dem menschlichen Auge verborgen bleibt, so daß wir die „transzendentale" Frage stellen müssen: Aufgrund welcher Art von Erkenntnis reden wir *in* der Geschichte *von* der oder *über* die Geschichte?

Beide Gesichtspunkte wurden von jeher auch theologisch behandelt, im Blick auf die Erwartung eines Endes, das Gott heraufführt, oder als Frage der Anfechtung und der Frage, wie denn all das undurchsichtige Geschehen der Welt zuletzt zu verstehen sei.

Die folgenden historischen Gesichtspunkte können gut in einer Tabelle aufgelistet werden, die etwa so aufgebaut ist:

Epoche, Autor	Aussagen über die Jetztzeit	Aussagen über eine zu erwartende Zwischenzeit	Aussagen über die Endzeit	bzw. die Ewigkeit
...	...	...	...	...

1. Bestimmung und Präzisierung des Problems

Die Lehre von den letzten Dingen umfaßt die Fragen nach dem *Reich Gottes,* nach *Tod und Auferstehung,* nach dem *Gericht Gottes* und dem *ewigen Leben.* Die ältere Dogmatik konzentrierte sich oft auf jene Themen, die das Individuum betreffen.

Lehre von den letzten Dingen

1.1 Problemzusammenhang

1.1.1 Bekenntnisse der Kirche

In den altkirchlichen Symbolen wird der Glaube an die Auferstehung festgehalten:

– *Apostolisches Glaubensbekenntnis:*

Apostolicum, Nicaenum: Herrschaft Christi, letztes Gericht

> „Credo in ... Jesum Christum ... qui ... sedet ad dexteram patris omnipotentis: inde venturus est iudicare vivos et mortuos ... carnis resurrectionem, et vitam aeternam." (BSLK S. 21)

– *Nicaenum:*

> „... sedet ad dexteram patris, et iterum venturus est in gloria iudicare vivos et mortuos, cuius regni non erit finis ... expecto resurrectionem mortuorum et vitam venturi saeculi." (a.a.O., S. 26f.)

– Die *CA* nimmt auf das Wiederkommen Christi bezug:

CA: Trost des Weltgerichts

> „Auch wird gelehret, daß unser Herr Jesus Christus am jungsten Tag kummen wird, zu richten, und alle Toten auferwecken, den Glaubigen und Auserwählten ewigs Leben und ewige Freude geben, die gottlosen Menschen aber und die Teufel in die Helle und ewige Straf verdammen." (a.a.O., S. 72)

Heidelberger Katechismus: Trost der Wiederkunft

Die reformierte Tradition soll mit dem *Heidelberger Katechismus* zu Wort kommen: Fr. 52 spricht vom Trost der Wiederkunft Christi als Richter, der „alle seine und meine Feinde in die ewige Verdammnis" werfen wird, Fr. 57 vom Trost der Hoffnung auf Auferstehung als Wiedervereinigung der Seele mit dem Leib und der Hoffnung auf vollkommene Seligkeit.

1.1.2 Sonstige Überlieferungen der Kirche

apokalyptische Themen v.a. der Volksfrömmigkeit

Während in der Theologiegeschichte die Eschatologie oft als bloßes Supplement zu theologischen Systemen erschien, haben diese Themen die Volksfrömmigkeit stets intensiv beschäftigt, waren doch die Fragen nach Tod, Auferstehung, Ende der Welt und Jüngstem Gericht *die* Themen der einfachen Leute. Der reiche Liedschatz zu eschatologischen Themen gibt ein beredtes Zeugnis davon. Aber auch die Untergangsbewegungen und -mentalitäten, die in Krisenzeiten, Kriegen und Katastrophen (Pest) stets das Christentum begleitet haben, müssen aus diesem Zusammenhang heraus verstanden werden. Die Texte im Abschnitt 1.1.1 beweisen allerdings, daß Endzeitaussagen für die Angefochteten ein Trost sein sollten. Eine (umfassende) Eschatologie wurde auch in der reflektierten Theologie nie ganz aufgegeben, jedoch stellte sie sich zu manchen Zeiten nicht mehr als ein „harmloses Kapitelchen am Ende der Dogmatik" (K. BARTH) dar. In unserem Jahrhundert zeigte sich dagegen wieder ein verstärktes Interesse an diesem Thema.

1.1.3 Aktuelle Diskussion

wichtige Fragestellungen

In die aktuelle Diskussion des Themas wird die Frage nach der *Bedeutung von Zeit und Geschichte* aufgenommen. Trotz der Säkularisierung und einer vorherrschenden materialistischen Lebenseinstellung wird die Frage nach dem Sinn des Todes und einem „Leben danach" noch immer gestellt, wenn auch oft in obskuren Spekulationen. Eine Eschatologie kommt auch in säkularen Entwürfen vor allem des Marxismus vor (etwa als reflektierte Utopie bei E. BLOCH).

1.2 Aktuelle Formulierung des Problems

Die Frage nach dem Verständnis der biblischen Verkündigung von Auferstehungshoffnung, Wiederkunft Christi und der Herrschaft Gottes kann auf vier Ebenen gestellt werden:

- Wie verstehen wir Zeit und Geschichte? Verwirklicht sich Gottes Reich in dieser Welt (geschichts*immanent*) oder außerhalb unserer Welt (geschichts*transzendent*)?
- Betrifft unsere eschatologische Hoffnung nur die Gegenwart (präsentisch) oder nur die Zukunft (futurisch) – oder ist die Alternative falsch?
- Betrifft unsere eschatologische Hoffnung nur den je einzelnen Menschen (individuell) oder ist sie Hoffnung für die gesamte Schöpfung (universal)?
- Wird die Welt vernichtet oder erlöst? (vgl. W. Joest, Dogmatik, Bd. 2, ^{3}1989, S. 628)

Zeit und Geschichte

Zukunft oder Gegenwart?

Hoffnung individuell oder umfassend?

2 Problembearbeitung

2.1 Biblischer Hintergrund

Im *AT* erfährt Israel seine Geschichte dank der Führung Gottes. Wenn sich Israel Gottes (vergegenwärtigend) erinnert, richtet sich sein eschatologischer Glaube auf die Verheißung künftigen Handelns Gottes. Begründet ist dieser Glaube in einer *Erwählungsgewißheit*, wie in der Verheißung an Abraham:

AT: Erwählung und Verheißung

> „... so will ich dich zu einem großen Volke machen und dich segnen und deinen Namen berühmt machen, daß er zum Segensworte wird." (Gen 12,2)

Die Propheten stellen dieses Bewußtsein und die angemaßte Heilsgewißheit in Frage (Am 3,2: Ankündigung des Gerichts). Im Exil entsteht aber Hoffnung auf die Erneuerung des Reiches Israel durch einen Messias wie auch auf die Totenauferweckung in der Apokalyptik (z.B. Ez 37, Dan 12).

Prophetie: Gericht; Apokalyptik: Totenauferweckung

NT: Gottesherrschaft, Gleichnisse, Parusieerwartung, Auferstehungshoffnung

Im *NT* gewinnt die Eschatologie Gestalt in der Verkündigung der Gottesherrschaft v.a. in den Reich-Gottes-Gleichnissen, der Ankündigung der Parusie und in der Auferstehungshoffnung. Neu gegenüber der jüdischen Erwartung ist

- die Nähe der Basileia (z. B. Mt 4,17); denn
- die Basileia ereignet sich entgegen den Erwartungen der Menschen und
- im Verborgenen.

> ... ἦλθεν ὁ Ἰησοῦς εἰς τὴν Γαλιλαίαν κηρύσσων τὸν εὐαγγέλλιον τοῦ θεοῦ (καὶ λέγων), ὅτι πεπλήρωται ὁ καιρὸς καὶ ἤγγικεν ἡ βασιλεία τοῦ θεοῦ. (Mk 1,15)

Jesu Ansage der Herrschaft Gottes, der Basileia, tradiert drei Vorstellungen:

- die *Zukunft*, gemessen an der Jetztzeit: das Eingehen in die Gottesherrschaft (Mk 9,17; 10,15), das Ererben des Reiches (Mt 25,34), die Söhne der Gottesherrschaft (Mt 8,12);
- die Interpretation dieser Zukunftsvorstellung durch das ohne menschliches Zutun erfolgende *Kommen:* Mk 4, 26-29 (selbstwachsende Saat [αὐτομάτη]); Mt 13,33ff.par (Sauerteig);
- die *Gegenwartsrelevanz* aufgrund des aktuell beginnenden Kommens: Lk 10,18 (Satan fiel wie ein Blitz vom Himmel); Lk 11,20 (Dämonenaustreibung durch den Finger Gottes); evtl. Lk 10,23 (Selig die Augen, die sehen, was ihr seht...); Mk 2,19 parr (Fasten der Hochzeitsleute).

Schon im NT lassen sich drei *eschatologische Grundtypen* feststellen, die aber z.T. auf einzelne Schriften beschränkt sind:

johanneischer Kreis: präsentische Eschatologie;

- *präsentische Eschatologie:* Das Johannesevangelium trägt existentiell-individuelle Züge; im Glauben hier und jetzt entscheiden sich Gegenwart und Zukunft des Menschen (Joh 3,15 [„... damit jeder, der glaubt, ewiges Leben habe“]; 5,24 [Wer mein Wort hört und dem glaubt, der mich gesandt hat, der hat ewiges Leben ...“]; dagegen 5,28 f. [die Stunde komme, da die Toten in den Gräbern seine Stimme hören]).

futurische Eschatologie, Mitte der Zeit;

- *futurische Eschatologie:* Lukas entwickelt z.B. in seinem Werk eine nach vorn weisende heilsgeschichtliche Eschatologie (z.B. Apg 14,22: [„... daß wir durch viele Trübsale in das Reich Gottes eingehen müssen“]). Er kennt aber auch die Naherwartung (Lk 18,8: „...ihnen ihr

Recht schaffen in Bälde"), aber konzipiert die Christusgeschichte als die „Mitte der Zeit".

- *jenseitige Eschatologie:* Aussagen, die auf einen jenseitigen Charakter des Reiches Gottes hinweisen, finden sich bei Lukas und Paulus (Lk 23,43 [„Morgen wirst du mit mir im Paradies sein"]; 1.Kor 15,35-49]die Art und Weise der Totenauferstehung]; 2.Kor 5,8 [Lust, aus dem Leibe auszuwandern – eine dualistische Vorstellung]; Phil 1,23 [„... Lust abzuscheiden und bei Christus zu sein ..."]). Jenseitseschatologie

Die *paulinische Theologie* zeichnet sich durch eine Spannung zwischen dem *„Schon-Jetzt"* (präsentisch) und dem *„Noch-Nicht"* (futurisch) aus: Paulus: schon jetzt – noch nicht

- Anteil am (eschatologischen) Ereignis des Todes Christi gewinnen wir in der Taufe bereits jetzt, auf Hoffnung nehmen wir an Christi Auferstehung teil (Röm 6,3; vgl. damit 1.Kor 15,12 ff.);
- die neue Schöpfung wird schon jetzt verwirklicht (2.Kor 5,17 [„Ist jemand in Christus, so ist er ein *neues* Geschöpf..."]) und steht dennoch aus (Röm 8,19 ff. [„... die Sehnsucht des Geschaffenen wartet auf das Offenbarwerden der Söhne Gottes"]).

Entscheidend ist nach Paulus aber das Leben zwischen Gekommensein Christi und der endgültigen Durchsetzung seiner Herrschaft. Den Thessalonichern, die längst das Ende erwartet haben, antwortet er: gegen Spekulation über den Jüngsten Tag

> ... ἡμέρα κυρίου ὡς κλέπτης ἐν νυκτὶ οὕτως ἔρχεται. (... der Tag des Herrn kommt wie ein Dieb in der Nacht.) (1.Thess)

E. JÜNGEL vertritt die These einer Konzidenz der Reich-Gottes-Ankündigung Jesu und der Rechtfertigungslehre des Paulus. Beiden gehe es um die Entsprechung von Gott und Mensch: Gott hat Zeit für den Menschen und liebt ihn. Weil Jesus aus dieser Nähe Gottes lebte, wurde er zur Mitte des Bekenntnisses des Paulus. Jüngel: Gottesherrschaft und Rechtfertigung

Literatur:

E. Jüngel: Paulus und Jesus, Tübingen ^{5}1979.

2.2 Historischer Hintergrund

2.2.1 Alte Kirche und Mittelalter

platonischer Einfluß in der Alten Kirche: individuelle Jenseitseschatologie, aber auch Chiliasmus

Durch den Einfluß der hellenistischen Philosophie (vor allem später Formen des Platonismus) verlagerte sich das Interesse innerhalb der Eschatologie zugunsten einer individualisierten Jenseitseschatologie; die persönliche Unsterblichkeit stand im Mittelpunkt. Dennoch wurde der universale Charakter eschatologischer Ausblicke nicht aufgegeben, sondern z.B. durch den *Chiliasmus* – die Vorstellung von einem tausendjährigen Reich (Millenium) – aufgenommen (gegründet auf Apk 20). Die eschatologische Weltabsage wanderte nach dem Montanismus in das Mönchtum aus. AUGUSTIN bezog die Vorstellung vom Millenium auf die Ausgießung des Geistes, so daß es mit der Zeit der Kirche zu identifizieren sei.
Zwei gegensätzliche Vorstellungen von der Auferstehung beschäftigen die Alte Kirche:

Auferstehung des Fleisches vs. Wiederherstellung im Geist

- die an sinnliche Erfahrung anknüpfende, sie jedoch übersteigende Vorstellung σαρκὸς ἀνάστασις, vertreten durch JUSTIN, TERTULLIAN und HIERONYMUS (sie fand auch Eingang in das Apostolicum) und
- die geistig-unsinnliche Vorstellung, die ORIGENES vertrat und alle betreffen sollte (ἀποκατάστασις πάντων.). Bei ihm findet sich auch erstmals der Gedanke eines Reinigungsfeuers.

Augustin: Heilsgeschichte zum Ende hin

- Beide werden jedoch von der *heilsgeschichtlichen Sicht* (etwa des Augustin) umklammert, nach der die Geschichte der beiden Civitates in die Welt Gottes bzw. des Satans einmündet. Die Glaubenden werden in vergeistigter Leiblichkeit Gott schauen (beatitudo – Seligkeit) und sich seiner Wirklichkeit erfreuen (frui), während sie die irdische nur gebrauchen (uti).

Literatur:

G. May, Art.: ‚Eschatologie‘ V, in: TRE, Bd. 10, S. 299-305.

MA: Millenium, Chiliasmus

Im *MA* – v.a. um die Jahrtausendwende – stieg die eschatologische Spannung an, da das vorausgesagte Millenium der Kirche zu Ende zu gehen schien. Die Furcht vor dem richtenden Gott wurde stärker als das Vertrauen in Christi rettende Tat. Chiliastische Vorstellungen (Vorstellungen von einem tausendjährigen Reich – in einer Epoche der dritten Person der Trinität – kamen u.a. bei JOACHIM VON FIORE auf.

Die *Scholastik* verband die „vertikale" Sicht einer zeitlosen Orientierung nach oben mit einer heilsgeschichtlich-augustinischen nach „vorn". Sie entwickelte die Vorstellung vom Zwischenzustand weiter: Die Seelen der Verstorbenen würden in verschiedene Räume aufgenommen. Zu Himmel (paradisus) und Hölle (infernus) trat bei Origenes bereits das Fegefeuer hinzu; im MA wurden noch zwei weitere Räume, nämlich der limbus infantium (für ungetaufte Kinder) und der limbus patrum (für die Frommen des Alten Bundes) hinzugefügt (vgl. auch die fünf receptacula: paradisus, purgatorium, limbus patrum, limbus infantium, infernus des Tridentinum [sess. VI, 30]). Die individualisierte Jenseitseschatologie fand Ausdruck in der Dogmatisierung der Unsterblichkeit der Seele (5. Laterankonzil, 1513 [DS 1440f.]). Im allgemeinen bleibt jedoch die heilsgeschichtliche neben der metaphysischen Sicht bestehen und erzeugt in ihrer dynamischen Struktur (Richtung nach vorn) eine Spannung zur ontologischen Gliederung der Welt in ‚oben' und ‚unten', ‚Natur' und ‚Übernatur'.

Scholastik: Metaphysik vertikal vs. Heilsgeschichte nach vorn

Literatur:

R.E. Lerner, Art.: ‚Eschatologie' VI, in: TRE, Bd. 10, S. 305-310.

2.2.2 Reformation

Gelten in der Scholastik Glaube und Hoffnung als theologische Tugenden, so hat die Reformation den Glauben eschatologisch ausgerichtet (theologia crucis). Dabei erkannte die reformatorische Theologie, daß die bisherige Fixierung Christi auf das letzte Richteramt allein nicht dem Zeugnis der Schrift entspricht. Christus ist zunächst der für uns gerichtete Retter. Die traditionelle Eschatologie wird zwar weitgehend übernommen; allerdings werden Fegefeuer und Seelenmessen verneint. Luther läßt aber die „letzten Dinge" schon jetzt gegenwärtig sein – in der „mortificatio" des Sünders, im Kampf der Kirche in der Welt und im eschatologischen Durchbruch des Wortes in der alten Welt. Kreuz und Auferstehung schließen die Endgeschichte auf. Das „Stündlein" der Rechenschaft vor dem himmlischen Richter schlägt schon jetzt, wenn der Mensch sich z. B. in seinem Beruf verantwortet.

Luther: Kampf gegen Seelenmessen und Fegefeuer, eschatologische Erfahrung des Glaubens auch jetzt

Die Eschatologie gilt sowohl dem Individuum v.a. angesichts seines Todes:

Eschatologie des Todes im Leben

> „Wir sind allsampt zu dem Tod gefodert / und wird keyner für den andern sterben. Sonder ein yglicher in eygner person für sich mit dem tod kempffen. In die oren künden wir woll schreyen. Aber ein yeglicher mueß für sich selber geschickt sein in d' zeyt des tods / ich würd denn nit bey dir sein / noch du bey mir.“ (Invocavit-Predigt I, WA X, III, S.1f.)

Sie gilt auch für die Rätsel der Menschheitsgeschichte:

eschatologischer Erweis der Gerechtigkeit Gottes: drei Lichter

> [Gegenüber ERASMUS VON ROTTERDAM:] „Laß mich drei Lichter annehmen (wörtl.: setze mir drei Lichter), das Licht der Natur, das Licht der Gnade, das Licht der Herrlichkeit ... Im Licht der Natur ist unlösbar, daß es gerecht sei, daß der Gute in Anfechtung kommt und es dem Bösen gut geht. Aber dieses Rätsel löst das Licht der Gnade. Im Licht der Gnade ist es unlösbar, wie Gott jenen verdammt, der mit allen seinen eigenen Kräften nichts anderes tun kann als zu sündigen und schuldig zu sein. Hier sagen sowohl das Licht der Natur als auch das Licht der Gnade, es sei nicht die Schuld des elenden Menschen, sondern des ungerechten Gottes ... Jedoch sagt das Licht der Herrlichkeit etwas anderes, und es wird Gott, dessen Urteil von geradezu unbegreiflicher Gerechtigkeit ist, als von der gerechtesten und offenkundigsten Gerechtigkeit erweisen ...“ (De servo arbitrio, WA 18, S. 785)

Melanchthon, Bucer: regnum Christi

P. MELANCHTHON und M. BUCER denken vor allem über das „regnum Christi“ nach, das jetzt schon geistlich wirksam ist (aber nach Bucer Geist und Institution verbindet). J. CALVIN hat ein großes Interesse an dem Ziel individuellen Lebens; am Todestag wird der Mensch der Wirklichkeit des Jüngsten Tages begegnen. Das gesamte theologische Denken ist „meditatio futurae vitae“ (Inst. III, 9).

Calvin: meditatio futurae vitae

Der linke Flügel der Reformation greift mitunter *apokalyptische Vorstellungen* auf (z.B. T. MÜNTZER).

Literatur:

U. Asendorf, Eschatologie bei Luther, 1967; H. Quistorp, Die letzten Dinge im Zeugnis Calvins, 1941.

2.2.3 Altprotestantische Orthodoxie

Altprotestantismus: Locus „De novissimis"

Die altprotestantische Orthodoxie untergliedert den Locus „De Novissimis" häufig in folgende Themen:
- Tod des einzelnen und iudicium particulare,
- Wiederkunft Christi zum Ende der Welt,
- Auferweckung der Toten,
- das Endgericht (iudicium universale),
- ewige Seligkeit und Verdammnis (vgl. W. Joest, Dogmatik, [3]1989, S. 616 ff.).

geistlicher, leiblicher und ewiger Tod

In der Lehre vom Tod wird zwischen *geistlichem, leiblichem* und *ewigem* Tod unterschieden: Der *geistliche* Tod trifft schon im irdischen Leben jenen Menschen, der unter der Sünde steht und ohne Taufe und Glauben ist. Der *leibliche* Tod bedeutet die Trennung von Leib und Seele. Hier, im iudicium particulare, entscheidet sich der Verbleib der Seele. Die Wiederkunft Christi wird (allerdings nur in der lutherischen Tradition mit und nach J. GERHARD) als Vernichtung der alten Welt (annihilatio mundi) und als völlige Neuschöpfung vorgestellt. Zugleich geschieht die Auferstehung der Toten durch Wiedervereinigung der Seele mit dem Leib. Das iudicium universale bestätigt das im iudicium particulare ergangene Urteil, das entweder *ewigen* Tod oder ewiges Leben bedeutet. Der reformierte Theologe S. HUBER stellt eine Ausnahme dar, denn er vertrat einen *Gnadenuniversalismus*, der über die sonst vertretene Lehre weit hinausging. Er leugnete jede Verwerfung, da nach Tit 2,11 alle erwählt seien.

annihilatio mundi

Huber: Gnadenuniversalismus

Literatur:

E. Staehelin, Die Verkündigung des Reiches Gottes in der Kirche Jesu Christi, 1951-1964.

2.2.4 Aufklärung und neuere Theologie

Aufklärung: moralisches Reich Gottes

In der *Aufklärung* wird der jenseitige Charakter des Eschatons abgelehnt. Das letztgültige Gericht zeigt sich nun im Gewissen (I. KANT: „innerer Gerichtshof"). Das Reich Gottes wird zu einer rein moralischen Größe, zur Vereinigung der sittlichen Geister (nicht Gespenster, sondern geistig-vernünftiger Existenzen).

Schleiermacher: Höchstes Gut

Mit F. SCHLEIERMACHER wird die Eschatologie völlig ins Abseits gerückt. Ihr kommt nicht der gleiche Wert zu wie den anderen Loci, da die Vereinigung der Seele mit Gott vor dem Tode wichtiger ist als die Hoffnung auf ein zukünftiges Reich Gottes. Aber in Schleiermachers Ethik herrscht die Lehre vom „Höchsten Gut" als Inbegriff alles Guten vor, dem sich das geistbestimmte Leben annähert, somit bleibt es ein den Menschen entzogenes Zukunftsmoment.

innerweltliche Eschatologie der Hegelschule

G. W. F. HEGEL hält an der realisierten Versöhnung fest, deshalb wird sein Denken zukunftslos. Erst die von ihm abweichende Linke (L. FEUERBACH, MARX) konzipiert eine innerweltliche Eschatologie, die u.a. auf E. BLOCH und J. MOLTMANN (s.u.) gewirkt hat.

Literatur:
P. Cornehl, Die Zukunft der Versöhnung, 1971; K. Löwith, Weltgeschichte und Heilsgeschehen, [2]1953.

2.3 Aktuelle dogmatische Fachdiskussion

Um die eschatologischen Gesichtspunkte der neueren Dogmatik leichter zu unterscheiden oder einander zuordnen zu können (vgl. auch die anschließende Zusammenfassung), sei eine Übersicht vorausgeschickt, die diese Aufgabe erleichtert. Sie gliedert die Ansätze nach zwei generellen Fragestellungen:

- der Zeit und Zeiterfahrung als Geschichtszeit oder als transzendentaler Verankerung der Zeit,
- der Reichweite und Beziehung der Aussagen: Individuum, Kirche, Gesellschaft, Welt als Schöpfung oder als Universalgeschichte.

Eschatologische Ansätze und Entwürfe - *Ein systematischer Überblick*

bezogen auf ⇒ / im Rahmen von ⇓	das Individuum	die Kirche	die Gesellschaft	die Welt als Schöpfung	die Welt als Geschichte
als Ablauf vorgestellter Zeit bzw. Geschichte (u.U. linear) – Beispiele: ⇨	**Personale Identität** nach dem Tode, dem Gericht ⇨ Seligkeit oder Verdammnis.	**Vollendung** der (wahren) **Kirche** (himmlisches Jerusalem).	**Reich der Freiheit.**	**Wiederbringung** der ursprünglichen **Schöpfung.**	• **Mitte der Zeit,** • **Ende aller Zeit** als Orientierung bzw. als Ursprung der Dynamik der Geschichte.
	• Christlicher (allerdings nicht biblischer) Gedanke der **Unsterblichkeit der Seele:** Traditionelle Lehre *De novissimis.* • LESSING: Wiedergeburt zur moralischen Vollendung.	• V.a. mittelalterliche Darstellungen. • SCHLEIERMACHER: **Höchstes Gut,** • ROTHE: Aufgehen der Kirche im Staat,	• LESSING: drittes Zeitalter, • KANT: „Zum ewigen Frieden“, • MOLTMANN: **Exodusgemeinde.**	• Theosophie.	• HEGEL: Kumulation / Vollendung der Geschichte i. d. **Vernunft des Absoluten,** • ähnlich PANNEN BERG: Gottes eigentliche Offenbarung i. d. Vollendung des Sinns universaler Geschichte. • Ferner: ROTHE. • Dagegen luth. Orthodoxie: *annihilatio mundi* (J. GERHARD).
transzendentaler bzw. **existentialer** Begründung von Zeit und Geschichte - Beispiele: ⇨	Besonders qualifiziertes **Jetzt** (Kairos).	(Zeit der Kirche).	Kairos, „prophetische Rede“.	„Ganzheit“, „Ganzwerden“.	• „Urgeschichte“ als Krisis, • **messianische Zeit** als Zeit der Verheißung, • **Telos** als Movens der Geschichte.
	• BULTMANN: Jetzt der Entscheidung, • TILLICH, beide • abhängig von KIERKEGAARD: Augenblick.	• Liturgie, kirchliche Kunst, geistliches Liedgut.	• RITSCHL: innergeschichtliches Reich Gottes, • TILLICH: **Kairos im** Religiösen Sozialismus.	[Ökologische Sicht der Schöpfung?]	• OVERBECK: Urgeschichte (Einfluß auf BARTH), • CULLMANN: **Mitte der Zeit,** • BARTH: besondere Zeit und Geschichte Jesu Christi.

2.3.1 Ritschl

Ritschl:
Reich Gottes
als Perspektive
der Kultur, Berufsgehorsam

Kants *praktisch*-philosophischer Ansatz blieb in der Zeit der Übermacht naturwissenschaftlichen Denkens lebendig. Von Gottes Ziel in oder jenseits der Geschichte können wir nichts – im Sinne von Fakten – wissen. Aber um der Hoffnung auf eine Versöhnung des Strebens nach Glückseligkeit (s.o. beatitudo) und der Bestimmung aus Pflicht, konnte noch von Gott (als Höchstem Gut) die Rede sein. Der liberale Theologe A. RITSCHL rückt den Gedanken des *Reiches Gottes* in die Mitte seiner Theologie. Einem moralischen Fortschrittsoptimismus nicht ganz fern meint Ritschl, das Reich Gottes könne hier auf Erden aufgerichtet werden, wenn die Botschaft Jesu nur unsere Kultur durchdringe *(Kulturprotestantismus)* und die Christen „im Berufsgehorsam" veranlaßt würden, an der Aufrichtung dieses Gottesreiches mitzuwirken.

Literatur:

A. Ritschl, Unterricht in der christlichen Religion, 1886, S. 15-33.

2.3.2 Ragaz

Ragaz:
Zu Gott hin –
von Gott her

Abschied vom
liberalen Reich-Gottes-Gedanken

An Stelle einer geschichtsimmanenten (liberalen) Reich-Gottes-Vorstellung entwickelt der *religiöse Sozialist* L. RAGAZ, erschüttert vom dehumanisierenden Krieg, am Anfang dieses Jahrhunderts die Vorstellung, daß gerade „die Unbegreiflichkeiten der Geschichte als verhülltes Kommen des Reiches Gottes" (A. RICH) verstanden werden kann. Seine christologisch-eschatologische Konzeption läßt ihn aus zwei Richtungen blikken: *„Zu Gott hin"* weist die *„absolute"* Hoffnung in Erwartung der Wende am Ende der Zeit; *„von Gott her"* kommt eine *„relative"* Hoffnung als Erwartung einer Wende in der Zeit. Die relative Hoffnung hat ihren Grund in der absoluten Hoffnung.

Literatur:

L. Ragaz, Die Bergpredigt Jesu, 1945.

2.3.3 Religionsgeschichtliche Schule

Entscheidende Beiträge zum Verständnis der Eschatologie erbringt nun die ntl. Exegese v.a. der *religionsgeschichtlichen Schule.* Ihre Vertreter (z.B. J. WEISS, A. SCHWEITZER, M. WERNER, F. BURI gewinnen die Erkenntnis, daß die Naherwartung Jesu und der Urgemeinde enttäuscht wurde und damit hinfällig ist (*„konsequente Eschatologie"* bedeutet die kritische Auseinandersetzung mit einem geschichtsimmanenten Verständnis des Reiches Gottes).

religionsgeschichtliche Schule: gescheiterte Naherwartung

„Die ganze ‚Geschichte des Christentums' bis auf den heutigen Tag, die innere, wirkliche Geschichte desselben, beruht auf der ‚Parusieverzögerung': das heißt auf dem Nichteintreffen der Parusie, dem Aufgeben der Eschatologie, der damit verbundenen fortschreitenden und sich auswirkenden Enteschatologisierung der Religion. Man beachte, daß die Nichterfüllung von Matth. 10,23 die erste Parusieverzögerung bedeutet. Wir haben hier also das erste Datum in der ‚Geschichte des Christentums'; es gibt dem Wirken Jesu eine sonst unerklärlich bleibende Wendung." (A. Schweitzer, Geschichte der Leben-Jesu-Forschung, [6]1951, S. 391)

Läßt man aber alle Aussagen des NT über die Vollendung der Welt oder des einzelnen beiseite, so werde der Blick frei „für das Stehen in der Ehrfurcht vor dem Schöpfungsgeheimnis" (F. BURI). Diese Eschatologisierung der Geschichte verlangte später das Gegenteil, eine Utopie am Ende oder jenseits der Geschichte – und gerade das in säkularen Entwürfen (z.B. E. BLOCH).

2.3.4 Barth

In seinem „Römerbrief" protestierte K. BARTH heftig gegen die bisherige Vernachlässigung der Eschatologie. Zu Röm 8,18-25 bemerkt er, daß das Christentum ganz und gar Eschatologie sei (Römerbrief, [2]1922, S. 300). Das in Kreuz und Auferstehung vollzogene Gericht trifft den Menschen nicht nur in einem zukünftigen Moment, sondern vor allem hier und jetzt im Kairos:

Barth: Christentum ganz und gar Eschatologie

transzendentale Eschatologie

> „Unvergleichlich steht der ewige Augenblick allen Augenblicken gegenüber, gerade weil er aller Augenblicke transzendentaler Sinn ist.“ (ebd.)

futurische Wende

Pate dieser Vorstellung war F. OVERBECK, der die eschatologische Geschichte des Urchristentums für unwiederbringbar hielt, während Barth meinte, daß die Urgeschichte Jesu Christi uns heute treffe, obwohl (und weil!) sie uns entzogen sei. Später nahm Barth diesen transzendentalen Aspekt der Eschatologie modifiziert – in futurischem Sinn – wieder auf. Einfluß auf Barth gewann auch C. BLUMHARDT.

Literatur:

F. Holmström, Das eschatologische Denken der Gegenwart, 1936.

2.3.5 Althaus

Althaus: axiologische Eschatologie

Wie BARTH hielt sich P. ALTHAUS (Die letzten Dinge, 1922) von jeder endzeitlichen Eschatologie zurück. Er formulierte dagegen eine *„axiologische* Eschatologie“. Die Heilsgeschichte Christi vollendet sich nicht in einem geschichtlichen Endpunkt, sondern sie will sich in jedem Menschen vollenden.

jede Zeit ist letzte Zeit

> „Wir erreichen die Vollendung nicht, indem wir die Längslinie der Geschichte bis zum Ende durchziehen, sondern indem wir überall Senkrechte auf ihr errichten ... Jede Zeit ist in diesem Sinn letzte Zeit“ (a.a.O., S. 84).

teleologische Eschatologie

Später neigt er dann zu einer auf das Ziel hin gerichteten, *teleologischen Eschatologie.*

2.3.6 Tillich

Tillich: Theonomie Eschaton = Symbol des Ewigen

Wie viele kennzeichnet P. TILLICH ein geschichtsjenseitiges Eschaton als „Gegenstand der Phantasie“. Der religiöse Sozialist der 20er Jahre suchte den Kairos, indem sich die Geschichte aus der Entfremdung zu Gott hin wendet (Theonomie). Das Eschaton wurde ihm später zum *Symbol* dessen, daß der Mensch „in jedem Augenblick vor dem Angesicht des Ewigen steht“ (Systematische Theologie, Bd. 3, 1956-1966, S. 447). Es ist der Übergang vom Zeitlichen zum Ewigen, der den Übergang vom Ewigen zum Zeitlichen (Schöpfung) umkehrt. Alles Zeitliche aber kehrt zum Ewigen, aus dem es kam, zurück. Der Herausgang aus der Essenz (dem reinen, in Gott gegründeten Sein des Menschen) zur Existenz kehrt sich um im Ziel, der Essentifikation, in der die Existenz vom Negativen befreit wird und ins ewige Leben eingeht. Alles Negative wird je im Jetzt beim Übergang vom Zeitlichen zum Ewigen vernichtet. Das Erscheinen des Christus ist die „Mitte der Geschichte“ – neben der Kritik am ‚Relativismus‘ enthält dieser Begriff auch eine Kritik an allen Auffassungen, die die Manifestation des Reiches Gottes vom Standpunkt des Fortschritts betrachten, denn es handelt sich vielmehr um einen „Reifeprozeß“ (a.a.O., S. 414f.).

2.3.7 Bultmann

Bultmann: präsentische Eschatologie – qualifiziertes Jetzt

Das Modell des qualifizierten und herausragenden *Jetzt* beschäftigt auch R. BULTMANN. Er hält sich vor allem an die *präsentisch*-eschatologischen Aussagen des Joh.-Ev. (und des Paulus); auf diesem Hintergrund entwirft er seine Eschatologie unter dem Einfluß der *Existenzphilosophie* M. HEIDEGGERS. Der *futurische* Charakter – und damit auch der universale Aspekt der Vollendung – wird aufgegeben. Es gehe bei den futurischen Aussagen des Paulus nicht um ein den Menschen von außen treffendes „historisches Ereignis“, sondern um Widerfahrnisse, die den Menschen je in seiner Existenz „geschichtlich“ betreffen. Die so verstandene „geschichtliche Eschatologie“ zielt auf die *Entscheidung* des Menschen gegen die „Welt“, in der „man“ einfachhin lebt *(„Entweltlichung“)* und deshalb auf das ewige Leben im Hier und Jetzt. In diesem Sinne versucht Bultmann die Dialektik der beiden Aspekte des „Doch-schon“ und des „Noch-nicht“ der paulinischen Theologie zusammenzudenken.

Entscheidung

„Geschichtliches Leben vollzieht sich in Begegnungen, in denen der Mensch steht und in Entscheidungen, die er in ihnen fällt. ... Darin erwählt und verwirft er nicht dies oder das, sondern sich selbst“. (So charakterisiert W. KRECK [Die Zukunft des Gekommenen, 1961, S. 52] diesen Ansatz.)

Damit wird deutlich, was Bultmann unter Eschatologie versteht, nämlich allein die Haltung des Glaubens hier in der Welt, die den Menschen aber auch aus der Welt nimmt.)

Literatur:
R. Bultmann, Geschichte und Eschatologie, 1958.

2.3.8 Ebeling

Ebeling: Geist und Fülle, Eschaton und Endgültigkeit

G. EBELING steht in der Tradition Bultmanns. Er betont die Konvergenz des *Pneumas* (der Lebensfülle jetzt, des Personalen) und des *Eschaton* (des Endgültigen, Universalen); sie leitet zur Transzendenzerfahrung hin. Diese ist die *Gegenwart aller Gegenwart,* Zukunft aller Zukunft in der Zeitlichkeit selbst (Dogmatik des christlichen Glaubens, Bd. 3, 1977, S. 19ff.) und wird vom *Geist* gewirkt:

> „Denn der Heilige Geist macht das perfekte Eschaton, von dem er herkommt, gegenwärtig und richtet zugleich auf das eschatologische Futur aus, weil er selbst bereits dessen Präsens ist“ (a.a.O., S. 46).

Der Glaube kann keine innere Haltung, keine Tugend sein, sondern richtet die Existenz eschatologisch aus.

2.3.9 Jüngel

Jüngel:
– Identität von Eschaton und Geschichte selbst eschatologisch
– historischer Jesus und geglaubter Christus

E. JÜNGEL verbindet Bultmanns, Ebelings und Barths Ansatz und blickt auf die Bedeutung Jesu für die Eschatologie.

> „In der Identifikation des Eschatons mit Jesus im Ereignis seines Todes und seiner Auferstehung ist die eschatologische Identität des historischen Jesus mit dem geglaubten und gepredigten Christus begründet. In der Identität des historischen Jesus mit dem geglaubten Christus aber geht es um nichts anderes als um das Ereignis der Identität von Geschichte und Eschaton. Dieses Ereignis der Identität von Geschichte und Eschaton macht Jesus als den Christus zum Grund des Glaubens. Der durch Jesus

> gewährte Glaube wird zum Glauben an Jesus ... Die eschatologische Identität von Eschaton und Geschichte zeigt sich als sprachliche Differenz innerhalb der Geschichte." (Paulus und Jesus, 1962, S. 282f.)

2.3.10 Moltmann

Mit Entschiedenheit wendet sich J. MOLTMANN (Theologie der Hoffnung, [2]1965) gegen eine transzendentale oder rein präsentische Eschatologie. Er nennt seinen Ansatz eine ‚eschatologia crucis'.

Moltmann: eschatologia crucis

> „Der Widerspruch des Kreuzes durchzieht die Existenz der Gemeinde in der Welt" (a.a.O., S. 73).

Aus diesem Widerspruch muß die Gemeinde ständig ausziehen, denn von der Auferstehung Christi her gewinnt sie einen neuen Begriff der Geschichte und aus der Einmaligkeit dieses Geschehens den Glauben daran, die Hoffnung (a.a.O., S. 163). Die Hoffnung meint kein untätiges Abwarten, sondern Beteiligung des Glaubens am Aufbruch zur Veränderung im Sinne einer humaneren Gesellschaft. Die endgültige Vollendung geschieht aber nicht durch den Menschen (futurum), sondern durch Gott, der in die Welt kommt (adventus).

Betonung des Futurs bzw. des Advents

> „Vielmehr entsteht das Mögliche und damit das Zukünftige durchaus aus dem Verheißungswort Gottes und geht damit über das Real-Mögliche oder Real-Unmögliche hinaus. Sie erleuchtet nicht eine Zukunft, die irgendwie immer schon der Wirklichkeit inhärent ist ... Die Verheißung, die in der Auferstehung Christi liegt, findet erst in jenem Geschehen, das als Neuschöpfung aus dem Nichts, als Auferstehung der Toten, als Reich und Gerechtigkeit Gottes angesprochen wird, eine Wirklichkeit, die ihr gemäß ist und ihr ganz entspricht." (a.a.O., S. 28)

2.3.11 Teilhard de Chardin und Pannenberg

Teilhard de Chardin: Vergeistigung der Welt im Omega

Die Tendenzen einer auf den *Kosmos* bezogenen Eschatologie verstärken sich in der zweiten Hälfte des 20. Jh.s. Als kontinuierlichen Prozeß der Synthese von Welt- und Gotteswirklichkeit versteht der französische Jesuit P. TEILHARD DE CHARDIN das Universum. Alles läuft auf eine totale Synthese der Materie und des Geistes, auf einen Punkt, ein „Omega" hinaus. „Omega" meint dabei die Einheit von Gottes- und Weltwirklichkeit, vermittelt durch die Person Jesu Christi, wobei dies nicht nur Ziel, sondern auch Antrieb der Evolution ist.

Pannenberg: Macht der letzten Zukunft

In ähnlich universaler Weite, aber weniger pantheistisch, denkt W. PANNENBERG Gott als die Macht der letzten Zukunft, die jedem einzelnen Ereignis seine konkrete historische Zukunft zuteil werden läßt (Theologie und Reich Gottes, 1971, S. 20).

2.3.12 Joest

Joest: gegen die Alternativen von „präsentisch" vs. „futurisch" und „individuell" vs. „universal"

W. JOEST zieht in seiner Dogmatik die Konsequenz aus der breiten Diskussion dieses Jahrhunderts in einer Art von Synthese. Er kann in den Kategorien „präsentisch" oder „futurisch" bzw. „individuell" oder „universal" keine Alternativen erkennen, die sich ausschlössen. Durch die Versöhnung mit Gott liegt das Reich Gottes nicht allein in noch ausstehender Zukunft, denn diese Zukunft hat im Kommen Jesu schon angefangen. Der futurische und der präsentische Charakter gehören zusammen. Eine rein individualisierte Eschatologie ist abzulehnen, da das Reich Gottes in seiner Vollendung nicht nur je einzelne Menschen umfaßt, sondern Gottes ganze Schöpfung. Trotzdem bewahrt Joest Anliegen der alten dogmatischen Theologie auf; keine empirische Theorie kann sagen, was der Tod für die Menschen bedeutet, aber durch und für Gott sind wir mehr, als die Phänomene menschlicher Selbsterfahrung aussagen.

Eschatologische Entwürfe des 20. Jh.s lassen sich folgenden Typen zuordnen:

heilsgeschichtlich	O. CULLMANN	aufsteigende Linie; darin Christusgeschehen als Mitte der Zeit
transzendental	P. ALTHAUS	Jenseits der Geschichte (Althaus: axiologisch)
	frühe dialektische Theologie	transzendentaler Sinn aller Zeit
existential	R. BULTMANN	nicht Chronos, sondern Kairos; Entscheidungssituation im Kerygma
christozentrisch	K. BARTH, W. KRECK	„Zukunft des Gekommenen"
evolutionistisch	P. TEILHARD DE CHARDIN	Biogenese / Noogenese / Christogenese
sozialethisch	J. MOLTMANN	novum ultimum als Kritik aller innerweltlichen Utopien
politisch	R. SHAULL	Theologie der Revolutionen

Typologie eschatologischer Ansätze bzw. Entwürfe

3 Problemorientierung

Das Bekenntnis zu Jesus Christus als dem Auferstanden gehört zu den grundlegenden Bekenntnissen der Kirche (altkirchliche Symbole). Wenn wir Jesus Christus als das universale und definitive Wort Gottes in seiner Person und seiner Geschichte bekennen, dann bleibt die die Zukunft eröffnende Dimension der Auferstehung Jesu Bestandteil unseres Bekenntnisses. Die Katechismen bringen die Zukunftsgewißheit mit der der Heiligen Schrift folgenden Rede vom ewigen Leben zum Ausdruck.

Literatur zur Vertiefung:

W. Härle, Dogmatik, 1995, S. 600-649; W. Joest, Dogmatik, Bd. 2, ^{3}1989, S. 613-658; W. Kreck, Die Zukunft des Gekommenen, 1961; O. Weber, Grundlagen der Dogmatik, Bd. 2, 1962, S. 718-759.

Mögliche Klausurthemen:

1) Zukunft des Gekommenen oder proleptische Erscheinung des Zukünftigen? Wie bezieht sich die Eschatologie auf das Christusereignis?
2) Das Reich Gottes und die Veränderung der Gesellschaft.
3) Hat die Theodizee-Problematik etwas mit der Eschatologie zu tun?

Eine tabellarische Übersicht faßt die wichtigen Themen der Eschatologie in historischer Abfolge zusammen:

Eschatologie - Themen in historischer Abfolge

Epoche, Quelle	Aussagen	Belegstellen, Beispiele
ALTES TESTAMENT	• Prophetische Aussagen wie: Aufeinanderfolge von **Unheil** und **Heil**	Amos 8, 2 Jes 40, 2.
FRÜHJUDENTUM	• **Messiaserwartung** • Katastrophenerwartung, etwa Erwartung eines Tags des Herrn: • **Auferstehung** und zukünftiges Leben:	Qumran Daniel Jes 26, 19.
JESUS V. NAZARETH	• Eigentümliches Nebeneinander von **Gegenwart und Zukunft der Basileia;** • sein Reden und Handeln qualifizieren die Situation seiner Hörer/innen; • **apokalyptischer Einfluß** auf J. v. N. wird unterschiedlich eingeschätzt: Wie weit teilte er eine unmittelbare, sogar zeitlich bestimmte Naherwartung? Antworten: – Religionsgeschichtliche Schule: Zukünftig einbrechendes Reich, – radikalisiert in der konsequenten Eschatologie, – existential interpretiert durch	 J. WEISS A. SCHWEITZER R. BULTMANN.
URCHRISTENTUM	• Kleine Apokalypsen wie • zweite Phase: offene Zahl von schließlich noch Lebenden bzw. aus dem Tod Erweckten, vgl. • Rückbezug auf Christus: Die Glaubenden sind **schon jetzt** in die durch ihn heraufgeführte Wende einbezogen und leben ὡς μή. HEIL UND ENDEREIGNISSE SIND SOWOHL GEGENWÄRTIG ALS AUCH ZUKÜNFTIG. • Betonung der Gegenwart der Auferstehung: innerweltliches Ende der Welt: • spätere Ausgleichsversuche: lange Wanderung: bzw. Wiederbelebung der Enderwartungen:	1.Thess 4, 16 1.Kor 15, 51f. 2.Kor 5, 10 1.Kor 7, 29-31 Eph, Kol Joh Hebr 2.Petr

Spannung von
SCHON JETZT ⟷ **NOCH NICHT**

ALTE KIRCHE

Abweichungen:

Gnosis ⟷ **Montanismus**
Das Ende ist für die Eingeweihten schon überwunden. | Wiederbelebung der Enderwartung

Hellenistisches Christentum
Tendenz zum **Kult** – in ihm Präsenz des Überirdischen.

Neu ausbrechende Naherwartung angesichts von Verfolgungen

Reichskirche
Die Gegenwart ist eschatologische Heils- und Friedenszeit (EUSEBIUS v. C.)

anders: AUGUSTIN

ORIGENES
Geistiger Endprozeß des Kosmos (ἀποκατάστασις πάντων) **(Spiritualismus)**

Chiliasmus
(v.a. im Abendland)
Biblischer Realimsus

beides vereint bei AUGUSTIN:
tausendjährige Zeit der Kirche im Kampf mit dem Bösen (zwei *civitates*)

MITTELALTER

- Kultische Gegenwart Christi dazu **Dogmatisch** fixierte Endzeiterwartungen daneben zeitweise **Spekulationen** um ein Ende bzw. ein **drittes Zeitalter** (Zeitalter des Geistes: JOACHIM VON FIORE)
  - Erscheinen des Antichrist,
  - dessen Vernichtung,
  - Jüngstes Gericht, verbunden mit allgemeiner Auferstehung der Leiber,
  - Scheidung nach Mt 25,31ff.,
  - Paradies oder Hölle bzw. Fegefeuer.

REFORMATION

LUTHER:

Eschatologie am Menschen:

- in der **Anfechtung** vorweggenommene Gerichtsangst,
- ↕
- Freispruch **(Rechtfertigung)**,
- Folge: ***transgressus*** des Christen - immer vom Sünder her - immer zum Gerechten hin
- Folge: **progressus** der Heiligung in der Welt.

° **mortificatio** schon jetzt im Leben,

Gottes Reich
- jetzt im Kampf mit dem Gegenreich,
- dereinst vollendet.

Mit der Kirche ist schon jetzt eschatologische Realität in der Welt.

[Spätphase: Antichrist als Papst]

Eschatologie der Kirche, s.o. Augustin

vgl.

CALVIN: Alle Theologie zielt auf die **mediatio futurae vitae** (Institutio II, 1,3).

BUCER: ***„De regno Christi"***: Geist und Institution, Reich Christi und empirische Kirche sind schon jetzt verbunden.

LINKER FLÜGEL DER REFORMATION: Gegenwart des Reiches Christi
- ethisch bestimmt,
- mitunter aktivistisch-spiritualistisch (MÜNTZER).

ORTHODOXIE
- Eher eschatologische Einzelthemen (manchmal individuelle Sehnsucht nach dem Jenseits),

PIETISMUS
- verdeutlicht diese Themen.

AUFKLÄRUNG

betont die innergeschichtliche Entwicklung:
- LESSING: „Erziehung des Menschengeschlechts" (s.o. drittes Zeitalter)
- KANT: unendlicher moralischer Fortschritt,
- SCHLEIERMACHER: traditionelle Eschatologie nur als Anhang, sonst Ausrichtung des praktischen Geistes auf das Höchste Gut (PLATON!)

19. JAHRHUNDERT

Biblische Eschatologie: J. T. BECK, J. CHR. BLUMHARDT D. Ä., CHR. BLUMHARDT D. J.

Spekulative Eschatologie: z. B. bei R. ROTHE.

Liberale Theologie: Praktische Eschatologie: Wachstum der Kultur innerhalb der Gesellschaft.

ANHANG: GRUNDWISSEN DOGMATISCHER ENTWÜRFE

Name	*Theologische Richtung*	*Ansatz*	*Besonderheit*
ALTHAUS, PAUL	Lutherische Theologie	Gottes Offenbarung in Gesetz und Evangelium	Lehre von der Uroffenbarung
BARTH, KARL	Wort-Gottes-Theologie (dialektische Theologie)	Gottes souveräne Offenbarung, die dem Wahrheitsbewußtsein des neuzeitlichen Subjekts entgegentritt	Die Christologie ist Kriterium der gesamten Dogmatik
BONHOEFFER, DIETRICH	Lutherische Theologie in der Nähe der Wort-Gottes- Theologie	Gottes personhafte Begegnung in Christus, die zur Gemeinde drängt	Von der Kirchenthematik zur Frage nach dem religionslosen Christentum
BRUNNER, EMIL	Wort-Gottes- bzw dialektische Theologie	Stärker als Barth bei den Fragen und der Sinnkrise des Menschen ansetzend („Der Mensch im Widerspruch"). Brunner ist von der Ich-Du-Philosophie beeinflußt.	Anknüpfung der Gnade Gottes an formale Bedingungen beim Menschen (Eristik)
BULTMANN, RUDOLF	Ursprung in der Religionsgeschichtlichen Schule, dann in der dialektischen Existenztheologie	Bei der Eschatologie, die auf das Jetzt der Entscheidung des je existierenden Menschen reduziert wird	‚Existential' heißt, die Strukturen menschlicher Existenz betreffend, ‚existentiell' verweist auf deren Vollzug

Wichtige Veröffentlichungen
Die christliche Wahrheit, Gütersloh 1947-1948. Die Dogmatik beginnt mit der Lehre von der Ur- und der Heilsoffenbarung, behandelt Gott, Schöpfung und Sünde, um Christus den Versöhner, die Erlösung und Vollendung vorzustellen. Die Trinitätslehre ist nur Anhang.
Die Kirchliche Dogmatik (KD), Zürich 1932ff. (unvollendet). Die Prolegomena behandeln die gesamte Dogmatik in nuce (als Trinitätslehre). Die Versöhnungslehre steht vor der Erlösungslehre. Gott ist nicht menschenlos, sondern im Bund (mit Israel, in der Kirche) auf die Menschen bezogen, die er von Anfang an in Christus erwählt hat.
Sanctorum Communio (1930), München 1986. *Akt und Sein (1931), München 1988.* *Nachfolge (1937), München 1989.* *Ethik, Neuausgabe, München 1992.* *Widerstand und Ergebung, München 1970.* Bonhoeffer sucht den Mittelweg zwischen einer am Ereignis Jesu Christi und einer an gottgelegten Strukturen orientierten Theologie. Später versucht er, aus dem Christusereignis heraus zu einem neuen Wirklichkeitsverständnis zu gelangen. Der religiöse Rückzug auf „letzte Fragen" erlaubt keinen theologischen Ansatz mehr.
Dogmatik, Bd. 1-3, Zürich / Stuttgart 1946-1960. Die Dogmatik folgt einem klassischen Aufriß von den Prolegomena über die Gotteslehre, die Themen der Schöpfung, Sünde zum Heilswerk in Christus und zur ausführlichen Ekklesiologie und der Lehre vom Glauben.
Glauben und Verstehen, 4 Bde., Tübingen 1933-1965. *Geschichte und Eschatologie, Tübingen 1958.* *Theologie des Neuen Testaments, Tübingen 1954.* An Jesus Christus ist das „Daß des Gekommenseins" wichtig. Jesu Lehre gehört zum Judentum: das Kerygma von Jesus Christus ist der Inhalt des (Entscheidungs-) Glaubens. Aus dem Rechtfertigungsglauben folgt die Entmythologisierung, denn der Glaube darf nicht an gegenständlicher Erkenntnis Sicherheit gewinnen wollen.

EBELING, GERHARD	Setzt Bultmanns Ansatz fort, hermeneutische Theologie	Fundamentalunterscheidung von Gesetz und Evangelium	Theologie als Selbstauslegung des Glaubens
ELERT, WERNER	Dezidiert lutherisch in dem Sinne, daß Gesetz und Evangelium wie zwei Worte Gottes auseinandertreten.	Diastase von Gesetz und Evangelium	Deutet den deus absconditus Luthers als den Urheber des dunklen Geschicks in der Menschengeschichte
GOGARTEN, FRIEDRICH	Dialektische Theologie, dann lutherische Theologie	Lehnt zuerst die Geschichtstheologie zugunsten der grundlosen Entscheidung und Autorität Gottes ab („Zwischen den Zeiten")	Öffnet sich nach 1945 der theologischen Rechtfertigung der Neuzeit
JOEST, WILFRIED	Mit Barth modifizierte lutherische Dogmatik	Bekenntnis zur Wirklichkeit Gottes aufgrund des in Jesus Christus begründeten Glaubens. In Jesus Christus wird die Selbstzusage Gottes an die Menschen vernommen	Das Gesetz (s. Gesetz und Evangelium) stellt nicht nur richterliche Anklage dar, sondern will Wegweisung sein.
JÜNGEL, EBERHARD	Verbindet Ansätze Barths und Bultmanns	Legt die Rechtfertigungsbotschaft zugrunde, die mit Jesu Reich-Gottes-Botschaft übereinstimmt	Gott als die Liebe; Gott, der sich am Tode Jesu für die Menschen bestimmt

Dogmatik des christlichen Glaubens, Bd. 1-3, Tübingen 1979.

Ebeling strebt eine Verbindung von Glaubenslehre (siehe Schleiermacher) und Dogmatik an. Der Mensch ist Gewissen, betroffen von Gesetz und Evangelium. Das Wort als beziehungsstiftendes Geschehen ist grundlegend. Jesus ist das Wort Gottes, das unsere Not zurechtbringt.

Der christliche Glaube, Berlin 1940.

Morphologie des Luthertums (1931-1932), Nachdruck, München 1958.

Elerts Dogmatik behandelt das Thema des Gesetzes als „Selbstverständnis des Menschen unter der Verborgenheit Gottes" und das des Evangeliums unter dem „Grund des kirchlichen Kerygmas". Erst auf dieser Basis kann er von Gott selbst in seiner Trinität, von Schöpfung, Versöhnung, Existenzwandel und den letzten Dingen sprechen.

Ich glaube an den dreieinigen Gott, Jena 1926.

Der Mensch zwischen Gott und Welt, 3. Aufl., Stuttgart 1956.

Verhängnis und Hoffnung der Neuzeit, 2. Aufl., Stuttgart 1958.

Jesus Christus Wende der Welt, Tübingen 1966.

In der Rechtfertigung liegt ein Zugang zur Welt. Aus der Rechtfertigung heraus wird sie als Schöpfung erkannt. In der Sohnschaft (erst Christi, dann der Christen) tritt ein neues Verhältnis zu Gott zutage. Darin gewinnt der Mensch die Freiheit, die sich in der vernünftigen Freiheit der Neuzeit fortsetzt. Die Säkularisierung ist theologisch legitim.

Gesetz und Freiheit, 4. Aufl., Göttingen 1968.

Dogmatik, 2 Bde., 3. Aufl., Göttingen 1989.

Die Prolegomena sind nicht – wie bei Barth – trinitätstheologisch angelegt. Die Dogmatik reflektiert ihren theologischen Standort, um Glaube und Erfahrung an den Selbsterweis Gottes in Christus zu binden. Dem folgt die Trinitätslehre und ein zweiter Band, der sich mit der Wirklichkeit des Menschen vor Gott befaßt.

Paulus und Jesus, Tübingen 1962.

Gott als Geheimnis der Welt, Tübingen 1977.

Jesus ist aufgrund von Ostern die Identität von Geschichte und Eschaton, die uns nicht verfügbare Offenbarung Gottes. Gott selbst wird sich im Sein zum anderen (Welt, Mensch) hin nicht fremd, denn er selbst ist die Liebe. Das Zeitwort (Sprachgeschehen!) bringt Gott zum Ausdruck, Gott, der sich mit Jesus (gerade dem Gekreuzigten) identifiziert, ist das Geheimnis der Welt.

MOLTMANN, JÜRGEN	Fortführung der Wort-Gottes-Theologie als Universaleschatologie	Die Eschatologie wird nicht – wie bei Bultmann – auf die Entscheidung noch – wie bei Barth – auf den souveränen Gott bezogen, sondern auf die Kirche, die Geschichte und die messianischen Hoffnungen.	Exodusmotiv, mitleidender Gott
PANNENBERG, WOLFHART	Universalgeschichtlicher Ansatz: „Offenbarung als Geschichte"	Die Apokalyptik weist auf die Erfüllung des Sinns der Geschichte hin. Alles einzelne kommt darin zu seinem Recht. Aber die Theologie kann sich nicht auf die Existenzgeschichte beschränken.	Vernünftige Realität der Auferstehung Jesus Christi
RITSCHL, ALBRECHT	Liberale Theologie, Neuprotestantismus	Christentum als monotheistische Religion, die von der Liebe des Stifters die auf das Reich Gottes hinarbeitende Sittlichkeit freisetzt	Rechtfertigung als versöhnendes Tun Gottes, das der Gemeinde gilt.
SCHLEIERMACHER, FRIEDRICH	Neuansatz aus Aufklärung, Romantik und Idealismus, Inspirator der Vermittlungstheologie und zum Teil des theologischen Liberalismus	Religiöses Selbstbewußtsein, das die schlechthinnige Abhängigkeit einschließt. Das Christentum ist die monotheistische Glaubensweise der teleologischen Richtung (Telos im Reiche Gottes).	Frömmigkeit als Aspekt und als Dynamik der von Menschen gestalteten Geschichte

Theologie der Hoffnung, München 1964. *Kirche in der Kraft des Geistes, München 1970.* *Der gekreuzigte Gott, München 1972.* *Trinität und Reich Gottes, München 1980.* *Gott in der Schöpfung, München 1985.* *Der Weg Jesu Christi, München 1989.* *Der Geist des Lebens, München 1991.* Die Offenbarung Gottes in Jesus Christus ist nicht ontologisch, sondern als Verheißung zu verstehen. Die Schöpfung hat deswegen einen Überschuß; sie muß sich messianisch erfüllen, so daß sie in Gott und Gott in ihr ist. Im Kreuz Christi leidet der Vater, der selbst auseinandertritt und die Zerrissenheit der Welt zu der eigenen macht. Die Kirche folgt den Spuren der Verheißung (Exodusgemeinde).
Grundzüge der Christologie, Gütersloh 1964. *Anthropologie in theologischer Perspektive, Göttingen 1983.* *Systematische Theologie, Bd. 1-3, Göttingen 1988-1993.* Der Mensch ist weltoffenes Wesen und deshalb auf Transzendenz bezogen. Mit ihm zusammen ist auch der Gesamtzusammenhang der Welt kontingent. Alles Kontingente findet am Ende aller Geschichte seinen letztgültigen Sinn. Dieses Ende hat sich in Jesus Christus, besonders in seiner Auferstehung, vorwegereignet. Im Sinne dieses Vorblicks auf Vollendung setzt Pannenberg in seinem Frühwerk zunächst mit einer Christologie von unten an, die in der Systematischen Theologie durch eine umfassende Trinitätstheologie korrigiert wird.
Unterricht in der christlichen Religion (1875), Gütersloh 1966. *Die christliche Lehre von der Rechtfertigung und Versöhnung, 3. Aufl., Bonn 1888-1889.* Gottes Wille zielt auf einen objektiven Zweck; die religiöse Erkenntnis, die sittliche Wiederherstellung des Menschen und die religiöse Seligkeit. Das Gottesreich vereint die freien Geister universal. Die Beruhigung des Gewissens und die Gabe des Geistes zum Zweck der Werke sind zusammen zu sehen. Gott ist die Liebe.
Über die Religion. Reden ... (1799), hg. v. R. Otto, 7. Aufl., Göttingen 1991. *Der christliche Glaube, Berlin 1821-22; 2. Aufl., Berlin 1830-1831.* Schleiermachers Glaubenslehre behandelt die Inhalte des Glaubens – zunächst als allgemeines und schlechthinniges Abhängigkeitsgefühl, das zum ersten das Verhältnis von Gott und Welt umfaßt (Schöpfung), dann den Gegensatz (der Sünde) herausstellt, zum Bewußtsein der Gnade übergeht und darin „Geschäft" und „Person" Christi abhandelt, um schließlich den darauf aufbauenden Gemeingeist in der Kirche zu erörtern.

TILLICH, PAUL	Vermittlungstheologie, die sich zuerst als Religiöser Sozialismus, dann als allgemeine Kulturdeutung profilierte	Die Gehalte des christlichen Glaubens müssen sich in seiner seins- bzw. existenzphilosophischen Terminologie für die säkulare Welt aussagen lassen.	Korrelation existentieller Fragen und göttlicher Antwort

Systematische Theologie, Bd. 1-3, Stuttgart 1956-1966.
Korrelationstheorie, philosophisch-theologische Grundlegung, Lehre von Gott als dem Sein-selbst, von Christus als dem neuen Sein und vom Geist als der Gegenwart des die Entfremdung des Menschen überwindenden Gottes. Tillich fragt unter theologischer Perspektive nach dem Sinn geschichtlicher Wirklichkeit.

PERSONENREGISTER (IN AUSWAHL)

Althaus, Paul (1888-1956) 29; 75; 82f.; 83; 93; 110f.; 111; 265; 267f.; 268; 277; 324; 350; 355; 358f.
Ambrosius (339-397) 202; 283; 312
Amery, Carl (* 1922) 137
Amsdorf, Nicolaus (1483-1565) 258
Amyraut, Moses (1596-1664) 127
Anselm von Canterbury (1033/4-1109) 70; 96; 191; 202; 206; 232; 252; 266
Apollinaris von Laodicaea (4. Jh.) 201
Aristoteles (384/3-322/1 v.Chr.) 95; 143; 284
Arius (1. Hälfte 4 Jh.) 103
Athanasius (295-373) 15; 51; 99; 169
Augustin (354-430) 30; 41; 54; 68; 70; 103; 122; 127; 130; 142; 157; 169; 170f.; 189; 239; 251; 283; 303; 310; 312; 321; 342
Aulén, Gustaf (1879-1977) 202; 225; 232

Barth, Karl (1886-1968) 19f.; 25; 29; 33; 35; 43; 56f.; 72; 75ff.; 84f.; 91; 93; 110; 112ff.; 126; 129; 131f.; 134f.; 147f.; 150ff.; 160; 180; 184ff.; 189; 191; 217ff.; 224; 233; 235; 237; 265; 268ff.; 289; 292f.; 293; 297; 322; 324; 338; 349; 350; 355; 358f.
Basilius der Große (ca. 330-379) 103
Baumgärtel, Friedrich (1888-1981) 63
Berengar vonTours (+1088) 312
Biedermann, Aloys Emanuel (1819-1885) 43
Bloch, Ernst (1885-1977) 338; 346; 349
Blumhardt, Christoph (1842-1919) 350
Boff, Leonardo (* 1938) 225
Bonhoeffer, Dietrich (1906-1945) 150; 152; 191; 289; 292; 358f.
Brunner, Emil (1889-1966) 20; 21; 75; 78; 79; 111; 113; 147; 148; 150; 180; 181; 186; 289; 293; 358f.
Buber, Martin (1878-1965) 275
Bucer, Martin (1491-1551) 286; 317; 344
Bullinger, Heinrich 132
Bultmann, Rudolf (1884-1976) 21ff.; 33; 57ff.; 75; 79f.; 114; 180; 183; 217; 221f.; 225; 229; 233; 236; 289; 291; 351f.; 355; 358f.
Buri, Fritz (* 1907) 349

Calixt, Georg (1586-1656) 31; 54
Calov, Abraham (1612-1686) 247; 262
Calvin, Jean (1509-1564) 16; 42; 53; 72; 106f.; 129; 130; 132; 144; 160; 175; 205f.; 211; 223; 245; 247; 257f.; 285f.; 303; 315; 317; 344
Campenhausen, Hans Freiherr von (1903-1989) 234
Chemnitz, Martin (1522-1586) 206f.; 247; 276; 318
Clemens von Alexandrien (+ vor 215) 70; 169
Cobb Jr., John Boswell (* 1925) 154
Coccejus, Johannes (1603-1669) 132ff.
Cullmann, Oscar (* 1902) 355
Cyprian von Carthago (+ vor 258) 202; 282; 310
Cyrill von Alexandrien (+ 444) 201

Dante Alighieri (1265-1362) 283
Darwin, Charles (1809-1882) 145
Descartes, René (1596-1650) 96
Dibelius, Otto (1880-1967) 229; 291
Dionysius Areopagita (ca. 500, Pseudonym) 123
Dorner, Isaak August (1809-1884) 43; 214
Duchrow, Ulrich (* 1935) 166
Duns Scotus (1265-1308) 30; 116; 171; 252

Ebeling, Gerhard (* 1912) 21ff.; 43; 59f.; 63; 75; 80; 93; 110; 112; 126; 148; 181; 217; 222; 225; 231; 236f.; 241; 265; 271; 276; 325; 352; 360f.
Elert, Werner (1885-1954) 36; 59; 72; 82; 111; 113; 148; 265; 267ff.; 289; 291; 320; 323; 360f.

Feuerbach, Ludwig (1804-1872) 85; 159; 346
Flacius, Matthias (1520-1575) 91; 172; 174; 189
Freud, Sigmund (1856-1939) 85; 188
Fries, Heinrich (* 1911) 295f.

Galilei, Galileo (1564-1642) 138
Gehlen, Arnold (1904-1976) 182
Gerhard, Johann (1582-1637) 15; 17; 73; 104; 176; 345
Geß, Wolfgang Friedrich (1819-1891) 210
Gogarten, Friedrich (1887-1967) 21f.; 92; 153; 266; 360f.
Grebel, Konrad (ca. 1498-1526) 315
Gregor von Nazianz (+ um 390) 103; 232
Grotius, Hugo (1583-1646) 92

Harms, Louis (1808-1865) 290
Harnack, Adolf von (1851-1930) 55; 63
Hartshorne, Charles (* 1897), 85; 154
Hegel, Georg Wilhelm Friedrich (1770-1831) 45; 110; 159; 214f.; 288; 292; 346
Heidegger, Johann Heinrich (1633-1698) 133
Heidegger, Martin (1889-1976) 59; 351
Heim, Karl (1874-1958) 146
Herrmann, Wilhelm (1846-1922) 19; 43; 216; 222; 228; 236
Hirsch, Emanuel (1888-1972) 175; 211f.
Holl, Karl (1866-1926) 266
Hollaz, David (1648-1713) 17; 123; 175f.; 210f.; 262f.; 286
Huber, Samuel (1547-1624) 127; 298f.; 345

Ignatius von Antiochien (+ spätestens 117) 30; 311
Irenäus von Lyon (2. Hälfte 2. Jh.) 51; 70; 102; 282f.; 312

Jeremias, Joachim (1900-1979) 309
Joest, Wilfried (* 1914) 10; 12; 19; 34ff.; 60f.; 82; 93; 96; 110; 114; 120; 131; 147; 150; 152; 186; 189; 225; 231; 255; 265; 271; 277; 299; 329; 339; 345; 354; 355; 360f.
Johannes Damascenus (ca. 650-750) 104
Johannes Scotus Eriugena (ca. 810-877) 142
Jüngel, Eberhard (* 1934) 48; 110; 113; 150; 152; 231; 234; 341; 352; 360f.
Justin (ca. 110-165) 68; 70; 102; 312; 342

Kähler, Martin (1885-1912) 55; 57; 219; 229; 265f.; 268f.
Kant, Immanuel (1724-1804) 32; 68; 73; 94; 96; 146; 150; 158; 212; 228; 287; 345
Käsemann, Ernst (* 1906) 23; 25; 58; 59; 230; 281; 293
Kasper, Walter (* 1933) 86; 118; 120
Kierkegaard, Sören (1813-1855) 177
Kitamori, Kazoh (* 1916) 225
Kopernikus, Nikolaus (1473-1543) 138
Kraus, Hans Joachim (* 1918) 64
Kreck, Walter (* 1908) 351; 355
Küng, Hans (* 1928) 60; 271

Laktanz (ca. 250- nach 317) 44; 169
Leibniz, Gottfried Wilhelm (1646-1716) 145; 157; 158

Lessing, Gotthold Ephraim (1729-1781) 32; 55; 73; 211; 212; 228
Lietzmann, Hans (1875-1942) 308
Löhe, Wilhelm (1808-1872) 290
Luther, Martin (1486-1543) 16; 25; 31; 40; 42; 52ff.; 68; 71f.; 82; 92; 99; 105ff.; 114; 128; 143; 146; 158; 160; 168; 172ff.; 192; 203ff.; 233; 236; 240; 245; 248; 253ff.; 258; 262; 274f.; 284; 286; 303; 305; 313ff.; 321; 343f.

Major, Georg (1502-1574) 258
Marcion (1. Hälfte 2. Jh.) 51; 55; 63
Marx, Karl (1818-1883) 85; 346
Melanchthon, Philipp (1497-1560) 25; 31; 42; 91; 105f.; 174; 176; 205; 207; 221; 256ff.; 262; 285; 315; 317; 344
Metz, Johann Baptist (* 1928) 7; 24f.
Mildenberger, Friedrich (* 1929) 10; 12; 61; 64f. 86; 115; 329
Molina, Luis de (1535-1600) 128
Moltmann, Jürgen (*1926) 20; 23ff.; 82; 110; 117; 147; 154; 217; 223f.; 234; 241; 289; 325; 336; 346; 353; 355; 362f.
Müntzer, Thomas (1490-1525) 344
Musculus, Wolfgang (1497-1563) 132; 133

Origenes (185/6-254) 51; 103; 127; 142; 239; 310; 342f.
Osiander, Andreas (1498-1552) 211; 257
Overbeck, Camille (1837-1905) 350

Pannenberg, Wolfhart (*1928) 19; 23; 25; 34; 36; 43; 75; 83f.; 86; 93; 110; 116; 147; 154; 182f.; 189; 217; 222ff.; 234; 237; 248; 321ff.; 336; 354; 362f.
Paschasius, Radbertus (ca. 790-859) 312
Pelagius (um 400) 170f.; 189; 246; 250; 310
Perkins, William (1558-1602) 133
Petri, Ludwig Adolf (1803-1873) 290
Petrus Lombardus (1095-1160) 30; 284; 303; 311; 313
Plato (428/7-348/7 v. Chr.) 169

Quenstedt, Andreas (1617-1688) 17; 144; 160; 202; 263

Rad, Gerhard von (1901-1971) 58; 64; 136f.; 140; 248
Ragaz, Leonhard (1868-1945) 348
Rahner, Karl (1904-1984) 34f.; 60; 69; 84; 93; 110; 114; 118; 177; 180; 187; 217; 224; 295f.; 319
Ratschow, Carl-Heinz (* 1911) 44; 93
Rendtorff, Trutz (* 1931) 296; 298
Richard von St. Victor (+ 1173) 105; 118
Ritschl, Albrecht (1822-1889) 19; 178; 189; 215f.; 229; 233; 265f.; 289f.; 348; 362f.
Rothe, Richard (1799-1867) 288

Sabellius (um 200) 103
Schelling, Friedrich Wilhelm Joseph (1775-1854), 110
Schleiermacher, Friedrich (1768-1834) 10; 18; 19; 32; 44; 55; 66; 68; 74; 110; 129; 146; 161; 177; 189; 191; 213f.; 216; 233; 237; 239; 264f.; 287f.; 290; 318f.; 346; 362f.
Schopenhauer, Friedrich (1788-1860) 146; 159
Schweitzer, Albert (1875-1965) 229; 349
Semler, Johann Salomo (1725-1791) 318
Servet, Michael (ca. 1511-1553) 106
Shaull, Richard (* 1919) 355
Simon, Richard (1638-1712) 54
Skinner, Burrhus Frederic (* 1904) 188
Sohm, Rudolph (1841-1917) 293
Sölle, Dorothee (* 1929) 23ff.; 111; 117; 184; 189; 233

Spalding, Johann Joachim (1714-1804) 264
Spener, Philipp Jakob (1635-1705) 263
Stapel, Wilhelm (1882-1954) 266

Teilhard de Chardin, Pierre (1881-1955) 154; 336; 354f.
Teller, Wilhelm August (1734-1805) 264
Tertullian (ca. 150- nach 222) 70; 169; 170; 202; 309; 310; 342
Thomas von Aquin (1225-1274) 15; 25; 30; 68; 71; 94; 105; 143; 160; 171f.; 196; 252f.; 275; 311; 313
Thomasius, Gottfried (1802-1875) 210
Tillich, Paul (1886-1965) 21; 43f.; 64; 75; 80f. 83; 110; 115f. 126; 147; 149f.; 150; 180ff.; 189; 217; 219f.; 224; 265; 268f.; 276; 280; 289; 293; 303; 320ff.; 350; 364f.
Titius, Arthur (1840-1936) 146

Ursin(us), Zacharias (1534-1583) 133

Vilmar, August Friedrich Christian (1800-1868) 290
Vinzenz von Lerinum (+ vor 450) 29; 51

Weber, Otto (1902-1966) 61; 86; 120; 126; 129; 155; 189; 225; 238; 241; 277; 294; 299; 303; 329; 355
Wegscheider, Julius August Ludwig (1771-1849) 212
Weiß, Johannes (1863-1914) 229; 349
Werner, Martin (1887-1964) 349
Westermann, Claus (* 1909) 63
White Jr., Lynn (* 1907) 137; 154
Whitehead, Alfred N. (1861-1947) 147; 153
Wilhelm von Ockham (1285-1347) 30; 204; 252; 283
Wolf, Ernst (1902-1971) 14

Zimmerli, Walther (1907-1983) 64; 101; 140
Zwingli, Huldrych (1484-1531) 107; 132; 175; 315ff.

SACHREGISTER (IN AUSWAHL)

Abendmahl 303ff.; 319ff.; 326ff.; 333ff.
Absolutheit des Christentums 45; 214
Allegorese 52;
Altes Testament 56; 58; 63f.; 69; 83; 100; 155; 307
Amt 242; 278ff.; 284ff.; 296; 300f.
analogia entis 104f.; 113
analogia relationis 77; 186
analytische bzw. synthetische Methode 17; 26; 31
Anknüpfung 18; 78f.; 90
Anthropologie s. Mensch
Apokalyptik 229
apokatastasis panton 131
Apologetik 18; 20; 31; 66f.; 70; 180
Apostolicum 37; 98; 138; 192; 240; 279; 295; 337; 342
Arnoldshainer Thesen 326ff.; 335
Auferstehung der Toten 337ff.; 356f.
Aufklärung 17; 32; 42; 63; 68; 73; 89; 110; 152; 176; 194; 211; 228; 233; 264; 287; 318
Axiome 26

Barmer Theologische Erklärung 68; 297; 300
Befreiungstheologie 225
Begriff 13
Bekenntnis, Bekenntnisse 29; 37f.; 48; 98; 106; 192
biblische Theologie 32; 63
das Böse 158; 161; 169; 178
Bund, Bundestheologie 53; 87; 132ff.; 151; 155; 303; 330; 333
Buße 265

Chalkedon 37; 200f.
Chiliasmus 342
Christus, Christologie 37f.; 49; 52f.; 69; 80ff.; 97; 100; 113; 121; 129; 151; 158; 168; 182; 184; 191ff.; 200ff.; 208ff.; 227; 230; 242; 246; 251; 270ff.; 300; 317; 330; 332ff.
– Auferstehung Jesu Christi 83; 204; 208; 223; 234ff.; 249; 308; 335; 352
– Christus im Abendmahl 333ff.
– Christus und die Kirche 283ff.; 292ff.; 297; 300; 309; 333ff.
– dreifaches Amt Christi 206ff.; 218; 223; 227
– Idiomenkommunikation 205ff.; 318
– Kreuz Jesu Christi 112; 117; 204; 208; 249; 308; 317; 335; 352f.
– Mittler 205
– neues Sein 81; 182; 219
– Ständelehre 208ff.; 218; 227
– Titel 195ff.
– Urbildchristologie 14; 212f.; 227
– Versöhnungslehre 202; 218; 227; 233
– von oben / von unten 222ff.; 237
– Vorbildchristologie 191; 212f.; 227
– Wiederkunft Christi 337ff.
– zwei Naturen 197ff.; 208f.; 219
creatio ex nihilo s. Nichtiges
credo ut intelligam 70

dialektische Theologie 20
Diskurs 13
Disziplin 261; 284
Dogma, Dogmen 10ff.; 20; 29; 35f.; 48; 296
Dogmatik 10ff.; 29; 33; 37
Doxologie 14; 125; 194
Dualismus 155

Ebenbild Gottes 77f.; 90f.; 147f.; 162ff.; 176ff.; 190; 272f.

Ekklesiologie s. Kirche
Engel 160f.
Entfremdung 181; 219
Entscheidung 183; 221
Enzyklopädie 18; 27
Epiklese 319; 328
Erbsünde 163ff.; 168ff.; 174ff.; 186; 272
Erfahrung 19ff.
Erkenntnis 18; 47; 77; 90;97; 104; 107
Erlösung 66; 180; 190; 205; 213; 232; 243; 264; 268; 287
Erwählung 126ff.; 190; 218; 258; 270; 339
Eschatologie 20; 84; 147; 231; 243ff.; 255; 291; 336ff.
Essenz und Existenz 181; 220
Eucharistie s. Abendmahl
Evangelium 49; 55; 72; 131; 228f.; 285
ewiges Leben s. Vollendung
existentiell – existential 21ff.; 34; 79; 183; 219; 355
Existenztheologie 21f.; 33; 47; 75; 113; 230; 351
Extra Calvinisticum 207
extra nos 179

Fallibilismus 24; 27
fides quae – fides qua 73
fides quaerens intellectum 43
Filioque 103
Föderaltheologie s. Bund
Freiheit 58; 125; 163; 172ff.; 181; 187; 245ff.; 272; 347
Fundamentaltheologie 28; 85; 112

Gebet 126
Gebot 267f.
Geist, Geist Gottes (s. auch Heiliger Geist) 42; 48; 51; 74; 81; 102; 116; 172; 190; 239ff.; 293; 330ff.; 352
Gemeinde, Gemeinschaft 35; 60; 100; 131; 280; 282; 287; 292f.; 297ff.; 330
Gerechtigkeit 154; 246; 248ff.; 253; 256
Gericht Gottes 337ff.
Geschichte 23; 34; 42; 75; 83f.; 136; 159; 217; 221f.; 338
Gesetz, Gesetz und Evangelium 22; 53; 59; 75; 82; 111f.; 186; 243f.; 250ff.; 261ff.; 268f.; 270
Gewissen 78; 90; 172; 188; 345
Gewißheit 34; 43
Glaube 14; 16; 18f.; 23; 28; 31; 40ff.; 47ff.; 62; 66f.; 70; 72; 74; 88; 193; 216; 222; 231; 236; 242; 246; 252; 254; 258f.; 262; 265ff.; 271; 273; 275ff.; 282
Gnade 71; 87; 113; 132; 170f.; 171; 177; 212; 238; 251ff.; 267; 272f.; 302; 344
Gnadenmittel 302ff.
Gnadenwahl Gottes s. Erwählung
Gott 14; 22; 25ff.; 34f.; 38f.; 64; 66ff.; 76f.; 81; 88; 90; 92; 97ff.; 122ff.; 136ff.; 155; 218; 266; 272; 348; passim
– Allmacht 132
– Eigenschaften Gottes 102; 108; 122ff.
– Gottesbeweise 71; 85; 88; 94ff.
– Liebe 105; 202
– Name 16
– Trinität 97ff.; 109ff.; 121; 200; 238; 244f.
– verborgener Gott 72; 128; 152; 172
– Verherrlichung Gottes 17
Gut, höchstes 95; 142; 157; 169; 347

Habitus 242; 252
Häresie 16
Harmonie, prästabilierte 145

Heil 26; 88; 147; 195ff.; 238; 249; 251ff.; 302; 330; 356
Heiliger Geist 40; 53; 97; 116; 238ff.; 242; 245; 322; 324
Heilige Schrift 35; 49ff.
Heiligung 134; 220; 240; 255; 257; 263; 265; 268; 270
Heilsgeschichte 64; 136; 342; 355
Hermeneutik 60; 65
Herrlichkeit Gottes 344
historische Methode 32; 57; 211; 217
Hoffnung 23; 154
Humanität 167

Idealismus 18
Infralapsarismus / Supralapsarismus 130
Inkarnation 199
Inspiration 54; 62
Institution 279; 300; 333

Jesus, historischer 23; 55; 195ff.; 216; 228ff.; 276

Kairos 347
Kanon, biblischer 48; 51ff.; 282
Katechismen 40
Kenotik 210
Kerygma 21f.; 49; 58; 221; 230; 236; 291
Kirche 19; 38; 56; 60; 245; 278ff.; 286ff.; 300; 302; 347
– attributa ecclesiae 279; 283; 287; 292
– ecclesia vera / falsa 282f.; 286f.; 297
– ecclesia militans / triumphans 287
– Kirchenrecht 287
– notae ecclesiae 279; 284f.; 293
– Volkskirche 290; 298
Konfessionen 58; 289
Konsenstheorie 24; 27; 96
Kontingenz 95ff.; 122
Korrelationsmethode 21; 33; 219
Kreatianismus 169ff.
Kreuzestheologie 112; 117; 204; 225; 232ff.; 308
Kulturprotestantismus 215; 266; 288; 294; 348

Lehre 30; 62
liberale Theologie 19; 47; 228; 289; 357
Liebe, Liebe Gottes 105; 114; 118; 202
Lima, Konvergenzerklärung von 326ff.
Logos 66ff.; 90; 200f.; 243

Mensch 23; 25; 28; 79; 136; 143; 150; 159; 162ff.; 167ff.; 179ff.
Metapher 113
Metaphysik 116
Modalismus 121; 199ff.
Möglichkeit 157
Monarchianismus 199ff.
Monotheletismus / Monenergismus 199ff.
Mysterium 69
Mystik 290
Mythos 221; 228

Narration 13; 63
natürliche Theologie 35; 40; 67; 71; 74ff.; 84; 87f.; 90; 93; 97; 147f.; 151f.; 264
Natur 66; 68; 71f.; 136; 153; 344
Naturrecht 121
Natur und Gnade 71
Natur – Übernatur 71; 88; 190
Nicaenum 37; 98; 103; 138; 160; 192; 199f.; 279; 304; 337
Nichtiges, Schöpfung aus dem Nichts 141; 147; 149
Nominalismus 30; 41; 122; 252
norma normans – norma normata 35; 53

Ökumenischer Rat 119; 277; 298f.; 300
Offenbarung 14; 30; 33f.; 47; 64; 66; 70; 72; 76; 79; 81; 83f.; 87ff.; 97; 116; 220; 235
ontologisches Argument 96
Ontologie 115
Opfer 312f.
Ordnungen 82; 138; 266
Ordo salutis 242; 262f.; 272f.
Ostkirche 30; 284; 328

Paradox 81
Pelagianismus, Semipelagianismus 127; 170f.; 246; 250f.
Perichorese 104
Person 103; 106; 112; 121; 159; 172; 180; 191; 241; 347
Philosophie 26f.; 70
Physikotheologie 68; 73
Politik 23f.; 184; 355
Positivismus 24; 27
Prädestination s. Erwählung
Praxis, scientia practica 17; 26f.; 30
Predigt 56
pro me 155; 221; 254
promissio 205
protestantisches Prinzip 269
Providenz s. Vorsehung
Prozeßtheologie 24; 153f.

Rechtfertigung 23; 31; 39; 155; 178; 185; 220; 243f.; 247; 253ff.; 259; 265ff.; 273ff.
Reich Gottes 141; 178; 215; 266; 290; 301; 333; 340ff.; 344ff.; 348ff.; 354ff.
religiöses Bewußtsein bzw. Selbstbewußtsein 32; 39; 74; 80
Religion, Religionen 19, 24; 28; 44f.; 74; 77; 89; 93
Religionssoziologie 280

Sakramente 259; 279; 295; 302; 303ff.; 310ff.; 320ff.
Satan 161; 174; 202; 232
Satisfaktionslehre 191; 202; 215; 232; 252
schlechthinnige Abhängigkeit 39; 42; 146; 177; 212
Schöpfung, Geschöpf 38; 66; 82; 87; 136ff. 140ff.; 147ff. 155; 333
Scholastik 41
Schriftsinn, vierfacher 52; 62
Schuldbekenntnis 169
scientia media 125
Sinn 166
Seele 167f.; 172; 188
Seligkeit, ewige 345ff.
Sentenzen 38
simul iustus et peccator 179; 254f.
Soteriologie s. Erlösung
spekulative Theologie 43
Spiritualismus 356
Sprache 13; 47; 78; 112
Subjekt 15; 110
Subordinatianismus 103
Substanz 103, 121
Sünde, Sünder 72; 91; 162ff.; 167ff. 177; 179ff.; 186; 190; 197; 212; 218; 220; 245; 251ff.;261ff.; 272; 316
Sündenfall s. Sünde, s. Erbsünde
Symbol 303; 312, 321

Taufe, Taufbekenntnis 171ff.; 259; 303ff.; 330ff.
– Kindertaufe 315; 322; 330ff.
Teleologie 68
tertius usus legis 257ff.; 261ff.
Theodizee 117; 137; 145; 148; 157ff.
Theologie 15ff.; 26ff.; 32; 41; 47
theologische Systeme 38ff.

Tod 337ff.; 344ff.
Tradition 51ff.; 64
Traduzianismus 169f.
Transsubstantiation 313; 333f.
transzendental 34; 84; 347; 355
Tridentinum 53; 62; 259; 276; 319; 343
Trinität s. Gott
– immanente / ökonomische Trinität 99; 114; 118; 121
Tugenden, theologische 253; 273; 333
Typologie 52; 58; 64

Übel 145; 155
Übernatur s. Natur
Unbedingtes 81
Universalien 143
Universalismus der Gnade 127; 241
Universalgeschichte 23; 154; 182; 223
Uroffenbarung 75; 82; 93
Urstand 87; 170; 176f.; 179; 190

Vaticanum II 60; 294f.
Verdienst 251ff.; 273
Vergebung 174; 246; 316
Verkündigung 48
Vermittlungstheologie 33; 43; 47; 80; 115; 149; 217; 219
Vernunft 40; 42f.; 47; 68; 70; 74; 87ff.; 90; 163; 173; 252; 264
Versöhnung 66; 178; 190; 202; 218; 232f.; 240; 266
Vollendung 273, 337ff.
Vorsehung 131; 138; 144; 148f.

Wahrheit 27; 34; 43; 45f.; 115f.
Weisheit 15f.; 103; 107; 136f.; 140; 151
Weissagung und Erfüllung 58
Welt 155; 339; 345; 347; 354
Werke 246; 254; 256ff.; 272f.
Wiedergeburt 220; 258; 265; 268; 270; 305
Wissenschaft, Wissenschaftstheorie 14; 24ff.; 30; 33; 47
Wort Gottes 19; 35; 48; 57; 60; 62; 66; 69; 76f.; 147; 193; 217f.; 240f.; 242ff.; 267; 302; 307; 310; 313; 333
Wort-Gottes-Theologie 19f.; 47; 56f.

Zeit, Zukunft 338ff.; 344ff.; 347; 354
Zweinaturenlehre s. Christus

Ebenfalls im Verlag Hartmut Spenner (Waltrop) erscheinen:

Christofer Frey / Peter Dabrock / Stephanie Knauf:

Repetitorium der Ethik
Für Studierende der Theologie

ISBN 3-927718-70-X

Das „Repetitorium der Ethik" bündelt vor dem Hintergrund vorhandener Kenntnisse den für das theologische Examen notwendigen Wissensstoff und hilft so den Kandidatinnen und Kandidaten, Wichtiges von weniger Wichtigem zu unterscheiden, damit sie Begriffe, Methoden und Kriterien für theologisch-ethische Urteilsfragen sicherer verwenden können. Unterstützt wird diese Konzeption durch zahlreiche Übersichten und ein arbeitsfreundliches Layout.

„Das Repetitorium ist mehr als ein Repetitorium, es ist so etwas wie ein Kompendium der Ethik. Es ist gut geeignet, um sich sowohl die Fragestellungen der Ethik im Überblick zu vergegenwärtigen als auch um als Nachschlagewerk zur Grundinformation über bestimmte Begriffe und ethische Ansätze zu dienen."
Das Repetitorium ist „ein Werk, das man all denen, die in der Schule Religionsunterricht erteilen und ... einen erhöhten ethischen Informationsbedarf haben, nachdrücklich empfehlen kann."

Glaube und Lernen

„... gerade auch für diejenigen, welche immer wieder Ethik predigen oder in Gemeindekreisen zu ethischen Fragen Stellung beziehen, ist die Lektüre dieses ausgesprochen preiswerten Bandes nützlich und praxisrelevant."

Botschaft aktuell

Christofer Frey:

Einführung in die Philosophie
Für Studierende der Theologie

ISBN 3-927718-83-1

Diese Einführung will speziell Studierenden der Theologie einen Überblick über wichtige Fragestellungen der Philosophie vermitteln. Es folgt dem geschichtlichen Gang der Entwicklung philosophischer Probleme und hat dabei vor allem deren Bedeutung für theologisches Denken im Blick.
In jedem Kapitel wird zunächst an den Grundzügen einer Epoche gezeigt, daß philosophische Gedanken und Systeme nicht im leeren Raum entstehen, sondern eine Antwort auf die Herausforderungen ihrer Zeit darstellen. Aus jeder Epoche werden eine oder mehrere herausragende Gestalten der Philosophie hervorgehoben, um einen Einblick in ihr Leben und einen Überblick über ihr Werk zu gewinnen. Danach wird ein Text, der auch für Theologinnen und Theologen von zentralem Interesse ist, vorgestellt und gründlicher interpretiert. Am Ende jeder Einheit kommt ein Problemzusammenhang zur Sprache, der in der Theologie aufgenommen, bearbeitet und möglicherweise verändert worden ist.
Ein arbeitsfreundliches Layout, zahlreiche Übersichten sowie Textbeispiele der behandelten Philosophen runden die Konzeption des Buches ab.